디아스포라 휴머니티즈 총서

002

디아스포라 휴머니티즈 총서 002

한국 다문화주의 비판

앨
ㄹ피

다문화주의를 다시 펼쳐 들며

국내 체류 외국인 200만 명 시대의 고민

지그문트 바우만은 《액체 근대》에서 "지구화는 공동체 간 평화로운 공존이 아닌, 적대감과 투쟁을 악화시키는 데 훨씬 더 성공하고 있는 것 같다"[1]고 지적한 바 있다. 오늘날 우리 세계는 발전된 테크놀로지에 힘입어 문화의 전 지구적 교류를 목도하면서도, 인종과 에스니시티ethnicity의 차이에서 비롯하거나 그를 빌어 발생하는 수많은 갈등으로 인해 심각한 고통을 경험하고 있다.

 다문화주의는 이와 같은 갈등을 해소하기 위한 정책이자 이데올로기로서 1970년대 중반 이후 많은 관심을 받았지만, 2010년대 들어 독일, 영국, 프랑스 등 주요 유럽 국가들이 다문화주의 정책의 실패를 선언하면서 점차 문화적 갈등에 대한 해법으로서의 지위를 잃어 가고 있다. 이와 같은 사정은 IS에 의한 테러가 세계 곳곳에서 빈

---

[1] 지그문트 바우만,《액체 근대》, 이일수 옮김, 강, 2009, 304쪽.

번히 발생하고, 400만 명이 넘는 시리아 출신 난민들이 유럽 국가들로 유입되면서 더욱 심화되고 있는 듯하다.

오늘날 전 세계에서 발생하는 수많은 폭력 행위의 원인 중 하나로 지목되는 것은 이질적 인종과 에스니시티에 대한 정부의 관용적 정책이다. 많은 국가들이 이주민의 유입에 호의적 태도로 일관한 결과 문화적 갈등이 발생하게 되었고, 이주민과 선주민 간 폭력적 행위 또한 빈번해지게 되었다는 것이다. 그에 따라 이제 많은 국가들은 이주민 문화에 대한 인정과 관용 대신 그에 대한 통제와 배제를 공공연히 선언하고, '국경의 민주화'[2] 대신 국경의 폐쇄를 외국인 또는 이주민 정책의 기조로서 채택하는 데까지 이르게 되었다. 지구적 수준에서 진행되는 활발한 소통과 이주로 인해 국가의 경계가 무효화되고 있음에도 불구하고, 또한 일상적 수준에서 이루어지는 문화들 간 융합과 혼종화로 인해 인종과 에스니시티의 경계가 모호해지고 있음에도 불구하고, 세계는 점점 더 '반反이주적 인종주의'의 증대라는 역설적 상황 속에 빠져들고 있는 것 같다.

한국에서 다문화주의가 정책적으로 시행된 것은 2000년대 중반부터였다. 이 무렵 한국 정부는 농촌 지역의 출산율 저하 문제와 3D 업종의 노동력 부족 문제를 해결하기 위해 외국인의 이주를 적극적으로 유도하는 한편, 그를 지원하기 위한 여러 정책들을 마련해서 시행했다. 그럼에도 불구하고 한국 내 체류 외국인이 200만 명에 근접해 있는 2016년 현재, 이주민과 그 문화에 대한 선주민의 차별적

---

[2] 에티엔 발리바르, 《우리, 유럽의 시민들?》, 진태원 옮김, 후마니타스, 2010, 392쪽.

인식과 적대적 태도는 여전히 개선되지 않고 있는 듯하다.[3] 일정 기간 동안 한국에 체류한 이주민들에게 지방선거 선거권이 부여되기는 했지만, 그렇다고 해서 그들의 시민적 권리와 문화적 권리가 선주민과 동일한 수준에서 보장되고 있다고 말하기는 힘들다. 오히려 한국 사회는 반다문화주의 담론의 점진적 부상으로 인해 그와 같은 권리들의 증진을 위한 논의 자체가 힘들어지는 상황으로 나아가고 있다. 집권 여당이 2012년 필리핀 출신 이자스민을 국회의원 후보로 선정하고 선거 캠페인에 적극적으로 활용한 데 반해, 2016년 국회의원 선거에서 이주민을 국회의원 후보로 선정하지도 않고 다문화주의와 관련한 어떤 선거 캠페인도 하지 않은 것은 그와 같은 상황 변화를 상징적으로 보여 주는 사례다.

다문화주의가 더 이상 정부의 정책과 사회적 논의의 장에서 매력을 얻지 못하게 된 시대란 '후기 다문화주의 시대post-multicultural era'[4]로 명명될 수 있을 것이다. 2016년 3월 현재 RISS 통합 검색에 '다문화'라는 키워드로 5,000편 이상의 학위 논문, 9천 편 이상의 국내 학술지 논문, 4천 권 이상의 단행본이 검색되고 있음에도 불구하고 "한국의 '다문화'와 '다문화주의'"에 관한 논의를 이어 가야 하는 이유는 그와 같은 시대 명명과 관련되어 있다.

과거 다문화주의 관련 논의가 다문화주의를 문화적 갈등 해소 정

---

[3] 법무부 출입국관리소에서 발행하는 〈출입국·외국인정책 통계월보〉 2016년 1월호에 따르면, 2016년 현재 체류 외국인 수는 정확히 1,879,880명(장기 체류자 1,466,077명, 단기 체류자 413,803명)이다.

[4] 김희강, 〈다문화주의의 역설〉, 본서, 21쪽.

책이나 이데올로기로서 전제하고 있었다면, 이제 논의는 "다문화주의의 표류 위협"[5]에 대해 적극적으로 문제를 제기하면서 사유하는 방식으로 진행될 필요가 있다. 다문화주의의 이상이 문화적 차이와 정체성을 존중하고 소수자 집단의 시민적·문화적 권리를 승인하는 데 있음을 전제하면서도, 그 현실태가 예상보다 더 심각할 정도로 사회적·정치적 통합에 위협을 초래하고 문화적 갈등을 낳을 수 있음을 인정해야만 하는 것이다. 이 책은 시민권 쟁점을 포함한 다문화주의의 문제점들을 이론적으로 검토하고, 한국에서 '다문화' 관련 담론의 형성 과정 및 작동 방식을 다각적으로 살펴봄으로써 그 요구에 부응하려고 한다.

이 책의 구성

이 책은 세 부분으로 구성되어 있다. "다문화주의라는 문제"에서는 다문화주의에 대한 이론적 성찰을 시도하고, "한국의 '다문화' 인식 비판"에서는 이주민에 대한 차별적 인식의 양태를 살펴보고 그 교정 가능성을 모색한다. 그리고 "다문화 사회의 문학, 번역, 교육"에서는 다문화주의의 학문적 실천과 그 교육적 적용 사례를 제시한다. 이 책은 상이한 대상과 방법을 활용해서 다문화주의에 관한 논의를 전개하는 12편의 글을 담고 있다. 이 책을 통해 한국에서 다문화주의 관련 논의가 이루어지는 양상을 전반적으로 확인할 수 있을 뿐만

[5] 마르코 마르티니엘로, 《현대사회와 다문화주의》, 윤진 옮김, 한울, 2002, 110쪽.

아니라, 더 나아가서는 여러 학문들 간 공조와 협업을 통한 새로운 논의의 가능성 또한 모색할 수 있을 것이다.

우선 1부 "'다문화주의'라는 문제'에서는 다문화주의를 다인종·다민족 사회에서 발생하는 여러 문제들에 대한 자명한 해답이 아닌, 시험에 부쳐져야 할 하나의 문제로서 다룬다. 김희강의 〈다문화주의의 역설〉은 '후기 다문화주의 시대'라는 규정 아래 대표적인 다문화주의 이론가 윌 킴리카W. Kymlicka의 논의에 대한 비판적 재평가 작업을 시도한 글이다. 이 글은 이민자 문화를 외래의 것으로 간주하고 이를 선별과 평가의 대상으로 삼는다는 점, 원하지 않는 이민자의 유입을 제재하고 통제할 수 있는 이주 수용국의 강한 국경 통제력을 요구한다는 점, 이주를 이주 수용국의 국익 측면에서 고려한다는 점 등을 들어 킴리카의 다문화주의에 문제를 제기한다. 킴리카는 이주 수용국을 중심으로 다문화주의를 이해함으로써 다문화 현상을 부인하게 되는 역설적 상황에 처해 있다는 것이다. 이를 통해서 김희강은 킴리카의 자유주의적 다문화주의를 포함한 다문화주의 담론 자체에 대한 근본적 성찰이 필요함을 역설한다. 이 글은 다문화주의 정책 및 이론에 대한 근본적 재평가와 재인식을 위한 중요한 촉매제가 될 것이다.

이용승의 〈다문화 시대의 시민권 아포리아〉와 김현미의 〈귀화 이주민의 문화적 권리〉는 이주민의 권리에 관해 상이한 각도에서 논의를 전개한다. 우선 이용승은 다문화주의와 시민권의 모순을 특수주의와 보편주의의 대립으로서 규정한 뒤, '정의로운 구성원권 membership'과 '주민권denizenship'을 그에 대한 대안으로서 제안한다. 그는 이 두 가지 권리가 '품위 있는 사회' 건설을 위한 출발점이 될 수 있다고 주장한다. 그 이유는 그것들이 국가권력의 현재성을 인정하면서도, 성원의 권리와 성원으로서의 정체성을 국가 공동체에 더 폭넓게 수용도록 요청하는 것이라는 데 있다.

다음으로 김현미는 파키스탄인 임란 씨와 티베트 출신 네팔인 민수 씨의 사례를 중심으로 '국민됨'과 '문화권'의 충돌 및 협상 과정을 분석한다. 그리고는 다문화적 시민권이란 유연하고 포섭적인 성격을 지닌 '협상'과 '의미 투쟁'의 영역이므로, 한국 사회는 자기만족적·자기보존적 실체가 아니라는 것과 '하나의 국적 안에 문화적 다양성이 공존할 수 있다는 것'을 인정함으로써 그 논의를 시작해야 한다고 주장한다. 이용승과 김현미의 논의는 한국 사회에서 이주민의 시민권이 긴급한 이론적 문제로 부상했음을 증명하는 한편, 이주민의 시민권 보장을 위한 정책 마련이 시급함을 보여 준다.

〈한국 다문화 사회에 대한 철학적 반성과 선진유가의 다원주의〉는 윤석민이 《논어》, 《맹자》, 《주역》 등 동아시아 고전에 대한 재해석을 통해서 다문화 사회의 철학적 원리를 모색한 글이다. 이 글에서 그는 유가철학을 일원적 세계 구성과 보편 가치의 존재를 지향하면서도 현실 사회의 다원 간 갈등과 특수성 간 대립의 조화에 정향되어 있다고 주장한 뒤, 《주역》 분석을 토대로 '分을 높여 合을 이루고,

異를 구하여 同을 이룬다'는 명제를 새로운 다원주의 철학의 원리로서 제시한다. 다문화주의에 관한 논의가 주로 유럽과 북미 지역의 사례에 기대어 이루어지고 있음을 고려한다면, 윤석민의 글은 한국 사회에서 이루어지는 다문화주의 논의에 시사하는 바가 적지 않다.

이 책의 2부 '한국의 '다문화' 인식 비판'에서는 언어와 매체를 중심으로 이주민 문화에 대한 한국인의 차별적 인식에 관해 비판적으로 검토한다. 언어와 매체가 인간의 사유와 인식을 규정하는 틀로서 기능한다는 점을 고려한다면, 한국의 다문화주의에 대한 비판적 이해를 위해서 언어와 매체에 주목하는 것은 반드시 필요하다. 특히 여기서는 한국인이 이주민과 그 문화를 명명하는 방식, 그리고 대중매체가 한국인의 차별적 인식 형성에 기여하는 방식에 주의를 기울이고자 한다. 이를 통해서 이주민 문화에 대한 한국인의 차별적 인식을 교정하기 위한 계기가 마련될 수 있을 것이다.

구본규의 〈'다문화'는 어떻게 이주민 가족을 비하하는 말이 되었나?〉와 이화숙의 〈다문화 시대 소수자의 '명칭' 연구〉는 이주민에 대한 차별적 명명법에 대한 실증적 조사를 토대로 그것의 교정을 제안하는 글이다. 구본규는 한국에서 '다문화 가족'이라는 명칭이 차별적 의미를 갖는 범주로 고착되어 가는 과정을 추적한다. 이를 통해서 다문화주의가 '주도 집단에 의한 선별적인 포섭과 배제의 종족 정치'일 수 있다는 가정과 함께, 언론 보도 자료와 정부의 이주민정책 자료에 대한 조사를 토대로 '다문화 가족'이라는 명칭이 특정 이주민의 선별적 지원, 이주민 집단의 문제화, 이주민의 인적자원화, 이민자의 타자화·주변화, 이주민의 인종적 범주화 등 수많은 부작용을 낳는 데 기여했다고 진단한다. 그러고는 '다문화 가족' 대신 '이주민 가족'이라는 중립적 표현을 사용할 것을 제안한다.

구본규가 언론 보도와 정부의 정책 자료를 대상으로 논의를 전개한다면, 이화숙은 다문화 관련 연구 논문을 대상으로 다문화 시대 소수자 집단을 가리키는 60여 종의 명칭들에 대한 비판적 성찰을 수행한다. 특히 그녀는 '결혼이주여성'이라는 용어가 여성을 사회적 약자로 부각할 가능성이 있음을 지적하면서, '결혼이주민'을 그에 대한 대안적 용어로서 제시한다. 이 두 편의 글은 이주민에 대한 한국인의 차별적 인식이 명명법과 맺고 있는 긴밀한 관련성을 실증적으로 확인할 수 있게 해 준다.

이진형·박종명의 〈대중매체와 다문화적 '토크'의 상상〉과 주재원의 〈다문화 뉴스 제작 관행과 게이트키핑의 문화정치학〉은 문화적 다양성에 관한 한국인의 인식 형성에서 언어 못지않게 커다란 힘을 발휘하는 대중매체의 작동 방식에 관해 탐구한다. 이진형·박종명은 TV 토크쇼가 한편으로 국가의 다문화주의 정책에 의해 영향을 받으면서도, 다른 한편으로는 문화적 다양성에 관한 시청자(대중)의 소망 또한 포함한다는 데 주목한다. 그리고 〈미녀들의 수다〉와 〈비정상회담〉에 대한 분석을 통해서, 대중매체가 재현하는 상상된 다문화적 공론장(다양한 문화적 정체성들이 거리낌 없이 대화를 나누는 탈중심적 친밀감의 영역)이란 이상적 다문화 사회에 대한 한국인의 지향을 보여 주는 것으로서 국가의 다문화주의 정책(이주의 젠더화·불법화·위계화)에 대한 비판적 상대화를 가능하게 해 준다고 주장한다.

그와 달리 주재원은 공영방송이 국가적 우월성과 계층화된 인종질서 이데올로기를 확대 재생산하는 도구로서 기능한다는 점에 대 주목하여, 공영방송 뉴스 기자들의 다인종/다문화 인식과 뉴스 제작 환경에 분석의 초점을 맞춘다. 특히 뉴스 소재를 취사선택하고 가공하는 재생산 시스템으로서의 게이트키핑gatekeeping이 국가주의적·인종주의적 이데올로기 생산에서 수행하는 중추적 기능은 그의 주요 관심사다. 이 글에서 그는 뉴스 제작에 참여하는 기자들에 대한 인터뷰를 통해서 게이트키핑이 작동하는 방식을 조사한 뒤, 결론적으로 바람직한 다문화 사회 형성을 위한 공영방송의 적극적 노력이 필요함을 역설한다. 대중매체가 인간의 인식 형성에서 발휘하는 실질적 위력을 고려할 때, 대중매체에 대한 조사와 비판적 검토 작업은 지속적으로 수행되지 않으면 안 된다.

3부 '다문화 사회의 문학, 번역, 교육'에서는 다문화주의가 문학연구, 번역 실천, 인격 교육 등에서 구체화되는 양상을 살펴본다. 이 작업은 다문화주의의 담론적 유효성을 점검하고 그 교육적 활용 가능성을 가늠하는 계기가 될 것이다.

오문석의 〈윤동주와 다문화적 주체성의 문학〉이 대표적인 한국 시인 윤동주의 시편들을 대상으로 다문화적 주체성에 대해 탐구한 글이라면, 김주영의 〈한국 다문화문학의 해석의 지평〉은 손홍규와 하종오의 작품들을 대상으로 오늘날 문화적 다양성에 관한 한국 문학자들의 인식을 점검한 글이다. 오문석은 조선과 일본을 경유하는 만주 출신 윤동주의 삶, 즉 만주국 국민, 조선인, 일본인 사이에서 부유하는 그의 삶을 '무국적자의 삶'으로서 규정한다. 그리고는 그의 주체성을 '공허한 주체성' 또는 '복수의 주체성'으로서 재정의한 뒤, 다문화주의 이론이란 그와 같은 주체성의 양상까지도 포괄할 수 있어야 함을 주장한다.

한편 김주영은 손홍규와 하종오의 작품들에 대한 분석을 통해서 주체와 타자의 구별을 불가능하게 만드는 '입양적 세계관'과 다문화로서의 생존을 위한 '이주적 세계관'을 소수자들 간 연대를 위한 실험적 상상력으로서 제시한다. 박미정·양명심의 〈다문화주의에 대한 문화번역 실천〉은 펄벅의 《대지》와 유미리의 《8월의 저편8の果て》을 사례로 문화번역cultural translation(호미 바바)의 실천을 검토한 글이다. 이 글에서 그녀들은 중심부 문화에 대항하여 주변부 문화가 갖는 새로운 문화적 창조의 가능성(교섭, 혼종성, 소수화minoritizing 등)을 강조한다. 이 세 편의 글은 문학적 상상력을 통해 오늘날 다문화주의 논의에 활력을 불어넣는 중요한 시도라고 말할 수 있다.

박휴용의 〈다문화 사회를 위한 인격교육의 성격과 방향〉은 미래 다문화 사회의 현실을 염두에 두고 인격 교육의 이론과 방향을 종합적으로 검토한 글이다. 이 글에서 그는 다문화 교육의 목표를 '모든 학생들이 차별 없이 자신의 잠재력을 최대한 실현할 수 있도록 그들의 지적·사회적·개인적 발달을 조장하는 것'으로 규정한 뒤, 공동체주의, 가치의 특수성(맥락성), 도덕적 상대주의를 종합한 다원주의적 관점과 함께 도덕적 판단과 실천 사이의 간극을 줄이는 방향을 다문화 인격 교육의 이론적 토대로서 제시한다. 한국 사회의 형성과 재형성에서 교육이 갖는 핵심적 기능을 고려할 때, 인격 교육에 대한 이론적 탐색은 바람직한 다문화 사회 형성을 위해서 필수적인 작업이다.

이 책은 많은 분들의 도움에 힘입어 발간될 수 있었다. 우선 책의 발간 취지에 흔쾌히 동의해 주시고 귀한 원고를 섬세히 다듬어 보내 주신 선생님들께 감사의 말씀을 전한다. 개인적으로 큰 업적이 되지 않는 작은 책을 만드는 데 시간과 노력을 들여 참여하는 것은 결코 쉬운 일이 아니다. 그리고 여러모로 바쁜 와중에도 많은 원고들을 형식적으로 통일해서 한 권의 책으로 엮어 준 우연희 선생님과 조수 강 학생에게도 감사의 말을 전한다.

2016년 5월
'디아스포라 휴머니티즈 총서' 기획위원
이진형

제1부

'다문화주의'라는 문제

1 / 다문화주의의 역설

김희강

다문화주의 실패?

전 세계적으로 '다문화 열풍'은 한풀 꺾인 듯하다.[1] 독일 메르켈 총리가 2010년 10월 "독일의 다문화주의는 완전히 실패했다"고 표명한 것을 포함하여, 영국과 프랑스 등 서구 유럽 국가들도 줄지어 다문화주의 실패를 선언하였다.[2] 이러한 흐름은 한국도 예외가 아니다. 서구 유럽처럼 다문화주의 포기가 공표된 것은 아니지만, 이전에 비해 다문화 정책과 다문화 담론의 무비판적인 확산과 수용을 염

---

* 이 글은 《담론201》 제16권 4호(2013)에 게재된 원고를 수정 및 보완하여 재수록한 것이다.

[1] 김혜순 외, 〈한국적 "다문화주의"의 이론화〉, 《동북아시대위원회 연구보고서》, 2007, 2쪽.

[2] 《문화일보》 2011년 2월 11일자 〈사르코지도 다문화정책 실패 선언〉. 《한국일보》 2011년 2월 13일자 〈유럽 국가들 '다문화 실패' 선언 잇따라〉.

려하는 목소리가 최근에 주목을 끌고 있다.[3] 적어도 '열풍'으로까지 불렸던 다문화주의에 대해 비판과 회의가 많아진 것은 분명해 보인다.[4] 다문화주의 이후의 대안에 대해 학자들 간 합의가 어려울지라

---

[3] 황정미의 연구는 한국 학계에서의 다문화주의에 대한 비판 논의를 잘 정리해 놓았다. 기존 비판은 크게 세 가지로 나뉜다. ①관 주도형 다문화주의에 대한 비판, ②다문화 담론과 다문화 정책 내에서 쓰이는 문화의 의미와 개념에 대한 문제, ③인종 민족적 소수자에 대한 다문화 정책과 지원이 다른 소수자 이슈와도 연계되는지에 대한 질문이다. 황정미, 〈다문화시민 없는 다문화 교육 : 한국의 다문화 교육 아젠다에 대한 고찰〉,《담론201》13-2, 2010, 96~100쪽.

[4] 2000년대 중반까지만 해도 한국 학계의 다문화주의 논의는 이론의 소개와 법과 제도를 통한 다문화 수용에 주로 초점이 맞춰져 있었다. 김남국, 〈다문화 시대의 시민 : 한국 사회에 대한 시론〉,《국제정치논총》45-4, 2005, 97~121쪽 ; 문경희, 〈국제결혼이주여성을 계기로 살펴보는 다문화주의(Multiculturalism)와 한국의 다문화 현상〉,《21세기정치학회보》16-3, 2006, 67~93쪽 ; 김비환, 한국 사회의 문화적 다양화와 사회 통합 : 다문화주의의 한국적 변용과 시민권 문제〉《법철학연구》10-2, 2007, 317~348쪽. 그러나 2000년대 중반을 넘어서면서 논의가 더 다양해졌는데, 한국적 다문화 논쟁에 관한 연구(김희정, 〈한국의 관주도형 다문화주의 : 다문화주의 이론과 한국적 적용〉, 오경석 외,《한국에서의 다문화주의 : 현실과 쟁점》, 한울, 2007 ; 윤인진, 〈한국적 다문화주의의 전개와 특성 : 국가와 시민사회의 관계를 중심으로〉,《한국 사회학》42-2, 2008, 72~103쪽 ; 장의관, 〈다문화주의의 한국적 수용 : 주요 쟁점의 분석과 정책 대응〉,《국가전략》17-2, 2011, 123~147쪽 ; 오경석 외,《한국에서의 다문화주의》; 김혜순, 〈한국적 "다문화주의"의 이론화〉), 구체화된 다문화 정책의 제안과 평가에 관한 연구(심보선, 〈온정주의 이주노동자 정책의 형성과 변화 : 한국 다문화정책을 위한 시론적 분석〉,《담론201》10-2, 2007, 41~76쪽 ; 남지민, 〈시민권의 관점에서 본 결혼이주여성 정책 방안 연구〉,《한국정치연구》21-1, 2010, 255~277쪽 ; 김선희 전영평, 〈결혼이주여성정책의 정체성 분석 : 인권보호인가, 가족유지인가?〉,《행정논총》46-4, 2008, 17~39쪽 ; 홍기원, 〈한국 다문화정책의 현황과 과제〉,《다문화와 평화》3-1, 2009, 13~35쪽 ; 원숙연, 〈다문화주의시대 소수자 정책의 차별적 포섭과 배제〉,《한국행정학보》42-3, 2008, 29~49쪽), 다문화주의에 대한 한국인의 수용성 및 태도에 관한 연구(장승진, 〈다문화주의에 대한 한국인들의 태도 : 경제적 이해관계와 국가 정체성의 영향을 중심으로〉,《한국정치학회보》44-3, 2010, 97~119쪽 ; 황정미, 〈한국인의 다문화 수용성 분석 : 새로운 성원권의 정치학(politics of membership) 관점에서〉,《아세아연구》53-4, 2010, 152~184쪽 ; 윤인진 송영근, 〈한국인의 국민정체성에 대한 인식과 다문화수용성〉,

도, 혹자가 표현하듯 '다문화 열풍'이 지나간 작금의 시기를 '후기 다문화주의 시대post-multicultural era'로 표현하는 데에는 큰 이견이 없어 보인다.[5]

'후기 다문화주의 시대'에 들어선 현 시점에서 다문화주의에 대한 기존 평가를 재평가해 보는 것은 의미 있는 작업이다. 이 글은 월 킴리카Will Kymlicka의 다문화주의 재평가에 주목한다. 킴리카는 1980년 대부터 현재까지 다문화주의 논의를 주도적으로 이끌고 있는 캐나다 출신의 정치철학자이며, 그의 다문화주의 이론과 정책은 다수의 책과 논문을 통해 출간되었다.[6] 실제로 다문화주의 내에는 다양한 관점이 존재하며, 킴리카는 자유주의적 관점, 즉 자유주의적 다문화주의liberal multiculturalism를 대표한다고 볼 수 있다.[7] 개인의 자유와 선택

《통일문제연구》23-1, 2011, 143~192쪽) 등이 있다.

[5] Will Kymlicka, "The Rise and Fall of Multiculturalism? New Debates on Inclusion and Accommodation in Diverse Societies," *International Social Science Journal* 61-199, 2010, p. 97 ; *Multiculturalism : Success, Failure, and the Future*, Migration Policy Institute Europe, 2012, p. 2.

[6] 최근 킴리카의 다문화주의 논의는 크게 두 가지 방향으로 전개되는데, 하나는 전 세계 국가들의 다문화 정책의 집행과 결과를 객관적으로 평가할 수 있는 다문화 정책 지표를 만드는 작업과(Keith Banting and Will Kymlicka (eds.), *Multiculturalism and the Welfare State*, Oxford : Oxford University Press, 2006), 다른 하나는 다양한 문화와 국가에서 나타나는 다문화주의 수용의 모습을 분석하는 것이다 (Will Kymlicka and Baogang He (eds.), *Multiculturalism in Asia*, Oxford : Oxford University Press, 2005 ; Will Kymlicka and Bashir Bashir (eds.), *The Politics of Reconciliation in Multicultural Societies*, Oxford : Oxford University Press, 2010).

[7] Will Kymlicka, *Multicultural Odysseys : Navigating the New International Politics of Diversity*, Oxford : Oxford University Press, 2007, pp. 97-104. 문화를 개인의 자유와 선택의 조건으로 강조하는 자유주의적 관점과는 다르게, 공동체주의적 관점은 총체적인 실재로서 문화에 대한 존중과 그에 따른 문화 집단의 권리를 정당화한다.

의 조건으로서 문화의 중요성과 이에 기초한 문화 집단의 권리를 강조하는 자유주의적 다문화주의는 현재 다문화주의 논의의 주요한 흐름을 형성한다. 따라서 대표적인 자유주의적 다문화주의자인 킴리카가 이제까지의 다문화주의 논쟁을 되돌아보며 이를 어떻게 판단하고 있는지 살펴보는 것은 유의미하다. 특히 이 글은 앞 다투어 다문화주의 실패를 진단하는 일련의 다문화주의 비판에 대한 킴리카의 최근 논평을 살펴보고자 한다.[8]

우선 먼저 언급해 두어야 하는 것은 킴리카에게 다문화주의는 정책으로서 이해된다는 사실이다. 즉, 다문화주의란 추상적인 이론과 상징이라기보다 법, 정책, 제도 등을 통해 국가와 국가 내 문화 집단과의 관계를 재설정하는 것이다.[9] 따라서 이 글도 킴리카의 이해를 기초에 두고 다문화주의와 다문화 정책이라는 용어를 차이 없이 사용하고자 한다. 킴리카에 따르면, 다문화주의를 실패로 진단하는 기존 다문화주의 평가는 잘못된 것이다.[10] 오히려 다문화주의는 실패한 이론과 정책이 아니라 앞으로도 여전히 건재할 것이라고 덧붙인다 (이러한 킴리카의 주장에 대해서는 다음 절에서 자세히 설명하겠다). 대신

Charles Taylor, "The Politics of Recognition," In Amy Gutmann (ed.), *Multiculturalism : Examining the Politics of Recognition*, Princeton : Princeton University Press, 1992. 자유주의적 다문화주의와 공동체주의적 다문화주의를 포함한 다양한 다문화주의 관점에 대한 짧은 설명은 다음을 참조하시오. Sarah Song, "Multiculturalism,"(http ://plato. stanford.edu/entries/multiculturalism/)

[8] Will Kymlicka, "The Rise and Fall of Multiculturalism?"

[9] Will Kymlicka, "The Rise and Fall of Multiculturalism?," p. 99.

[10] Will Kymlicka, "The Rise and Fall of Multiculturalism?"

에 다문화주의의 성공과 실패를 좌우하는 요인은 기존 연구가 주의 깊게 살펴보지 않은 다른 측면에 있다고 강조한다. 이것은 다문화주의의 전제 조건precondition이다. 킴리카는 다문화 정책이 성공적으로 이행되기 위해서는 다문화주의 전제 조건이 제대로 마련되어야 가능하다고 지적한다. 즉, 다문화주의의 성공과 실패는 다문화주의 전제 조건의 여부에 달려 있다고 보는 것이다. 이 글에서 무엇보다도 중점적으로 살펴보려하는 것은 이러한 전제 조건이 내포한 다문화주의의 역설과 모순이다. 이 글은 다문화주의 논리 자체에 대한 비판보다는 다문화주의를 가능하게 하는 전제 조건이 함축한 다문화주의 한계에 더 주목하려 한다.

일반적으로 다문화주의는 다음의 세 문화 집단을 대상으로 한다. 하나는 민족 집단national minorities이고, 다른 하나는 원주민 집단indigenous peoples이며, 나머지 하나는 이민자 집단immigrant groups이다. 민족 집단은 역사상 정복과 침략에 의해 특정 국가에 속하게 된 집단으로 캐나다의 퀘백인, 미국 서남부 국경의 멕시코인 등을 예로써 들 수 있다. 원주민 집단은 애초부터 토착해서 살고 있었으나 민족 집단과 마찬가지로 비자발적으로 특정 국가에 편입된 경우로 호주 원주민인 애버리진이나 미국의 인디안 등이 그 예다. 반면에 이민자 집단은 민족 집단이나 원주민 집단과는 달리 자발적으로 본국을 떠나 이주를 선택하여 새로운 나라에 정착하고자 하는 사람들이다. 각각의 문화 집단의 성격이 다르듯 이들을 대상으로 하는 다문화 정책의 내용도 다소 차이가 있다.[11] 이 글의 다문화주의는 이민자 집단을 논의 대상으로 한정시키고자 한다. 킴리카는 이민자 집단을 대상으로 하는 다문화주의를 이민자 다문화주의immigrant multiculturalism라 칭하고, 이민자 집단의 문화 권리를 '다종족 권리polyethnic rights'로 표현하였다. 다종족 권리란 이민자 집단이 다른 문화에 속하였다는 이유로 수용국의 사회, 경제, 정치의 영역에서 차별받지 말아야 하는 권리뿐만 아니라, 더 나아가 이민자 집단이 속한 문화의 전통과 관습을 수용국으로부터 제도적으로 존중받아야 하는 권리이다. 다종족 권리의 예로, 이민자 집단의 문화와 예술의 번영을 위해 공적자금을 지원하는 정책이나, 종교나 문화 관습의 이유로 이민자 집단이 수용국의 특정 법과 규제로부터 면제받는 정책을 들 수 있다.[12]

이 글이 이민자 다문화주의에 주목하는 이유는 다음과 같다. 첫째, 다문화주의에 대한 기존 평가를 재평가해 본다는 점에서 논의 초부터 일관된 평가를 받는 대상보다 다소 논쟁적인 평가를 받는 대상을 살펴보는 것이 재평가의 의미를 더 살릴 수 있기 때문이다. 민족 집단이나 원주민 집단을 대상으로 하는 다문화주의는 대게 긍정적

---

[11] 킴리카는 그의 초기 저서에서 다문화주의 대상을 민족 집단과 이민자 집단의 둘로 나누고, 민족 집단 속에 원주민 집단이 포함되는 것으로 설명한다. Will Kymlicka, *Multicultural Citizenship : A Liberal Theory of Minority Rights*, Oxford : Oxford University Press, 1995, pp. 11-33. 그러나 집단별 구체적인 다문화 정책을 분석하는 최근 연구에서는 다문화주의 대상을 민족 집단, 원주민 집단, 이민자 집단의 세 부류로 세분화하여 설명한다. 각 집단별 구체적인 다문화 정책에 대해서는 다음을 참조하시오. Will Kymlicka, "The Rise and Fall of Multiculturalism?," pp. 101-102 ; Keith Banting and Will Kymlicka (eds.), *Multiculturalism and the Welfare State*.

[12] Will Kymlicka, *Multicultural Citizenship*, pp. 30-31.

인 평가를 받아 왔다. 예를 들어, 민족 집단에게 영토권이나 자치권을 부여하거나 원주민 집단에게 그들의 관습법을 인정하는 등의 다문화 정책은 서구 많은 국가들에게서 별 무리 없이 수용되고 있다. 또한 〈원주민의 권리선언Declaration of the Rights of Indigenous Peoples〉이 2007년 UN에서 승인되는 등 국제사회에서도 민족 집단과 원주민 집단의 다문화주의는 일반적으로 받아들여지고 있는 추세이다. 그러나 이민자 다문화주의에 대해서는 이에 대한 평가가 사뭇 엇갈린다.[13] 둘째, 서두에 언급한 서구 유럽 국가들이 선언한 다문화주의 실패는 제2차 세계대전 이후 이들 국가에 건너간 이민자를 대상으로 하는 다문화 정책과 관련된다. 따라서 이민자 다문화주의는 현재 논쟁의 대상일 뿐 아니라 지속적인 전 지구화의 흐름과 맞닿아 있기 때문에 앞으로도 계속해서 논쟁의 여지를 남기는 대상이다.[14] 마지막으로, 이민자 다문화주의는 한국 사회에 함의하는 바가 크다. 민족 집단이나 원주민 집단이 부재한 한국 사회에서 다문화주의란 이민자 다문화주의를 주로 의미하는 것으로 이해된다. 이는 한국의 다문화 담론과 다문화 정책의 대상이 주로 결혼이주여성인 것을 보아도 알 수 있다.[15]

---

[13] Will Kymlicka, *Multicultural Odysseys*, pp. 135-167.

[14] Will Kymlicka, *Multicultural Odysseys*, pp. 135-167, "The Rise and Fall of Multiculturalism?," p. 104.

[15] 문경희, 〈국제결혼이주여성을 계기로 살펴보는 다문화주의(Multiculturalism)와 한국의 다문화 현상〉, 《21세기정치학회보》 16, 3, 2006, 67~93쪽 ; 김혜순, 〈한국의 '다문화 사회' 담론과 결혼이주여성 : 적응과 통합의 정책 마련을 위한 기본 전제들〉, 《한국 사회학회 기타간행물》, 2006, 47~75쪽.

그렇다면, 최근 일련의 논의는 어떤 이유에서 다문화주의가 실패했다고 평가하는가? 킴리카는 이런 기존 평가를 어떻게 재평가하는가? 킴리카가 진단하는 다문화주의의 성공과 실패의 원인은 무엇인가? 이하의 절에서는 다문화주의 실패를 진단하는 기존 논의에 대한 킴리카의 재평가를 살펴보도록 하겠다.

다문화주의 성공과 실패 : 무엇이 좌우하는가?

킴리카에 따르면 다문화주의는 1970년대부터 서구 유럽 및 북미에서 민권운동 civil rights movement의 축을 형성하면서 문화다양성에 대한 이해와 소수 문화 집단의 (집단)권리를 인정하는 논의로 발전하였다.[16] 하지만 1990년대 중반부터 다문화주의는 다양한 비판에 직면하는데, 이들 중 가장 두드러진 것이 서두에 언급한 서구 유럽 국가들이 선언한 다문화주의 실패와도 깊은 관련이 있다. 서구 유럽 국가들이 걱정하였던 것은 문화다양성과 문화 집단의 권리를 인정하는 다문화주의가 궁극적으로 국가 정체성을 해체하고 시민권 형성에 부정적인 영향력을 줄 수 있다는 염려였다. 이와 같은 염려 속에서 다문화주의의 '실패fall', '위기crisis' 혹은 '쇠퇴retreat'를 논하는 다문화주의 실패 담론이 1990년대 중반부터 쏟아져 나오기 시작하였다

---

[16] Will Kymlicka, *Multiculturalism*, p. 3.

고 킴리카는 진단한다.[17]

그러나 이러한 다문화주의 실패 담론은 틀린 것이며 이는 단지 다문화주의에 대한 오해에서 비롯되었다고 킴리카는 지적한다. 다문화주의에 대한 오해는 이론적인 측면과 경험적인 측면을 모두 포함한다. 먼저 이론적인 측면에서, 다문화주의 실패 담론은 다문화주의를 문화다양성에 대한 맹목적인 인정으로 잘못 inaccurate 정의하고 있다고 주장한다.[18] 이와 같은 왜곡된 정의에 따른다면, 기존 논의가 염려하듯이 다문화주의를 이행한다는 명목으로 다른 중요한 정치, 경제, 사회문제가 간과될 수 있는 가능성도 충분히 있을 수 있다고 보았다.[19] 반면에 올바른 이해의 다문화주의는 집단들 간 문화 차이를 인위적으로 경계 짓기보다 "문화의 변화와 섞임mix"을 강조하

---

[17] Will Kymlicka, *Multiculturalism*, pp. 3-4. 다문화주의 실패 논의는 다음을 참조하시오. Rogers Brubaker, "The Return of Assimilation?," *Ethnic and Racial Studies* 24-4, 2001, pp. 531-548 ; Christian Joppke, "The Retreat of Multiculturalism in the Liberal State : Theory and Policym," *British Journal of Sociology* 55-2, 2004, pp. 237-257 ; Yasmin Alibhai-Brown, *After Multiculturalism*, London : Foreign Polity Centre, 2000 ; David A. Hollinger, *Post-ethnic America : Beyond Multiculturalism* (revised edition), New York : Basic Books, 2006. 다양한 국가들에서 나타난 다문화주의 실패 담론을 잘 정리한 분석으로는 다음을 참조하시오. Steven Vertovec and Susan Wessendorf (eds.), *The Multiculturalism Backlash : European Discourses, Policies and Practices*, London : Routledge, 2010.

[18] Will Kymlicka, *Multiculturalism*, p. 5.

[19] 특히 킴리카가 비판하는 것은 3S 모델로 왜곡되어 인식되는 다문화주의에 대한 이해이다. Will Kymlicka, "The Rise and Fall of Multiculturalism?," p. 98. 3S는 samosas(사모사), steel drums(철 드럼), saris(사리)를 표현하는 것으로, 이는 각각 인도의 전통적인 음식, 음악, 의복을 대표한다. 3S 모델에 따르면 다문화주의는 음식, 음악, 의복을 포함한 문화 전통과 관습에 대한 다양성 인정을 의미한다. 다문화주의 3S 모델에 대해서는 Alibhai-Brown, *After Multiculturalism* 참조.

며, 문화 집단에 속한 구성원들의 "정치와 사회경제적 기회와 참여를 담보하고, 인권과 개인의 자유를 보장"하는 데 기여한다고 주장한다. 더불어 더 포괄적인 의미의 국가 정체성을 세우고 민주적 시민권을 형성하는 데에도 긍정적인 역할을 한다고 주장한다.[20] 즉, 다문화주의는 1970, 80년대에 새롭게 만들어진 아이디어라기보다 인권 규범을 기초로 하여 사회 내의 종족적 인종적 위계질서에 도전해 온 기존 운동과 사상의 거시적인 맥락 속에서 이해되어야 한다는 것이다.[21] 그렇다면 다문화주의란 문화다양성의 인정이라는 '상징성symbolic'을 뛰어넘어 정치·경제·사회 영역에 존재하는 종족적 인종적 위계질서에 대한 실질적인 도전으로 볼 수 있으며, 따라서 다문화주의 실패를 인정하거나 이를 애석하게 생각하기 이전에 무엇이 다문화주의인지에 대한 올바른 이론적 이해가 선행되어야 한다고 강조한다.[22]

킴리카는 경험적인 측면에서도 다문화주의 실패 담론은 근거 없는 주장이라고 일축한다. 다문화 정책multiculturalism policies : MCPs은 실패했기는커녕 성공적으로 채택되고 있으며, 오히려 최근 10년간 전 세계적으로 더욱 활성화되고 있다고 지적한다.[23] 여기에서 킴리카는 다문화 정책 지표Multiculturalism Policy Index라는 것을 선보인다. 다문화 정

---

[20] Will Kymlicka, *Multiculturalism*, pp. 1-5.

[21] Will Kymlicka, *Multiculturalism*, p. 6.

[22] Will Kymlicka, "The Rise and Fall of Multiculturalism?," p. 102, *Multiculturalism*, p. 9.

[23] Will Kymlicka, *Multiculturalism*, pp. 1, 14.

책 지표란 다양한 나라에서 어떤 다문화 정책이 채택되고 있으며 어떤 정책 결과가 나오는지에 대해 비교 가능한 기준을 통해 보여 주는 것이다.[24] 물론 정책 결정 과정과 결과를 수치화해서 평가하는 것의 한계와 문제점이 있겠지만, 이민자 다문화 정책의 경우 이를 채택하고 있는 대부분의 국가들에서 긍정적인 연구 결과가 나온다고 소개한다. 특히 정책 결과 측면에서 볼 때 다문화 정책은 이주민의 사회 참여와 유대에 긍정적인 기여를 할 뿐만 아니라 이주 수용국의 제도적 환경에도 좋은 결과를 미친다고 설명한다.[25] 따라서 최근 서구 유럽국가 정상들이 표명한 다문화주의 실패 선언은 정치적 수사일 뿐 실제 정책에서는 오히려 다문화주의가 활성화되고 있다고 주장한다. 정치지도자는 다문화주의를 과거의 이슈로 치부해서 앞으로의 선거에서 자신이 제시하는 비전을 새로운 것으로 보이려는 전략을 세우는 것에 불과하다는 것이다.[26] 결국 경험적으로도 다문화주의 실패 담론은 잘못된 것이라고 평가한다.

따라서 킴리카는 다문화주의 실패 담론에도 불구하고 다문화주

---

[24] 다문화 정책 지표의 내용과 활용에 대해서는 다음의 웹사이트를 참조하시오. www. queensu.ca/mcp

[25] Will Kymlicka, *Multiculturalism*, pp. 10-13.

[26] Will Kymlicka, *Multiculturalism*, pp. 14-15. 서구 유럽의 정치가들이 "m word"(multiculturalism을 의미한다)를 쓰지 않는 대신, 이를 대체할 다른 용어, 예를 들면 다양성diversity, 다원주의pluralism, 간문화 대화intercultural dialogue 혹은 공동체 유대community cohesion 등을 사용하고 있지만, 이러한 용어 변화가 실질적인 정책 변화를 이끌지 못했다고 킴리카는 지적한다.(Will Kymlicka, Multiculturalism, p. 14) 사라 송Sarah Song도 다문화주의에 대한 도전은 학문적이라기보다 단지 정치적이라고 언급한다.(Song, "Multiculturalism")

의는 여전히 유용하며 정책 결정자들에게 "매력적인 선택salient option"
일 수밖에 없다고 주장한다.[27] 이 글에서 주목하는 바는 다문화주의
의 실패 담론에 대한 킴리카의 반박 논리보다는 킴리카가 진단한 다
문화주의 성공과 실패의 요인이다. 킴리카도 지적했듯이 다문화주
의의 미래가 아무리 밝다고 하여도 다문화주의가 언제나 성공적인
것은 아니다. 그렇다면, 다문화주의의 성공과 실패의 요인은 무엇인
가? 다문화주의는 어떤 경우에 성공하고 어떤 경우에 실패하는가?
킴리카에 따르면, 그것은 다문화주의 전제 조건이다. 다문화주의는
무無에서 생성된 것이 아니라 특정 전제 조건 위에서 존재해 왔으며
그런 경우에만 성공해 왔다고 설명한다. 물론 다문화주의 전제 조건
에 대한 어떤 체계적인 이론이 존재한다고 확신하기에는 조심스러
운 부분이 있다. 그렇지만 역사적 경험적으로 살펴보았을 때 다문화
정책이 기대한 결과를 낳아 성공적이었을 때에는 특정 전제 조건이
충족된 경우였다고 지적한다.[28] 달리 표현하면, 전제 조건의 마련으
로 다문화 정책의 성공적인 집행과 결과가 어느 정도 담보될 수 있
다는 것이다.[29]

　킴리카가 진단한 다문화주의 전제 조건은 크게 다섯 가지다 : ①
수용국의 안보, ②인권에 기초한 이민자 문화 평가, ③수용국의 국

---

[27]　Will Kymlicka, *Multiculturalism*, p. 21.

[28]　Will Kymlicka, *Multiculturalism*, p. 21.

[29]　Will Kymlicka, *Multicultural Odysseys*, pp. 87-134 ; "The Rise and Fall of
　　　Multiculturalism?," pp. 106-109.

경 통제력, ④이민자 집단의 동질성 여부, ⑤수용국의 국익.[30] 이민자를 대상으로 하는 다문화주의는 다섯 전제 조건(①~⑤) 모두가 관련되지만, 민족 집단과 원주민 집단을 대상으로 하는 다문화주의는 ①수용국의 안보와 ②인권에 기초한 이민자 문화 평가가 주로 관련된다고 설명한다. 이민자 다문화주의를 다루는 이 글은 특히 ②인권에 기초한 이민자 문화 평가, ③수용국의 국경 통제력, ⑤수용국의 국익의 세 가지 전제 조건에 주목하고자 한다.

인권에 기초한 이민자 문화 평가 - 다문화주의는 인권 규범이 전제되었을 때 성공적이다. 다문화주의는 모든 문화를 획일적으로 존중하는 정책이 아니며, 이주 수용국은 존중해야 하는 이민자 문화와 그렇지 않아도 되는 이민자 문화를 선별하고 평가할 수 있어야 한다. 이러한 선별과 평가의 기준은 인권 규범이다.[31]

수용국의 국경 통제력 - 다문화주의는 수용국의 국경 통제력이 전제되었을 때 성공적이다. 국경 통제력이란 누구를 이주민으로 받아들이고 받아들이지 말아야 하는지에 대한 명확한 기준이 있어야 한다는 의미이며, 이러한 기준을 어긴 불법 이민자를 제재하고 지나친 난민의 유입에 대해서도 제한할 수 있어야 한다는 의미이다.[32]

---

[30] Will Kymlicka, *Multiculturalism*, pp. 2, 21-23.

[31] Will Kymlicka, *Multiculturalism*, p. 2.

[32] Will Kymlicka, *Multiculturalism*, p. 2.

수용국의 국익 - 다문화주의는 이민자가 이주 수용국에 충성하고 경제적으로 기여한 경우에 성공적이다. 이민자는 이주 수용국에 일방적으로 의존하는 복지 수혜자가 되지 말아야 하며, 이주 수용국의 경제발전에 공헌해야 하는 책임과 의무를 갖는다.[33]

킴리카에 따르면 이민자 다문화주의의 경우, 위의 전제 조건이 충족되지 않는 경우가 많다. 그런 경우, 다문화 정책은 "위험성 높은 high-risk" 상황에 빠지게 된다고 설명한다. 그렇다고 해서 이민자를 대상으로 하는 다문화 정책 자체를 거부함으로써 위험 사항을 회피하려는 시도는 오히려 더 심각한 위험을 초래하는 일이라고 보았다. 더 중요한 것은 이를 위험 사항으로 인식하고 어떻게 잘 대처할 수 있는지가 결국 앞으로 다문화주의 논의가 풀어야 할 중요한 숙제라는 것이다.[34]

이 글의 목적은 위의 세 가지 다문화주의 전제 조건을 분석해 봄으로써 다문화주의가 내포한 역설을 지적하는 데 있다. 다문화주의란 전 지구화로 인해 자본과 노동의 이동이 증대되고 새로운 문화와 이주민의 유입이 확대됨으로써 야기된 문화다양성을 다루는 정책이다.[35] 그러나 킴리카가 지적한 다문화주의 전제 조건은 전 지구화로

---

[33] Will Kymlicka, *Multiculturalism*, p. 2.

[34] Will Kymlicka, *Multiculturalism*, pp. 24-25.

[35] 황정미, 〈다문화시민 없는 다문화 교육〉, 96쪽. 김남국에 따르면 다문화주의는 현상과 규범의 두 가지 측면을 포함한다고 설명한다. 이 글은 킴리카를 따라 다문화주의를 규범적으로 이해한다. 즉, 다문화 현상을 다루기 위한 규범적 정책을 다문화

야기된 다문화주의에 오히려 역행하는 모습을 보인다. 이민자 문화를 외래의 것으로 간주하여 이를 선별 평가의 대상으로 삼는 점(첫 번째 전제 조건), 원하지 않는 이민자의 유입을 제재하고 통제할 수 있는 이주 수용국의 강한 국경 통제력을 전제하는 점(두 번째 전제 조건), 이주를 이주 수용국의 국익 측면에서 고려하는 점(세 번째 전제 조건)은, 국가 경계의 의미가 감소되고 인구와 문화의 활발한 이동으로 야기된 다문화주의와 사뭇 모순된 모습을 보인다. 이하의 논의에서 각각의 다문화주의 전제 조건과 그것의 역설적 한계를 살펴보도록 하겠다.

이민자 문화에 대한 평가

킴리카에 따르면 다문화주의를 담보하는 첫 번째 성공 조건은 인권 규범이다. 다문화주의는 문화다양성을 맹목적으로 인정하는 정책이 아니며, 따라서 인정해야 하는 문화와 그렇지 않아야 하는 문화를 선별할 수 있어야 한다. 이는 다문화주의가 문화 집단에 대한 '차별화된 집단의 권리group-differentiated rights'임과 동시에 문화 자체에 대한 권리라는 점을 의미한다.[36] 모든 문화가 존중받아야 한다는 주장이

주의로 정의한다. 김남국, 〈한국에서 다문화주의 논의의 전개와 수용- 서평 : 오경석 외《한국의 다문화주의》, 김혜순 외《한국적 다문화주의의 이론화》〉,《경제와 사회》80, 2008, 346~347쪽.

[36] Will Kymlicka, *Multicultural Citizenship*, p. 6. 킴리카는 문화가 존중받아야 하는 이유

아니라면, 문화를 선별하고 평가하는 작업은 다문화주의에서 어쩌면 필연적인 귀결일 수 있다. 킴리카도 이 점을 인정한다. 그렇다면 어떤 문화가 존중받아야 하고 어떤 문화는 그렇지 않아도 되는가? 문화의 선별 기준은 무엇인가? 킴리카는 문화의 선별 기준으로 보편적인 인권 규범을 제시한다.[37] 서구 이주 수용국의 입장에서 이민자 문화를 평가하는 것이 아니라 보편적 윤리 기준인 인권에 기초하여 이민자 문화를 평가한다는 설명이다. 다문화주의는 인권 규범을 기초하여 종족적 인종적 위계질서에 대한 도전이라는 큰 흐름에서 태생했기 때문에 반식민운동decolonization, 인종통합운동racial desegregation 과도 맥락을 같이 한다고 주장한다. 다문화주의는 반식민운동이나 인종통합운동과 같이 인권 규범, 즉 자유민주주의 가치에 기초하고 있다는 것이다.[38]

따라서 인권 규범이 부재한 '비자유적illiberal' 이민자 문화를 인정하는 것은 다문화주의 기본 원리에 위배될 뿐만 아니라 이주 수용국에게도 위협적이라고 본다. 비자유적 문화를 인정하는 것은 수용국 자유민주주의 사회에 전제 통치를 인정하는 셈이라고 설명한다. 또한 비자유적 이민자 문화는 이민자 자신에게도 기본적인 인권을 보장해 주지 못하기 때문에 부정적이라고 본다. 결국 비자유적 이민

로 '사회구성적 문화societal culture'의 역할을 지적한다. 사회구성적 문화는 그 문화에 속한 개인에게 삶의 의미를 부여하기 때문이다. Will Kymlicka, *Multicultural Citizenship*, pp. 76-77.

[37] Will Kymlicka, *Multicultural Odysseys*, pp. 88-97.

[38] Will Kymlicka, *Multicultural Odysseys*, pp. 92-97.

자 문화를 인정하는 것은 이민자 집단과 이주 수용국 양쪽 모두에게 "두려운fear" 상황을 야기할 수 있다는 것이다.[39] 특히 서구 유럽 국가에서 다문화주의 실패의 대상은 주로 이들 국가에 이주해 온 무슬림 집단과 관련되었다. 무슬림 이민자 집단은 자유민주주의 규범에 통합되는 것을 거부할 뿐만 아니라, 이러한 무슬림의 비통합적 성격은 기존 사회를 분열시키고 결국에는 이주 수용국의 안보에도 위협적인 영향을 미쳤다고 지적한다.[40]

다문화주의는 자유민주주의 가치에 기초해야 한다는 이러한 킴리카의 주장은 일련의 페미니스트에 의해 제기된 다문화주의와 여성주의 간의 논쟁과도 관련된다.[41] 수잔 오킨Susan Okin은 "다문화주의가 여성에게 나쁜가?"라는 질문을 던지면서 다문화주의와 여성주의 간의 긴장 관계를 지적한다.[42] 오킨에 따르면, 여성이나 아동을 차별하고 학대하는 관습과 전통을 가진 비서구 문화는 다문화주의의 대상이 되어서는 안 된다. 오킨은 이러한 관습과 전통의 예로 여성 할례,

---

[39] Will Kymlicka, *Multiculturalism*, p. 22.

[40] Will Kymlicka, *Multiculturalism*, p. 22.

[41] Susan Okin, "Is Multiculturalism Bad for Women?," in Joshua Cohen, Matthew Howard, and Martha C. Nussbaum (eds.), *Is Multiculturalism Bad for Women?*, Princeton : Princeton University Press, 1999 ; Ayelet Shachar, *Multicultural Jurisdictions : Cultural Differences and Women's Rights*, Cambridge : Cambridge University Press, 2001 ; Monique Deveaux, *Gender and Justice in Multicultural Liberal States*, Oxford : Oxford University Press, 2006.

[42] Susan Okin, "Is Multiculturalism Bad for Women?," p. 10.

일부다처제, 아동결혼, 강제결혼 등을 제시한다.[43] 이러한 문화를 인정해 주고 문화 집단의 권리를 보호해 준다면 여성과 아동에 대한 차별, 불평등, 억압 등을 방관하고 인정하는 꼴이 된다는 지적이다. 가부장적인 비자유 문화를 인정하는 다문화주의는 여성에게 부정적인 영향을 줄 수 있기 때문에 이러한 비자유 문화를 인정하는 다문화주의는 여성주의 입장에서 부정되어야 한다고 오킨은 주장한다. 킴리카는 이러한 오킨의 다문화주의 비판에 적극적으로 대응하면서, 모든 문화가 다문화 정책의 대상이 되어서는 안 되며 인권 규범을 준수하는 문화만이 존중받을 가치가 있다고 언급한다.[44] 이와 같은 대응은 다문화주의가 인권 규범에 기초한다는 킴리카의 기존 입장과 원칙적으로 부합하는 것이다.

여기에서 필자는 문화란 무엇이며 이를 어떻게 정의할 수 있는지, 문화 간에는 어떤 차이가 있으며, 문화 경계라는 것이 실제로 그어질 수 있는지에 대한 근본적인 질문을 던지지 않겠다.[45] 또한 문화를

---

[43] Susan Okin, "Is Multiculturalism Bad for Women?," pp. 9-10.

[44] Will Kymlicka, "Liberal Complacencies," in Joshua Cohen, Matthew Howard, and Martha C. Nussbaum (eds.), *Is Multiculturalism Bad for Women?*, Princeton : Princeton University Press, 1999, pp. 31-34.

[45] 문화 차이와 문화 경계에 대해서는 Jeremy Waldron, "Minority Cultures and the Cosmopolitan Alternative," in Will Kymlicka (ed.), *The Rights of Minority Cultures*, Oxford : Oxford University Press, 1995 ; Uma Narayan, *Dislocating Cultures : Identities, Traditions, and Third-World Feminism*, New York and London : Routledge, 1997 참조. 킴리카는 문화라는 것이 상호 겹치고 서로 교류적인 성향을 보이고 있지만, 개인들은 그래도 구별되는 '사회구성적 문화'에 소속되어 있고 그러한 문화를 보존하려 한다고 설명한다. Will Kymlicka, *Multicultural Citizenship*, pp. 101-105. 그러나 제레미 왈드론Jeremy Waldron은 문화란 독립적이고 구별이 가능한 그 무엇이 아니라고

평가하고 선별하는 작업이 다문화주의의 필연적인 귀결이라면 이를 굳이 문제 삼지 않겠다. 다만 이 글에서 비판하는 다문화주의 한계는, 이민자 문화의 평가에서 (물론 그것의 기준이 보편적인 규범인 인권일지라도) 수용국 문화와 이민자 문화를 서로 별개의 것으로 간주한다는 점에 있다. 이는 수용국의 입장에서 이민자 문화를 이질異質적인 자극으로 보는 것이다.[46] 서구 수용국 문화와 비서구 이민자 문화는 별개의 것이기 때문에, 외래外來의 이민자 문화가 수용국에 유입되었을 때 생기는 가능한 갈등과 부작용을 다루는 것이 다문화주의라고 보는 입장이다. 그러나 이 글은 이민자 문화를 외래 것으로 간주하고, 외래 자극인 이민자 문화를 수용국이 어떻게 받아들일지를 탐색하는 다문화주의 전제를 비판한다. 수용국의 자유 문화와 이민자의 비자유 문화는 서로 배타적이거나 이질적이지 않으며, 특히 수용국은 이민자 문화라는 외부 자극에 단지 수동적으로 대응해 온 것이 아니라 본래의 비서구 문화 형성에 역으로 영향을 끼쳐 왔음을 강조한다.[47]

서구, 특히 서구 식민주의 영향으로 아시아, 라틴아메리카, 아프리카의 비서구 문화의 관습과 풍습이 새롭게 만들어지거나 재조명

본다. 문화는 전쟁, 제국주의, 무역, 이민 등을 통해 서로 영향을 받고 영향을 미치고 있기 때문에 혼종성hybridity을 그 특징으로 한다고 설명한다.(Jeremy Waldron, "Minority Cultures and the Cosmopolitan Alterntive")

[46] Uma Narayan, "Essence of Culture and a Sense of History : A Feminist Critique of Cultural Essentialism," *Hypatia* 13-2, 1998, pp. 86-106.

[47] Alison M. Jaggar, "'Saving Amina' : Global Justice for Women and Intercultural Dialogue," *Ethics and International Affairs* 19-3, 2005, pp. 65-67.

받는 경우를 찾아볼 수 있다. 이는 킴리카의 전제와는 반대로 비서구 문화가 오히려 서구의 자극으로 영향 받고 생성되었다는 증거이다.[48] 무엇보다도 킴리카가 '비자유적'이라고 보는 비서구 문화의 다양한 관습과 전통의 경우가 그러하다. 여성 할례는 영국 식민주의에 대항하는 케냐 민족주의 저항의 산물로서 주목을 받게 된 경우이고,[49] 미망인을 산채로 화장하는 풍습인 인도의 사티sati도 영국 식민주의와 인도 민족주의와의 관계 속에서 생성되었다는 연구가 이를 뒷받침한다.[50] 또 다른 인도의 가부장적인 풍습인 혼인지참금 살인 dowry murder의 경우에도 영국 제국주의가 그 풍습의 기원이라는 연구가 있다.[51] 뿐만 아니라, 현재의 서구 강대국 중심의 국제질서에 의해 '비자유적' 비서구 문화가 영향 받았다는 연구도 존재한다. 여성주의 정치이론가인 앨리슨 자거Alison Jaggar에 따르면, 서구는 비서구 사회의 보수 세력을 전략적으로 지지함으로써 결과적으로 여성에게 불리한 문화를 비서구 사회에 강화하거나 심지어 강제해 왔다는 것이다. 20세기 영국과 미국은 여성 차별적인 정책을 펼치는 사우디아라비아 정권을 지지하였으며, 또한 미국은 공산주의에 반대하는 이

---

[48] Chandra Talpade Mohanty, Feminism Without Borders, Durham and London : Duke University Press, 2003, pp. 17-42 ; Uma Narayan, *Dislocating Cultures*.

[49] Katha Pollitt, "Whose Cultures?," in Joshua Cohen, Matthew Howard, and Martha C. Nussbaum (eds.), *Is Multiculturalism Bad for Women?*, Princeton : Princeton University Press, 1999, p. 29.

[50] Uma Narayan, *Dislocating Cultures*, pp. 41-80.

[51] Alison M. Jaggar, "'Saving Amina,'" p. 65.

슬람 반군을 지지함으로써 가부장적 전통을 고수하는 아프카니스탄의 탈레반에게 정권 획득의 기회를 만들어 주었다고 설명한다. 이 점에서 미국의 레이건 대통령은 아프카니스탄 탈레반 정권의 근거인 이슬람 반군을 심지어 건국의 아버지Founding Fathers로 묘사하기도 하였다고 지적한다.[52]

요약하건대, 이민자 문화를 별개의 것으로 보고 이를 외래의 평가 대상으로 삼는 다문화주의 전제는 문화가 서로 연결되고 혼재해 있다는 사실을 간과하고 있다. 더군다나 '비자유적' 이민자 문화가 서구에 의해 야기된 결과물일 수 있다는 점 역시 간과하고 있다. 예를 들면, 식민주의나 제국주의 같은 과거 서구의 간섭뿐만 아니라 최근 서구 강대국 주도의 국제질서도 비서구 문화의 '비자유성'에 기여했다는 경험적 연구를 찾을 수 있었다. 물론 이민자 집단의 경우 자발적으로 이민을 결정하여 타국으로 들어온 것이기 때문에, 자국에서 그들이 누렸던 문화의 일정 부분이 이민으로 들어온 타국에서 제한되는 것을 현실로서 받아들일 수밖에 없다는 킴리카의 주장은 일면 타당하다. 그 결과 이민자 문화에 대한 수용과 제한의 기준 성립은 다문화주의에 어느 정도 불가피하다는 입장도 일면 합당하다. 그러나 킴리카의 다문화주의는 결국 다문화주의라는 명목으로 이민자 문화에 대한 구별짓기와 배제를 근본적으로 가능하게 하며, 더 나아가 구별짓기와 배제의 이유로 지목되는 이민자 문화의 '비자유성'을 그들의 본질적인 속성으로 여기고 있다는 점을 필자는 비판한다. 그

---

[52] Alison M. Jaggar, "Saving Amina," p. 66.

렇다면, 비서구 이민자 문화에 대한 수용국의 평가가 얼마나 유효하며, 평가가 부정적이라 하여 이들 문화가 존중받을 만한 권리와 가치가 없다고 단정 지을 수 있는지는 쉽게 답하기 어려워 보인다.

이주 수용국의 국경 통제력

다문화주의는 이주 수용국에 들어온 이민자의 사후 처치와 관련된다. 따라서 킴리카에 따르면 수용국이 국가 경계에 대한 통제력, 즉 누구를 이민자로 받아들일 것이며, 얼마나 받아들일 것인지를 결정할 수 있는 장악력이 있을 때 다문화 정책은 성공적으로 추진될 수 있다.[53] 이러한 수용국의 국경 통제력이 두 번째 전제 조건이다. 이주자의 유입은 근본적으로 수용국의 국익에 부합되어야 하기 때문에(수용국의 국익 측면은 이어지는 논의에서 자세히 설명하겠다), 수용국은 자국의 수요와 필요를 넘어서는 이주에 대해서 통제할 수 있어야 한다고 설명한다. 수용국이 강한 국경 통제력을 가진다는 것은, 이민자의 선별과 이민자의 수를 통제할 수 있을 뿐만 아니라 불법 이민자에 대해서도 제재를 할 수 있다는 의미이다. 더 나아가 많은 수의 난민 유입에 대해서도 제한할 수 있다는 뜻이다. 수용국이 국경 통제력을 충분히 갖추지 못하였다면 다문화 정책의 성공 여부는 논쟁적이 될 수밖에 없을 뿐만 아니라, 수용국의 기존 국민도 "자신의 삶

---

[53] Will Kymlicka, *Multiculturalism*, p. 23.

their own destiny을 통제"할 수 없다고 여겨 "안전하다고 생각feel secure"하지 못한다고 킴리카는 지적한다.[54]

킴리카는 국경 통제력을 갖춰 다문화 정책이 성공한 사례로 캐나다를 제시한다. 캐나다의 이민자 다문화 정책이 성공한 이유는 주변 빈국으로부터 불법 이민자나 난민과 같은 "원하지 않는unwanted" 이민자의 대량 유입이 없었기 때문이다. 이는 캐나다의 이민자 다문화주의와 유럽 국가들의 이민자 다문화주의의 성패 차이를 좌우하는 주요한 변수로서 작동했다고 보았다. 다시 말해, 주변 빈국으로부터 원하지 않은 이민자의 대량 유입이 있었던 유럽의 경우 이민자 다문화주의가 어려움을 겪었던 반면, 그런 유입이 부재한 캐나다의 경우 이민자 다문화주의가 대체로 성공적이었다는 것이다. 캐나다에서 원하지 않는 이민자의 대량 유입이 부재한 이유는 "운 좋은good fortune" 캐나다의 지정학적 위치 탓이 크다.[55] 유럽과는 달리 캐나다는 국경과 맞닿은 주변국이 많이 존재하지 않기 때문이다. 이는 달리 표현하자면, 캐나다의 경우 정부가 선택한 외국인만, 즉 정부가 이주를 허가한 외국인만 국경을 통과할 수 있었으며, 그 결과 캐나

---

[54] Will Kymlicka, *Multiculturalism*, p. 23.

[55] 이 글에서는 수용국의 지정학적 위치를 강조하는 킴리카 논의를 자세히 다루지 않지만, 이는 앞서 언급한 또 다른 다문화주의 전제 조건인 수용국의 안보와도 직접적으로 관련된다. 킴리카에 따르면 자국의 소수 문화 집단이 국경을 맞닿은 이웃 적국neighboring enemies과 잠재적인 동맹 관계를 맺을 수 있는 경우에 다문화주의는 성공적이지 못하다고 보았다. 즉, "국가가 지정학적 측면에서 불안을 느끼게 될 때 그 국가는 소수민들을 공정하게 다루기 어렵다." Will Kymlicka, Multiculturalism, p. 21.

다의 이러한 (운 좋게 획득한) 국경 통제력은 자국민들이 그들의 삶을 통제할 수 있고 안전하다고 여길 수 있는 환경을 조성하였기 때문이다.[56]

현실적으로 볼 때 국가 경계의 존재가 불가피하다면, 국가가 국경 통제력을 가지며 그 국경 내에서 어느 정도 배타적 주권을 행사한다는 사실을 인정하는 데에는 큰 무리가 없다. 이 점에서 킴리카의 주장은 일면 합당하다. 이는 역시 한 국가가 이주를 통제하고 제한하는 권리가 있다는 사실을 함께 시사한다. 존 롤스John Rawls의 말을 빌리더라도, "역사적 관점에서 볼 때 한 사회의 경계가 아무리 자의적인 것으로 여겨진다 하더라도, 자신들의 인구 규모뿐만 아니라 자신들의 영토와 환경을 보전할 최종 책임을 지는 한 … 정부의 중요한 역할은 국민의 대표자와 효율적인 행위자의 역할이다."[57] 따라서 "이민 문제에 관하여 … 나는[롤스]—역사적 관점에서 볼 때 사회의 경계가 아무리 자의적으로 사라진다 하더라도—국가의 중요한 역할은, 국민이 자신의 영토와 인구의 규모, 나아가 영토의 환경적 통합 유지에 대한 책임을 수행"하는 것이라고 지적한다.[58]

그러나 필자가 비판하고자 하는 점은 아무리 롤스처럼 국경의 불가피성이나 인구 규모에 대한 국가적 책임을 인정한다고 할지라도,

---

[56] Will Kymlicka, "Marketing Canadian Pluralism in the International Arena," *International Journal* 59-4, 2004, pp. 846-848.

[57] 존 롤스, 《만민법》, 장동진 김만권 김기호 옮김, 아카넷, 2009, 70쪽.

[58] 존 롤스, 《만민법》, 21쪽.

킴리카가 상정하듯 국가의 국경 통제력을 무리 없이 전제할 만큼 이민을 제한하는 국가 권한의 정당성이 그리 확고하지 않다는 사실이다. 특히 수용국이 자국 국민에게 "안전하다는 생각"을 보장할 목적으로 원하지 않는 이주자를 제한할 수 있는 국경 통제력을 가진다는 주장은 그 정당성에 쉽게 동의하기 어렵다. 물론 국가가 얼마만큼의 국경 장악력을 가져야 하는지에 대한 문제는 여전히 논쟁적인 이슈임이 분명하다. 그러나 킴리카가 간과한 점은 자국의 이익과 자국민의 보호를 위해 강한 국경 통제력을 주장할 만큼 그 논의의 정당성이 당연하지 않다는 데에 있다.

예를 들어, 지구와 지구 자원에 대한 인류 공동의 소유권을 근거로 자유로운 이주의 도덕적 정당성을 주장하는 논의,[59] 개인의 국경이동을 보호받아야 하는 인권의 하나로 그리고 인간의 기본권인 자유 이동권으로 보는 입장,[60] 경제적 이유로 인한 이주를 인류애humanity의 관점에서 도덕적 정당성을 찾고 국경의 임의성을 강조하는 논의,[61] 이주의 승인과 불가를 결정하는 기준으로 인종, 종교, 민족, 성적 취향sexual orientation, 특정 질병과 같은 임의적 요소arbitrary factors

---

[59] Mathias Risse, "On the Morality of Immigration," *Ethics and International Affairs* 22-1, 2008, pp. 25-33.

[60] Chandran Kukathas, "The Case for Open Immigration," in Andrew Cohen and Christopher Wellman (eds.), *Contemporary Debates in Applied Ethics*, Malden, MA : Blackwell Publishing, 2005, pp. 210-211.

[61] Chandran Kukathas, "The Case for Open Immigration," pp. 210-211.

는 허용될 수 없다는 주장[62] 등은 국경 통제를 국가가 가지는 자연스럽고 필수적인 권한으로 보는 입장에 대해 회의적인 논의들이다. 이주는 일반적으로 경제적인 동기에 의해서 유발되며 따라서 저개발국에서 선진국으로 이동한다. 토마스 포기Thomas Pogge의 주장처럼, 선진국 중심의 부당한unjust 국제 체제에 기초해 선진국과 저개발국 간의 경제 격차가 발생하고 유지된다고 본다면, 이주의 원인을 선진국 중심의 부당한 국제 체제에서 찾을 수 있다.[63] 이 경우 선진국이 저개발국 국민의 선진국으로의 이주를 제한할 정당성의 근거를 얼마만큼 지니느냐는 역시 문제로 남는다. 이러한 국경 통제 권한에 대한 비판적인 논의들을 고려한다면, 또한 다문화주의가 인구와 문화의 국경 이동에 따른 결과라는 점을 인정한다면, 다문화 정책의 성공을 위해 강한 국경 통제력이 요구된다는 전제를 무리 없이 받아들이기에는 한계가 있다.

킴리카는 불법 이민자에 대한 통제도 언급하였다. 불법 이민자는 수용국 법을 어겼을 뿐만 아니라 도덕적으로도 허용될 수 없다고 주장한다.[64] 킴리카의 지적처럼, 불법 이민자에 대한 통제는 일반적인 이주에 대한 통제에 비해 그 논란의 소지가 적은 것은 분명하다. 그럼에도 불구하고 심지어 불법 이주를 제재하는 것에 대한 법적 도

[62] Joseph H Carens, "Who Should Get in? The Ethics of Immigration Admission," *Ethics and International Affairs* 17-1, 2003, pp. 103-110.

[63] Thomas Pogge, *World Poverty and Human Rights* (2nd edition), Cambridge : Polity, 2008.

[64] Will Kymlicka, *Multiculturalism*, p. 23.

덕적 정당성에 의문을 제기하는 논의도 상당수 존재한다는 점을 간과하지 말아야 한다. 예를 들어, 마티아스 리세Mathias Risse는 이주에 관한 법은 원칙적으로 그 국가에 속한 국민을 대상으로 제한되기 때문에 그 법을 근거로 이주의 합법 불법을 판단하여 불법 이주를 제지하는 것은 수용국 중심의 시각이라고 비판한다. 따라서 수용국의 법을 기초로 하여 이주자의 이주권이 거부될 수 없다는 것이다.[65] 한 국가의 이주법과 정책에 관한 도덕적 정당성 논의는 수용국 중심이 아닌 관련된 모든 행위자의 시각으로 판단되어야 함을 요청하는 하버마스의 주장도 이러한 맥락과 일맥상통한다.[66] 따라서 불법의 기준과 해석이 수용국 중심으로 이루어졌기 때문에 불법 이민자에 대한 제재와 통제에 대한 정당성도 그리 당연하게만 받아들일 수는 없다고 본다.

킴리카에 따르면 국경 통제는 난민에 대한 통제도 포함한다. 그러나 난민을 대상으로 하는 통제는 국제 규범의 관점에서 보았을 때도 문제의 소지가 크다. 왜냐하면 일반적으로 난민은 이민과 구별되며, 이민에 대한 국가의 통제와는 달리 난민을 받아들이는 것은 수용국의 도덕적 책임으로 간주되기 때문이다. 강력한 국경에 대한 통제를 바탕으로 난민의 유입을 제한하는 것은 현재 국제 규범상으로도 벗어나기 때문이다. 난민이란 전쟁이나 기타 정치적 박해에 의해 원래

---

[65] Mathias Risse, "On the Morality of Immigration," pp. 30-31.

[66] Jüergen Habermas, *The Inclusion of the Other : Studies in Political Theory*, Cambridge : MIT Press, 2000, pp. 226-236.

살던 땅을 떠나게 된 사람들이며, 1951년 〈난민의 지위에 관한 협약 Convention Relating to the Status of Refugees〉과 1967년 〈난민의 지위에 관한 의 정서Protocol Relating to the Status of Refugees〉에 기초하여 이들의 기본적인 지 위와 권리가 보장받는다. 실제로 난민협약과 의정서에 가입한 유럽 과 북미의 국가들은 난민이 신청된 경우, 사실 여부를 판단하여 난 민으로 확인되면 이들 국가에 머무르는 것을 허가해야 한다.[67]

요약하건대, 어떠한 이유든 국가 경계가 존재하고 작동하고 있는 현 시점에서, 강력한 국가주권주의나 민족주의에 근거한 논의가 아 닐지라도,[68] 이민의 유입과 배제에 관한 어떠한 원칙은 불가피하게 존재할 수밖에 없다. 그러나 수용국의 안보와 국익을 위해 강한 국 경 통제력을 강조하고, 이러한 국경 통제력이 다문화주의 성공의 조 건으로 지적된다면 문제가 있다. 이민, 불법 이민자, 난민에 대한 강 한 국경 통제의 규범적 근거를 수용국의 안보와 국익이라는 이름으 로 제시하기에 상당히 취약하다. 더군다나 다문화주의가 국경의 쇠 퇴와 주권주의의 감소와 관련이 있다는 점에서 더욱 그러하다.

---

[67] Joseph H Carens, "Who Should Get in?," pp. 99-103.

[68] 해당 국가의 정치 문화와 자결권right to self-determination을 보호하기 위해서 국 경의 도덕적 정당성을 논의하는 입장에 대해서는 다음을 참조하시오. Michael Walzer, *Spheres of Justice : A Defense of Pluralism and Equality*, New York : Basic Books, 1983, pp. 31-63 ; David Miller, *National Responsibility and Global Justice*, Oxford : Oxford University Press, 2007, pp. 201-230.

이주 수용국의 국익

킴리카에 따르면 다문화주의는 이주 수용국의 국익이 전제되었을 때 성공한다. 국익은 여러모로 생각될 수 있으나 가장 대표적인 양상이 경제적인 기여economic contribution이다. 이민자는 맡은 바 "성심성의껏 노력하여good-faith effort" 수용국의 발전에 기여해야 한다는 의미이다. 물론 수용국에 대한 이민자의 노력은 일방적이 되어서는 안되며 이민자와 수용국의 관계는 상호적이어야 한다. 수용국의 입장에서도 합법적으로 받아들인 이민자에 대해 이들을 평등하게 포용해야 할 뿐 아니라 이들에게 일을 할 수 있는 실질적이고 충분한 기회를 제공할 수 있어야 한다.[69]

이 점에서 킴리카는 유럽의 많은 국가들이 이민자의 복지 수혜에만 신경을 쓰고 이들에게 일할 수 있는 기회를 제공하려고 노력하지 않았기 때문에 다문화 정책에 오히려 어려움을 겪었다고 설명한다. 결국, 수용국은 이민자에게 평등한 시민으로서의 지위와 일할 권리를 보장해야 하며, 이주민도 수용국 사회에 성심성의껏 노력해야 하는 의무를 지닌다는 것이다. 반면에 이주민이 열심히 일하지 않고 단지 수용국 복지제도에 "기생live off"하여 살아간다면, 이것을 다문화주의에 대한 "위협threat"이 될 수 있다고 보았다.[70]

필자는 이민자와 수용국의 관계가 상호적이어야 한다는 킴리카

---

[69] Will Kymlicka, *Multiculturalism*, p. 23.

[70] Will Kymlicka, *Multiculturalism*, p. 23.

의 주장에 동의한다. 그러나 이주를 수용국의 국익 측면에서 고려하는 킴리카의 주장은 근본적으로 수용국 중심 시각이라는 점에서 비판을 면하기 어렵다고 본다. 더 나아가 킴리카의 주장은 폭넓은 전 지구적인 맥락에서 이주를 접근하지 못하는 치명적인 한계가 있다. 설령 이민자가 수용국 사회에 기여하여 성공적인 다문화 정책의 토대로 작동한다 할지라도, 전 지구적 측면에서 본다면 다른 부정적인 영향이나 부작용을 낳게 될 수 있다는 점을 강조하고자 한다. 다시 말해, 이주가 국익에 도움이 될 수는 있어도, 국익의 명목으로 다른 부정의가 간과되거나 야기될 수 있다는 점을 언급하고자 한다. 이는 규범적 성격의 다문화주의가 또 다른 규범성과 갈등하거나 배치될 수 있는 여지가 있기 때문이다.

이 점에서 최근 국제이주의 두드러진 현상 중 하나인 여성 이주에 관해 언급하려 한다. 최근 한국을 포함한 동아시아 지역에서 여성 이주가 많이 늘어나고 있다.[71] '이주의 여성화feminization of migration'라고 불리는 이 현상은 단순히 여성 이주자의 수가 늘어난다는 의미를 넘어, 생계 부양자 역할을 담당하는 여성 이주노동자의 수가 증가하는 것을 의미한다.[72] 이들 여성 이주노동자는 가사 도우미, 보모, 간병

---

[71] Maruja M. B Asis, "Recent Trends in International Migration in Asia and the Pacific," *Asia-Pacific Population Journal* 20-3, 2005, pp. 15-38 ; Anuja Agrawal (ed.), *Migrant Women and Work*, New Deli : Sage Publications, 2006.

[72] Khalid Koser, *International Migration : A Very Short Introduction*, Oxford : Oxford University Press, 2007, pp. 6-7.

인 등 수용국의 돌봄 관련 분야에서 주로 일한다.[73] 그렇다면 '이주의 여성화' 현상은 왜 일어나는가? 여성 이주를 야기하는 요인은 무엇인가? 그 주요 요인으로는 수용국의 '돌봄 공백care deficit'이 지적된다.[74] 선진 수용국에서 여성의 경제활동 참여가 늘어나게 됨에 따라 전통적으로 가정에서 여성이 맡던 돌봄 역할에 공백이 생기게 되며, 이러한 돌봄 공백은 돌봄 일을 할 수 있는 해외 이주자의 유입을 야기하게 된다. 따라서 선진 수용국의 입장에서 볼 때, 여성 이주자의 유입은 돌봄 수요를 채워 준다는 측면에서 자국의 이익에 도움이 된다고 해석될 수 있다. 어머니도, 가정도, 국가도 챙겨 주지 못하는 돌봄 공백을 이주여성이 메워 주기 때문이다.[75]

그러나 여성 이주가 국익에 도움이 된다 할지라도 이를 수용국의 입장에서만 이해하는 것은 한계가 있다. 국제이주는 근본적으로 국가 경계를 넘어 인구가 이동하는 현상이기 때문에, 여성 이주도 전 지구적인 맥락에서 접근하는 것이 필수적이다. 이 점에서 돌봄 공백으로 유인된 돌봄노동력의 이동이 '돌봄 사슬care chain'로 표현되는

[73] Bridget Anderson, *Doing the Dirty Work? The Global Politics of Domestic Labor*, New York : Zed Books, 2000 ; Rhacel Salazar Parreñas, *Servants of Globalization : Women, Migration, and Domestic Work*, Stanford : Stanford University Press, 2001 ; Barbara Ehrenreich and Arlie Russell Hochschild (eds.), *Global Woman : Nannies, Maids, and Sex Workers in the New Economy*, New York : Owl Book, 2002.

[74] Barbara Ehrenreich and Arlie Russell Hochschild, *Global Woman*, pp. 7-8.

[75] Arlie Russell Hochschild, "Love and Gold," in Barbara Ehrenreich and Arlie Russell Hochschild (eds.), *Global Woman*, pp. 15-27.

점은 주목할 만하다.[76] '돌봄 사슬'이란 국가 간 돌봄노동력의 이동이 사슬처럼 연계되는 것을 의미한다. 저개발국의 여성은 국제이주를 통해 선진국의 돌봄 역할을 맡게 되지만, 이는 다른 한편으로 저개발국의 '돌봄 유출care drain'로 이어진다.[77] 즉, 선진국의 돌봄 공백은 저개발국 출신의 여성 이주자들이 메우지만, 이들 저개발국 출신 여성 이주자들의 선진국으로의 유입은 저개발국에서 또 다른 돌봄 공백을 야기하게 된다는 설명이다. 선진국의 경우 (선진국의 경우도 중상층 이상의 가정에게만 주로 해당된다) 저개발국의 여성을 고용하면 되겠지만, 저개발국의 돌봄 공백은 쉽게 메워지기 어렵다. 돌봄 사슬로 야기된 저개발국의 돌봄 공백을 누가 어떻게 메우느냐는 중요한 문제이다. 수용국의 입장에서라면 이주여성은 돌봄노동력을 제공해 주고 돌봄 공백을 메워 주는 수단이 된다. 이들은 수용국의 필요를 충족시켜 주는 점에서 수용국에 "성심성의껏 노력"하고 있는 셈이다. 그러나 더 거시적이고 전 지구적 입장에서 여성 이주를 고려한다면 수용국 중심의 이주에 대한 이해는 다음과 같은 문제를 간과하고 있다.[78]

첫째, 방치되는 저개발국 아이들의 처지이다. 돌봄 유출로 인해 야기된 저개발국의 돌봄 공백은 돌봐 줄 사람이 없어서 방치되는 아동

---

[76] Rhacel Salazar Parreñas, *Servants of Globalization*, pp. 72-77.

[77] Arlie Russell Hochschild, "Love and Gold," p. 17.

[78] Arlie Russell Hochschild, "Love and Gold," pp. 26-30.

의 문제를 낳는다.[79] 둘째, 저개발국의 돌봄 공백의 경우 공적 돌봄 제도에 의해 해결되는 경우가 매우 드물다. 따라서 돌봄 공백은 개인이나 가정의 수준에서 주로 해결되는데, 많은 경우 국제이주를 택한 어머니를 대신하여 본국에 남은 아버지가 돌봄 역할을 한다기보다 가족 내 할머니나 이모, 여자 형제들이 아이들을 주로 돌보는 것으로 나타난다. 국제이주를 통해 여성이 생계부양자의 역할을 담당한다고 할지라도, 돌봄은 여성이 담당한다는 근본적인 성별 분업의 불평등 구조는 저개발국에서 변함없이 그대로 유지된다.[80] 셋째, 여성 이주를 통해 수용국의 성별 분업 불평등 구조는 지속된다. 수용국은 개인이나 가정의 수준에서 이주여성을 고용함으로써 돌봄 공백을 메우고 있지만, 이는 결국 돌봄은 여성과 가정이 책임져야 한다는 성별 분업의 불평등 구조에 어떠한 변화도 요구하지 않는 것이다. 돌봄은 국가나 사회의 문제로 인식되지 못하고, 여전히 여성과 가정의 문제로 이해된다. 마지막으로, 송출국과 수용국 간의 관계에서 여성 이주는 양국 간의 돌봄노동력 분배에 관한 불평등 구조를 지속시킨다. 선진 수용국의 돌봄 수요를 저개발국 이주여성이 메움으로써 돌봄노동에 대한 국가 간 분업 구조가 공고화된다. 이를 파레나스Rhacel Parreñas는 "재생산노동의 국제분업global division of reproductive

---

[79] Rhacel Salazar Parreñas, "The Care Crisis in the Philippines : Children and Transnational Families in the New Global Economy." In Ehrenreich and Hochschild (eds.), *Global Woman*, pp. 39-54.

[80] Rhacel Salazar Parreñas, "The Care Crisis in the Philippines," pp. 39-54 ; *Servants of Globalization*, pp. 76-78.

labor"으로 표현한다.[81]

요약하건대, 수용국 국익의 측면에서 이주를 접근하는 다문화주의 전제는 이주의 전 지구적 맥락을 간과하고 있다. 더 나아가 이러한 수용국 중심 논의는 송출국 내부, 수용국 내부, 그리고 송출국과 수용국 간의 관계에서 나타나는 또 다른 정의의 이슈를 간과하게 만든다. 이는 최근 여성 이주가 급증한 한국의 경우도 해당된다. 많은 논의들이 결혼이주여성을 수단적 측면에서 접근한다. 실제로 결혼이주여성에 대한 정책들은 "한국 농촌 지역의 심각한 결혼난을 해결"하기 위한 목적으로 또한 "저출산 위기 '해결'이라는 도구적" 이해관계 속에서 접근해 왔다.[82] 그러나 이러한 결혼이주여성에 대한 도구적 이해는 실제 이들이 수용국 사회에서 어떤 상황에 놓여 있는지, 어떠한 이주 과정을 겪고 있는지, 송출국에서는 어떤 위치를 점하고 있는지, 이들의 이주가 송출국과 수용국의 관계에 어떤 영향을 미치는지에 대한 문제를 간과하게 만든다. 이 점에서 결혼이주여성에 대한 다문화 정책은 "다문화란 수사적 표현일 뿐이고 국민국가의 이익을 극대화를 목적으로 하는 다소 세련된 형태의 외국인 관리 정책에 머물러 있다"는 주장은 일리 있다.[83] 따라서 다문화주의 전제가 이주를 단지 국익의 수단으로 보고 있다면 다문화주의 한계는 어

---

[81] Rhacel Salazar Parreñas, *Servants of Globalization*, pp. 61-79.

[82] 남지민, 〈시민권의 관점에서 본 결혼이주여성 정책 방안 연구〉, 《한국정치연구》 21, 1, 2012, 255~277쪽.

[83] 황정미, 〈다문화시민 없는 다문화 교육〉, 96쪽 ; 김희정, 〈한국의 관주도형 다문화주의〉, 74-77쪽.

쩌면 태생적이다.

후기 다문화 시대의 고민

다문화주의는 이주 수용국의 정책이다. 킴리카는 다문화 정책이 어려움에 빠지는 상황, 즉 "위험성 높은" 상황을 다음과 같이 묘사한다. 이민자들이 "비자유적 문화의 잠재적 매개체potential carriers"이거나 "현저하게 불법 이민자"이거나 혹은 이주 수용국의 "복지제도에 부담burdens"이 될 때라는 것이다.[84] 이러한 묘사는 다문화주의 성공과 실패를 좌우하는 요인으로서 킴리카가 진단한 다문화주의 전제 조건을 핵심적으로 반영한다. (1)이주 수용국은 이민자의 비자유적 문화를 선별, 평가할 수 있어야 하며, (2)이주 수용국은 강력한 국경 통제력을 가지고 불법 이민자를 제재할 수 있어야 하고, (3)이민자는 일방적인 복지 수혜자가 되어서는 안 되며 이주 수용국의 국익에 기여를 할 수 있어야 한다는 점을 전제 조건으로 포함한다. 이러한 전제 조건은 이민자 문화와 수용국 문화를 이분법적으로 구별하고, 국가 간 경계구분과 일국의 국경 통제력을 강조하며, 이주 수용국 중심으로 이주를 이해한다. 그러나 다문화주의가 개방된 전 지구적 맥락에서 문화와 인구의 이동과 상호 교류, 국가 경계의 무너짐, 국민국가 중심주의를 벗어난 논의에 필연적으로 연계되고 있다는 것을

---

[84] Will Kymlicka, *Multiculturalism*, p. 24.

감안한다면, 킴리카의 다문화주의 전제 조건은 그 자체로 다문화 사회로의 이행에 역행하는 것으로 보인다. 최근 많은 담론이 다문화 사회로의 이행을 "거스를 수 없는 시대적 추세" 혹은 "21세기 열린 세계가 경험하는" "불가피한 현실"로 인정하고 있는 시점에서,[85] 킴리카의 다문화주의는 다문화 현상을 부인하는 역설적인 모순을 드러내고 있다.

이 점에서 다문화주의의 역설을 지적하는 이 글은 이하의 황정미 주장에 전적으로 동의한다.[86] 황정미는 한국 다문화 교육정책을 비판하면서 다문화주의 논의가 간과한 측면을 설득력 있게 제시한다.

그것은[다문화주의는] 국민국가Nation-State를 자연스러운 단위이자 경계로 수용한다는 점이다. … 문화적 차이나 이질성, 차별과 편견, 국민 정체성 등의 분석은 모두 국민국가를 자연적인 단위로 당연시하고 있으며, 갈등이나 차별을 해소하기 위한 제도적 개입은 또한 국민국가(중앙정부의 법과 정책)에 의해 이루어지는 것이 전제된다. 즉, 다문화 사회로의 변화는 외생적 요인으로, 이에 대응하는 한국인의 태도는 내부적인 것으로 경계를 구분하고, 이러한 낯선 변화에 우리(한국 사회)가 어떻게 응전해야 하는가라는 질문으로 귀결되는 것이다. … 일견 현실적 접근인 듯 보이지만, 그러나 다문화 사회의 도래가 결국 국민국가의 경

85   심보선, 〈온정주의 이주노동자 정책의 형성과 변화〉, 42쪽 ; 장의관, 〈다문화주의의 한국적 수용〉, 123~124쪽.

86   황정미, 〈다문화시민 없는 다문화 교육〉.

계 및 통합의 재구성과 맞물려 있다는 큰 그림을 간과할 우려가 있다.[87]

"다문화 사회의 도래"는 "국민국가의 경계 및 통합의 재구성"과 필연적으로 관련되지만, 국민국가를 "자연스러운 단위"와 "경계"로 수용하는 다문화주의 논의는 국가 경계의 재구성이라는 거시적인 맥락을 외면하고 있다는 지적이다. 결국 다문화주의의 역설은 다문화주의가 다문화주의를 야기하는 원동력과 동학을 간과하고 있다는 점에서 찾을 수 있다.

결론적으로 다문화주의는 다양성과 포용을 여는 새로운 흐름임이 분명하지만, 동시에 아이러니하게도 그것의 전제가 이러한 흐름을 역행하는 것은 아닌지 질문해 본다. 그 결과 다문화주의의 규범성이 다른 중요한 정의의 이슈를 오히려 소홀히 여기고 있지는 않은지 의문을 제기해 본다.

다문화주의는 이주와 이민에 적절한 논의인가? 다문화주의는 이민자의 권리 보호에 충실한 논의인가? 다문화주의와 현안의 지구적 정의 문제는 어떤 관련성을 가지는가? 다문화주의는 자유민주주의 사회의 올바른 선택이 될 수 있는가?[88] 이는 '후기 다문화주의 시대'

---

[87] 황정미, 〈다문화시민 없는 다문화 교육〉, 154쪽.

[88] 킴리카도 다문화주의가 문화다양성에 대한 맹목적인 지지가 아니라 인권 규범에 기초한 민주적 시민권democratic citizenship의 모습으로 논의되어져야 한다고 주장한다. Will Kymlicka, *Multiculturalism*, p. 1. 그러나 킴리카의 다문화주의 시민권 논의가 지구화로 인해 국경이 허물어지고 문화와 인구의 이동이 활발해진 작금의 시대에 적합한 멤버십 논의가 될 수 있을지에 대해서는 더 깊이 있는 성찰이 요구된다.

에 깊이 있게 고민해 봐야 하는 질문들이다.[89]

---

89 이 글의 주장을 다문화주의 포기로 오해해서는 안 된다. '다문화 열풍'은 사그라졌지만 소수 문화 집단을 다루는 규범 정책으로서의 다문화주의 수용은 여전히 큰 공감대를 이루기 때문이다. 장의관, 〈다문화주의의 한국적 수용〉, 136쪽. 따라서 이 글의 논지는 다문화주의 포기가 아니며, 오히려 다문화주의 주제와 내용이 더 확대되어야 하는 필요성에 가깝다. 예를 들어, 다문화주의 논의는 다문화 현상을 야기하는 이주/이민의 전 지구적 맥락과 어떤 관계를 맺고 있는지, 이주법과 제도는 어떤 내용을 담고 있어야 하는지, 함께 사는 공동체에 대한 폭넓은 멤버십과 민주주의는 어떤 모습인지 등과 함께 관련지어 논의되어야 함을 시사한다.

참고문헌

김남국, 〈다문화 시대의 시민 : 한국 사회에 대한 시론〉,《국제정치논총》45-4. 2005.

김남국, 〈한국에서 다문화주의 논의의 전개와 수용 - 서평 : 오경석 외『한국의 다문화주의』, 김혜순 외『한국적 다문화주의의 이론화』〉,《경제와 사회》80, 2008.

김비환, 〈한국 사회의 문화적 다양화와 사회 통합 : 다문화주의의 한국적 변용과 시민권 문제〉,《법철학연구》10-2. 2007.

김선희 · 전영평, 〈결혼이주여성정책의 정체성 분석 : 인권 보호인가, 가족유지인가?〉,《행정논총》46-4, 2008.

김혜순, 〈한국의 '다문화 사회' 담론과 결혼이주여성 : 적응과 통합의 정책 마련을 위한 기본 전제들〉, 한국 사회학회 기타간행물, 2006.

김혜순 외,《한국적 "다문화주의"의 이론화》, 동북아시대위원회 연구보고서, 2007.

김희정, 〈한국의 관주도형 다문화주의 : 다문화주의 이론과 한국적 적용〉, 오경석 외.《한국에서의 다문화주의 : 현실과 쟁점》, 한울, 2007.

남지민, 〈시민권의 관점에서 본 결혼이주여성 정책 방안 연구〉,《한국정치연구》21-1, 2012.

존 롤스,《만민법》, 장동진 · 김만권 · 김기호 옮김, 아카넷, 2009.

문경희, 〈국제결혼이주여성을 계기로 살펴보는 다문화주의(Multiculturalism)와 한국의 다문화 현상〉,《21세기정치학회보》16-3, 2006.

심보선, 〈온정주의 이주노동자 정책의 형성과 변화 : 한국 다문화정책을 위한 시론적 분석〉,《담론201》10-2, 2007.

오경석 외,《한국에서의 다문화주의》, 한울, 2007.

윤인진, 〈한국적 다문화주의의 전개와 특성 : 국가와 시민사회의 관계를 중심으로〉,《한국 사회학》42-2, 2008.

윤인진 · 송영근, 〈한국인의 국민정체성에 대한 인식과 다문화수용성〉,《통일문제
연구》23-1, 2011.

원숙연, 〈다문화주의시대 소수자 정책의 차별적 포섭과 배제〉,《한국행정학보》
42-3, 2008.

장승진, 〈다문화주의에 대한 한국인들의 태도 : 경제적 이해관계와 국가 정체성
의 영향을 중심으로〉,《한국정치학회보》44-3, 2010.

장의관, 〈다문화주의의 한국적 수용 : 주요 쟁점의 분석과 정책 대응〉,《국가전략》
17-2, 2011.

홍기원, 〈한국 다문화정책의 현황과 과제〉,《다문화와 평화》3-1, 2009.

황정미, 〈다문화시민 없는 다문화 교육 : 한국의 다문화 교육 아젠다에 대한 고
찰〉,《담론201》, 13-2, 2010a.

황정미, 〈한국인의 다문화 수용성 분석 : 새로운 성원권의 정치학(politics of
membership) 관점에서〉,《아세아연구》53-4, 2010b.

Alibhai-Brown, Yasmin, *After Multiculturalism*, London : Foreign Polity Centre, 2000.

Agrawal, Anuja (ed.), *Migrant Women and Work*, New Deli : Sage Publications, 2006.

Anderson, Bridget, *Doing the Dirty Work? The Global Politics of Domestic Labor*, New York :
Zed Books, 2000.

Asis, Maruja M. B., "Recent Trends in International Migration in Asia and the Pacific,"
Asia-Pacific Population Journal 20-3, 2005.

Banting, Keith and Will Kymlicka (eds.), *Multiculturalism and the Welfare State :
Recognition and Redistribution in Contemporary Democracies*, Oxford : Oxford
University Press, 2006.

Brubaker, Rogers, "The Return of Assimilation?," *Ethnic and Racial Studies* 24-4, 2001.

Carens, Joseph H., "Who Should Get in? The Ethics of Immigration Admission,"
Ethics and International Affairs 17-1, 2003.

Deveaux, Monique, *Gender and Justice in Multicultural Liberal States*, Oxford : Oxford
University Press, 2006.

Ehrenreich, Barbara and Arlie Russell Hochschild (eds.), *Global Woman : Nannies, Maids, and Sex Workers in the New Economy*, New York : Owl Book, 2002.

Habermas, Jürgen, *The Inclusion of the Other : Studies in Political Theory*, Cambridge : MIT Press, 2000.

Hochschild, Arlie Russell, "Love and Gold," in Barbara Ehrenreich and Arlie Russell Hochschild (eds.), *Global Woman : Nannies, Maids, and Sex Workers in the New Economy*, New York : Owl Book, 2002.

Hollinger, David A., *Post-ethnic America : Beyond Multiculturalism* (revised edition), New York : Basic Books, 2006.

Jaggar, Alison M., "'Saving Amina' : Global Justice for Women and Intercultural Dialogue," *Ethics and International Affairs* 19-3, 2005.

Joppke, Christian, "The Retreat of Multiculturalism in the Liberal State : Theory and Policy," *British Journal of Sociology* 55-2, 2004.

Koser, Khalid, *International Migration : A Very Short Introduction*, Oxford : Oxford University Press, 2007.

Kukathas, Chandran, "The Case for Open Immigration," in Andrew Cohen and Christopher Wellman (eds.), *Contemporary Debates in Applied Ethics*, Malden, MA : Blackwell Publishing, 2005.

Kymlicka, Will, *Multicultural Citizenship : A Liberal Theory of Minority Rights*, Oxford : Oxford University Press, 1995.

Kymlicka, Will, "Liberal Complacencies," in Joshua Cohen, Matthew Howard, and Martha C. Nussbaum (eds.), *Is Multiculturalism Bad for Women?*, Princeton : Princeton University Press, 1999.

Kymlicka, Will, "Marketing Canadian Pluralism in the International Arena," *International Journal* 59-4, 2004.

Kymlicka, Will, *Multicultural Odysseys : Navigating the New International Politics of Diversity*, Oxford : Oxford University Press, 2007.

Kymlicka, Will, "The Rise and Fall of Multiculturalism? New Debates on Inclusion and Accommodation in Diverse Societies," *International Social Science Journal* 61-

199, 2010.

Kymlicka, Will, *Multiculturalism : Success, Failure, and the Future*, Migration Policy Institute Europe, 2012.

Kymlicka, Will and Baogang He (eds.), *Multiculturalism in Asia*, Oxford : Oxford University Press, 2005.

Kymlicka, Will and Bashir Bashir (eds.), *The Politics of Reconciliation in Multicultural Societies*, Oxford : Oxford University Press, 2010.

Miller, David, *National Responsibility and Global Justice*, Oxford : Oxford University Press, 2007.

Mohanty, Chandra Talpade, *Feminism Without Borders*, Durham and London : Duke University Press, 2003.

Narayan, Uma, *Dislocating Cultures : Identities, Traditions, and Third-World Feminism*, New York and London : Routledge, 1997.

Narayan, Uma, "Essence of Culture and a Sense of History : A Feminist Critique of Cultural Essentialism," *Hypatia* 13-2, 1998.

Okin, Susan, "Is Multiculturalism Bad for Women?," in Joshua Cohen, Matthew Howard, and Martha C. Nussbaum (eds.), *Is Multiculturalism Bad for Women?*, Princeton : Princeton University Press, 1999.

Parreñas, Rhacel Salazar, *Servants of Globalization : Women, Migration, and Domestic Work*, Stanford : Stanford University Press, 2001.

Parreñas, Rhacel Salazar, "The Care Crisis in the Philippines : Children and Transnational Families in the New Global Economy," in Barbara Ehrenreich and Arlie Russell Hochschild (eds.), *Global Woman : Nannies, Maids, and Sex Workers in the New Economy*, New York : Owl Book, 2002.

Pogge, Thomas, *World Poverty and Human Rights*(2nd edition), Cambridge : Polity, 2008.

Pollitt, Katha, "Whose Cultures?," in Joshua Cohen, Matthew Howard, and Martha C. Nussbaum (eds.), *Is Multiculturalism Bad for Women?*, Princeton : Princeton University Press, 1999.

Risse, Mathias, "On the Morality of Immigration," *Ethics and International Affairs* 22-1, 2008.

Shachar, Ayelet, *Multicultural Jurisdictions : Cultural Differences and Women's Rights*, Cambridge : Cambridge University Press, 2001.

Song, Sarah, "Multiculturalism", 2010. http : //plato.stanford.edu/entries/multiculturalism/

Taylor, Charles, "The Politics of Recognition," in Amy Gutmann (ed.), *Multiculturalism : Examining the Politics of Recognition*, Princeton : Princeton University Press, 1992.

Vertovec, Steven and Susan Wessendorf (eds.), *The Multiculturalism Backlash : European Discourses, Policies and Practices*, London : Routledge, 2010.

Waldron, Jeremy, "Minority Cultures and the Cosmopolitan Alternative," in Will Kymlicka (ed.), *The Rights of Minority Cultures*, Oxford : Oxford University Press, 1995.

Walzer, Michael, *Spheres of Justice : A Defense of Pluralism and Equality*, New York : Basic Books, 1983.

《문화일보》 2011년 2월 11일자 〈사르코지도 다문화정책 실패 선언〉 http : //news.hankooki.com/lpage/world/201102/h2011021314285522450.htm

《한국일보》 2011년 2월 13일자 〈유럽 국가들 '다문화 실패' 선언 잇따라〉 http : //news.hankooki.com/lpage/world/201102/h2011021314285522450.htm

2

다문화 시대의 시민권 아포리아
: 누가 시민이며, 시민권 향유의 주체는 누구인가?

이용승

다문화 시대 시민권과 다문화적 권리의 모순

시민권citizenship[1]은 국가적 경계를 확인하고, 그것을 구성하는 성원들의 보편성에 기초를 둔다. 시민으로 호명된 사람들은 국가의 경계 내에서 보편적 권리와 안정된 정체성을 누릴 수 있는 자격이 부여된

---

* 이 글은 《한국정치학회보》 제48권 5호(2014.12)에 게재된 원고를 수정 및 보완하여 재수록한 것이다.

[1] 'citizenship'을 '시민권'으로 해석할 경우 시민이 가질 수 있는 권리를 배타적으로 의미하는 것으로 보일 수 있다. 그러나 시티즌십은 법 제도적 지위와 시민적 권리, 정체성, 시민적 덕성 등을 포함하는 것으로서 권리 체계만을 지칭할 경우 그것의 한 단면만을 부각시키는 것이다 (최현 2006 참조). '시민성'이라는 말이 적절해 보이지만 (서관모 1996 참조) 현재는 '시민권'이라는 용어가 광범위하게 사용되고 있으므로 다른 용어를 사용할 경우 오히려 혼란을 가져올 수 있다. 따라서 이 글에서는 특별한 언급이 없는 한 시민권은 시티즌십을 의미한다. 특별히 시민의 권리만을 지칭할 때는 '시민적 권리'라고 표기하였다. 그럼에도 문제가 모두 해결되지는 않는데, 왜냐하면 마샬T. H. Marshall의 'civil rights' 또한 시민적 권리로 번역될 수 있기 때문이다. 이 글에서는 마샬의 그것은 공민권으로 하였다.

다. 이에 비해 다문화주의는 개별 구성원의 보편성보다는 특수성과 다양성에 주목하면서 문화 집단으로 호명할 수 있는 사람들에게 부여되는 특수한 권리, 혹은 '집단 차별적 권리group-differentiated rights'(킴리카 2010 : 12)를 주장한다. 또한 시민과 시민적 권리는 시민 개개인에 초점을 두지만 다문화적 권리는 인종, 문화 집단을 그 대상으로 한다. 양자의 이러한 차이와 모순에도, 국가 중심성이 유지되고 있는 다문화 시대에 시민권과 다문화적 권리는 서로를 필요로 한다. 즉, 시민권의 온전한 구현을 위해서는 구성원의 다문화적 권리를 고려해야 하며 다문화적 권리 또한 시민권의 논리에 의존할 때 자신을 주장할 수 있는 더 너른 지평이 열리기 때문이다. 이로부터 다문화 시대 시민권 아포리아가 도출된다. 이 글에서 '다문화 시대 시민권 아포리아'는 시민권과 다문화주의의 서로 배제하면서도 포함되는 관계를 지칭한다. 어떻게 하면 양자를 상호 대립시키지 않으면서 공존시킬 수 있을까?

이 글은 다문화 시대 시민권의 내용 자체에 주목하기보다는 국민국가 내에서 보편적 원리로 기능하는 시민 및 시민권과 다문화 시대의 도래에 따른 다문화적 권리가 본질적으로 내포하는 모순 내지는 불일치를 검토하는 데 목적이 있다. 이를 통해 이 글은 양자 간의 긴장을 해소하고 상보성을 도모할 수 있는 유력한 방안으로서 '구성원권membership'과 '주민권denizenship'을 대안으로 제시하고자 한다.

시민과 시민권에 관한 논의는 고대 그리스까지 거슬러 올라갈 수 있으나 근대적 시민권의 등장은 국민국가 탄생 및 공고화와 병렬적으로 진행된 것이다. 서구를 중심으로 한 시민권에 대한 논의는

"1980년대 이후 이주와 이주민 통합에 관한 연구에서 중요 주제로 부상했다"(Bauböck 2006 : 9). 이주에 따른 새로운 시민 혹은 예비 시민 의 축적은 기존의 익숙한 시민권 관념과 그 정당성에 의문을 제기하 는 과정에 다름 아니다. 익숙한 관념과 새로운 현실 간의 간극과 긴 장은 시민권 개념의 변경과 확장을 통해 그 완화가 시도되거나(Soysal 1994 ; Bosniak 2000) "국경을 넘는 권리"에 대한 주장으로 이어지기도 했 다(Jacobson 1997 참조). 나아가 시민권이 기초하고 있는 자유주의의 관 점에서 소수자의 권리 인정을 정당화하려는 "다문화적 시민권" 개 념이 도입되기도 하였다(킴리카 2010 참조). 이 글은 이러한 논쟁 혹은 주 장과는 다소 다른 맥락에서 시민권과 다문화주의가 기초하고 있는 철학적 기반 내지는 이해의 아포리아를 드러내고, 이 둘 간의 화해 혹은 공존을 시도하고 있다는 측면에서 기존 연구와 차별점이 있다. 연구의 주제를 이렇게 설정한 이유는 지구화에 따라 시민권이 점차 포용적인 방향으로 이동한다고 해도, "시민권의 정의는 여전히 국 민성nationhood에 깊이 뿌리내린 이해understanding를 반영하고 있"(Brubaker 1992 : 3)[2]다고 판단하기 때문이다.

시민권은 국가 구성원의 지위status와 직접적으로 관련되며, 이와 연동하여 권리rights와 정체성identity과도 연관된다 (Joppke 2007 : 38). 시민 권의 정의와 구성 요소를 이와 같이 규정한다면 국가와 시민권의 관 계에 내재되어 있는 기본 전제는 무엇인가? 이러한 전제는 다문화

---

[2] 'nationhood'는 민족성으로 번역하는 것이 좀 더 브루베이커의 의도에 부합하지만, 시민권과 국가와의 밀접한 관련을 고려하여 국민성으로 번역하였다.

시대에 부합하는가? 혹은 다문화적 권리와 상충하지 않으면서 인류 사회의 더 큰 대의, 이를 테면 자유의 확장과 인간의 본원적 평등성 실현에 복무할 수 있는가? 이 글은 이러한 질문에 대해 나름의 해답을 제시해 보고자 하는 목적에 따라 서술되었다.

한국의 경우, 2016년 1월 현재 장단기 거주 이주민은 187만여 명에 달하고, 이는 전체 인구의 약 3퍼센트에 육박하는 수치이다. 귀화절차가 엄격한 가운데, 이주민이 늘어날 요인이 다수 있기 때문에 향후에도 이주민은 지속적으로 늘어날 것으로 예측할 수 있다. 그렇다면 이주민과 주류 집단의 관계를 어떻게 설정하고 어떠한 방법으로 한국 사회의 통합력을 신장시켜 나갈 것인가 하는 문제는 더 이상 일부 이민 국가나 '발전된developed' 국가만의 과제는 아니다. 귀화자는 국적을 취득하였기 때문에 대한민국 시민으로서 형식적으로는 모든 권리, 의무의 주체로 인정된다. 그러나 귀화자를 제외한 이주민은 시민적 권리의 일부를 누리는 경우도 있지만[3] 대다수 이러한 권리로부터 배제되어 있다. 다시 말해 한국에 거주하면서 세금 등의 의무를 부담하고 국가권력과 법의 규율을 받지만 시민으로서 어떠한 권리도 누리지 못하는 '배제된 자'가 상당히 있으며, 이로 인해 거주와 시민권의 불일치가 노정되고 있다. 이는 "권리의 온전한 실현을 위해서는 국민성이 필수적이라는 이해에 도전을 제기하고 있"다(Jacobson 1997 : 4). 이주민의 숫자가 늘어날수록 이러한 도전과 불일

---

[3] 일례로 사회통합 프로그램 참여 자격 부여, 3년 거주 영주권자에 대한 투표권 부여, 미등록 체류자 자녀에 대한 공교육 보장 등이 이에 해당한다.

치에 따른 긴장은 커져 갈 것이다. 이 글의 근원적 문제의식은 여기에서 출발한다.

국제이주의 결과에 따른 인구 구성의 다양화라는 현실을 반영하여 시민권의 변형에 관한 국내 논의는 부족하지만 일부 있었다. 김남국(2005a ; 2005b)은 다문화 시대 "시민으로서의 권리와 의무는 무엇이어야 하고, 시민으로서 공동의 정체성은 어떻게 확보될 수 있을까?"라는 문제의식에 따라 상호존중, 합리적 대화, 정치적 권리를 내용으로 하는 '심의 다문화주의'를 제안한 바 있다. 김비환(2007)은 소수자에게 부여될 시민권의 내용이 한국 민주주의의 질을 결정할 것이라고 전제하고, 국적과 연동되지 않는 시민권의 관점에서 소수자에게 부여될 수 있는 권리를 제시한다. 이용재(2013)는 "기존의 국적에 기초한 시민권과 국민의 지위에 대한 천착에서 벗어나 사회변화에 대처하는 논의"가 필요함을 역설하고, 국가가 아닌 생활공동체 참여와 연대를 통해 향유할 수 있는 구성적 시민권, 즉 '성원권'을 주장한다. 설동훈(2007)은 시민권을 법률적 체류 자격과 무관한 정치공동체의 성원 자격과 그 자격에 토대한 개인의 권리와 의무로 규정하고, '이주노동자의 시민권'에 관해 논의한 바 있고, 최현(2008)은 보다 일반적 수준에서 탈근대적 시민권 제도(다문화적 시민권)의 도입을 옹호하였다. 손철성(2013)은 노직, 롤스, 왈쩌에 대한 검토를 통해 '불법체류자'를 포함한 외국인 노동자에게 시민권 부여를 주장하였다. 황정미(2011)는 "페미니스트 시민권 논의를 초국적 이주와 이주여성의 경험으로 확장"하고 있다. 위의 논의들은 주로 기존의 시민권 논의의 한계를 논하는 가운데, 시민권 내용의 확장이나 재구성에 기여하고 있기는 하지만 이 글의 주제와는 다소 거리가 있다.

인간의 이주에 따른 인구구성과 문화의 다양화는 이를 조율하기 위한 이론과 정책을 발전시켰다. 다문화주의 또는 다문화 정책으로 통칭할 수 있는 이러한 정책은 기존 시민권의 가정과 관행에 의문을 제기하고 있다. 이 글은 양자가 필연적으로 노정할 수밖에 없는 철학적 아포리아를 정식화하고 이를 완화 혹은 극복할 수 있는 대안을 제시하는 데 목적이 있다. 이를 위해 이어지는 2장에서는 시민권과 다문화적 권리가 서 있는 이론적 근거를 제시하고, 3장에서는 양자의 상호 모순을 더 깊숙하게 들여다볼 것이다. 4장의 논의에서는 시민권과 다문화적 권리 간의 난제를 해소하기 위한 시론적 대안으로서 구성원권과 주민권을 제시하고 그것의 규범적 정당화 논리를 전개할 것이다. 결론에서는 기존의 논의를 정리하고 구성원권과 주민권의 현실 적합성을 제시해 보고자 한다.

시민권과 다문화주의

시민과 시민권

"근대적 시민권은 불과 약 200년의 역사를 가지고 있다. 그것은 헌정 국가의 수립과 민족주의가 주요한 사회적 움직임으로 자리 잡은 이후"(Hammar 1990 : 46)에 성립되었다. 그 이전까지는 국가권력 내지는 주권자와의 관계에서 보호와 의무를 교환하는 신민subjects은 있었으나 주권의 주체 혹은 주권의 실질적 담지체로서 시민은 존재하지 않았다. 정치적 주체로서 시민이 전면에 등장하는 계기가 된 것은 프랑스 혁명이었다. "프랑스 혁명은 국민국가와 시민권이라는 이념과 제도를 탄생"(Jacobson 1997 : 7)시킨 것이다. 시민권은 시민의 역사적 진출과 관련된 이념을 내포하기 때문에 단순한 법적 지위를 의미하는 국적과는 다른 의미를 가진다.[4]

시민은 위로부터의 근대적 기획과 애국심의 발생이라는 아래로부터의 시민 형성 과정 간의 역동성의 산물이다. '시민'의 형성 과정은 국가에 대한 애국심의 발생 내지는 공동체의 안녕에 대한 충성과 긴밀한 관계가 있다. 역으로 정치 공동체로서 국가는 동일한 언어에 기초한 문화를 광범위하게 확산시키기 위해 시민을 적극적으로 주조하였다. 다시 말해 "근대국가는 시민권 제도를 통해 국민의 경계를 확정하고, 문화적 동질성과 국민 정체성을 형성"(최현 2008 : 47)하였다. 적어도 "자유민주주의 국가들은 국가(민) 건설nation building과정에서 공동의 언어에 의해 운용되는 공적 제도 안으로 국가 영토 내 시민들의 통합을 장려하거나 때때로 강제하였다"(Kymlicka 2001 : 1). 이러

---

[4] 한국의 경우에는 시민권보다는 국적nationality 개념이 더 익숙하기 때문에 양자를 구분할 필요성이 있어 보인다. 보통 귀화를 통한 국적의 취득은 시민권의 획득으로 이해되지만 엄밀한 의미에서 둘은 구분된다. 법적 관점에서 "국적은 개인과 주권국가 간의 관계에 대한 국제적, 외부적 측면을 말하고, 시민권은 국내법에 의해 규율되는 개인과 국가 간의 내적 관계를 말한다."(Bauböck 2006 : 17). 시민권은 유럽 시민권에서 볼 수 있는 것처럼 국가 단위를 넘어설 수 있으나 국적은 국민국가를 필수적으로 전제한다. 또한 바우뵉이 말한 바와 같이 국적은 있을지라도 시민권은 매우 제한되어 있는 경우도 상정해 볼 수 있을 것이다 (Bauböck 2006 : 17). 그럼에도 시민권을 법·제도적 측면의 '지위'에 국한한다면 국적과 개념상 거의 일치한다고 볼 수 있다. 국적의 국제법적 의미는 Rubenstein and Adler(2000, 525) 참조.

한 과정을 통해 개인과 국가는 신분제적 사회와는 다른 관계를 형성하게 되었다. 즉, 근대로의 이행을 통해 국가와 개인은 어떠한 매개 없이 직접적인 관계를 맺게 되었으며, 시민은 국가 주권의 궁극적 담지자로서 부상하였다.

국민국가의 시민권은 "유럽의 계몽주의에 의해 촉진된 보편적 인권과 공유된 인간성shared humanity의 관념에 기초하여 번성하였다"(Joppke 2008 : 533). 모든 인간은 존엄하며, 보편적 권리를 누릴 자격과 역량을 갖추고 있다는 전제가 이러한 관념의 핵심을 차지한다. 이러한 관념은 시민이 공동체 의사 결정 과정에 참여하여 합리적 이성에 따라 스스로 규율을 정하고 그것을 수용할 수 있는 자격과 도덕적 역량이 있다는 전제로 이어진다.

"근대적인 의미의 시민은 경계안의 모든 사람들을 종교와 신분, 가족과 지역에 상관없이 하나의 범주로 묶을 수 있는 보편적인 개념"(김남국 2005a : 99)이다. 즉, 사적 영역에서 어떠한 귀속belonging과도 무관하게 사회, 정치의 모든 영역에서 보편 원리에 따른 권리와 의무를 부여받을 수 있는 자격을 갖춘 개인이 시민으로 호명된다. 또한 모든 시민은 자유롭고 평등하다고 의제된다. 물론 실질적으로는 권리와 의무가 불균등하게 배분되어 있는 것이 상례이기는 하지만 개별 시민의 자유와 평등한 관계가 전제되지 않는다면 국민국가 내 시민은 그 존립 기반을 잃는다. 때로 개별 시민은 자신의 권리를 보호하고 주창하기 위해 결사를 구성하기도 하지만 구성된 집단은 개인들의 합의와 계약에 따른 것으로서 개인의 우선성을 무효화시키지는 않는다. 또한 이 집단은 어떤 생래적인 의미를 갖지 않기 때문에 구성원의 합의 내지는 개별적 탈퇴를 통해 언제든지 의미를 잃고 사라질 수도 있다.

보편성은 시민권의 권리적 속성과의 관련 하에서 파악될 필요가 있다. 왜냐하면 보편성은 위에서 언급한 바와 같이 추상적 범주에만 머무는 것이 아니라 구체적인 권리의 영역에서 작동하는 논리이기 때문이다. 시민은 보편성의 원리에 따라 평등한 자유를 누리고, 공동체의 의사 결정 과정에 균등하게 참여할 수 있는 정당한 권리를 가진다. 또한 시민은 사회와 국가로부터 동등한 대우와 보호를 받고, 요구할 수 있는 보편적 권리가 있다.

권리로서의 시민권을 논할 때 처음으로 나서는 학자는 마샬이다.[5] 그는 영국을 사례로 하여 시대에 따른 시민의 권리를 공민권(18세기), 정치적 권리(19세기), 사회적 권리(20세기)로 나누었다. 공민권은 개인의 자유 확보에 필수적인 권리로서 인간person 해방, 언론과 사상, 신념의 자유, 소유할 권리, 적법 절차와 평등의 관점에서 자신의 권리를 주장하고 옹호할 수 있는 권리 등을 말한다. 정치적 권리는 구성원이나 유권자로서 정치권력의 행사에 참여할 수 있는 권리를 의미한다. 마지막으로 시민적 권리의 사회적 측면은 최소한도의 경제적 복지와 안전에서부터 사회적 유산을 공유하고 사회적 표준에 따른 문명화된 삶을 누릴 수 있는 권리까지를 포함한다. 시민적 권리

---

[5] 마샬은 공동체 구성원으로서의 '지위'에 따른 권리와 그 권리의 시대적 확장을 다루고 있다는 점에서 시민권을 권리의 관점에서만 다루고 있는 것은 아니라는 점을 유념할 필요가 있다.

확장의 세 국면은 모두 시민으로서 인간의 평등성에 기초하고 있으며, 시민 구성원의 확대를 통해 그들의 평등성을 실현해 나간 과정이었다. 마샬의 시민적 권리는 시민이 개별 인격체로서 평등하고 자유로우며, 권리를 누릴 자격과 능력이 있는 것으로 간주되었을 때만 의미를 가질 수 있다.

시민적 권리의 보편적 속성을 논할 때, 보편적 의무의 문제 또한 고려하여야 한다. 권리와 의무는 분리 불가능한 '쌍생아'이기도 하고, 보편적 시민의 권리는 보편적 의무를 전제로 한다. 사실상 "의무 개념은 권리 개념에 우선한다. (왜냐하면) 유효한 권리의 행사는 그것을 보유하고 있는 개인으로부터 나오는 것이 아니라 그에게 어떤 의무를 부담해야 한다고 스스로를 간주하는 그 이외의 사람들로부터 나"오기 때문이다(Weil 2002 : 3). 이러한 인식은 시민권이 단지 '받을 수 있는' 권리 체계만을 의미하지 않으며, 오히려 그 권리의 존재 자체가 구성원의 도덕적 책임감responsibility이 전제되었을 때만 성립할 수 있다는 점을 보여 준다.

시민권은 또한 연대solidarity의 논리에 기초하고 있으며, 역으로 동등한 시민들의 연대를 통해 유지될 수 있기도 하다. 시민으로서의 정체성 형성과 지속은 시민권의 핵심을 차지하며, 공유된 정체성은 시민들의 연대감을 창출하는 근간이 된다. 연대는 모든 공동체 구성원리의 핵심을 차지하지만, 특히 근대 국민국가의 형성 이후 정치 공동체를 유지하기 위한 기초라고 할 수 있다. 연대를 통해 정치 공동체는 정의로운 공동체를 지향할 수 있으며, 다른 시민에 대한 공감을 발전시킬 수 있다. 또한 연대를 통해 민주적 정치 과정의 핵심인 타협에 의한 의사 결정decision making에 도달할 수 있다. 연대는 시민의 평등한 자유가 보장되는 것을 전제로 구성원 간 상호 신뢰가 축적될 때 출현할 수 있는 덕목이다. 물론 연대는 '인간의 연대성'이라는 말 속에 내포되어 있는 것처럼 "우리 각자의 내부에 본질적인 인간성이라고 할 수 있을 어떤 것"(로티 1996 : 343)이 있어서,[6] 시민의 자격과는 무관하게 생래적으로 존재할 수도 있다. 또 로티R. Rorty의 주장과 같이 (인간의 본성이라기보다는) 공동체 내의 '우리' 의식을 통해 연대감이 생성될 수도 있다. 그러나 근대라는 시간적 지평에 속한 국민국가에서 시민의 연대는 동등하고, 같은 시민으로서 보유할 수 있는 감각이며, 그것을 계기로 하여 발현될 수 있는 미덕이다. 즉, 시민권은 근대국가라는 틀 내에서 법적ㆍ제도적 지위나 권리 혹은 소속감 부여 등을 통해 다소 인위적으로 '우리 의식'을 생산해 낸다. "우리 중의 하나"(로티 1996 : 347)라는 감각은 같은 시민이라는 호명을 통해 강화된다.

시민으로서의 연대는 시민권 자체의 개념에 내포되어 있는 정체성 내지는 소속감과 깊이 연관되어 있다. 또한 연대는 시민적 책임 혹은 덕성civic virtue과도 내적 연관성을 가진다.[7] 공동체 구성원의 연

---

[6] 로티는 인간의 본질, 본성 따위를 우연성에 관점에서 부정한다.

[7] 시민적 덕성이 시민권의 본래적 구성 요소인지에 대해서는 논란의 여지가 있을 수 있다. 왜냐하면 그것이 또 다른 배제의 논리를 낳을 수 있기 때문이다. 이 글에서는 시민적 덕성을 시민권의 구성 요소로 보지 않고, 다만 '좋은 시민good citizen'(Kymlicka and Norman 1994 : 353)이 되기 위한 조건으로만 간주하였다. 참고로 킴리카와 노만은 덕성의 측면에서 규정된 시민권을 '행위로서의 시민권citizenship-as-activity'으로 표현하고 있다. 그 외에도 그들은 시민권을 법적 지위citizenship-as

대감은 그들이 같은 (운명)공동체에 소속되어 있을 뿐만 아니라 동일한 권리, 의무 체계에 놓여 있으며, 타인이 겪는 시민권 침해나 굴욕을 곧 나의 시민권 침해나 굴욕으로 독해할 수 있을 때 견고하게 형성될 수 있다. 만일 정치 공동체에서 연대의 미덕이 약화되거나 사라질 때, 그 공동체는 더 이상 존속하기 어렵게 될 것이며 단지 경쟁과 배제, 소외와 불평등만이 그 자리를 대체하게 될 것이다. 또한 나와 동일한 시민으로서의 연대감이 없다면 타인이 겪는 고통에 공감하거나 연민을 느낄 수 없으며, 그 고통의 원인을 해소하기 위한 집단적 노력에 동참하기 어렵다. 연대의 부족으로 인한 부정의와 불평등의 지속적 누적은 결과적으로 공동체를 붕괴 위기로 이끌 것이라는 점은 자명하다. 이와 같이 연대 혹은 연대감은 시민권 이론의 근간이며, 시민권 체계를 유지할 수 있는 바탕이기도 하다. 그러나 다문화주의는 보편적 자유와 평등을 담지한 개인들의 연대를 통해 유지되는 시민권으로부터 크게 빚지고 있으면서도 그것과 또 다른 맥락을 구성한다.

문화와 다문화주의

다문화주의의 철학적 기초를 살펴보기 위해서는 우선 그것의 개인에 대한 관점을 검토할 필요가 있다. 다문화주의는 추상적이고 초월적인, 그래서 보편적일 수 있는 개인을 상정하는 것이 아니라 소속 집단 혹은 소속된 사회의 문화에 연루 혹은 긴박되어 있는 개인

---

legal-status로서 그리고 권리citizenship-as-rights로서 파악한다.

encumbered individual에 기초하고 있다. 즉, 다문화주의가 상정하는 개인은 공동체의 문화를 통해 '구성되는' 개인으로서 개별적 인간은 사회화 혹은 문화화 과정을 통해 한 사회의 문화와 행위 양식을 체화한다. 같은 문화적 맥락과 환경에 위치하는 사람들과의 상호작용 및 교육, 전수는 사회화의 주요한 방식이다. 개인의 정체성과 가치관은 이러한 과정을 통해 형성된다. 문화는 "해당 사회의 의미지평으로서 사회의 선과 악, 좋음과 나쁨의 기준을 제공하는 준거로서" 문화화를 통해 "구성원 개개인의 정신에 각인됨은 물론 인간 집단과 개인의 신체에도 스며들"게 된다(이용승 2010 : 30~3).

개별적 인간은 문화의 담지자이기는 하지만 단지 문화를 수용하는 객체에 머무르는 것만은 아니다. 개인은 문화를 해석하는 주체로서 자신에게 배태된 문화의 구성에 참여하며, 어떤 경우에는 자신의 문화적 관행을 거부할 수도 있다. 문화 또한 짧은 시간적 지평 내에서는 정태적으로 파악될 수 있으나 장기적 관점에서 보자면 끊임없이 재해석되고 재구축되는 역동적인 과정에 놓여 있다. 즉, "문화는 항상적인 구성과 해체, 재구성의 과정에 노출되어 있을 뿐만 아니라 '과정' 그 자체의 표상이라고 할 수 있다"(이용승 2010 : 32). 다문화주의의 이러한 문화 이해는 다문화주의가 문화상대주의 혹은 문화본질주의로 미끄러지는 것을 피할 수 있는 방안이다. 문화의 고정성이 아니라 지속적 움직임을 받아들인다면 문화에 연루된 개인 또한 끊임없이 변화의 과정에 노출되어 있다고 할 수 있다.

개인이 변화 과정에 놓여 있다고 할 때, 그 변화의 내용은 개인의 정체성 혹은 자기이해라고 할 수 있다. 다문화주의의 관점에서 정체성과 자기이해는 고립되고 초월적 개인의 깊은 사색을 통해 구성되는 것이 아니다. 그것은 특정한 사회화 과정을 통해 형성되고, 또한 사회적 상호작용을 통해 변형된다. 형성된 정체성은 그 자리에 고정되는 것이 아니라 문화와 마찬가지로 끊임없이 구성과 해체의 과정에 놓여 있으며, 그 변형이 반드시 선한 방향으로 정향되어 있는 것도 아니다. 정체성은 개인과 공동체의 덕성을 고양시키는 방향으로 변화할 수도 있지만 역으로 인간과 공동체의 삶을 고양시키는 방향과는 대립되는 형태로 발전할 수도 있다.

개인을 이러한 방식으로 이해하는 다문화주의는, 개인이 소속감과 애정을 느끼는 국가 이내 공동체sub-national communities의 문화와 관행, 전통에 대한 인정과 존중을 개인의 자유와 평등한 대우의 기본 전제로 삼는다. 만약 국가 중립성 가정이든 '색깔과 무관한'color-blinded 정책이나 공화주의 이념 등을 끌어들이든지를 떠나, 또는 의도적(강제)이든 비의도적(비강제)이든지를 불문하고 개인이 귀속감을 느끼고 그/녀의 정체성 형성에 중요한 기능을 담당하는 문화 공동체가 더 큰 공동체에 의해 비가시화된다면 개인의 자존감 손상은 불가피하다. 또한 그러한 때 개인은 충분히 존중받고 있다는 감각을 가질 수 없게 될 것이다. 나아가 이러한 상황에 처한 개인은 모욕감을 느낄 수도 있을 것이다. 아비샤이 마갈릿(2008, 148)은 다소 다른 맥락이기는 하지만 다음과 같이 말한 바 있다.

만일 한 사회의 제도가 사람들이 자기 정의의 합법적인 '소속' 특질에 대해 수치심을 느끼게 한다면, 예를 들어 아일랜드인(동남아인, 흑

인)이라거나 가톨릭(무슬림) 신자라거나 벨파스트의 보그사이드(전라
도 내지는 경상도) 구역 출신이라는 사실에 대해 수치심을 느끼게 한다
면, 그 사회는 품위 있는 사회가 아니다. 만일 어떤 사람이 자기 부모나
사회적 출신 성분, 예를 들어 농부의 자식이라는 사실처럼 그의 정체성
을 형성하는 데 중요한 요소가 될 수 있는 것을 수치로 여긴다면, 그리
고 이 수치심이 사회정책과 제도의 실행에서 기인한다면 그 사회는 품
위 있는 사회가 아니다.(괄호는 저자 추가)

  마갈릿은 품위 있는 사회를 구체적으로 보여 주는 과정에서 위와
같은 언급을 하였으나 이는 자신의 문화를 존중받지 못하는 개인이
처할 수 있는 부정의의 모습을 단적으로 보여 주고 있다. 이러한 관
점에서 본다면 다문화주의의 핵심은 '인정recognition'이라고 할 수 있
다. 다문화주의는 개인의 초월적인 보편성에 의지해 규범적 도덕이
나 윤리를 도출해 내기 보다는 문화적 맥락에 연루되어 있는 개인
을 상정하고, 이의 당연한 귀결로서 개인과 그 개인이 속한 문화 집
단의 특수성과 차이에 주목한다. 다문화주의는 국가 공동체의 공유
된shared 문화와 차별되는 자기 고유의 '문화를 가질 권리'를 주장한
다. 다문화주의의 입장에서 개인이 갖는 문화적 권리와 문화적 존속
에 대한 인정은 시민권이 가정하는 개인의 평등과 자유를 실질적 의
미에서 구현할 수 있는 기본 전제이다. 인정은 역관계상 주류에게
주로 요구되는 것이지만,[8] 다문화주의는 관용과 배려의 정신에 따른

---

[8] 욥케C. Joppke는 이에 대해 다문화주의의 인정 요구가 호혜적이지 않다고 비판한

상호 인정과 이를 통해 기존의 주류 문화 중심의 단문화성과는 다른 다문화적 정체성의 수립과 통합을 지향한다고 볼 수 있다.

다문화주의는 또한 과거의 국가 건설과 공고화 과정에서 소수자가 겪었을 부당한 처우를 사후적으로 보상하기 위해, 나아가 더 나은 사회통합과 공동체의 지속성을 견고히 하기 위해 소수자에 대한 한시적 특권을 인정하기도 한다. 그것은 기존의 불평등을 치유할 수 있는 '막대 구부리기'라고 할 수 있다. 불평등의 보상 내지는 적절한 치유에 필요한 기한을 정하여, 적극적 조치affirmative action를 시행하거나 자치의 보장, 문화 보존 지원, 소수자 대표권 인정 등의 정책이 채택되기도 한다. 이를 통해 역사적 부정의는 어느 정도 보정될 수 있을 것이며, 자유-민주주의의 기본 원칙 또한 보다 너른 지평에서 실현될 수 있다고 할 수 있다. 다문화주의는 단지 과거 지향적retrospective 교정의 의미만을 가지는 것이 아니라 미래prospective의 더 나은 공동체 구상에 기여하는 것을 목표로 한다. 다문화주의가 지향하는 미래는 더 정의로운 공동체이며, 개인의 자기실현이 더 온전한 형태로 가능한 사회이기도 하다. 이러한 의미에서 다문화주의가 지향하는 사회는 본질적 문화 집단으로 분열된 사회가 아니라 각기 자신의 문화를 존속시키면서도 상호 침투와 교섭을 통해 다문화적 통합을 이룬 사회이다. 이것은 다문화주의가 스스로에게 부과한 자기한계이기도 하다(이용승 2010 : 45).

국가 공동체 내에서 문화적 소수자의 다문화적 권리에 대한 요구

바 있다 (이용승 2010 : 26~7 참조).

는 정의의 관점에서 옹호되기도 한다(Kymlicka 2001). 국가 건설 과정에서 소수자는 많은 부담과 불이익, 배제의 위협을 겪게 되는데, 소수자에게 특별히 부여되는 권리는 이들이 경험할 수 있는 부정의로부터 소수자를 보호하는 역할을 한다. 또한 소수자 권리에 대한 인정은 국가 건설을 정당화할 수 있는 수단이기도 하다. 소수자 권리에 의해 보완되고, 제한되지 않는 국가 건설은 그 자체로 억압적이고, 정의롭지 못한 것일 수 있다. 킴리카는 나아가 다문화주의와 다민족 연방주의가 평화와 민주주의, 자유, 경제적 번영, 집단 내 평등에 기여했다고 주장한다. 또한 그는 인권에서 보장하는 개인의 권리가 집단적 권리 혹은 문화 집단의 정의를 담보하는 데 부족하다고 지적하면서 인권은 소수자 권리로 보완되어야 함을 주장한다(Kimlicka 2001 : 69-90). 킴리카는 개인에게 보편적으로 부여되는 인권이 소수자 집단의 권리를 보장하기에는 부족하다고 지적하는데,[9] 이러한 사정은 개인의 보편적 권리에 주목하고 있는 시민권 또한 마찬가지이다. 이렇듯 다문화주의는 문화 집단의 차이와 그 차이에 따른 특별한 권리를 요구하며, 시민권이 기초하고 있는 자유주의 원리에 대해 도전적 과제를 제기하고 있다. 이주가 양적·질적으로 심화됨에 따라 다문화주의가 제기하는 이러한 도전은, 그것이 '다문화'로 규정되든 그렇지 않든, 지속적으로 확대될 것으로 예측된다.

---

[9] 다만 킴리카는 인권이 본질적으로 개인주의적이지 않으며, 오히려 종교의 자유 등은 집단의 형성과 지속을 담보하는 권리 요소라고 주장하고 있다.

보편성과 특수성의 아포리아

시민권의 내용과 다문화주의 : 지위, 권리, 정체성

이상에서 살펴본 것처럼 시민권과 다문화주의는 서로 다른 철학적 기반 위에 서 있다. "지난 200년 동안, 계몽적 통찰에 의존하고 있는 자유주의와 급진적 사상은 국가가 시민들을 그들의 인종이나 종교, 문화에 대한 고려 없이 동일하게 취급할 것을 요구하였다. 그러나 다문화주의는 차이에도 불구하고 동등하게 취급되는 것이 아니라 그것으로 인해 다르게 대우할 것을 요구"(Malik 2013 : 18)한다. 전자는 시민권이 기초하고 있는 보편적 속성을 가리킨다. 그러나 다문화주의는 문화적 차이에 따른 특별한 대우 내지는 집단 차별적 권리를 요구한다. 이로 인해 개인주의를 앞세우는 사람들은 집단 차별적 권리의 보장이 "근대 시민권 제도의 보편주의를 위반함으로써 역차별과 평등권 침해를 가져왔으며, 사회적 소수자의 집단의식을 강화함으로써 통합보다는 분리"(최현 2008 : 50)에 이르렀다고 비판한다. 이렇듯 양자는 상호 배제적 속성을 지니고 있으며, 서로 화해하기 어려운 내용을 담지하고 있기도 하다. 그런 의미에서 '다문화적 시민권multicultural citizenship'이라는 언명은 형용모순에 가깝다. 그럼에도 불구하고 권리로서의 시민권은 다문화적 권리를 실현할 수 있는 수단이자 다문화적 권리를 정당화할 수 있는 근거이기도 하다. 왜냐하면 개인에게 평등하게 부여된 것으로 의제된 시민적, 정치적, 사회적 권리는 그 권리를 온전히 누리지 못하고 그로부터 배제되어 있는 문화적 사회적 소수자들이 해당 권리를 요구할 수 있는 정당화 근거가 되기 때문이다. 아래에서는 시민권과 다문화주의 양자의 아포리아를 먼저 시민권 자체의 구성 내용을 통해 살펴보고, 이어 시민권의 보편성과 다문화주의의 특수성이 낳을 수 있는 이슈를 몇 개의 범주로 나누어 살펴보고자 한다.

시민권과 다문화주의의 상충 내지는 상호배제는 먼저 시민권의 구성 요소를 통해 분명하게 파악될 수 있다. 시민권은 지위, 권리, 정체성 등의 세 가지 측면이 있다고 했다. 법·제도적 지위와 관련해서는 다문화적 권리의 주체가 시민의 일원으로서 위상을 가질 경우에는 크게 문제가 되지 않는다. 즉, 특정 국가 내에서 이미 국적이나 시민권을 보유하고 있는 문화적 소수집단이 다문화적 권리를 주장할 때에는 그 법적 자격에서의 충돌은 크게 부각되지 않는다. 그러나 다문화적 권리의 주체는 반드시 해당 공동체 내에서 안정적이고 객관적인 법적 지위를 가질 필요는 없다. 다문화적 권리가 그것을 요구하는 것도 아니다. 다문화적 권리의 주체는 해당 공동체 내에서 문화 집단의 일원이면 족하기 때문에 법적 지위에 구애받지 않고 시민과 비시민, 국적자와 비국적자의 경계는 넘나든다. 시민적 권리의 일부가 시민적 지위를 획득하고 있지 못한 이주민에게도 적용되는 사례는 있지만 이는 시민권의 재해석이라기보다는 인권적 배려에 가깝다. 이렇듯 시민권은 법적 지위의 획득 여부가 권리와 정체성의 근거이자 지위를 부여하는 것이 그 자체로 특권을 형성할 수 있으나 다문화적 권리는 특별한 법적 지위를 전제하지 않는다.

권리의 측면에서 시민권은 자유로운 개인이 가지는 권리이다. 자유권을 핵심으로 하는 공민권, 정치적 참여의 권리, 사회적 권리는 자유로운 개인의 평등을 전제하고, 이를 실현하고 확대하는 방향성을 지향한다. 이와는 달리 다문화적 권리는 개인의 실질적 자유와 평등을 보장하기 위해서는 집단 차별적 권리가 인정되어야 한다고 주장한다. 다문화주의의 집단 차별적 권리는 시민적 권리를 대체하기보다는 시민적 권리의 더 나은 구현을 위해, 즉 보완성의 원리에 기초해 있다. 그럼에도 불구하고 개인에게 균등하게 분배되는 보편적 권리가 아니라 특정한 집단에게 다른 내용의 권리를 요구하기 때문에 다문화적 권리는 시민권의 수정을 압박하고, 협상을 요구한다. 이러한 양자의 모순이 분명하게 드러나는 장소는 평등의 영역이다. 시민권의 기초인 자유주의는 기회의 균등을 강조하지만, 다문화주의는 결과의 평등에 더 천착한다. 물론 시민적 권리 가운데 사회적 권리는 결과의 평등에 관심을 두지만, 이는 어디까지나 개인에 기초한 권리이다. 다문화주의는 특정 문화 집단이 겪는 집단적 불평등을 치유할 수 있는 집단의 권리를 옹호한다는 점에서 사회적 권리와는 그 맥락을 달리한다. 다문화주의는 사회·경제적 불평등이 문화 내지는 인종 집단이 겪는 불평등과 상당히 중첩되는 것에 주의를 기울이고, 인정과 재분배가 동시에 고려되어야 할 것을 주장한다(Fraser 1995 참조).

마지막으로 시민권은 정체성 내지는 소속감의 측면에서 파악될 수 있는데, 이는 시민권의 다른 요소보다 다문화적 권리와의 상충이 두드러지는 부분이라고 할 수 있다. 마샬이 "시민권은 공동의 소유로서 문명에 대한 충성을 기반으로 한 공동체 구성원이라는 직접적 감각을 요구한다."(Marshall 1950 : 151)라고 언급했을 때, 이는 공동체 구성원으로서의 정체성과 소속감을 언급한 것으로 읽을 수 있다. 마셜은 시민권 의식이 국가에 대한 인식과 함께 성장했다는 점을 말하고 있기 때문에 그가 언급한 공동체는 국가 공동체를 염두에 둔 것이다. 그러나 다문화주의는 국가 공동체에 대한 우선적 충성과 귀속 affiliation보다는 국가 이내 문화 집단에 대한 그것을 우선적으로 고려한다. 국가는 매개 집단이라는 경로로 개인과 관계를 형성하며, 매개집단은 구성원의 충성을 기반으로 국가와 협상한다. 이는 동일한 국가 내에서 사실상의 충성 경쟁을 허용하는 것으로서 동질적 문화와 소속감, 정체성을 기초로 운영되는 시민권과 양립하기 어려운 측면이 있다.

시민권의 보편성과 다문화주의의 특수성

양자의 더 근본적 아포리아는 보편성과 특수성 그 자체로부터 나오는데, 그것은 다음의 몇 가지 구체적 범주로 나누어 살펴볼 수 있다. 보편주의와 특수주의의 대립에서 첫 번째로 나서는 문제는 국민국가 통합의 문제이다. 흔히 보편성에 기초할 경우 통합에 유리하고, 특수성을 강조할 경우 통합을 저해하는 것으로 이해된다.[10] 2장의 내용을 다시 확인하자면, 시민은 애국심 내지는 국가 단위 공동체에 대한 충성 관념의 발생과 긴밀하게 연결되어 있다. 그 감각은 개인과 국가 간에 직접적으로 생성되는 것이다. 그 사이에 가족이나

---

[10] 김용신은 이를 다문화 사회에서 "상호 이해 우선이냐 통합 우선이냐"(김용신 2008 : 35)라는 문제로 정식화한 바 있다.

친족 집단, 지방 등의 매개 집단이 있을 수도 있으나 그것을 전제하지도 않을 뿐만 아니라 더 일반적으로는 매개 집단이 양자 사이에서 기능할 여지는 별로 없다. 물론 위에서 잠깐 언급한 바, 결사의 자유를 통한 여러 결사체들이 국가와 개인 사이를 중재할 수는 있으나, 이러한 결사체는 문화적 귀속감과는 거리가 있다. 또한 이러한 조직들이 개인과 국가가 직접 맞닥뜨리는 것을 회피할 수 있도록 하지만 그것이 일상적이지도 않을뿐더러 근대국가에서 국가와 개인의 본원적 관계를 회의할 정도에 이르지는 않는다. 그러나 다문화주의의 경우에는 국가 내지는 공동체 사이에 매개 집단을 전제한다. 그것은 에스닉 집단ethnic group 내지는 에스니시티ethnicity, 민족sub-nation, 인종race 등에 대한 일차적 귀속과 친밀감을 인정할 뿐만 아니라 권장하기도 한다.[11][12] 또한 국가나 공동체에 대한 우선적 충성은 대부분의 경우 공유된 과거에 대한 애정과 미래 운명에 대한 공유의식에 기인한다. 그러나 다문화주의의 경우 인간 집단이 가질 수 있는 '과거'와 '미래'의 다층성과 다양성을 공적으로 인정할 것을 요구한다.

---

[11] 인간의 집단을 나타내는 용어는 씨족clan, 친족kinship, cognate, 부족tribe, 에스닉 ethnic, 민족nation, 인종race 등 다양하다. 또한 'nation'은 국민을 가리키기도 한다. 다른 것은 한국적 관념에서 일대일 조응이 가능하지만 에스닉과 민족은 그렇지가 못하다. 또한 에스닉의 적절한 번역어도 없다고 본다. 이로부터 상당한 개념 혼란이 있다. 더군다나 민족, 인종의 경계가 흐려지는 현실은 이러한 혼란을 더욱 가중시킨다. 필자 또한 이 구분을 명확히 제시할 수 없기 때문에 에스닉을 영어 발음 그대로 적었다.

[12] 미국의 경우 다문화 정책의 대상으로 인종race이 더 우선적으로 고려되고 있다. "미국 국민들은 끊임없이 다섯 개의 범주(white, black, yellow, red, brown)로 나뉜 인종 그룹 가운데 하나로 특정하기를 요구받고 있다."(Holinger 2000 : 8)

시민권의 보편성과 공동체적 연대가 구심력으로 작용한다면 다문화주의의 차이에 대한 인정은 국가 공동체의 관점에서 보자면 원심력을 가진다. 이것은 부인할 수 없는 사실이다. 또한 차이에 대한 강조는 사회 유지의 근간인 연대성과 신뢰의 약화를 가져올 수 있다. 동료 시민에 대한 연대가 약하다면 이들이 겪는 불평등과 부자유를 치유하기 위한 국가적·사회적 차원의 지원과 비용에 지지를 보내기 어렵다. 공유된 문화를 지향하는 시민권이 갖는 구심력과 문화적 차이를 옹호하는 다문화주의가 노정하는 원심력에 대해 어떻게 적절한 균형을 이룰 것이며, 국가적 통합을 유지할 것인가 하는 문제는 대단히 심각한 주제가 아닐 수 없다.

보편성의 원리와 특수성의 원리 간의 간극에서 발생할 수 있는 두 번째 문제는 시민권 제도가 운영되는 입헌 민주국가의 현실적 운영 원리와 관련된다. 국민국가는 시민의 열망을 대변한다는 주장을 통해 스스로를 정당화하는데, 이에는 두 가지 주장이 함축되어 있다. 첫째는 가치와 이해관계에 관한 국민의 동의를 가능하게 하는 사회적 합의가 근저에 존재한다는 것이고, 둘째는 시민의 의지를 표현할 수 있는 민주적 절차가 존재한다는 것이다 (카슬·밀러 2013 : 88). 이러한 전제는 현재 민주주의를 채택하고 있는 대다수의 나라에서 일반적으로 통용된다. 이러한 전제를 실현하는 방법으로서 가장 보편적인 방식은 선거 등을 통한 정치적 참여이다. 선거는 기본적으로 1인 1표 원리(평등선거)라는 평등성에 기초한다. 물론 직능 비례대표나 상원에서의 지역 대표 인정 등 1인 1표의 원리를 보완하는 제도가 시행되고 있기는 하지만 그것은 말 그대로 보완성의 원리에 따른 것이지 민주주의 원리의 본질을 수정하는 것은 아니다. 심지어 1인 1표의 원리는 국민국가가 의도적으로 소수자가 다수인 지역에 주류를 대규모로 이주시키는 동기가 되기도 한다. 그러나 다문화적 권리의 핵심 가운데 하나로 주장되는 의회 등에서 집단 대표권은 문화적 소수집단에 대한 정치적 대표권 보장을 요구한다.[13] 나아가 다문화적 권리는 소수집단의 자결권과 자치를 요구하기도 한다. 자치는 말 그대로 자기들만으로 운영되는 정치체의 요구로부터 자기 문화의 보존과 전승을 위한 최소한의 자치에 이르기까지 다양할 수 있다. "역사적으로 혜택 받지 못한 집단들의 과소대표under-representation 문제는 일반적 현상이다."(킴리카 2010 : 67) 다문화주의는 이러한 권력 부족의 문제를 보정하기 위해 소수 문화 집단에게 특별한 정치적 대표권을 보장하는 것을 지지한다. 특별대표권의 사례로는, 물론 이것이 광범위하게 구현되는 것은 아니지만, 소수자에게 비례대표 의석 부여, 상원 의석 할당, 소수집단의 의회 진출에 유리한 선거구 획정, 캐나다의 퀘벡 주 등과 같이 문화 집단에 의해 운용되는 자치주 등을 들 수 있다. 이러한 사례는 제도로서 민주주의에 대한 원리를 일정 부분 손상시키거나 수정하지 않고는 채택되기 어렵다. 즉, 이러한 소수자의 권리를 용인하기 위해서는 이를 민주주의의 관점에서 정당화할 수 있는 추가적 논의가 있어야 한다.

---

[13] 다문화주의는, 문화적 권리를 인정하면서도 그들에게 그 권리를 스스로 지키고 신장시킬 수 있는 수단이자, 그 권리의 불이익 변경을 막을 수 있는 권력을 부여하지 않는 것은 주류의 자의적 판단에 따라 언제든지 정책적 역전을 허용하는 것으로서 단지 시혜의 제스처에 지나지 않는다고 본다.

셋째, 자아 개념의 상이성에 따른 삶의 방식way of life에 대한 이해 차이는 시민권과 다문화주의의 아포리아를 더욱 심화시킨다. 시민권은 국가 공동체 내에 소속된 개인의 추상성과 보편성의 관념을 기초로 한다. 반면 다문화주의는 문화 집단 내지는 사회 속의 개인, 즉 "환경에 의해 구속받는 자아encumbered self (김남국 2005a : 107)를 옹호한다. 시민권과 다문화주의는 모두 '좋은 삶'에 대한 지향을 담고 있지만 그것을 실제 구현하는 방식에는 차이가 있다. 시민권의 구성 요소라고 할 수는 없지만 시민적 덕성 혹은 바람직한 시민으로서의 모습은 시민적 올바름에 대한 나름의 상을 제시하고 있다. 예로 공동체에의 참여나 다른 시민과의 연대, 더 나은 공동체를 위한 헌신 등의 시민적 덕성 혹은 시민으로서의 바람직한 활동이 옳은 삶의 구성 요소로서 제시된다. 그러나 다문화주의는 문화적 환경으로 제한되고 구성되는 자아 개념을 전제하기 때문에 '좋은 삶'을 위한 올바름에 대한 인식이 문화 집단마다 다를 수 있다는 점을 인정한다. 그로 인해 특정 공동체 내에서 보편적으로 적용되는 삶의 방식이 개인의 자유를 억압하고, 평등을 저해할 수 있다고 주장한다. 이는 시민적 덕성이 대체로 수용할 수 있을 만한 내용을 담고 있을지라도 마찬가지이다. 그것이 수용되는 것은 강제성이 없고, 자발적으로 받아들여질 경우에 한한다. 다양한 삶의 방식을 인정하는 다문화주의의 관점에서 보자면, 바람직한 시민상은 설득의 과제이지 보편의 영역이어서는 곤란하다.

넷째, 국가 중립성에 대한 관점의 문제이다. 시민권과 다문화주의는 국가 존립의 근거 내지는 정당성에 대한 상이한 이해를 가지고 있다. 시민권은 국가의 중립성을 가정하고, 사적 영역에서 문화적 관행을 향유하는 것은 문제 삼지 않지만 그것이 공적 영역에서 표출되는 것에 대해서는 그다지 긍정적으로 보지 않을 뿐만 아니라 대체로 불편해 한다. 그럼에도 국가는 공적 영역과 사적 영역을 인위적으로 구분하고, 자유주의 원칙에 따라 개인적 삶의 방식이 선택되고 영위되는 사적 영역에의 간섭을 최소화함으로서 중립성을 가정한다. 그러나 다문화주의는 국가 중립성 가정에 의문을 제기한다. 근대의 유산인 국민국가는 "문화 공동체와 정치 공동체의 일치, 즉 국가의 문화적 통일성을 지향"(최현 2008 : 45)하였다. 킴리카는 국민국가 형성 초기, 공통 언어—이 언어는 광범위한 사회제도에서 통용된다—를 기반으로 한 영토적 문화를 의미하는 '사회적 문화 societal culture'로 국민을 통합해 내기 위한 국가의 노력을 언급한 바 있다 (Kymlicka 2001 : 25). 여기서 문화는 주류의 그것에 기초할 수밖에 없다. 즉, 주류 내지는 다수자는 국가 수립 과정에서 자신의 문화를 사회 전 영역에 관철하려고 하였으며, 그것의 결과 국가의 모든 제도에는 주류의 이해가 반영되어 있다는 것이다. 이러한 논리에 따라 다문화주의는 공사(公私) 구분에 따른 국가 중립성이 단지 이데올로기에 불과하다고 비판한다.

이상에서 살펴본 바와 같이 시민권과 다문화주의는 그 운영 원리와 기대하는 바가, 지향점의 유사성에도 불구하고, 서로 다른 기반에 서 있을 뿐만 아니라 추상적으로는 양자가 공존할 수 있는 것처럼 보일 수 있지만 현실적으로는 많은 난제를 낳는다. 그렇다면 양자가 노정하는 상호 포함과 배제를 어떻게 조화시킬 수 있을 것인가? 아래에서는 이 질문에 대한 탐색적 대답을 모색해 보고자 한다.

누가 시민인가 : 탐색적 대안

구성원권과 주민권

국민국가와 거주민의 불일치는 지구 시민권, 초국가적 시민권, 탈국가적 시민권 등의 대안적 용어를 만들어 내고 있지만[14] 시민권의 확장 내지는 재해석만으로 다문화 시대의 시민권 아포리아를 해소하기에는 한계가 있다. 이러한 이유로 필자는 이주의 보편화와 그에 따른 다문화 시대의 진전과 함께 점점 그 간극을 넓히고 있는 거주민과 국가 단위 시민권 간의 불일치와 모순을 완화하기 위해서는 새로운 관점과 개념이 필요하다고 본다. 새로운 관념은 인류가 그동안 성취해 낸 평등과 정의, 자유와 인권의 보편적 가치에 복무할 수 있어야 하고, 그 방향으로 인간 사회를 이끌 수 있도록 도움을 주는 것이어야 한다는 조건이 붙는다.

다문화 시대의 시민권 아포리아를 해소 내지는 완화하기 위한 새로운 관념으로서 이 글은 구성원권membership과 주민권denizenship이라는 두 가지 대안을 제시하고자 한다. 먼저 구성원권을 보자. "다른 국가로의 이주나 국경을 넘어서는 인구 이동을 다루는 헌법적이고 정책

---

[14] 보스니악Linda S. Bosniak은 이를 모두 포괄하는 용어로 '탈국가화denationalization' 를 제시하고 있다 (Bosniak 2000 : 449).

적인 문제들이 국가 간의 관계 규정에 핵심적이며, 따라서 규범적 지구촌 정의 이론의 중심에 놓여야 한다"(벤하비브 2008 : 24)는 벤하비브의 주장을 적극적으로 받아들이는 동시에 새로운 해석을 통해 이주의 시대 '정의로운 구성원권just membership'이 현재 우리가 직면한 철학적 아포리아의 적절한 대안이 될 수 있다고 본다. 먼저 벤하비브는 정의로운 성원권에 대해 다음과 같은 내용을 제시한다.

정의로운 성원권이란 난민과 망명자들의 임시 입국에 대한 도덕적 요청을 인정하고 이민자들에 대해 수용적porous 국경 정책이 마련되어야 하며, 국적 박탈과 시민권의 강제적 몰수를 금해야 하고, 또한 모든 사람들이 권리를 가질 권리가 있음을 보장해야 한다. 즉, 어떤 지위의 정치적 성원인가와는 무관하게 인간으로서 양도할 수 없는 확실한 권리를 소지하는 법적 인격legal person임을 보장하여야 한다. 정의로운 성원권은 또한 일정한 조건을 충족시키는 외국인의 경우 시민권을 인정해 줄 것을 요청한다(벤하비브 2008 : 25~6).

이 글에서는 벤하비브의 논의를 좀 더 밀고 나가 정의로운 구성원권을 다음과 같이 정의하고자 한다. 즉, 정의로운 구성원권을 사회를 구성하고 있는 성원들의 법적 지위와는 무관하게, 혹은 국적이나 시민권을 부여받지 못했을지라도 단지 그/녀가 해당 공동체의 구성원이라는 이유만으로 마땅히 인정되고 부여받아야 하는 권리와 지위, 그리고 그로부터 인정받을 수 있는 정체성이 있을 수 있다는 주장으로 확장하고자 한다. 벤하비브는 정의로운 성원권을 정치적 성원권으로부터 제한받지 않는 보편적 인권의 관점에서 제시하고 있지만, 필자는 이를 받아들이면서도 더욱 적극적으로 해석하여 '단지' 구성원이라는 그 이유 하나만으로 주어질 수 있는 권리와 부과될 수 있는 책임, 인정될 수 있는 정체성이 있다고 주장한다. 이는 국가의 역할을 무시하는 처사라기보다는 오히려 국가권력의 현재성을 인정하는 가운데, 성원의 권리 인정과 성원으로서의 정체성을 더 폭넓게 수용할 것을 국가 공동체에 요청하는 것이다. 이는 기존의 국민 관념과 이해를 넘어서는 것은 분명하지만 그것이 반드시 국가의 후퇴 내지는 약화를 가정한 결과일 필요는 없다고 본다.

누가 그러한 구성원권을 가질 자격이 있는가? 필자의 정의로운 구성원권은 선한 삶을 가능하게 하는 공동체에 대한 성원의 충성이 공동체의 결속과 연대를 유지하는 핵심 가치 가운데 하나가 되어야 한다고 주장한다. 그러나 공동체에 대한 충성은 공동체의 구성원이 되기 위한 조건은 아니다. 역으로 그러한 충성이 가능하기 위해서는 공동체의 성원으로서, 권리의 주체로서 인정받고 적어도 형식적으로라도 평등한 자유를 누릴 수 있는 자격이 부여되어야 한다. 어떠한 권리, 의무, 인정으로부터도 모두 배제되어 있는 사람이 주도적으로 공동체에 참여하는 것은 애당초 가능하지 않다. 심지어 이들은 참여를 위한 기본 조건이라고 할 수 있는 안정된 생활과 스스로의 삶에 대한 책임 있는 영위를 결여할 수밖에 없다. 이러한 논리의 연장선에서 구성원권은 공동체의 운영과 선한 공동체의 지향에 참여할 의지와 역량을 갖춘 어떠한 구성원도 배제하지 않는다. 좀 더 구체적이고 현실적으로는 국가 공동체의 헌정 가치를 수용하고, 이에

헌신할 수 있는 것이 구성원권을 누릴 수 있는 자격의 최저한이라고
할 수 있다.

다문화 시대 시민권 아포리아에 대한 새로운 관점으로서 두 번째
로 제시할 바는 주민권[15]이다. 구성원권과 마찬가지로 주민권은 체
류 자격 내지는 법적 지위, 개인적 성향, 사회적 지위 등과 무관하게
단지 그/녀가 해당 지역local의 주민이라는 이유만으로 마땅히 인정
되어야 하는 권리와 지위, 정체성이 있다는 것을 말한다. 지역은 마
을부터 시작해 다소 큰 행정구역까지 일상적 삶이 이루어지는 '생
활공동체'(이용재 2013 : 97~98)로서의 공간을 포괄한다. 주민은 지역과
의 관련성 측면에서 실제적 거주를 전제하며, 지역과 사회적·경제
적 관계를 맺고 인간관계의 많은 부분이 해당 지역에서 이루어지는
사람들을 이른다. 주민은 또한 지역과 심리적인 유대감을 일정 정도
가지고 있는 사람들로 규정할 수 있다. 심리적 유대는 당연히 정도
의 차이가 있을 것이다. 그럼에도 한 지역에 거주하면서 자신의 주
요한 일상생활이 그 공간에서 이루어지는 사람들은 대개 지역과 일
정한 정도의 심리적·정신적 유착 관계가 형성될 것이라고 가정할
수 있다.

---

[15] 처음으로 거주 외국 시민foreign citizen에 대해 'denizens'이라는 규정을 부여한 하
    마르에 따르면, 주민은 국적을 취득하지는 못했지만 영주권을 포함한 상당한 정
    도의 거주 보장과 직업 선택권, 교육, 사회보장의 혜택 등을 누리는 사람들을 말한
    다 (Hammar 1990 : 13-25). 하마르의 주민에서 체류 기간이 정해져 있거나 특정 시
    간 이후 체류 기간을 연장해야 하는 외국인은 제외된다. 그는 주민을 매우 '기술적
    technical'인 개념으로 제시했지만, 이 글에서는 주민을 공간과의 물리적·심리적
    관점에서 더 폭넓게 정의하였다.

비록 하마르T. Hammar는 특별한 지위와 권리를 가진 국내 거주 외국 시민만을 주민이라고 규정하였으나, 주민권이 상정하는 주민은 기존에 거주하고 있던 모든 사람들이 포괄될 수 있다. 단지 거주권을 가진 외국인만을 이 범주에 넣을 경우 특정한 부류로 분리 가능한 사람들을 묶어 내는 하나의 새로운 개념을 도입하는 것에 불과하며, 그것은 또 다른 차별의 시작일 수 있다. 왜냐하면 차별은 대상을 특정하고 그것이 관념적 상상으로 연결될 수 있을 때 작동하는 기제이기 때문이다. 또한 한국어에서도 주민은 국적과 유입 시기와 무관하게 새로운 주민과 기존의 주민 모두를 포괄하는 용어이기도 하다.[16] 이러한 논리에 따라 주민권은, 시민권자(국적자)이든 비시민권자(비국적자)이든지를 막론하고 지역의 주민을 구성하는 모든 사람들이 가져야 할 권리 내지는 지위로 해석될 수 있다. 주민은 해당 지역의 운영에서 책임과 권리를 부담하고 누릴 수 있는 주체로 상정된다. 주민은 지역의 구성원으로서 지역과 관련한 현안 논의에 참여할 수 있는 권리가 부여되며, 지역의 복지 혜택을 누릴 수 있는 자격을 보유한다. 이 과정에서 지역 주민으로서의 정체성 또한 공유할 수 있게 된다.

---

[16] 사실상 영어의 denizen과 정확히 조응하는 한국어는 없다고 본다. 영주권자가 가장 가까운 표현이기는 하지만, 하마르에 따르면 기존의 시민 또한 영주권자이기 때문에 이들을 지칭하는 다른 용어가 필요하다는 것이다. 참고로 우리나라의 경우 이미 한국 국적을 취득한 결혼이주민과 심지어 그 자녀 또한 '외국인' 정책의 대상으로 보고 있다. 이러한 모순에 대한 지적은 이화숙·이용승(2013) 참조.

구성원과 주민권의 정당화

정의로운 구성원권과 주민권에 대한 규범적 정당화는 두 가지 논의를 통해 가능할 듯하다. 먼저 이는 권리라고 해석되는 'right'가 가진 '올바름'의 계기를 적극적으로 사유하고자 하는 의지의 산물이다.[17] 개인으로서 시민이 가진 권리이든 문화 집단의 다문화적 권리이든 그것은 올바름의 계기를 내포한다. 그렇기 때문에 권리 관념은 정의 관념으로 곧바로 이어질 수 있는 것이다. 이러한 관점에서, 즉 '올바름'을 공동체의 구성원과 국가 간의 관계에서 관철시키기 위해 구성원권과 주민권이 주장될 수 있다고 본다. 다만 올바름은 앞에서 언급한 바, 고정된 실체라기보다는 공동체 구성원의 협상과 타협을 통해 끊임없이 재조정될 수 있는 무엇이어야 한다. 구성원권과 주민권은 한 공동체 내에 살고 있으면서도 배제되어 있는 이주민을 비롯한 소수자를 더 많이 정치 과정에 인입시켜, 정치의 규범적·도덕적 정당성을 높일 수 있도록 할 뿐만 아니라 사회통합을 더 용이하게 할 수 있도록 역할을 할 것이다.

두 번째로는 민주주의를 들 수 있다. 현대 정치에서 민주주의는, 국가마다 내용적 차이를 용인하는 전제 하에, 가장 광범위한 지지를 얻고 있는 정치 이념이라고 할 수 있다. 그러나 민주주의를 실천하는 과정에서 소수자 집단 내지는 문화 집단의 정체성을 고려하지 않는 것은 결과적으로 민주주의를 위협할 수 있다. 다문화주의의 등장 자체가 민주주의의 발전과 밀접한 관련이 있으며 정치 과정에서 끊

---

[17] 이에 대한 아이디어는 장은주(2010, 30)에서 얻었다.

임없이 배제되는 소수가 존재한다는 것은 민주주의의 기본 원칙과 양립할 수 없기 때문이다. '인민주권'에 기초하고 있는 민주주의에서 '인민People'은 단지 국민Nation만을 의미하기보다는 정치 공동체를 구성하고 있는 구성원 전체를 가리킨다고 해석하는 것이 민주주의의 본래 의미에 가깝다.

민주주의는 대표의 원리와 연대의 원리에 기초하고 있다(김남국 2005a). 특히 전자는 공동체의 모든 "구성원의 목소리가 빠짐없이 대표되어야 한다"(김남국 2005b : 100)는 민주주의의 기본 원리이다. 이는 '배제된 자의 축소 과정'으로 읽히는 민주주의의 확산 과정과 궤를 같이하는 것이다. 그러나 공동체의 구성원 가운데 끊임없이 대표되지 못하고 목소리voice를 낼 수 없는 집단이 상존한다는 것은 민주주의의 원칙 자체를 위협한다. 이는 특정한 상황에서는 대표되지 않아도 되는 인민이 있을 수 있는 가능성의 문을 열기 때문이다.[18] 즉, 배제 집단은 민주주의의 역진 가능성을 내포 또는 상징한다. 또한 이주민을 시민으로부터 영구히 배제하는 것은 "심각한 불평등과 갈등으로 점철된 사회 분열을 초래"(카슬·밀러 2013 : 88)할 수 있으며, 이는 민주주의 존립 자체를 위협한다. 대표의 원리와의 연관성 하에서 민주주의는 '자기지배'로 독해할 수 있는데, 원론적으로 자기지배는 자기가 내린 결정 혹은 자기가 만든 규율에 자발적으로 구속되는 것을

---

[18] 이와 관련하여 우리는 민주적 선거를 통해 집권한 나치가 시민으로부터 배제할 사람들의 범주를 점차 넓혀 갔던, 마지막에는 유대인 절멸이라는 '최종 해결final solution'에 이르렀던 극악한 역사를 기억할 필요가 있다.

말한다. 정치적 관점에서 인민의 자기지배는 "어떤 정치적 결정에 영향을 받는 모든 사람들이 그 결정 과정에서 참여할 수 있는 기회를 갖는 것"(Hammar 1990 : 2)이라고 할 수 있다. 민주주의를 이렇게 해석한다면 타자에 의한 지배와 복종만이 허용되는 배제 집단의 존재는 민주주의 근본 원리에 대한 배반이라고 아니할 수 없다.

다문화 시대에 필요한 권리 개념을 정의로운 구성원권과 주민권으로 확장했을 때, 우리가 해명해야 할 또 하나의 난제는 이러한 권리를 인권과 어떻게 구분 지을 것인가 하는 문제이다. 왜냐하면 인권과 구성원권·주민권은 모두 국민국가의 주권에 유사한 도전을 제기하고 있을 뿐만 아니라 구체적인 내용은 상당히 중첩될 수 있기 때문이다. 이로 인해 후자는 전자의 동어반복이 아닌가 하는 의구심이 들 수 있다. 따라서 양자 간의 경계 획정은 구성원권·주민권이 시민권과 인권이 갖는 현실적 한계와 제한을 완화할 수 있는 대안이라는 점을 부각시킬 수 있는 이점이 있다.

이를 해명하기 위해 먼저 인권과 시민권의 관계를 살펴보자. 인권은 "충족될 아무런 조건 없이 단지 그 혹은 그녀가 인간이라는 이유 하나만으로 모든 인간에게 가져야 하는 의무, 즉 인간에 대한 존중"(Weil 2002 : 5-6)이며, "오로지 인간이라는 이유만으로 모든 사람이 동등하게 소유하는 권리"(마갈릿 2008 : 52)라고 할 수 있다. 전후 이러한 보편적 인권 관념의 점진적 확장은 시민권의 내용과 범위를 점차 넓히는 동인으로 작용하고 있다. 그러나 인권은 모든 인간에게 적용되는 보편성을 갖는 한편, 시민권이 가지는 보편성은 국경에서 멈춘다.[19] 이것이 가까운 장래에 양자가 완전히 일치할 수는 없다고 보는 이유이다. 만일 그렇게 된다면 시민권이라는 개념은 사라지고 세계 시민권cosmopolitanism이 그 자리를 대체하게 될 것이다. 세계 시민권을 구성하는 주요 내용은 인권과 거의 구분되지 않게 될 것은 물론이다.[20] 시민권은 아무리 그 의미의 확장을 기획하더라도 실체적 '정치체'와 분리하여 사고할 수 없다. 특히 온전한 형태의 정치적 참여 권리는, 제한적으로 비시민권자에게 부여되기도 하지만, 통상적으로 시민에게 부여된다.[21] 그렇기 때문에 시민권의 확장이나 유연한 시민권 개념의 도입이 아니라 새로운 개념과 관념의 제시가 필요하다고 보았다.

그렇다면 구성원권, 주민권과 인권의 경계는 어디에서 그을 수 있을까? 이 경계가 필요한 이유는 역설적으로 인권의 포괄성과 보편성으로부터 기인한다. 인권은 단지 인간이라는 이유로 인간의 존엄

---

[19] 어떤 경우에는 '국가적' 현실을 인정하는 가운데 인권의 확장을 논의하다 보니, 인권의 구체적인 내용이 자유권과 사회권을 더 강조하는 형태의 시민적 권리의 내용과 거의 겹쳐서 제시되기도 한다 (장은주 2010 참조).

[20] 그러나 양자가 상정하는 공동체는 다소 차이가 있다. 인권은 인류의 삶이 이루어지는 추상적 공동체world society를, 세계 시민권은 모종의 지구적 정치 공동체global polity를 상상한다. 또한 전자는 자격이나 소속감, 충성 등과 연계될 가능성이 거의 없으나, 후자는 그렇지 않다. 이와 관련하여 누스바움Martha Nussbaum의 세계 시민citizen of the world 주장에 대한 비판은 주로 시민이 공식적 통치체를 상정하는 개념이며 현재 전 세계를 포괄하는 그러한 정치 단위는 없다는 점에 초점을 두었다 (Bosniak 2000 : 447). 참고로 당시 누스바움은 개별 국가에 대한 애국심을 넘어서는 인류 공동체에 대한 우선적 충성을 주장한 바 있다 (Nussbaum 2010).

[21] 비시민권자의 투표권에 대해서는 카슬 · 밀러(2013, 473~47) 참조. 한국의 경우에도 2005년 공직선거법 개정으로 영주의 체류 자격(F-5)을 취득하고 3년이 경과한 '외국인'에게 지방자치단체의 장 및 의회의원에 대한 투표권을 부여하고 있다.

과 마땅한 권리를 요구한다. 그러나 실제 인권에 대한 인식은 국가별, 혹은 문화권별로 차이가 있으며 실천적 모습도 천양지차이다. 그렇기 때문에 인권의 높은 추상성은 그것이 '명분'으로 활용될 때를 제외하고는 보편적 강제로서 기능하기 어렵다. 즉, 인권은 인류사의 보편적 가치로서 점차 확대되는 추세에 있는 것은 분명하지만 그것이 국경과 국가적 관행을 무효화시키지는 못한다. 때로 인권 또한 국경에서 멈추거나 그것을 넘으면서 그 성격과 해석을 완전히 달리하는 변형을 겪기도 한다. 이 글은 개인의 권리가 반드시 국가는 아니더라도 모종의 정치적 공동체를 통해서 보장받을 수 있다는 현실론의 기반에 서 있다. 이러한 사정을 감안한다면 보편적이고 "맥락 초월적인"(벤하비브 2008 : 42)[22] 인권의 가치를 폭넓게 수용하면서도 국가의 현실적 규정력을 인정하는 타협 지점이 요청된다. 구성원권과 주민권은 이러한 요청에 부응하기 위한 한 시도이다.

국가에 긴박되어 있는 시민권과 다문화주의 간의 아포리아를 구성원권과 주민권으로 해소하려는 시도는 '연대'를 고리로 해명될 수

---

[22] 벤하비브는 맥락 초월적 인권과 개별주의적이고 배제적인 입헌국가의 민주적 제한이라는 '숙명적 긴장'을 민주적 반추 democratic iteration라는 개념을 통해 매개될 수 있다고 주장한다(벤하비브 2008 : 42-44). 필자가 보기에 민주적 반추는 합의에 이르기 위한 반복적 심의 deliberation를 의미하며, 이는 구체적인 구성원권과 주민권의 내용을 확정짓는 과정에서 주요하게 활용될 수 있는 개념이라고 본다. 다만 이 글의 목적은 구성원과 주민권의 내용을 구체화하는 데 있지 않기에, 이는 추후의 연구 과제로 남겨 두고자 한다. 민주적 반추의 측면에서 이 글의 위상은 '누가 민주적 반추 혹은 심의에 참여할 자격을 갖는가.'라는 질문에 대한 모색이라고 할 수 있다. 참고로 벤하비브는 민주적 반추의 주체를 '국민'으로 상정하면서도 국민과 영토 내 거주 사이의 불일치는 성원권의 새로운 정치학을 통해 협상해 나가야 한다고 주장하고 있다.

있다. 다문화주의가 주장하는 문화 집단의 특별한 권리와 차이를 인정할 경우 연대의 근거는 어디에서 찾을 수 있을까. 드물지 않게 문화적 차이 혹은 편견은 연대의식을 약화시키고 불균등한 분배를 정당화하는 논리로 동원된다. 많은 경우 문화적 차이와 경제·사회적 불평등은 서로를 강화하거나 교차된다.[23] 심지어 인종적, 문화적 편견은 복지지출에 영향을 주기도 한다(Alesina et al : 2001). 상황이 이렇다면 다문화주의는 공동체의 유지에 핵심적 역할을 담당하는 연대를 손상시킬 가능성이 있는 것으로 결론 내릴 수 있다. 반면 시민권은 국가 내 시민의 단일성에 기초하고 있기 때문에 연대감을 높일 수 있을 것으로 간주된다. 이에 대해 다문화주의자는 현대사회의 문화적 다양성이 필연적이라면 그에 대한 인정이 오히려 연대감을 증대시킬 수 있을 것이라고 주장한다. 그러나 국가 내 문화 집단의 인정과 그들에 대한 특별한 대우는 사회적 원심력을 강화할 것이라는 점은 충분히 납득할 만한 추정이다.

로티는 "'우리'라는 느낌을 이전에 우리가 '그들'이라고 생각했던 사람들에게 확장시키려 노력해야 한다."(로티 1996 : 348)고 주장한다. 이 또한 동질성의 확장으로 읽힐 수 있지만 다른 한편, 이것은 "우리 자신과 매우 다른 사람들을 '우리'의 영역에 포함시켜 볼 수 있는 능력"을 말하는 것이기도 하다. 즉, 동질성의 확인보다는 비록 우리와 다르더라도 그들을 연대의 대상으로 볼 수 있는 능력의 신장을 말한

---

[23] 재분배와 인정의 관계에 대해서는 Fraser(1995), 최병두(2011 : 48~52), 백미연(2009), 설한(2005) 참조.

다. 만일 우리가 현실적 어려움과 장애에도 불구하고 이러한 능력을 기를 수 있다면, 또 그것이 바람직한 방향이라면 구성원권과 주민권은 이러한 우리 의식의 확장을 위한 노력 내지는 역량의 강화로 위상 지을 수 있을 것이다. 나아가 '연대'는 동질성만을 근거로 형성되는 것은 아니다.[24] 국가 공동체의 유지를 위한 충성의 문제에 심각한 의문을 제기하지 않으면서도 전 세계적으로 이중국적이 점차적으로 확대되고 있는 것과 같이, 연대는 다양한 문화를 인정하는 가운데에서도, 오히려 문화 집단의 권리를 인정하는 가운에 진작시킬 수 있는 가치이다. 만일 공적 공간에서 문화적 차이를 인정하지 않고, 소수자의 권리를 배려하지 않을 때 오히려 연대는 위기에 처할 수 있다. 또한 만약 지구화된 환경에서 문화적 차이를 근원적으로 소멸시킬 수 없다면 이를 적극적으로 공적 공간에서 인정하고 평화롭게 공존시킴으로써, 다시 말해 공존의 윤리를 진작시킴으로써 더 튼튼한 연대를 실현할 수 있다.

이러한 관점에서 확보된 연대는 다문화주의의 특수주의와 시민권의 보편주의가 낳을 수 있는 아포리아, 즉 국가통합, 좋은 삶에 대한

---

[24] 이미 탈산업화 사회에서 인간은 여러 층위와 계층, 계급으로 분화되어 있으며, 고립된 개인으로 존재하고 있기 때문에 '시민'이라는 단일한 가치 아래 이들이 연대감을 형성할 수 있다는 논리가 차지할 수 있는 자리는 그리 넓지 않다. 물론 분열되어 있기 때문에 시민 혹은 시민성에 기대어 연대감을 형성해야 한다는 당위적 주장이 있을 수 있으나 그것은 규범적 호소에 그칠 공산이 크다. 오히려 다양한 분절을 인정하는 가운데, 상호 존중과 공존의 윤리를 발전시키는 것이 연대감을 높일 수 있는 현실적 방안이다. 이런 의미에서 박구용(2013 : 133)이 규정한 시민, 즉 "시민은 동질성에 기초한 공동체의 구성원이라기보다 이질성에 기초한 시민사회의 구성원"이라는 규정은 주목할 만한 가치가 있다.

인식, 국가 중립성 등[25]과 시민권의 구성 요소로 제시된 지위, 권리, 정체성에서의 모순을 완화할 수 있는 핵심 고리이기도 하다. 연대의 원리는 국가 공동체의 구성원이나 주민에게 시민 혹은 국적자가 아니더라도 성원권의 지위를 부여할 수 있는 가능성을 제공한다. 또한 그러한 지위에 따른 권리와 정체성의 부여는 권리와 소속감의 측면에서 제시된 아포리아를 어느 정도 해소할 수 있게 한다. 주민권과 구성원권은 개인으로서 가질 수 있는 권리이자 국가 공동체와 지역에서 문화 집단이 주민권과 구성원권에 기초하여 자신들의 차별적 권리를 주장할 수 있는 근거이기도 하다. 또한 국민 혹은 민족보다는 같은 국가, 지역공동체의 구성원이라는 소속감을 상정하는 것은 국가 정체성을 유지하는 가운데, '주민'을 통해 지역 정체성을 상상할 수 있도록 한다.

국가통합의 이슈에서 시민권과 다문화주의 간의 난제는 구성원과 주민의 권리를 적극적으로 인정하여 연대감을 향상시킬 수 있다는 점을 통해 완화할 수 있을 것이다. 이를 통해 국가통합의 문제도 더 유연하게 사고할 수 있는 가능성이 열린다. 또한 구성원권과 주민권은 그동안 배제되어 있던 주변인을 주체로 호명하여 좋은 삶에 대한 협의 가능성을 제고한다. 마지막으로 연대는 국가 중립성을 더 객관적 시각으로 볼 수 있게 하면서 그것이 개인의 자유를 확대하는 방향으로 기능할 수 있도록 한다. 국민국가 수립 과정에서 불이익을

---

25 입헌 민주국가의 원리와 다문화주의의 괴리는 주민권과 구성원권을 민주주의의 관점에서 정당화한 위의 논의를 통해 어느 정도 해명되었다고 본다.

경험했을 뿐만 아니라 현실적으로도 불리한 위치에 처한 문화 집단에 대한 연대와 연민은 그들에게 보상을 추진할 수 있는 동력이 될수 있으며, 국가의 기계적 중립성을 보완하여 실질적 중립성을 실현할 수 있도록 할 것이다.

결론적으로 구성원권과 주민권은 보편성과 국가 중심성을 가정하는 시민권과 문화 집단의 인정과 권리를 요구하는 다문화주의가 본원적으로 내포하는 난제를 국민국가 시스템의 현실을 인정하는 가운데, 인권의 보편성을 적극적으로 구현할 수 있는 방안이라고 할수 있다. 이를 정당화하는 과정에서 올바름에 대한 인식, 민주주의는 주요한 가치로 제시될 수 있으며 특히 주민권과 구성원권에 기초한 연대 내지는 연대감은 양자의 아포리아를 해소하는 핵심 고리이자 가치로서 위상을 차지한다.

구성원권, 주민권과 한국 사회

지금까지 시민권 이론과 다문화주의가 본원적으로 내포하고 있는 아포리아를 보편성과 특수성의 관점에서 살펴보고 이러한 난제를 완화하기 위한 유력한 대안으로서 주민권과 구성원권을 살펴보았다. 이주에 따른 국가 공동체 내 인구와 문화의 다양화는 이전과는 다른 형태의 소수자를 탄생시켰고, 이들의 권리 주장은 기존의 시민권 관념에 도전을 제기하고 있다. 시민권은 개인의 초월적 보편성과 연대에 기초하고 있으나 다문화주의는 환경에 연루된 개인 관념에 기초하여 문화 집단의 인정과 차별적 권리를 주장한다. 양자의 이러한 긴장은 국가통합, 입헌 국가의 민주적 운영 원리, '좋은 삶'에 대한 인식, 국가 중립성 가정 등에서 구체적 드러난다. 양자가 내포하는 모순과 그로 인한 긴장은 시민권 개념과 적용 대상의 확장으로는 해소되기 어렵다고 본다. 따라서 기존 시민권은 그것대로 두되, 맥락 초월적인 인권의 내용을 적극적으로 받아들이면서도 국가의 현존을 인정하는 새로운 개념이 필요하다. 주민권과 구성원권 주장은 이러한 맥락에 위치해 있다. 이하에서는 그것이 한국 사회에 갖는 몇 가지 함의를 제시하는 것으로 결론을 대신하고자 한다.

왜 우리가 소수자에 주목해야 하는가? 특히 이주의 시대 왜 우리는 소수자로서 이주민에 주목해야 하는가? 우리가 그들에게 관심을 두어야 하는 이유는 "우리 사회의 가장 주변적인 부분에서 우리 사회의 존엄과 민주주의를 시험하는 사례가 되고 있기 때문"(김남국 2005a, 98)이다. 우리 사회에서 가장 소외되고 배제된 개인과 집단의 삶을 더 온전한 형태로 만들어 내는 것은 민주주의 제고는 물론 한국 사회 전체의 고양으로 이어질 수 있다. 인간의 정체성과 자존감은 타자와의 교호작용을 통해 형성된다. 문화 집단의 그것 또한 마찬가지이다. 그렇다면 이주로 인해 주요한 타자로 등장한 이주민의 삶이 온전한 형태를 유지하고 주위와 유의미한 상호작용을 할 수 있을 때, 그들은 우리 사회 전체적인 '좋음'의 상승에 기여할 수 있을 것이며 나아가 우리의 정체성을 재구축하는 과정에서도 긍정적인 역할을 할 수 있을 것이다.

한국이 경제적 부국의 반열에 올라서고, 1인당 소득 또한 지속적으로 향상되고 있지만 아직 우리가 '제도적 모욕'이 존재하지 않는 품위 있는 사회(마갈릿 2008)에 도달했다고 자부하기에는 부족한 부분이 많다. 사실 그러한 방향으로 우리 사회가 움직이고 있다는 명백한 증거를 발견하기도 어렵다. 오히려 경제적인 풍요의 확장 속에 개인의 삶은 더욱 팍팍해지고 공동체의 유대 또한 약화되고 있지는 않은지 의심이 들 정도이다. 물론 경제적 수준의 향상이 곧바로 공동체의 고양으로 이어지리라고 기대할 수는 없다. 그러나 우리가 그동안 의지해 온 발전 담론은 물질적 환경이 좋아질수록 개인의 삶 또한 질적으로 풍요로워질 것이라는 공약을 기정사실로 받아들여 왔다는 점도 부인할 수 없다. 이러한 현실에서 우리 사회가 현재와는 질적으로 다른 정의로운 공동체를 만들어 나가기 위해서는 우리 주변의 소수자에 대해 더욱 집중된 관심이 필요하다.

이주는 이제 특정한 지역과 연계된 특수한 현상이 아니다. 지구화의 가속화에 따라 인간의 이주 자체가 보편성을 획득해 가고 있다고 할 수 있다. 이주의 보편화가 진행되고 있는 가운데 특수한 개별 국가들로 이루어진 국가 간 체계international system는 일정한 균열을 노정할 수밖에 없다. 이주가 국민국가의 경계와 권위를 허물 것이라고 주장할 필요는 없고, 실제 진행되고 있는 현실은 이와는 거리가 있다. 다만 경계와 권위의 확정성과 확고함을 흔듦으로써 이주는 그것을 재정의하고 성찰해야 하는 과제를 던져 주고 있다. 구성원권과 주민권의 주장은 영토적으로 규정된 국가와 국가 간 시스템이라는, 아직까지는 견고해 보이는 체계와 초국적 이주를 포함한 지구화 등에 따른 국경의 약화라는 두 가지 현실을 모두 담아 보고자 하는 노력의 일환이다.

또한 구성원권과 주민권은 인류가 오랜 기간 발전시켜 온 가치,

즉 인간의 본원적 존엄성과 인권, 자유, 평등의 기본 가치를 공유하는 가운데 개별적인 문화적 관행을 인정하는 '품위 있는 사회' 건설을 위한 좋은 출발점이 될 수 있다고 본다. 품위 있는 사회는 품위 있는 통합을 통해 도달할 수 있는 과제이다. 품위 있는 통합은 그러한 사회를 위한 조건으로서 특정 종교집단이나 소수민족, 소수 문화, 사회계층 등에 속한 모든 사람이 그런 집단에 소속되었다는 이유로 거부되지 않으면서, 그 포괄 집단의 특성을 인정받을 수 있는 통합을 지향한다.

주민권과 구성원권의 주장이 한국 사회에 갖는 함의는 무엇일까? 필자는 두 관념이 이민을 원칙적으로 허용하지 않는 한국적 맥락에 오히려 부합할 수 있다고 본다. 대다수의 서구 국가들은 이미 오랫동안 이민자를 수용한 경험이 있고, 합법적으로 이민이 이루어진 경우 거주 기간에 따라 이민자들은 국적 혹은 시민권을 획득할 수 있는 자격이 주어진다. 따라서 이들 국가에서는 모든 시민을 포함할 수 있는 시민권을 더 두텁게 하는 동시에 일부 시민적 권리를 단기 이주자에게 확대 적용하는 것으로 많은 문제들을 해결할 수 있다. 그러나 한국은 187만여 명의 이주민 가운데 국적을 취득할 가능성이 있는 이주민은 극소수이고, 그것도 국적취득 요건의 강화로 인해 점점 어려워지고 있는 형편이다. 이러한 사정을 감안한다면 역설적으로 구성원권과 주민권의 관념이 우리 사회에 더욱 유용한 것으로 보인다.

한국은 아직까지 노동이주를 허용하지 않는다. 또한 가족 재결합에 따른 이민도 허용하지 않고 있다. 노동은 3년을 기본으로 순환하는 형태를 취하고 있으며, 이들이 합법적으로 영주권을 취득할 수 있는 기간(5년)을 채우기는 실정법상 거의 불가능하다. 이주노동자는 허용된 기간 동안 한국의 경제적 필요에 부응한 후 그들의 의사와는 무관하게 자신의 나라로 돌아가야 할 사람들로 간주된다. 한국의 입장에서는 소위 '저개발국'에 산재하는 이주 노동력의 풀pool은 풍부하기 때문에 필요한 수준의 이주노동력은 큰 변동 없이 유지할수 있다. 이들은 몇 년 후 돌아갈 사람들이기 때문에, 그리고 돈을 벌기 위해 왔기 때문에 그 한도 내에서만 대우해 주면 된다고 주장된다. 이러한 상황에서 이들을 대상으로 한 구성원권, 주민권 논의는 무의미한 것으로 보인다. 과연 그런가?

이들은 비록 한국의 국민으로서 '지위'를 획득하고 있지는 못하지만, 또 그로부터 기인하는 수많은 권리로부터 배제되어 있지만, 이들이 한국 사회의 주민 혹은 구성원이라는 점은 분명하다. 이들은 우리의 이웃이며 우리와 삶의 터전을 공유하고 있다. 비록 제한된 수준일지라도 의무를 부담하며, 무엇보다도 법과 제도의 규율을 받고 있다. 거주 기간의 제한으로 인해 그들이 공동체에 대한 충성과 애정을 가지고 있다고 일반적으로 말할 수는 없다. 충성과 애정이라는 것은 시간과 긴밀한 관련을 가지기 때문이다. 그럼에도 시간이 곧 비례적으로 공동체에 대한 충성을 높인다고 할 수는 없다. 또한 그것을 일률적으로 측정할 수 있는 도구도 없기 때문에 충성과 애정의 정도에 따라 권리를 분배하는 것은 상상하기 어렵다. 이러한 현실을 감안한다면 이주민들에게 우리 사회의 구성원 혹은 주민으로서 마땅히 누려야 할 권리를 부여하는 것은 우리의 의무 영역에 속한다. 물론 권리의 구체적인 내용은 사회적 합의가 필요하지만 그들을 보는 관점이 주민이나 구성원으로 변화된다면 우리 사회가 합의할 수 있는 범위는 크게 넓어질 것이다.

한국은 특별한 경우를 제외하고는 이민의 문을 걸어 잠그고 있다. 이주를 합법적으로 진행할 수 있는 법적 절차(이민법) 또한 없다. 아무리 이민 조건을 까다롭게 규정해 놓았을지라도 이민법이 있다면 어떤 식으로든 이민이 가능할 수 있다. 실질적 이민 '봉쇄정책'이 시행되고 있는 와중에도 이민의 물꼬는 트였다. 한국은 현재 국가 수립 이후 최초로 이주민 '집단'의 이민을 허용하고 있다. 통상 결혼이주민이라고 불리는 이들은 한국으로서는 '이주 1세대'라고 할 수 있다. 이들은 이미 약 30만 명에 육박하고 있으며, 이들이 이주민으로서 겪는 여러 가지 어려움과 난관은 지나치다 싶을 정도로 표면화되어 있다. 한국에서 이들에게 국적(시민권)을 부여하는 과정은 '국민 만들기'의 과정이라고 해도 과언이 아니다. 이들은 국적을 취득하여 한국 국민의 일원으로 편입되고, 한국의 문화와 관습을 더욱 심화된 형태로 받아들일 것으로 기대된다. 그러나 이들은 여전히 우리 사회의 주체라기보다는 단지 수혜의 대상 혹은 객체로 머물러 있다. 이들이 구성원권과 주민권의 정당한 주체라는 것은 논란의 여지가 없다. 설사 이들이 아직 국적을 취득하기 전이라도 이러한 사실은 변함이 없다. 구성원권과 시민권은 이주 1세대들의 한국 사회 적응을 적극적으로 실현할 수 있는 도구이자, 우리 사회를 더 포용적인 사회로 나아가게 하는 데 기여할 수 있을 것으로 기대된다.

참고문헌

김남국, 〈다문화 시대의 시민 : 한국 사회에 대한 시론〉,《국제정치논총》 45-4, 2005a.

김남국, 〈심의 다문화주의 : 문화적 권리와 문화적 생존〉,《한국정치학회보》 39-1, 2005b.

김비환, 〈한국 사회의 문화적 다양화와 사회 통합 : 다문화주의의 한국적 변용과 시민권 문제〉,《법철학연구》 10-2, 2007.

김용신, 〈다문화 사회의 시민형성 논리 : 문화민주주의 접근〉,《비교민주주의연구》 4-2, 2008.

라치드 로티, 〈9장 : 연대성〉,《우연성 아이러니 연대성》, 김동식 · 이유선 옮김, 민음사, 1996.

아비샤이 마갈릿,《품위있는 사회》, 신성림 옮김, 동녘, 2008.

박구용, 〈국가권력과 시민권〉,《철학》 114, 2013.

세일라 벤하비브, 〈서문〉,《타자의 권리 : 외국인, 거류민, 그리고 시민》, 이상훈 옮김, 철학과 현실사, 2008.

스티븐 카슬 · 마크 J. 밀러,《이주의 시대》, 한국이민학회 옮김, 일조각, 2013.

백미연, 〈'재분배'와 '정체성'을 넘어 '참여의 평등'(parity of participation)으로〉, 《한국정치학회보》 43-1, 2009.

서관모, 〈시민성 개념의 새로운 구축을 위하여〉,《경제와 사회》 31, 1996.

설동훈, 〈국제노동력이동과 외국인노동자의 시민권에 대한 연구〉,《민주주의와 인권》 7-2, 2007.

설한, 〈재분배의 정치와 인정의 정치〉,《한국과 국제정치》 49, 2005.

손철성, 〈공동체의 성원권과 외국인 노동자의 지위〉,《윤리교육연구》 29, 2013.

윌 킴리카,《다문화주의 시민권》, 장동진 외 옮김, 동명사, 2010.

이용승, 〈한국의 다문화의식 : 다문화주의의 이론적 검토와 정당화〉,《민족연구》

41, 2010.

이용재, 〈사회 갈등 대응을 위한 시민권의 재해석~획득하는 권리로서 생활공동
　체의 성원권〉, 《대한정치학회보》 21-2, 2013.

이화숙 · 이용승, 〈다문화 시대의 정책 명칭 연구 : "외국인정책"을 중심으로〉,
　《어문학》 122, 2013.

장은주, 〈서론 : 인권의 철학과 인권의 정치〉, 《인권의 철학 : 자유주의를 넘어, 동
　서양이분법을 넘어》, 새물결, 2010.

최병두, 〈다문화공간과 지구 · 지방적 윤리〉, 최병두 외, 《지구 · 지방화와 다문화
　공간》, 푸른길, 2011.

최현, 〈한국 시티즌쉽(citizenship)〉, 《민주주의와 인권》 6-1, 2006.

최현, 〈탈근대적 시민권 제도와 초국민적 정치 공동체의 모색〉, 《경제와 사회》
　79, 2008.

황정미, 〈초국적 이주와 여성의 시민권에 관한 새로운 쟁점들〉, 《한국여성학》 27-
　4, 2011.

Alesina, Alberto, Edward Glaeser and Bruce Sacerdote, "Why Doesn't the US Have
　a European~Style Welfare System?," *Brookings Papers on Economic Activity* 2001-2,
　2001.

Bauböck, R, "Introduction," "Citizenship and migration : concepts and controversies,"
　in Rainer Bauböck (ed.), *Migration and citizenship : Legal status, rights and political
　participation*, Amsterdam : Amsterdam University Press, 2006.

Bosniak, Linda S., "Citizenship denationalized," *Indiana journal of global law studies* 7,
　2000.

Brubaker, Rogers, "Introduction," *Citizenship and nationhood in France and Germany*,
　Cambridge : Harvard University Press, 1992.

Fraser, Nancy, "From Redistribution to Recognition : Dilemmas of Justice in a
　'Post~Socialist Age'," *New Left Review* 212, 1995.

Hammar, Tomas, *Democracy and the Nation State : Aliens, Denizens and Citizens in a World
　of International Migration*, Aldershot : Ashgate, 1990.

Hollinger, D. A, *Postethnic America : Beyond Multiculturalism*, New York : Basic Books, 1995, 2000.

Jacobson, David, *Rights Across Borders : Immigration and the Decline of Citizenship*, London : The Johns Hopkins University Press, 1997.

Joppke, C, "Transformation of Citizenship : Status, Rights, Identity," *Citizenship Studies* 11-1, 2007.

Joppke, C, "Immigration and the identity of citizenship : the paradox of universalism," *Citizenship studies* 12-6, 2008.

Kymlicka, Will and Wayne Norman, "Return of the citizen : A survey of recent work on citizenship theory," *Ethics* 1994

Kymlicka, Will, "Introduction," "4 : Human Rights and Ethnocultural Justice," in *Politics in the Vernacular : Nationalism, Multiculturalism and Citizenship*, New York : Oxford University Press, 2001.

Malik, Kenan, *Multiculturalism and its discontents*, Calcutta : Seagull Books, 2013.

Marshall, T. H, "Citizenship and social class," in Jeff Manza and M. Sauder (ed.), *Inequality and Society*, New York : W. W. Norton and Co., 2009.

Nussbaum, M, "Patriotism and Cosmopolitanism," in G. W. Brown and D. Held (ed.), *The Cosmopolitan Reader*, Cambridge : Polity Press, 2010.

Rubenstein, Kim, and Daniel Adler, "International citizenship : the future of nationality in a globalized world," *Indiana Journal of Global Legal Studies* 7-2, 2000.

Soysal, Y, *Limits of Citizenship*, Chicago : University of Chicago Press, 1994.

Weil, Simon, *The Need for Roots*, New York : Routledge, 2002.

3
귀화 이주민과 문화적 권리

김현미

외국인은 어떻게 한국인이 되는가?

지난 13년간 한국에 온 이주민을 연구해 왔던 나는 한국 사회 최초의 정착형 이민자인 결혼이주자를 만날 기회가 많았다. 이들이 모이는 행사장에는 유독 '김태희' 또는 '전지현'이란 이름을 가진 여성이 많다. 아시아 지역에서 한국 드라마의 인기가 워낙 높다 보니, 한국에서 가장 외모가 출중한 여성 연예인의 이름을 따서 한국식으로 개명하는 것은 놀라운 일은 아니다. 그러나 내가 가진 의문은 왜 수많은 결혼이민자들이 자신의 문화적 기원이라 할 수 있는 이름을 모두 한국식으로 바꾸는 것일까였다. 흔히 해외로 이민한 한국인의 경우에도 이민 지역에서 부르기 쉬운 이름을 쓰지만, 종족과 출신지

---

* 이 글은 《한국문화인류학》 제48권 1호(2015.3)에 게재된 원고를 수정 및 보완하여 재수록한 것이다.

의 표식인 성은 한국성을 유지하는 경향이 높다. 이민자들이 자신의 이름을 한국식 성과 이름으로 전면 개정한다는 것은 쉽게 이해하기 어려웠다. 이 의문은 결국 '이민자들은 어떻게 한국인이 되는가'라는 귀화의 과정에 대한 연구로 이어졌다. 이 글은 외국인 이주자가 한국 국적을 취득하는 귀화의 과정에 대한 내용이다. 즉, 한국의 귀화제도는 어떤 외국인을 어떻게 선별하며 국민으로 받아들이는가? 외국인의 문화적 정체성과 한국 국민되기 과정은 어떤 지점에서 충돌하고, 외국인은 어떤 협상을 통해 법적 한국인이 되는가에 관한 것이다.

1990년대 이후 한국은 아시아에서 주요한 이주 목적국이 되었고, 2014년 현재 국내에 체류하는 외국인 수는 175만 명에 이른다. 2006년 4월 한국 정부는 '다인종, 다문화 사회로의 전환'을 선언하였고, 가히 '다문화' 붐이라고 할 만큼 '다문화'는 그동안 한국 사회에서 강력한 이데올로기로 작동하던 단일 문화·단일민족을 대체하는 새로운 통치 논리로 등장했다. '다문화 담론'은 자문화 중심의 편협성에서 벗어나 이주민을 포함한 이질적 타자와의 교류를 옹호한다. 이런 이유로 한국 사회에서 다문화 담론은 단일민족국가에서 '글로벌 다문화 국가'로 확장하는 정체성을 구축하는 데 기여한다고 볼 수 있다. 그러나 한국식 다문화 정책은 일방적인 '국민 만들기'이자 전형적인 국민됨을 전제로 지원하는 체계로서, 문화적 다양성을 옹호하는 것과 거리가 멀다는 비판이 제기되고 있다(원숙연·박진경 2009). 외국인의 가족이민을 허용하지 않는 한국은 전통적인 이민 수용국이 아니지만, 최근 국제결혼과 노동이주를 통해 한국에 정착하거나 장기 체류하는 이주자가 급증하고 있다. 동시에 한국에 귀화하는 외국인 수가 급증하고 있다. 귀화자 수는 2008년 6만 5,511명에서 2009년 7만 3,725명, 2010년 9만 6,461명, 2011년 11만 1,110명, 2012년 12만 3,513명, 2013년 13만 3,704명, 2014년 14만 6,078명이다(통계청 2014). 2011년에는 귀화자 수가 10만 명을 넘어섰으며, 2009년 이후에는 해마다 1만 명 이상 증가하고 있다.[1] 이로 인해 단일민족 중심에서 구성된 국민 개념 또한 도전받고 있다. 문화적, 종족적 정체성이 다른 외국인이 한국의 '국민'이 될 때 기존의 국민 개념은 어떻게 확장되어야 하는가? 대한민국의 '국민' 개념은 이주민의 전 지구적 이동과 어떻게 조우하고 변화하는가? 국민됨의 의미와 문화적 다양성·문화적 다원주의는 어떤 관계를 맺고 있는가?

이 글은 한국 내 이주민의 귀화 양상과 논쟁 지점을 중심으로 '국민됨'과 '문화권'이 어떻게 충돌하고 협상하는지 분석하고자 한다.

귀화와 다문화시민권

귀화는 이주민의 잠재적 정치 역량과 사회적 이동에 가장 직접적으로 영향을 미치는 힘이다. 또한 귀화는 이주민의 결속과 헌신을 출신국에서 유입국으로 변화시키는 것을 의미한다(Yang 1994 : 449). 귀화

---

[1] 안전행정부에 따르면, 〈2014년 지방자치단체 외국인주민 현황〉 조사 결과 한국에 거주하는 귀화자 수는 주민등록 인구 대비 3.1퍼센트에 해당한다.

에 관한 일반적 견해는 이주민이 귀화를 통해 마침내 유입국에 성공적으로 통합되거나 동화된다는 것이다. 귀화는 이주민이 귀화를 통해 국민으로서 동등한 법적 권리를 보장받는다는 의미에서 절차적 권리를 최종적으로 획득하여 이주민의 정착이 완성되는 것으로 간주되었다. 외국인 또는 이주민은 귀화를 통해 국민 또는 시민으로 법적 지위가 바뀌고, 투표권을 포함한 완전한 정치적 권리를 획득한다. 또한 본국의 가족 및 친척을 초청할 수 있으며, 국민에게 허용되었던 직종을 포함해 더 많은 취업의 기회를 얻을 수 있다. 귀화자는 생애 전 과정에서 국가가 제공하는 사회복지 서비스 혜택을 누릴 수 있고, 해외 체류 시 자국민 보호 혜택 등을 받기도 한다.

그러나 귀화는 이주민에게 이점만 제공하지 않는다. 그에 따른 다양한 '귀화 비용'을 요구한다. 증가하는 국민의 의무와 함께 본국(출신국)에서 누리던 많은 권리를 포기해야 하거나, 유입국의 정치·사회·문화적 가치를 옹호하는 서약 행위를 통해 자신의 정치 및 종교적 실천이나 문화적 관습 및 라이프스타일을 포기하기도 한다. 이주자는 이주한 국가의 '국민'이 되면서 자기가 운반해 온 고향의 문화는 집 같은 사적인 영역에서만 누려야 한다. 이주민에게 귀화는 자신의 정체성에 대한 '느낌'을 바꿔야 하는 사건이다. 이로 인해 이주민은 귀화 시기와 귀화 결정에 있어 다양한 입장을 지니게 된다. 이주민의 귀화 결정은 단순히 귀화 자격을 획득한 후 자동으로 이어지는 행위라기보다 다양한 요인과 조건이 복합적으로 작동하는 맥락에서 이루어진다. 이주민은 귀화를 통해 얻게 될 이점뿐 아니라 귀화를 선택할 경우 치러야 할 다양한 경제적·사회적 비용을 고려하여 귀화를 결정한다.

한편, 귀화는 "충성하는 국가를 바꾸는 행위changing flags"로 유입국의 정치적 통치성 체제 안으로 통합되는 것을 의미한다(Portes and Curtis 1987). 이주민이 귀화를 위해 어떤 자격을 갖추어야 하는가를 결정하는 법제는 나라마다 다르지만, 귀화 관련법에서 일반적으로 다루는 기준 및 요건은 거주 기간, 영주권을 획득한 후 시민권을 부여하는지의 여부, 품행, 언어 구사력 및 국가 · 사회에 대한 지식, 생계유지 능력과 자산, 귀화허가 결정의 성격[2] 등이다(이철우 2014 : 439-448).

한국처럼 혈연주의 원칙으로 국적을 부여하는 독일의 경우, 유럽계 이주민의 귀화율은 높지 않은 편이다. 주된 원인은 독일의 귀화 조건이 까다로워서라기보다 이들이 귀화를 선택할 동기가 높지 않다는 것이다. 딜(Diehl, 2003)은 장기 체류 자격이나 영주권 자격으로 독일에 체류하는 이주민과 귀화한 독일 시민 사이에 실질적 권리 이행과 서비스 수혜에서 큰 차이가 없기 때문에 귀화율이 상대적으로 높지 않다고 분석했다. 즉, 합법적 장기 체류 이주민이 실질적으로 누릴 수 있는 혜택이 많으면 이주민이 굳이 귀화를 통해 독일 국민이 될 필요성을 느끼지 못한다는 것이다. 이를 바꿔 말하면, 국민의 권리와 비국민이 누릴 수 있는 실질적 권리 사이에 간극이 클수록 귀화의 필요성이 증가된다. 또한 이 연구는 종족의 차원에서 독일 주

---

2 귀화 허가 결정의 성격이란, 귀화 요건을 충족하면 귀화 허가를 반드시 해 주게 되어 있는 권리 귀화인지, 귀화 허가를 재량 행위로 삼는 재량 귀화인지의 여부를 의미한다.

류 문화에 가장 덜 '동화된' 터키계 노동이주민의 귀화율이 다른 이주민에 비해 높다는 사실에 주목했다. 귀화에 영향을 미치는 요인이 '문화적 동화'가 아니라 이주민이 느끼는 사회적 차별과 주변성에 대한 인식 때문이다. 터키계 이주민들은 다른 이주민 집단에 비해 차별과 사회적 주변화에 더 노출되어 사회적 이동의 가능성이 높지 않기 때문에 사회적 이동의 유일한 기회와 조건으로 '귀화'를 결정한다(Diehl 2003). 성취와 사회적 이동에 대한 열망이 높은 터키계 젊은 이주자의 귀화율이 상대적으로 높은 이유도 이와 같다.

귀화를 했다고 해서 이주민의 정체성이 전면적으로 바뀌는 것 또한 아니다. 즉, 법적 지위로서 귀화를 통해 국적을 획득했다 하더라도, 이들의 '문화적 정체성'은 쉽게 바뀌지 않는다. 따라서 귀화를 문화적 동화의 증거나 귀결로 이해하는 관점은 외국인 귀화자의 문화적 권리에 대한 논의를 진전시키지 못하는 한계를 지닌다. 문화적 동화가 곧 귀화로 이어지는 것은 아니며, 문화적으로 가장 덜 동화된 상태에서도 차별과 배제의 상태에서 벗어나고자 하는 생존 전략으로 이주민은 귀화를 선택하기도 한다. 귀화를 통해 국민의 성원이 되었다고 하더라도 법적 지위만 변할 뿐 이들의 정체성의 근간이 되는 종교, 관습, 생활양식 전체가 변하는 것은 아니다.

귀화자는 법적, 정치적 신분의 변화로 유입국의 '정상적인 시민'이 되었지만, 일상적으로는 여전히 이주자라는 표식 때문에 차별을 받을 수 있다. 즉, 귀화자는 '국민'이라는 법적 지위를 획득했음에도 불구하고, 인종이나 젠더, 종족 등에서 기인한 문화적 차별을 받게 된다. 법적으로 동등한 신분이지만 해결되지 않는 차별의 경험 사이에서 괴리감은 더 커질 수 있다. 즉, 차별은 법적 신분에서보다는 '문화적 신분'을 통해 지속된다. 이 때문에 다문화주의를 표방하는 많은 국가들은 문화를 시민권의 중요한 권리로 인정한다. 다문화주의가 국가정책으로 채택된 배경에는 외모, 인종, 성, 성적 지향성, 계급, 장애 여부 등에서 오는 차이가 차별이 되면서, 이런 차별을 철폐하려는 인권 운동의 폭발적인 대두와 요구가 함께 있었다. 즉, '다문화주의'는 차별을 공고화하는 모든 권력에 대한 저항과 제도적 해결이라는 의미를 내포한다 (Young 1990 ; Nancy Fraser and Honneth 2004). 이민자 집단이 자기 문화를 보존할 수 있게 보장해 주는 것은 그 집단에 속한 개인의 의미 있는 선택과 자유를 보장하는 데 필연적이기 때문이다(Kymlicka 2005). 그럼에도 불구하고 이주민 집단은 정착 및 사회 통합 과정에서 자신의 특수한 문화를 주장하기에 앞서 주류 문화에 동화되고 적응하는 것을 일차적인 목표로 삼는다. 킴리카가 지적하듯이 정착형 이민자들은 상대적으로 짧은 기간에 최소한의 조건을 충족하면서 시민이 될 수 있는 권리를 부여받은 개인들로, "자신들의 고유한 사회적 문화를 재창조해서 새로운 국가에 새겨 넣을 희망을 갖기에는 너무도 수가 적고, 넓은 영역에 분산되어 있다"(킴리카 2006 : 489). 주류 언어와 제도에 참여함으로써 삶의 기회를 확장시킬 수 있다는 가정을 당연하게 수용했기 때문에 이민자들은 자신을 주류 사회에 통합시키려는 국가의 국민 만들기 프로젝트에 저항하지 않는 것이다. 이민자 스스로 자신의 문화적 특수성은 사적인 영역에서만 체험해야 할 자원으로 단정하며 공적인 협상 영역으로 불러들이지 않는다. 이민자는 이름, 말투, 얼굴색, 옷 입는 스타일, 특정 국가 출신이라는 문화적 표식을 하나씩 지워 나가야 하는 의무와 실행을 연행하도록 강요받고, 주류 문화의 '모방'을 통해 생존의 규칙을 배워 간다. 유입 국가는 이민자의 문화적 실천을 사적인 영역에서만 발현되는 전통, 관습, 체현의 문제로 간주한다. 이런 관점 때문에 프랑스에서는 무슬림 이민자들의 '히잡' 착용에 대한 논쟁이 끊임없이 지속된다. 주류 사회는 이주민이 영주 자격을 획득하고, 귀화한다는 것은 그들 자신이 운반해 온 문화적 특수성을 유보하거나 없애면서 '공적 시민'으로 탄생하는 것이라 요구하며 이주민을 통합시키려 한다.

이때 이민자의 문화는 지극히 개인적이고 종족적인 영역으로 간주되지만 시민적이고 공공적인 가치에 '위협적인' 것으로 간주된다. 이민자 또한 오랫동안 축적해 온 자신의 문화적 정체성이 쉽게 무시되고 단순화되는 상황과 마주하면서 문화에 대한 인정을 주장한다. 제프리 알렉산더(Jeffrey Alexander 2013)는 1990년대 이후 등장한 유럽의 반다문화주의 정서는 '다문화' 그 자체에 대한 반격이라기보다 다문화주의란 기조 하에 수용해 온 무슬림 이주자의 존재와 이들의 문화에 대한 인종주의적 편견을 드러낸 것이라고 말한다. 이런 반이슬람 정서의 구축을 통해 최근 유럽의 여러 국가들이 귀화 조건을 까다롭게 수정할 뿐 아니라, '시민성 테스트'를 도입하여 유럽 각국의 전통과 집단정체성에 대한 지식을 묻기 때문에 이주민의 귀화율이 많이 떨어지고 있다. 귀화와 귀화 조건은 '문화적 이질성'에 대한 관용과 거부라는 사회정치적 맥락과 밀접한 관련을 맺고, 이주자는 더 차별적이고 적대적인 주류에 맞서 자신의 특수한 종교나 문화를 정치 투쟁의 핵심적인 요건으로 드러내게 된다.

궁극적으로 '다문화주의 시민권' 논의는 주류와 이주민 간의 "통합의 조건을 재협상하는 것에 대한 논쟁"(킴리카 2006)이며, 국민됨 또는 시민됨과 문화적 특수성을 경합시키는 정치적 과정이다. 킴리카가 지적한 대로 다문화주의는 일종의 열려 있는 텍스트이고, 이를 현실화하는 국가의 정책과 목표 또한 다양하며, 때로는 다문화주의의 이상과 멀어지는 결과를 낳기도 한다(Kymlicka 2005). 한국의 경우 외국인 차별 반대와 인권 보호를 목표로 이주 운동 진영의 문제 제기로 등장한 다문화 담론은 정부에 의해 '차용'되면서, 일차적으로 결혼이민자와 그 가족을 '복지 대상화'하여 '관리'하는 통치 담론이 되었다(김현미 2014 : 199). 결혼이민자를 한국 사회로 빠르게 동화시켜야 한다는 목적에 얽매이다 보니 다문화가 하나의 관용구가 된 것이다. 이는 다문화 가족이라는 범주 내의 차이, 계층, 문화적 자존감을 고려하기보다는 다문화 가족 전체를 취약 계층과 동일시하면서 영구적인 주변부 계급으로 고착화시키는 경향이 있다(김현미 2014 : 205). 그럼에도 불구하고 다문화 담론은 여전히 논쟁적인 영역으로 국가, 시민사회, 이주민들이 참여하여 그 의미를 확장하여 해석할 수 있는 가능성을 가지고 있다. 다음에는 이주민이 한국의 귀화 조건과 갈등하고 협상하는 상황을 살펴보도록 하자.

외국인의 개명과 '국민되기'

한국에서 국민이 되는 방법은 세 가지로, 하나는 출생과 혈연에 의한 선천적 취득, 다른 하나는 국적회복, 미성년자인 자녀의 수반 취득, 인지에 의한 취득을 포함한 후천적 취득, 마지막으로 귀화를 통한 방법이 있다(박진근 2014 : 500-501). 이 중 외국인 귀화자의 대부분은 혼인에 의한 간이귀화자로 다문화 가족 구성원의 증가와 맥을 같이한다.[3] 일반귀화자와 달리 간이귀화자는 사회 통합 프로그램을 이수하면 필기시험과 면접시험을 면제받을 수 있다.[4]

정착형 이주자인 결혼이주자가 국적취득을 할 때에는 젠더, 경제적 상황, 법 제도 등의 요인이 개입된다. 결혼이주자의 89퍼센트가 여성인 점을 고려하면, '젠더'와 성 역할에 대한 기대는 귀화의 중요한 요인으로 작용한다. 이주여성들 사이에서 널리 통용되는 경험적 사실은 아이가 없는 여성이 국적취득 신청을 하면 잘 받아들여지지 않을뿐더러 취득하는 데 기간이 상당히 오래 걸린다는 점이다. 2014

---

[3] 출생 당시에 모 또는 부가 대한민국의 국민인 사람은 자동적으로 국적을 취득하게 된다(박진근 2013 : 498). 한편, 한국 국적법에 따라 귀화는 일반귀화, 간이귀화, 특별귀화로 나뉜다. 5년 이상 거주한 경우 일반귀화, 3년 이상 거주자로 혼인동거자(결혼), 동포 1,2세의 배우자, 혼인 관계단절(공인된 여성단체 포함)인 자는 간이귀화, 마지막으로 국적회복자의 자, 미성년양자, 성년 또는 미성년 친자, 특별공로자, 우수 인재는 특별귀화로 신청해야 한다 (외국인을 위한 전자정부 Hi Korea 홈페이지 (www.hikorea.go.kr) 접속일 : 2015년 2월 23일).

[4] 법무부에서는 결혼이민자의 경우 한국어 교육(약 400시간)과 한국 사회 이해 과정 (50시간)을 이수하면 귀화 자격을 부여한다. 한국어 교육 시간을 이수하지 않더라도 한국어능력시험 합격증이 있으면 대체할 수 있다.

년 현재 국내에 거주하는 결혼이주여성 235,942명 중 국적취득자는 86,178명으로 약 30퍼센트에 해당한다(통계청 2014). 이처럼 결혼이주여성의 한국 국적취득 비율이 낮은 요인에 대해 지자체와 이주여성들은 "저소득층인 다문화 가정 특성상 긴 소요 시간과 복잡한 절차, 비용 때문에 국적취득을 포기하는 경우가 많다"고 문제를 제기하기도 했다(뉴시스, 2012. 12. 21일자). 결혼 이후 한국에서 2년 동안 결혼 생활을 안정적으로 유지하면 국적 신청을 할 수 있지만, 실제로 결혼이주여성들이 국적취득에 걸리는 시간은 신청 이후 평균 4년이다. 3천만 원 이상의 재산 증빙과 한국인 배우자의 동의, 사회 통합 프로그램 이수 실적을 제출해야 하는 절차가 쉬운 일이 아니기 때문이다.[5] 한국에 입국한 후, 생계를 위한 노동에 참여할 수밖에 없는 결혼이주자들 중 한국어 교육을 포함한 사회 통합 교육에 참여하지 못하는 사람들이 많다.

또한 국적 신청부터 취득에 이르는 전 과정에서 한국인 배우자가 행사하는 권력이 막강한 구조에서는 결혼이주여성이 국적취득을 희망하더라도 쉽지 않다. 국민이 이주자의 신원을 보증하는 현 신원보증제도는 부부 사이에 심각한 권력 불균형을 초래한다. 출입국관리법 제90조 시행규칙 제77조[6]에 명시된 신원보증은 국민과 이주민

---

[5] 2016년 3월부터는 6천만 원 이상의 자산 또는 1인당 국민총소득 이상의 소득을 증명해야만 귀화 신청을 할 수 있다.

[6] 출입국관리법 제90조 시행규칙 제77조는 신원보증인의 자격과 권리를 다음과 같이 규정하고 있다. "신원보증을 하는 자는 신원보증인 및 피보증 외국인의 인적 사항·보증 기간·보증 내용 등을 기재한 신원보증서를 사무소장·출장소장 또는 보호소

배우자 관계를 불평등하고 불균형한 형태로 고정시킴으로써, 부부 관계에 따라 보증을 철회하여 이주여성을 미등록자로 전락시키는 등 결혼 관계에서 이주민 배우자를 종속적인 상황에 놓이게 한다. 이 때문에 국적취득은 이주민 배우자, 특히 젠더 위계를 경험하는 이주여성에게 독립적 권리를 행사할 수 있는 전환점이 되기도 한다.

귀화자가 증가하면서 새롭게 등장한 흥미로운 현상은 새로운 본本과 성姓을 취득한 귀화자들이 급증하고 있다는 점이다. 다른 나라 이주민의 경우 국적과 영주권을 획득하더라도 자신의 가족, 종족, 종교적 기원을 유지하고자 자신의 성을 개종하지 않는다. 이와 달리 한국 귀화자 중 결혼이주여성의 개명은 급속히 증가하고 있다. 가족관계 등록 등에 관한 법률 제96조 1항에는 '국적취득자의 성과본의 창성신고'를 통해 귀화 외국인이 한국화 된 이름으로 개명할 수 있다. 즉, 출생, 인지, 귀화 등으로 대한민국 국적을 취득한 사람 중 종전의 성을 쓰지 않고 새로운 성과 본을 정하고자 하는 경우, 법원의 허가를 받아 시·읍·면의 장에게 신고할 수 있다. 간이귀화를 통해 국적을 취득하는 결혼이주민들이 등록 기준지인 '본'을 임의로 지정하면서 전에 존재하지 않았던 본이 생겨나고 있는 점은 주목할 만하다.[7] 베트남 일부 지역이나 중국에서 온 결혼이주민의 경우, 한자를

장에게 제출"해야 하며 이때의 "신원보증인은 대한민국 안에 주소를 둔 자로서 보증능력이 있는 자임을 소명하여야 한다."

[7] 기존의 부계 혈연적 종친회는 '피가 다른' 누군가를 자신의 본적에 올리는 것을 허용하지 않기 때문에 귀화자나 한국에서 발견된 '기아棄兒'의 경우 기존의 본을 사용할 수 없다.

한국어 발음으로 이름을 개명하는 경우가 많았다. 하지만 상당수의 이주여성들이 자신의 문화적 정체성을 표시하는 본명을 포기하고 한국식 성과 본을 새롭게 만든다. 이처럼 개명 신청을 촉진하는 요인 중 하나는 한국의 행정 시스템 자체가 다양한 외국 이름을 지원하지 않기 때문이다. 귀화자들은 출신국가의 원지음 발음을 한글로 표기하여 사용하는 것이 가능하지만, 구청의 컴퓨터 행정시스템은 8자리 이상을 허용하지 않음으로써 긴 이름을 그대로 올리는 것이 불가능하다. 연구자가 만나 본 많은 결혼이주여성은 국적을 획득한다는 것은 '한국인'이 된다는 의미이기 때문에 자발적으로 혹은 남편이나 친지 또는 구청 직원의 권유로 한국식 이름으로 개명했다고 한다. 본국 가족들은 자신의 이름이 바뀐 것을 전혀 알지 못하고, 알리지도 않았다. 한국식 개명은 법적으로 강요된 것은 아니지만, 한국의 가족이나 지역사회, 행정관청의 한국인들은 국적을 취득한다는 것은 곧 '한국 사람이' 된다는 것이며, 이의 외연적 상징은 곧 한국식 이름을 갖는 것이라 생각한다. 개명 자체가 문화적 정체성의 포기나 유보를 의미하는 것은 아니지만, 개명을 권장하는 사회적 환경은 이주자들이 외국인이라는 표식 때문에 차별과 무권력 상태를 경험한다는 것을 의미하기도 한다.

사실 창씨개명을 통해 문화적 '귀화'를 완성한다는 의식은 일본 국적제도와 귀화제도로부터 연원을 추적할 수 있다. 일본 귀화제도의 역사적 변천을 연구한 임경택(2012)은 국가가 '일본인'의 이미지를 어떻게 설정하고 어떠한 사회제도를 통해 그 이미지를 구성해 가는가를 분석하면서, 일본의 국적법이 메이지 시대에는 가족제도와 천

황제를 근간으로 하는 혈통주의에서, 패전 이후에는 소수민족의 범주를 삭제해 온 '단일민족론'의 이데올로기에서 구성된 역사적 산물임을 주장한다. 특히 전후 등장한 '단일민족론'은 외국인의 존재가 소수민족 문제로 구성되는 것을 막기 위해 사회문화적으로 일본인에게 동화할 것을 전제로 한 '일본인화'를 귀화로 해석했다. 일본인화의 외연적 실체는 일본식 이름을 갖는 것이다. 법무부 민사국 자료에는 "외관상 외국인 또는 귀화인이라 보이는 것은 동화상 방해가 된다. 특히 외국인적인 호칭의 씨를 고집하게 되면 귀화로 인해 일본 국민이 되고자 하는 자로서는 적절치 못하다고 할 수 있을 것이다."라고 적혀 있다(임경택 2012 : 25). 일본인다운 씨명을 설정해야만 일본인다운 생활양식을 받아들인 것이고, 일본에 남겠다는 의지를 밝힌 것으로 주장되면서 귀화는 곧 외국인의 고유 종족 또는 민족 개념을 포기하는 것으로 해석되었다(임경택 2012 : 25). 외국인 귀화자는 문화적 이질성과 종족적 기원을 삭제해야만 하는 의무를 실행함으로써 내국인과 동등한 법적 시민권을 행사할 수 있다. 외국인은 '차이'의 대표적 표식인 씨명을 삭제함으로써 일본 사회의 합법적 구성원이 될 수 있었다. 이러한 '창씨개명'은 일본의 혈연주의와 단일 문화론의 신화를 구성하기 위해 외국인 또는 피식민 주체들에게 부여된 '문화적 박탈'과 '동질성의 획득'이라는 이중의 조건을 제시한 것이다.

결혼이주민들은 귀화를 통해 영구적인 체류권을 보장받을 뿐 아니라, 부모를 자유롭게 초청할 수 있고, 이제까지 '외국인'이기 때문에 제한되었던 다양한 서비스에 접근할 수 있다는 점에서 귀화를 정착의 완성이라고 생각하기도 한다. 이들에게 '주민등록증'은 교육과 취업 기회의 확장을 보장해 주는 일종의 '자격증'이다. 또한 이들이 한국식으로 개명하는 이유는 자녀들이 학교에서 다문화 가족 출신이라는 '낙인'을 받게 되는 것이 두렵기 때문이라고 이야기한다. '외국인'이라는 지위에서 오는 제약에서 벗어나 가족 구성원 모두가 한국 국적으로 통일된다는 것은 가족의 결속과 완성을 의미하기도 한다.

그러나 개명에 대한 사회적 압력은 국가 주도의 다문화 가족 정책이 내포한 '동화' 논리에서 연유한다. 국가 유지를 위해 정책적으로 장려된 국제결혼은 다양한 문화권의 이주여성이 유입되면서, 의도하지 않은 새로운 흐름을 일으켰다. 민족국가 유지와 재현의 중요한 장소로 간주되어 왔던 가족이 초국가적이며 문화적으로 혼종적인 공간으로 변해 가면서 가족의 문화적 재생산 기능은 더 이상 기대할 수 없게 되었다. 가족 내 문화적 혼종성이 바람직하거나 필연적인 것이라기보다 잠재적 불안과 위협으로 간주되면서, 이에 대한 불안과 두려움은 다문화 가족 정책을 빠른 시간 내에 이주여성을 한국 문화에 동화시키는 기조로 만들었다. 이로 인해 이주여성은 주류 문화의 강력한 통제의 대상이 되었고, 한국 사회가 보고 싶어 하는 이미지로 이들을 재현한다. 이주여성은 한국의 동화 이데올로기와 주류 미디어의 재현이 "너무 우리의 삶을 한쪽으로 몰고 가고 있다"며 분노하지만, 다른 한편으로 한국인의 욕망과 권력을 내재화한 대상화된 주체가 되어 간다. 이주여성 스스로가 자신의 복잡한 경험이나 생각을 표현할 수 있는 통로가 없고, 이들이 자신의 '문화'를 주장하면 한국 사회에 적응할 의지와 욕망이 없다는 것으로 해석된다. 다문화 담론의 동화 이데올로기는 이주민들의 본래적 문화 정체감을 '없어져야 할 것' 혹은 한국에 적응하기 위해 '포기해야 할 것'으로 간주한다. 따라서 여성들이 운반해 온 언어나 문화는 자존감이나 정체성의 근원이 아니라 정착을 위해 사라져야 할 유보와 불안의 뿌리로 언어화된다(김현미 2014 : 202-203).

귀화를 문화적 아이덴티티의 삭제나 변형 등의 '탈바꿈'으로 상상하는 한국 사회에서 이주민은 한국식 개명을 통해 한국인다움으로 연행한다. 개인의 문화적 선택권이 강조되는 현대 민주주의 사회에서 한국의 결혼이주민들은 익숙한 동질성을 반복하는 문화적 강제에 편입되어 한국인에게 부여한 부계제 성씨 시스템에 동질화된다. 따라서 이주민의 귀화와 사회 통합을 단순히 주류 문화로의 동화나 수렴으로 이해하는 다문화 정책을 추진하는 현대 한국의 사회문화적 분위기는 이주민의 문화적 선택권을 제한한다. 그러나 강조하고 싶은 점은 귀화이주자 또한 본국과 한국에서 다른 이름을 사용하여 이중적 존재성을 구성해 간다는 점이다.

다문화시민권은 단일민족, 단일 문화주의에 도전하여 이를 변형시키며 새로운 방식의 문화적 확장성을 만들어 내는 시민이 주도하는 권리와 의무의 영역이다. 그러나 귀화자들은 자신의 이름이나 성을 지키고 유지하면서 새로운 시민이 되기보다는 외연적 표식인 성과 한국식 개명으로 국적, 정체성, 귀속감 사이의 간극을 중재하는 다중적 존재로서 국민됨을 수행해 나가고 있다.

복수의 법치주의Plural Legalism는 가능한가?

귀화 신청자의 '품행' 요건은 유럽 및 아시아의 많은 나라에서 채택하고 있는 귀화 요건 중 하나다. 품행은 "좋은 품성"(아일랜드), "좋은 도덕적 품성"(포르투갈), "좋은 시민적 행동"(스페인), "도덕과 인격"(그리스), "단정한 생활과 예의"(프랑스)"(이철우 2014 : 442)로 나라마다 조금씩 다르게 표현하지만, 이러한 요건은 그 자체만으로 자의적 적용의 위험성을 담지하기 때문에 아예 적용해서는 안 된다는 비판을 받기도 한다(이철우 2014 : 442). 좋은 품행의 요건은 종종 범죄 전과의 여부를 판단하는 데 적용되지만, 자의적이고 확장적인 방식을 적용할 때 문제가 발생한다. 한국 사회에서 '품행 단정'의 요건은 귀화 외국인의 행복추구권과 충돌하기도 하고, 국적 박탈과 추방의 요건으로 사용되기도 한다.

최근 귀화 외국인이 증가하면서, 귀화자의 종교 문화적 관습과 한국 국민의 권리 및 의무가 충돌하는 경우가 빈번하게 일어나고 있다. 외국인이 귀화 요건을 갖춘 것으로 인정되면 '품행이 단정한지, 국어 능력과 대한민국 풍습에 대한 이해 등 대한민국 국민으로서의 기본 소양을 갖추고 있는지에 대한 적격심사가 이루어진다'(박진근 2013 : 507). 여기서 '품행단정'은 범법 행위뿐만 아니라 직업 및 가족 등과 관련하여 자국 사회의 구성원으로 받아들이는 데에 지장이 없는 품성의 행동을 보이는 것으로 해석된다. 한국의 경우에도 사회 통합의 가능성이 있는 인물인지를 파악하기 위해 언어 능력과 사회, 문화, 역사, 법 이해라는 요건을 요구하고 있다(설동훈 2013 : 40-41). 아래 사례는 귀화 외국인이 국민으로서의 "품위를 지키지 못한" 경우이다.

'8촌 이내 근친혼'을 금지하는 국내법으로 인해 사촌 동생이자 아내의 입국을 거절당한 파키스탄 귀화인이 문화의 다양성을 인정해 달라며 국가인권위원회에 진정했다. 30일 김포이주민센터에 따르면 2005년 파키스탄에서 한국으로 귀화한 임란 알리(37)씨는 지난 3월 파키스탄에서 사촌 여동생과 결혼했다. 먼저 한국으로 돌아온 임란 씨는 혼인신고를 한 뒤 부인의 비자 발급을 위해 4월 호적등본 등 각종 서류를 주 파키스탄 한국 대사관에 보냈으나 비자 발급을 거부당했다. '3촌 이내 근친혼'만 금지하는 파키스탄과 달리 한국은 '8촌 이내 근친혼'을 법으로 금지하고 있기 때문이다. 그러나 임란 씨는 국내에서 사업을 하며 가족의 생계를 책임지고 있기 때문에 파키스탄으로 돌아갈 수도 없어 고민 끝에 지난 23일 (국가)인권위에 진정했다. 임란 씨는 진정서에서 "파키스탄의 근친결혼이 우리 관습과 다르지만 그들이 오래전부터 살아온 방식이다. 파키스탄에서 합법적으로 이뤄진 혼인을 인정해 한국에서 (아내와) 함께 생활할 수 있게 해 달라"고 말했다. – 《연합뉴스》
2007년 7월 30일자 기사

국가인권위원회는 임란 알리 씨의 경우 '민법 89조를 위반'하여 법률에 저촉되므로 조사 대상이 아니라고 2007년 9월 진정을 기각했다. 2005년 국적을 취득한 임란 씨는 '8촌 이내 근친혼'을 금지하는 국내법을 알지 못했고, 작은아버지가 돌아가신 후 집안의 큰아들이 가족 전체를 돌봐야 하는 파키스탄의 관습에 따라 2007년 3월에 사촌 여동생을 아내로 맞이했다. 알리 씨는 고향에서 성대하게 결혼을 마친 후 먼저 한국에 입국했고, 비자 신청 당시 부인은 임신 중이었다. 임란 씨는 "파키스탄의 결혼 관습이 우리와 다르지만 오래전부터 살아온 생활 방식이며 문화의 다양성을 인정해 달라"며 진정했지만, '인권' 보호의 차원으로 다뤄지지 않았다. 법무부와 국가인권위원회는 임란 씨가 '범법'을 했고, 한국 사회의 미풍양속을 지키지 않았기 때문에 '국민'으로서 품위를 지키지 못했다고 판단했다. 그는 본국에서 법적·종교적·문화적 정체성에 부합하는 배우자를 선택했지만, 한국에 귀화한 국민으로서 '범법'을 행했기 때문에 가족 결합과 행복추구권을 누릴 수 없었다. 그는 결국 국민으로서 누려야 할 가족 결합의 기본 권리를 실현할 수 없었다.

혈족 간 혼인 규정의 범위는 문화권마다 다르고, 지역사회가 인정한 '품행단정'의 의미 또한 다양하다. 임란 씨의 경우 외국인이 한국에서 국민으로 살기 위해서는 자신에게 익숙하고 당연한 문화적 관습이나 가치관을 조절하거나 포기하는 문화적 동화 과정을 겪게 된다. 무슬림 이주민의 수와 귀화자가 증가하는 현재의 상황에서 '좋은 무슬림이 된다는 것'과 '좋은 한국인이 된다는 것' 사이의 간극과 괴리는 이주민의 문화권에 대한 논쟁을 촉발시킨다. 이런 상황은 '복수의 법치주의plural legalism'의 상황에 놓여 있는 이주자들의 삶에서 빈번하게 일어날 수 있다. 즉, 유입국의 법은 이주자의 가족, 친족, 결혼 등의 친밀성의 영역을 관장하는 유일한 법이 아니며, 이주자들은 본국의 종교적 규율이나 법, 문화적 관습 등에 더 많은 영향을 받기 때문에 다양한 삶의 전략이나 기획을 실천할 가능성이 많다

(Charsley and Liversage 2013 : 66).

앞장에서 언급한 것처럼 이주자가 운반해 온 '종교'과 '문화적 관습'은 논란의 대상이 된다. 특히 미국의 9·11 사건 이후 대부분의 국가들은 이슬람 문화가 민주주의 가치와 양립할 수 있는 공적 범위가 어디까지인가에 대한 논의를 불러일으키며 무슬림 이주자들이 통합이 가능하지 않는 존재들이라 비판해 왔다(Tillie and Slijpher 2007). 이민자의 종교는 통합이 가장 이루어지지기 힘든 지표로 간주될 뿐 아니라 (van Tubergen 2006 : 168), 용인되면 후에 사회적 갈등을 촉발할 위협적인 요소로 여겨졌다. 구체적인 예로 등장하는 것은 무슬림의 복혼제가 남성에게만 복수의 결혼 상대를 허용한다는 점, 사촌 간 결혼이 개인의 선택보다는 부모와 친족의 압력으로 배우자를 선택하는 강요된 결혼이라는 점, 그리고 이런 관습이 궁극적으로 가부장제를 지속시키고 강화한다는 점 등이었다. 영국을 비롯한 서구에서는 무슬림의 사촌 간 결혼이 유입국의 시민권을 획득하고자 하는 경제적 목적을 위한 친족 전략이라는 견해 때문에 배우자 비자를 발급하기를 꺼리거나 '위장결혼'의 가능성에 무게를 두는 경향이 높았다. 그러나 파키스탄인의 초국적 결혼을 연구한 앨리슨 쇼Alison Shaw와 캐서린 찰슬리Katharine Charsley는 파키스탄 이민자 그룹에서 사촌혼이 선호된다는 점에 주목했다. 파키스탄에서 '좋은 결합'이란 의미를 뜻하는 리스따rishtas는 결혼 상대, 결혼 신청, 연결성을 의미한다. 영국과 파키스탄, 미국, 중동 지역의 파키스탄계 이민자 디아스포라 구성원간의 초국적 결혼은 혈족 사촌 간의 결혼을 리스따에 가장 적합한 결혼으로 여기며, 그 비율 또한 본국보다 높다. 그 이유는 가족 재산을 공유하려는 친족의 이해관계나, 결혼한 딸이 나쁜 대우를 받지 않게 하려는 부모의 전통적인 동기 때문이 아니라, 이주자들의 삶의 조건을 가장 잘 반영하기 때문이다. 영국의 파키스탄계 젊은 이주자들은 부모가 제안한 본국의 결혼 상대를 무조건 받아들이는 것이 아니라, 이들 중에 적합한 사람을 '선택'한다. '경제적인 것을 덜 따진다,' '게으르지 않다', '좀 더 종교적이다'란 이유로 본국의 친족 배우자를 선호하기도 하지만, 같은 혈족으로 신뢰를 쌓으면서 거리상 떨어져 있는 사람에 대해 낭만적 감정을 가질 수 있기 때문에 사촌결혼에 참여한다(Alison Shaw and Charsley Katharine 2006 : 413-414). 부모와 결혼 당사자들은 사촌 간 혹은 가까운 혈족 간 결혼이 교육, 품성, 성격 등에서 좀 더 적합한 배우자를 얻을 수 있는 계층 내혼을 가능하게 해 주고, 문화적 세대 전수를 가능하게 하는 자원을 취득하게 한다고 믿는다. 사촌 간 결혼은 이주 때문에 소홀해질 수밖에 없는 친족 집단 내의 감정과 친밀성의 의무를 수행하는 적극적인 실천이기도 하다. 이주민들은 생애 과정에 걸쳐 요청되는 의례에 참여하고 상호 방문을 하면서, 친족 연결망을 재활성화하고 친족 구성원 사이의 감정적 친밀성을 확보해 나간다(Shaw and Charsley 2006 : 410).

연구자들은 이민자 사이에 행해지는 사촌 간 결혼은 전통의 지속이라기보다 유럽에 거주하는 청년 이주자들이 느끼는 결혼시장의 불확실성에 신뢰, 안전, 지원을 제공하기 때문에 긍정적으로 받아들여지는 것이라고 주장한다. 이런 신뢰의 연결망은 후에 본국으로 유사 역이주 semi return migration를 지원하는 자원이 되기도 한다. 무엇보다 멀리 떨어져 거주하는 가까운 친족과 가정 구성원, 배우자 사이의 감정적 연결성을 제공해 주기 때문에 연구자들은 사촌 간 결혼을 '중매–사랑 결혼다arranged love marriage'으로 정의한다. 즉, 중매결혼과 연애결혼이라는 이분법을 해체하는 이주자들의 초국적 실천 행위다 (Alison Shaw and Charsley Katharine 2006 : 416). 이들은 사촌 간의 결혼을 종교적 전통이나 전근대적인 제도로 폄하하면서 무슬림계 이주자에 대한 편견을 강화하는 주류 담론에 저항하면서 좀 더 복합적인 상황에 대한 이해를 가져야 함을 강조한다.

파키스탄 이주민 사이에서 사촌결혼이 빈번하게 행해지는 것은 영국 정부가 이주자들의 종교적 실천을 권리로 인정해 주기 때문이다. 영국 정부는 주거지가 명확하고 재정 기반이 있다는 증거를 제시할 경우 배우자가 사촌일지라도 입국을 허용한다. 사촌결혼을 동의에 기반을 둔 중매결혼으로 받아들여, 강제결혼과는 분리된 현상으로 다룬다. 귀화인 임란 씨의 배우자 입국 거부 사례는 한국의 법치주의 또한 초국적 이주가 증가하는 상황에서 유동적이며 확장적인 문화 해석을 수용하는 방향으로 발전되어야 함을 시사한다.

품행방정이란?

최근 매스컴에서 보도된 티베트 출신 네팔인 민수 씨는 '품행방정'의 요건을 충족치 못해 귀화 신청이 불허되었을 뿐만 아니라 언제든지 강제추방을 당할 위험에 처했다. 민수 씨는 네팔 국적을 가진 망명 티베트인 2세로 본명은 텐진 델렉이다. 네팔에서 양탄자 수출업을 하던 아버지를 돕다가 한국을 방문했고, 8년 동안 미등록이주민으로 한국에 살았다. 그는 2006년 한국인 부인을 만나 결혼하여 아이 셋을 두었다. 민수 씨는 당시 티베트에서 일어난 유혈 사태를 계기로 사람들에게 티베트의 현실을 알려야겠다는 생각과 생계를 위해 2008년 명동에 티베트 음식점 '포탈라'를 열었다.[8] 식당을 개업할 때 건물주는 5년 내에 재개발은 없을 것이라고 했지만, 2011년 가게를 비우라는 통지를 받았다. 새벽에 크레인이 건물을 부수려 했고, 이를 막고 항의하는 과정에서 '공무집행방해죄'가 적용되어 벌금 480만 원이 부과되었다. 2013년 5월 그는 가족과 함께 한국에 정착할 것을 결심하고 귀화 신청을 했지만, 그해 11월에 법무부로부터 귀화 불허를 통지받았다. 이후 신청한 불허가처분 취소소송에서도 패소했다.

티베트 출신 네팔인 민수 씨의 귀화 불허는 정당하다는 판결이 나왔다. 서울행정법원 행정1부(부장판사 이승택)는 "라마 다와 피상 씨(한국명 민수 씨)가 법무부장관을 상대로 낸 귀화허가신청 불허가처분 취소소송에서 원고 패소했다"고 10일 밝혔다. 민수 씨는 1997년 한국에 들어 왔다. 불법체류를 하다 지난 2006년 한국인 여성과 결혼했다. 이후 결혼이민 자격으로 한국에 머물며 네팔 티베트 음식점을 운영하며 세 아이를 낳았다. 민수 씨는 명동 재개발을 이유로 음식점이 강제 철거되는 과정에서 철거반원 등과 몸싸움을 벌여 공무집행방해와 업무방해

---

[8] 포탈라는 강제철거 이후 종로로 이전했다.

등으로 지난 2월 대법원으로부터 500만 원 벌금형을 받았다. 민수 씨는 지난해 귀화 신청을 냈으나 '품행 단정'이 갖춰지지 못했다는 이유로 귀화 신청이 거부됐다. 민수 씨는 법무부 판결에 불복해 소송을 냈다. 재판부는 "정당한 절차를 거쳐 이뤄진 재산권 행사를 부당하게 방해하고 이를 제지하는 경찰의 공무집행을 방해했다. 대한민국의 법적 안정성과 질서유지를 심각하게 저해한 행위이며 결혼 전 9년간이나 불법체류를 했던 전력이 있는 점을 고려하면 법무부의 귀화불허처분은 정당하다"고 했다. —《불교닷컴》 2014년 9월 11일자 기사

민수 씨 사건은 언론에 많이 보도되었고, 불교계에서 지속적으로 후원했음에도 불구하고 큰 진전을 보지 못했다. 법무부 국적과 내부 규정에 따르면 벌금 200만 원 이상의 판결을 받으면 '품행 미단정'의 사유로 귀화를 불허한다. 범죄 전과의 유무뿐만 아니라 공공생활의 규범 위반 행위까지를 판단의 자료로 삼는 한국의 경우(이철우 2014 : 457)는 '품행방정'의 요건이 국가 중심적, 자의적으로 광범위하게 적용되는 경우다. 민수 씨의 귀화 불허는 노동이주 외국인에게는 정주를 허용하지 않는 한국의 이주 정책의 기조와 한국 국적의 여성과 결혼하여 '신분 세탁'을 한다고 믿는 외국인 남성 이주자에 대한 불신과 편견이 반영된 사례다. 또한 이주자의 정치적 행동을 금지해 온 한국 정부는 보통의 도시 세입자들이 쉽게 처하게 되는 억울한 상황에서 재산권을 지키려는 민수 씨의 노력을 '정치적으로 불온한 행위'로 간주했다. 그는 1억 9천만 원의 비용을 투자하여 식당을 열었지만 건물이 철거되면 보증금 2천만 원 외의 투자금을 모두 잃

게 될 상황이었다. 민수 씨가 재산권을 지키기 위해 저항했던 저지의 몸싸움은 '질서유지 저해'나 '과거 불법체류 경력'이라는 치안의 관점으로 해석되었다. 이주민에게 정치 참여나 시위 참여를 금지하는 한국 사회에서 계급적 이해를 지키기 위한 권리 투쟁은 종종 가장 위협적이고 불경한 행위로 판단된다.

민수 씨는 한국 정부가 원하는 '모범적인 이주자'가 될 수 없었다. 한국처럼 수가 적어 아직 종족 집단적 대표성을 갖지 못한 이민자들은 개인화된 적응 전략을 통해 한국 사회에 동화되어야 한다. 최근 신자유주의적 자본축적은 모든 개인에게 자기책임의 정치학을 활성화시키고, 적절한 공적 태도를 갖추기 위한 자기통제의 미덕을 강조한다. 모든 사람들은 '팔릴 수 있는 느낌'을 갖기 위해 감정적 스타일과 기대들을 학습한다. 이런 상황에서 이민자와 같은 소수자들은 '시장성'뿐만 아니라 자신이 '시민' 또는 사회적 구성원이 될 가치가 있는 존재인가를 끊임없이 심문함으로써 스스로의 가치를 측정해 나간다. 이민자는 자신의 문화에서 학습된 내면의 신념 체제를 드러내기보다 적절한 이주민proper migrants에게 부과되는 외연화된 행동이나 규범적 태도를 구성해 가도록 요구받기 때문이다(Ramos-Zayas 2012). 귀화 요건의 '품행단정'은 자의적 요건으로 이민자 스스로가 적절한 상품과 인격을 갖춘 '통제 가능한 대상'으로 만들어지는지의 여부에 따라 쉽게 적의와 환대의 대상으로 분리할 수 있다는 통치성의 자원으로 작동한다. 이민자들은 동질성의 신화를 위협하는 존재이기 때문에 귀화 이민자의 특별한 태도, 공격적 성향, 완고함, 자기 문화적 전통에 집착하는 것 등은 곧 부도덕함, 부적합성, 무능력이라는 의미로 해석된다. 이 때문에 이민자들은 '품행'이나 '미풍양속'이란 이름의 애매한 한국적 통치성을 통해 위계적 배열 속에서 열등한 시민으로 위치지어진다. 민수 씨의 귀화 불허 사례는 정치적 영역이 혈연적 국민에게만 개방된 장소임을 시사한다.

다문화적 시민권을 향하여

귀화는 선주민과 동등하고, 영구적인 법적 지위를 획득한다는 점에서 법적 동화라 할 수 있다. 그러나 법적 동화가 문화적 동화나 자기 문화의 삭제를 의미하는 것은 아니다. 귀화 이주민이 증가하는 한국 사회에서 다문화시민권에 대한 논의는 시민권이 기존의 '국민' 권리에 대한 침해 방지가 목적인가 아니면 새롭게 창설된 권리의 공평한 분배가 목적인가에 대한 질문을 제기하는 것이다(이희정 2011). 한국의 다문화 사회는, 「재한외국인 처우 기본법」과 같은 다양한 정책의 진전에도 불구하고, 지나치게 '동화주의'를 강조하면서 외국인은 대한민국 발전에 기여해야 한다는 책임만을 강조하고 있다(장선희 2010 : 42). 결국 국민 또는 시민 범주의 실천과 관행이 '고착'과 '당위'의 영역이 되면서, 귀화 외국인은 법적 지위로서 시민의 의무를 이행하기 위해 자기 정체성과 긍정의 경험적 지위로서 문화권을 포기해야 한다. 이주민의 국민되기는 지배적인 질서와 관용이라는 틀에서 새로운 사회적 장소를 획득하는 일이다. 누가 시민권을 가질 수 있고, 실질적 권리와 의무를 행사할 수 있느냐는 고정된 실체가 아니라 '협상의 영역'이다. 따라서 역사적 상황과 국가 내 구성원의 변화나 인정 요구에 따라 시민권의 성격은 변화될 수 있다. 한국은 단일민족국가로서 전통적인 이민 수용국이 아니기 때문에 국적은 곧 시민권과 동일한 의미로 사용되어 왔다. 한국 내 이주민 또한 국민에게만 배타적으로 적용되는 다양한 기본권에 접근하기 위해서 '귀화'를 선택한다.

한국 사회는 정착형 이주민의 '귀화'로 민족, 국민, 그리고 시민권의 개념 사이에 간극이 존재하고, 그 간극은 새로운 논쟁과 협상의 영역이 되고 있다. 다문화적 시민권은 '협상'과 '의미 투쟁'의 영역으로 유연하고 포섭적인 특징을 지닌다. 실제로 한국의 국적법은 다문화 사회로 이행 과정에서 크게 개정되었다. 그동안 국적법은 가부장제의 기본 원리인 부계 혈통주의와 성차별적이고, 부父중심주의에 기반을 둔 부부국적 동일주의와 부계우선 혈통주의를 채택했었다. 그러나 이 법은 국제결혼이 급증하는 현실을 반영하지 못하고, 국적에 있어서 남성과 여성이 동등한 권리를 가져야 한다는 유엔협약에도 위배되었다. 한국 여성이 외국인 남성과 결혼한 경우, 외국인 남편은 혼인을 통한 귀화가 현실적으로 매우 어려웠고, 이 둘 사이에서 태어난 자녀는 엄마의 한국 국적을 물려받지 못했다. 따라서 한국에서 한국인 엄마에게 태어나 성장하고 있는 자녀들도 의료보험이나 교육 지원을 받을 수 없었다. 이런 현실을 반영하여 1998년에 개정된 국적법은 부모양계 혈통주의를 인정할 뿐만 아니라 양성평등이나 인권 보호 차원에서 많은 개선을 이뤄냈다(제성호 2001).

또한 이중국적을 허용하지 않는 한국의 국적법은 최근 결혼이주민에게 복수국적을 허용하는 등 '호의적 예외' 규정을 신설했다.[9] 국적법의 이러한 변화는 폐쇄적·단일적·규정적 국적 기준에서 개방적·복수적·생활적 기준으로 나아간 한국 사회의 자기반성적 성찰일 수 있다(이용재 2010). 결혼이주민이 본국의 국적을 유지하는 것은 불확실한 미래에 대한 대처일 수 있고, 이는 귀환 이후의 본국에서의 재정착을 돕는 필수적인 법적 지위를 제공한다. 또한 다문화 가족의 '역이주', 즉, 한국 남편이 부인의 나라로 이주하는 역이주가 증가하는 추세를 고려해 볼 때, 결혼이주여성의 복수국적은 한국의 다문화 가족이 신자유주의적 경제 불안의 위험에 대처하는 생존 전략일 수 있다(김현미 2014 : 60-61).

하나의 국적 안에 문화적 다양성이 공존 할 수 있는가라는 질문은 신성시 여겨왔던 동일국적주의의 위엄을 낯설게 보게 할 뿐 아니라 새로운 시민의 등장을 의미한다. 귀화 이주자의 개명과 임란 씨, 민수 씨 사례에서 보았듯이, 귀화자들이 자신의 사회문화적 정체성에 대한 삭제나 불인정을 당연한 것으로 받아들여야 하는 한국 사회는 '다문화'라는 관용적 정언에도 불구하고 동질성의 신화를 강화하고 있다. 사회경제적 필요성에 의해 외국인은 받아들이지만, 그들의 정체성을 구성해 온 특정한 문화적 자질들은 통합의 대상이 아니라는 현재의 한국의 정책은 '문화 없는 다문화'를 표방한다. 한국의 다

---

[9] 2011년부터 허용된 '복수국적'은 국적취득자 중 혼인 관계를 유지하고 있는 결혼이민자 등의 경우 국내에서 외국 국적을 행사하지 않겠다는 서약을 하면 외국 국적을 유지하더라도 한국 국적을 상실하지 않도록 한다.

문화 정책은 한국인 선주민과 이주민 간의 분리나 위계를 전제하고 이주민에게 영향력을 행사하여 이들을 주류 문화, 즉 한국 문화나 관습에 동화하게 하거나 아예 사회적 통합 대상에서 배제한다. 이는 변화에 대한 모든 부담을 이주민에게만 떠넘기면서, 정작 선주민은 문화적 차이를 용납하지 않는 모델이다(김현미 2014 : 210).

다문화 사회 담론이 일종의 사회적 유행이 된 이 시점에서 아이러니컬하게도 문화적 권리를 주장하는 것은 정치적인 문제가 되고 있다. 문화 전문가인 인류학자들은 새롭게 부상하는 문화의 정치화 문제에 어떻게 개입할 수 있고 개입해야만 하는가? 이 글을 통해 제기하고자 했던 문제는 '한국인이 된 외국인'에 대한 문화적 상상력을 어떻게 확장시켜 낼 수 있는가이다. 이주민은 유입국의 사회적 통합에도 적극적으로 참여하지만, 여전히 본국이나 제3국과의 초국적 연결성을 동시적으로 수행하는 행위자임을 강조하는 초국주의 개념이 등장한 이래로 일방적인 동화를 전제로 한 이주민 사회 통합 이론에 대한 많은 비판이 제기되어 왔다. 모든 이주민은 트랜스이주자transmigrants로서 소위 본국과 자신이 이주한 국가에서 가족적·경제적·사회적·조직적·종교적·정치적으로 다양한 관계망을 가지고 국가의 경계를 넘으며, 다양한 관계망 속에서 자신들의 정체성을 재정의하고 이에 따라 변화된 권력을 행사하는 존재들이다(Levitt, P and N. Glick Schiller 2004 ; Smith M. p. and L. E. Guarnizo (eds.) 2002 ; Portes, A. 1998). 이러한 관점으로 한국 사회를 고찰할 때, 이주민이 일방적으로 한국 사회로부터 영향을 받아 적응해야 하는 것이 아니라 한국인 역시 다양한 국가 출신의 이주민들로부터 영향을 받아 자신의 편협한

국민국가 정체성에서 벗어나야 한다. 국민을 대표하는 사회적 구성원이 다양해지면, 각 개인은 문화적 시민권의 행사를 통해 한국 사회의 문화다원주의적 가치를 증진하는 데 기여할 수 있다. 한국 사회의 다문화시민권 논의는 한국 사회가 더 이상 자기만족적, 자기보존적self-contained 실체가 아니라는 사실을 인정하는 것으로부터 시작해야 한다.

참고문헌

김현미, 《우리는 모두 집을 떠난다 : 한국에서 이주자로 살아가기》, 서울 : 돌베개, 2014.

박진근, 〈다문화구성원에 있어 국적취득의 법적 개선방향〉, 《한양법학》 43, 2013.

설동훈, 〈국제인구이동과 이민자의 시민권 : 독일, 일본, 한국 비교연구〉, 《한국인구학》 36-1, 2013.

원숙연 · 박진경, 〈다문화 사회와 외국인정책에 대한 정향적 분석 : 중앙정부공무원의 인식을 중심으로〉, 《행정논총》 47-3, 2009.

윤인진, 〈이중국적법 개정논의의 담론 분석〉, 《재외한인연구》 19, 2009.

이용재, 〈다문화정책에서의 새로운 배제 : 제3세계 남성과 결혼한 한국여성에 대한 배제의 모습을 중심으로〉, 《젠더와 문화》 3-1, 2010.

이철우, 〈국적법의 세계적 동향과 한국의 현실 : 시민권정책지수에 기초하여〉, 《법과사회》 46, 2014.

이희정, 〈귀화허가의 법적 성질〉, 《행정법연구》 31, 2011.

임경택, 〈근대일본의 국적제도와 '일본인'의 설정 : '혈통주의'와 '단일민족론'에 근거한 변용 과정〉, 《한국문화인류학》 45-2, 2012.

장선희, 〈한국의 다문화 가족 관련법제의 현황과 평가〉, 《민족연구》 42, 2010.

제성호, 〈한국 국적법의 문제점 및 개선방안〉, 《국제인권법》 4, 2001.

윌 킴리카, 《현대 정치 철학의 이해》, 장동진 외 옮김, 동명사, 2006.

Alexander, Jeffrey, "Struggling over the mode of incorporation : backlash against multiculturalism in Europe," *Ethnic and Racial Studies* 36-4, 2013.

Charsley, Katharine and Anika Liversage, "Transforming polygamy : migration, transnationalism and multiple marriages among Muslim minorities," *Global Networks* 13-1, 2013.

DeSipio, Louis, "Social Science Literature and the Natualization Process," *International Migration Review* 21-2, 1987.

Diehl, Claudia, "Rights or Identity? Natualization Processes among "Labor Migrants" in Germany," *International Migration Review* 37-1, 2003.

Fraser, Nancy and Axel Honneth, *Redistribution or Recognition? : A Political-Philosophical Exchange*, New York : Verso, 2004.

Joppke, Christian, "Multicultural Citizenship," in Engin F. Isin and Bryan S. Turner (eds.), *Handbook of Citizenship Studies*, London : Sage, 2003.

Kymlicka, Will, *Multicultural Citizenship*, Oxford : Clarendon Press, 2005.

Levitt, P and N. Glick Schiller, "Conceptualizing Simultaneity : a transnational social field persepective on society," *International Migration Review* 38-3, 2004.

Portes, A., *Globalisation from Below : The Rise of Transnational Communities*, Transnational Communties Working Paper Series, Oxford University, 1998.

Ramos-Zayas, *Street Therapists : Race, Affect, and Neoliberal Personhood in Latino Newark*, Chicago and London : University of Chicago Press, 2012.

Richmond, A. H., *Post-War Immigrants in Canada*, University of Toronto Press, 1967.

Shaw, Alison and Katharine Charsley, "Rishtas : adding emotion to strategy in understanding British Pakistani transnational marriages," *Global Networks* 6-4, 2006.

Van Tubergen, Frank, *Immigrant Integration : A Cross-National Study*, New LFB Scholarly Publishing, 2006.

Yang, Philip Q., "Explaining Immigrant Natualization," *International Migration Review* 28-3, 1994.

Young, Iris Marion, *Justice and the Politics of Difference*, Princeton : Princeton University Press, 1990.

통계청, 2014, 〈지방자치단체외국인주민현황〉, 출처 : 국가통계포털 (http : // kosis.kr)

《뉴시스》 2012년 12월 21일자.

《불교닷컴》2014년 9월 11일자.

《연합뉴스》2007년 7월 30일자.

《하이코리아》(http : //www.hikorea.go.kr. 2015. 2.23일 접속)

한국 다문화 사회에 대한 철학적 반성과 선진유가의 다원주의 : '分을 높여 合을 이루고(崇分擧合), 異를 구하여 同을 이룬다(求異存同)

윤석민

한국 다문화주의에 대한 문제 제기

통계에 의하면, 한국은 경제협력개발기구 중 사회갈등이 두 번째로 높다. 종교적 갈등과 분쟁을 겪고 있는 터키를 제외하면, 문화, 가치, 이념 간의 차이로 인한 사회갈등은 실제로 세계 1위라고 한다.[1] 이는 한국 사회의 갈등과 대립이 매우 심각한 정도임을 분명하게 드러내는 증거로서, 우리가 반성적으로 사유해야 할 시대적 과제가 그 안에 복류하고 있다고 하겠다.

---

* 이 글은 Universitas-Monthly Review of Philosophy and Culture Vol. 42 N.5(2015.5)에 게재된 원고를 수정 및 보완하여 재수록한 것이다.

[1] http://news.naver.com/main/read.nhn?mode LSD&mid=sec&sid1=102&oid=001&aid=0006438761, 〈한국 사회갈등, OECD 27개국중 2번째로 심각〉, 기사입력 2013-08-21 10:00, 최종수정 2013-08-21 10:20)

한국 다문화 사회는 통합, 화합, 결합 등으로 표현되는 合의 가치와 동화, 공동, 동일 등으로 표현되는 同의 가치로 사회구성체 간 대립과 갈등을 일소하고자 했다. 하지만, 한국다문화의 구성체들은 合의 강요와 同의 재단 속에서 자신들의 정체성을 상실하거나 소수자로 전락된 채로, 주류집단에 포섭되거나 그로부터 배제되어 갔다. 즉 한국 사회는 동일성을 추구하여 차이성을 보존(求同存異)하려 했지만 동일성만을 추구하면서 차이성을 상실(求同亡異)하는 결과와 마주게 된 것이다. 여기에는 合·同의 보편적 가치 지향과 分·異의 다양하고 특수한 가치들의 상실이라는, 즉 보편과 특수에 관한 철학적 문제가 잠복해 있다.

다양한 구성체들의 갈등, 즉 특수성 사이의 모순은 合의 강요와 同의 재단을 겪으면서, 상호 공존 가능성 문제를 어찌해 보지도 못한 채, 특수와 보편 사이의 갈등 문제 하나를 더 만들어 낸 셈이다. 즉 보편과 그로부터 파생된 특수 사이의 화합 문제를 풀어 가는 과정에서, 특수성은 보편성의 일원에서 파생된 것일까? 아니면 그 자체로 다원적 존재일까? 문제에 맞닥뜨린 것이다. 이 두 가지 문제에는 合·同으로 일컬어지는 보편성 또는 보편적 일원가치의 존재를 전제로 하고 있다. 그러기에 이 문제의 접근은 그 전제가 합당한가라는 반성으로부터 시작해야 한다. 보편적 일원가치 건립에 대한 반성은 보편과 그 파생으로서의 특수라는 방법론에 대한 반성을 의미하고, 이는 곧바로 다원의 공존 가능성을 전망하게 한다. 사이드 Edward W. Said의 '오리엔탈리즘', 데리다Jacques Derrida의 '탈구축'과 존 톰린슨John Tomlinson의 '서구 비근대성'은 보편성 중심으로 재편된 현실

세계의 문제와 그 대안으로서의 다원성과 특수성에 대한 적절한 논의였다고 생각된다.[2]

그렇다면, 우리 사회는 왜 사회통합을 위해 合과 同의 가치를 선택했을까? 그 이유는 合·同이 전통사회에서 사회통합에 관한 최선의 개념으로 자리했기 때문일 수도 있고, 동시에 현대사회의 문화 간 갈등과 충돌을 완화할 수 있는 최적의 방법으로 재해석되어 왔기 때문일 수도 있을 것이다. 실제로 근대 시기 동아시아는 근대의 보편이성과 일원적 세계 구성이라는 시각에서 전통철학의 合·同의 가치를 새롭게 해석하려 했고, 이러한 철학은 현재까지 주요하게 작동해왔다. 외부의 시각에서 한국의 다문화 사회를 동화주의로 규정하는 것 역시도 合·同의 가치를 높게 평가하는 현재 우리의 사유와 관련되어 있다.

물물상쟁物物相爭의 현실 세계가 조화와 화해의 목표에 도달하기 위해서는 무엇이 필요한 것일까? 반드시 分과 分, 異와 異 그리고 合·同과 分·異의 관계가 갈등에서 조화로 상쟁에서 상생의 관계로 전화될 수 있는 방법이 필요할 것이다. 여전히 合·同 중심의 방법이

---

[2] 사이드는 서구 보편주의야말로 제국주의적 지배와 침략을 정당화하는, 서양의 동양에 대한 왜곡된 인식과 태도였다는 점을 지적하면서, 동서양의 이원적 체제를 긍정하였다. 데리다는 서구 보편주의에 근본적인 해체를 주장했다. 서구라는 일원적 보편성에 가려진 언설과 문화적 정체성을 구축해 왔던 대립적 틀을 폭로하고, 남성·여성, 능동·수동, 문화·자연, 합리·감정, 문명·야만의 대립적 틀을 파괴하고 자했다. 나아가 존 톰린슨은 세계적 근대성의 확장된 문맥에서 비서구적 근대성을 적극 발휘하는 다원성의 입장을 제안한다. 즉 유교, 불교, 이슬람교, 힌두교의 근대성이 다원적 구성 체계로서 충분히 가능하고 주장한다. 이들 모두는 서구보편, 이성보편, 근대보편 등 보편성 구축에 대한 반성적 사유를 전개하고 있다.

필요한 것일까? 아니면 分·異이 중심이자 주체가 되는 방법론이 필요한 것일까? 동아시아 위진 시기 현학과 송·명 시기 성리학은 실제로 보편과 특수, 특수와 특수 사이의 조화와 상생을 꾀했던 본체론적 사유체계로서, "근본을 숭상하여 말단까지 들어올림(崇本擧末)" 또는 "일원의 이치가 만물에게로 나뉨(理一分殊)" 등의 본체론적 명제를 탄생시켰다. 보편과 특수를 조화시키고자 했던 본체론은 천 년이 훨씬 넘는 과거에 수립되었지만, 사물 간 조화와 상생은 요원하고 상쟁과 상극의 기세만이 등등한 것이 현실이다. 合·同을 최고의 가치로 내세운 한국 다문화 사회는 分·異의 특수성을 충분히 반영하지 못한 채, 이들을 合·同의 체제로 편입시키려고만 하고 있다. 分·異를 동화의 대상으로만 바라보는 合·同의 위주의 철학 구축은 실제로 한국 사회의 다원 간 갈등의 문제에 어떠한 대안도 제안할 수 없다.

이 글은 分·異의 특수성보다 合·同의 보편성에 중심을 두고 있는 한국의 다문화주의에 대해 철학적 반성을 요청한다. 이에 관해 두 가지 문제의식을 제기하면서 이 글을 진행하고자 한다. 하나는 통합, 화합, 결합, 동화, 공동, 동등의 가치로 풀이되는 合·同이 分·異의 특수성을 온전하게 보존할 수 있는가?라는 문제의식이다. 이는 가치의 다원화가 일상화된 현실 세계에서 合·同이 어떤 작용을 할 수 있는가? 즉, 合·同에 의해 재구성되는 分·異의 통합 가능성에 대한 실제적인 의문이라고 하겠다. 둘은 동아시아 전통사상에서 특수한 가치와 分·異 중심의 다원적 세계관이 존재했는가?라는 문제의식이다. 전통사상을 보편성 확립과 일원적 세계관 건립으로 해석해 왔던 근대 시기 동아시아철학에 대한 회의로서, 즉 分·異 중심의 다원적 세계와 가치의 특수성 지향에 관한 철학사적 고찰이자 제안이라고 하겠다. 이는 한국 다문화 사회에 대한 철학적 반사의 관점으로서 이 글의 고유한 문제의식이다. 이 글은 전자의 문제의식을 견지하면서, 후자의 타당성 논증에 집중하고자 한다.

이 글은 合·同이 아닌 分·異가 중심이 되는 새로운 방법론 모색에 목적이 있다. 즉 合에서 分으로, 同에서 異로 사유의 중심이 이동되어야 함을 전통철학에서 발견하고자 한다. 본론에서는 먼저 동아시아 선진 시기 공맹 철학의 지향은 보편 가치의 확립에 있지 않고, 分·異의 특수성 간의 조화 모색과 실천에 있었음을 논증하고자 한다. 아울러 分·異 각각이 중심이 되어 서로가 화해하고 조화를 이룰 수 있는 세계관과 그 방법론을 《주역》 분석을 통하여 새롭게 제안하고자 한다. 이러한 구성 과정을 통해, '分을 존숭함으로써 合을 이루고(崇分擧合)', '異를 추구함으로써 同을 이루는(求異存同)' 새로운 다원주의 철학의 명제를 제안하고자 한다.

공자의 인仁과 맹자의 심心 : 다원가치의 총칭

20세기 동아시아 철학 대가들은 서구 근대의 보편이성을 받아들여, 도덕 형이상학 정립의 시각에서 동아시아 철학사를 개괄하고 재편했다. 모종삼牟宗三과 풍우란馮友蘭은 그 대표적인 학자들이다. 아마도 보편이성이 당시의 철학이자 화두였기 때문일 것이다. 모종삼은

《심체여성체心體與性體》에서 선천적이고 초월적인 도덕적 실체로서의 성체性體를 위주로 유가철학사의 정맥을 해석하고 있다.[3] 풍우란은《중국철학사신편中國哲學史新編》에서 공자의 仁을 '인간이 갖는 보편성과 특수성의 통일'로 설명한다.[4] 모종삼과 풍우란은 동아시아 근대 보편성 확립이라는 시대적 요청을 탁월하게 수행한 철학자들이다. 이 글은 도덕적 인간 본성의 보편적 실체로서의 성체性體나 그 대표적 개념으로서의 仁을 통해 우주 및 사회에 대한 유기체적 대통합을 시도했던 대학자들의 방법론을 비판함에 목적이 있지 않다. 단지, 현재 한국 다문화 사회에 대한 철학적 고찰에서는 보편성보다는 특수성, 일원 체계보다는 다원 체계가 좀 더 시의성을 갖는다는 점에서, 기존의 보편성 구축은 특수성 확보로, 일원 체계 구축은 다원 체계 구상으로의 전환을 제안코자 할 뿐이다. 우리의 현실은 合·同 중심에서 分·異 중심으로의 사유 전환을 요청하고 있기 때문이다.

현존하는 동아시아 철학사는 대부분 공맹 당시의 도덕은 근대적 보편성 이론 체계를 갖추지 못했었다고 기술한다. 선진 시기에서부터 송·명 시기까지의 철학을 본체론적 사유 체계의 건립 과정이라는 관점에서 아래와 같이 정리하곤 한다. 그 대표적인 관점은 도덕

3　牟宗三,《心體與性體》上卷, 上海 : 上海古籍出版社, 1999. pp. 17-36.

4　馮友蘭,《中國哲學史新編》上卷, 北京 : 人民出版社, 2001. p. 171. 풍우란은 노자의 道까지도 '보편으로서의 道와 특수로서의 만물'(336쪽)로 설명하고 양자 간의 생성 관계를 설명한다. 仁의 보편성이나 道의 보편성은 어디까지나 현재적 관점, 특히 동아시아 근대 시기 보편성 논쟁에서 연원하는 해석일 뿐, 공자의 仁이나 노자의 道 자체의 고정 불변의 함의는 아니라는 게 이 글의 관점이다.

형이상학일 것인데, 이와 관련된 기술은 대체로 아래와 같은 흐름으로 정리된다. 1) 공자는 처음으로 仁을 보편적인 덕으로 제시했지만, 수양과 교육을 통한 일상적 실천을 강조했을 뿐 논리화·이론화의 과정은 소략했고, 맹자는 仁의 존재를 논증했지만, 선한 본성으로서의 사단四端에 초점을 두고, 사단의 확충을 통한 인성의 발현을 강조하였다. 2) 위진 시기 현학은 유有·무無, 자연自然·명교名教 사이의 본체론적 사유를 전개했고, 송대 유가들은 전대의 도덕적 사유와 본체론적 사유를 종합하여 도덕 형이상학을 건립하였다. 도덕적 본성을 가진 인간이 천지의 운동에 동참한다는 도덕적 형이상학을 구축했다. 3) 송대 신유학 이후로, 공자의 仁은 인간이면 누구나 갖는 인간의 보편적 감성 체계이자 도덕 형이상학의 근간이라고 정의된다.

이 글은 공자의 仁을 인간의 보편적 감성 체계라고 정의하는 근대 시기의 관점 자체를 부인하지 않는다. 공자가 저작거리의 누구라도 성인이 될 수 있다고 주장하는 관점이나 仁을 사람의 人으로 간주한 자사子思의 관점은 인간의 본질적인 특성으로서의 仁에 관한 적극적인 지지로 볼 수 있기 때문이다. 그렇다고 공자의 仁을 곧바로 유일한 인간 본성이나 도덕 형이상학의 본체, 나아가 인간의 보편성으로 해석하는 것에서는 재고의 여지가 있다. 왜냐하면, 보편성으로서의 仁은 본체론 건립이라는 시대적 요청 속에서 재구성된 송대 유자들의 仁이거나 근대 시기 신이학자新理學者들의 仁이지, 선진 시기 仁은 아니기 때문이다. 공자 仁의 보편성 여부 문제는 공자가 제자들에게 제시한 상이한 仁은 보편 가치의 다양한 분화에 관한 표현인가? 아니면 보편 가치가 아닌 다원적 도덕 가치들의 통칭인가?라는 질문의 형식으로 변환될 수 있다. 전자의 경우가 기존의 해석일 터, 이 글은 후자의 문제의식을 가지고 논의를 전개하고자 한다.

仁의 보편성을 부정하면, 곧바로 仁과 다양한 덕목들 사이의 관계 문제에 봉착하게 된다. 《논어》의 仁과 다양한 덕목을 살펴보자. 화려한 말과 표정을 멀리함, 효도와 공경, 타인에 대한 사랑, 주동적 자아실현, 공경, 관용, 신뢰, 실천, 은혜 등이다. 애초 《논어》에서의 仁은 보편적 가치로 기술되어 있는가? 만일 그러하다면, 仁과 기타 덕목은 보편과 특수의 관계를 가져야 한다. 仁의 덕목 중 몇 가지가 사라져도, 仁은 仁으로 남아 있어야만 한다. 그래야 보편과 특수의 관계는 성립되는 것이다. 그런데, 仁에서 孝를 제거하거나, 공경, 관용, 사랑 등의 덕목을 빼어 버리면, 인은 그 함의의 완정함을 잃게 된다. 즉, 이들 특수한 가치들은 모두 공히 仁을 구성하는 필수불가결의 항목들이다. 엄밀히 말하자면, 인간이면 누구나 가질 수 있고 가졌으면 했던 도덕적 가치들을 仁이라는 덕목 속에 가지런히 배열했던 것이다. 즉, 仁과 그로부터의 분화된 다양한 덕목의 관계가 아니라, 다양한 도덕적 가치들을 열거해 가면서 仁을 구성해 간 것이 인과 다양한 덕목의 관계계인 것이다.

만일 仁과 기타의 도덕 가치가 보편과 분화된 특수의 관계로 설정될 수 없다면, 어떤 관계가 가능한 것일까? 일견 복잡해 보이는 이 문제의 해답은 의외로 간단하다. 다양한 덕목에 대한 종합 또는 총칭으로서의 仁만이 가능하다. 왜냐하면, 다양하고도 특수한 덕목들을 뛰어넘는 보편자로서의 仁이나 특수한 덕목과 동등한 가치로 병렬적으로 구성 요소로서의 仁은 불가하기 때문이다.

특히나 仁의 입론이 구체적 상황과 구체적 인간관계 속에서 전개된다는 점은 仁이 구체적 分·異의 상태를 떠나지 않고 있음을 논증해 준다. 또한《논어》는 언제나 구체적 사회관계 속에서 仁이 어떻게 표현되어야 하고 실천되어야 하는지에 많은 비중을 두고 있다. 공자가 〈옹야雍也〉편에서 번지樊遲에게 인을 설명하는 부분, "인자는 어려운 일을 먼저 실천한 후에 결과를 얻는다. 이러하면 인이라고 할 만하다."는 구절은 인의 성립이 실천궁행에 있음을 확인시켜 준다. 즉, 仁의 본지는 사회적 관계 속에서 구체적인 덕목들을 인식하고 실천함에 있었던 것이지, 본체론이나 도덕 형이상학의 입론으로서의 보편성 설정에 있던 게 아니다.

《논어》는 다양한 특수성의 가치─효도, 공경, 사랑, 자아실현, 관용, 신뢰, 즉 도덕 가치의 異에 대한 기술을 통해서, 보편성의 가치, 즉 同을 확보하는 사유 방식을 설정하고 있다. 즉, 구이존동求異存同의 사유 방식이다. 이는 仁의 보편성을 설정함으로써, 다양한 특수로의 분화를 얻게 되는 방식, 구동존이求同存異와는 다른 사유 방식이다. 공자의 仁은《논어》에서 보편성, 보편 가치로서 존재하지 않는다. 차라리 다양한 도덕 가치를 포괄하는 과정 중에 스스로의 적용 범위도 확장되어 가는, 즉 다양한 덕목과 가치의 실천 과정을 망라하는 이름 또는 그에 관한 총칭이라는 관점이 좀 더 설득력을 갖는다고 하겠다.

상이한 가치들이 실천되는 과정(求異) 속에서 공통된 속성은 확보된다 (存同). 여기에서 효도, 공경, 사랑, 자아실현, 관용, 신뢰 등은 각각이 독립된 가치들로서 서로 공존하고 상생하는 가치이지, 仁으로부터 파생되어 각각이 결핍과 부재가 가능한 파생적 가치들이 아니다. 仁은 다양한 異의 존재와 함께 자연히 형성되는 구이존동求異存同의 同과 같은 존재이다. 각각의 구성체가 그 공약적 가치를 구해 가는 것이 아니라, 각각이 나름의 상이한 가치를 구해 가면서 전체를 구성하게 되는 것이다. 여기에는 구성체 사이에는 어떠한 소외와 배제도 등장하지 않게 된다.

맹자의 도덕은 어떠할까? 맹자는 공자의 仁을 사람이 동물과 구별되는 도덕적 존재로서의 人으로 해석한다. 그리고 남의 불행을 차마 볼 수 없는 마음(不忍人之心)을 인간 본래의 마음 상태로 규정한다. 이러한 마음의 발현을 네 가지 측은惻隱 수오羞惡 사양辭讓 시비是非의 마음으로 개괄하고 이 네 가지 마음이 올곧게 발전하여 사덕四德을 이룬다고 말한다. 그렇다면 불인인지심不忍人之心은 사덕의 근거인가? 사덕의 총칭인가? 물론 도덕 형이상학자들은 불인인지심이 사덕의 본체로서, 인간의 보편성에 해당한다고 말한다. 이와 관련해서 《맹자》 〈공손추 상〉은 이렇게 적고 있다. "사람은 모두 남의 불행을 차마 볼 수 없는 마음을 가지고 있다. … 측은한 마음은 仁의 단서이고, 남의 잘못을 꾸짖고 자신의 잘못을 부끄러워하는 마음은 義의 단서이고, 사양하는 마음은 禮의 단서이며, 옳고 그름을 판단하는 마음은 智의 단서이다." 맹자의 인간 규정은 바로 불인인지심에 있음을 알 수 있다.

맹자는 도덕적 마음을 천명한다. 그리고 불인인지심은 언제나 측은·수오·사양·시비의 네 개의 단서를 통해서 확인되고, 이 네 단서의 실천궁행으로 사덕은 달성된다고 말한다. 불인인지심은 측은·수오·사양·시비의 마음을 본질적으로 규정하는 것인가? 만일 불인인지심이 사단을 규정한다고 한다면, 왜 실천궁행이 필요한가? 불인인지심이 본체라면, 사덕은 본체의 규정에 의해 저절로 달성되어야 하기 때문에, 실천궁행의 노력은 필요치 않게 된다. 그런데, 맹자는 의 義를 취하고 리利를 버리라는 실천궁행, 善의 실천을 각 편마다 주장한다. 왜일까? 불인인지심은 사단으로 확인될 뿐, 인간 본성의 선함을 궁극적으로 규정할 수 없기 때문이다.

 사단 각각은 도덕적 인간 본성을 구성하는 데에 없어선 안 될 필수적인 단서들이만, 불인인지심과 사단이 곧바로 도덕적 인간 본성을 획득하는 것은 아니다. 사단에서 확인된 도덕 가치를 바르게 실천하여 스스로에게 존재하는 사덕의 도덕 체계를 자각할 때, 즉 도덕 가치의 실천을 통해서만 우리는 인간 본성을 확인할 수 있다. 그런 의미에서 보자면, 도덕적 인간과 도덕적 사회 체계 구축을 위한 인성 계발과 발양에 그 목적이 있다고 해야 한다. 공자가 다양한 덕목들의 제시(求異)를 통해 인의 성립(存同)을 꾀했지만, 맹자는 인간의 다양한 마음을 확인하고, 그 마음을 계열화하여 사단으로 삼았다. 즉, 공자식의 구이(求異)의 과정에 계열화의 과정이 더해진 것이다. 사단으로(求異)의 계열화를 통해서 사덕의 존재(存同)을 증명하고 있는 것이다.

 맹자는 공자처럼 최고의 가치를 구성하는 데 그치는 게 아니라, 다양한 마음을 계열화하는 작업을 통해서 도덕의 실체를 증명하려 했던 것에 공자와 차이가 있다고 하겠다. 하지만, 최고 가치의 설정이 기본적으로 구이존동求異存同의 방법론이라는 공통점을 갖는다.

《논어》의 도덕 체계가 효도, 공경, 사랑, 자아실현, 관용, 신뢰의 덕목(求異)과 仁의 성립(存同)으로 도식화된다면,《맹자》의 그것은 인仁·의義·예禮·지智의 사덕(求異)과 불인인지심(存同)으로 도식화된다. 이처럼, 공맹의 인간 심성에 관한 논의에서 인간의 보편성을 확정하기는 쉽지 않다. 그들의 철학은 오히려 다양한 가치와 그를 향한 실천과 발양에 논의의 초점이 있으며, 구이존동求異存同에서처럼 특수성에 기초한 사유 체계를 지향하기 때문이다.

《주역》 경전 체제 : 다원적 구조

주역은《역경》,《역전》 그리고 이 두 경전에 대한 후대의 해석학을 포괄하는 개념이다.《역전》은《역경》을 공맹의 유가적 사상 또는 노자의 도가적 사상으로 재해석한 경전이라고 정의되어 왔다.《주역》경전은 위진 시기에 현학적 본체론 확립의 주요 텍스트로, 송·명 시기에 성리학적 본체론 구성의 주요 텍스트로 자리했다.《주역》경전이 갖는 유가·도가를 아우르는 사상적 포용성과 세계 인간을 관통하는 사유의 체계성 때문에, 본체론 확립과 보편성 논쟁에서 주요 텍스트가 될 수 있었다.《주역》경전을 둘러싼 보편성 확립 과정 속에서《주역》의 다원성 또는 특수성은 어떻게 해석되었는가? 본장에서는《주역》경전의 체제에 대한 분석을 통하여,《주역》경전의 다원론적 세계관 구성을 확인하고자 한다.

《주역》의 '주周'의 자의에서 다원성을 확인할 수 있다. '주周'는 크게 두 가지 의미로 해석되어 왔다. 하나는 만물을 두루 아우르는 포괄의 의미로서 다양성을 긍정하는 해석이고 다른 하나는 주대周代라는 시간 공간적 정의에 초점을 맞춘 관점들이다. 이 글에서는 전자의 해석을 지지한다. 이는 동한 시기의 정현鄭玄이 《주례周禮》에서 '빠짐없이 두루 아우름'의 뜻으로 주周를 해석한 것에서 유래한다. 당대 가공언賈公彦(650~655)과 청대의 요배중姚配中(1792~1844) 등 역시도 《주역》의 두루 아우르는 '주周'의 의미를 지지하는 자들이다. '역易'의 자의에서도 다원성은 확인된다. 역의 자의에 대한 고증은 크게 도마뱀설(蜥蜴說), 일월설(日月說), 이갈이설(易牙說), 역에 세 가지 뜻이 있다는 설(一易三義說), 쉼 없이 낳는다는 설(生生說)로 구분된다. 허신許愼(30~124)은 《설문해자》에서 "역易이란 글자는 도배뱀으로 그 형상을 본뜬 것이다."라는 관점, 《주역참동계》의 "해와 달이 역이다"라는 관점, 《은허서계전편殷墟書契前編》 제4권의 "왕이 이를 갈아 통증이 있었는데, 새 이가 났다."와 제6권의 "왕이 이를 갈아 통증이 있었는데 새 이가 나질 않았다)"의 이 갈이설(易牙說) 등은 모두 고정불변의 보편성에 관한 해석이라기보다는 다자 간의 변화와 생성에 맞춰진 해석들이다. 즉, 異와 分의 변화에 맞춰진 관점들이다.

주지하다시피, 《주역》의 근간이 되는 팔괘八卦의 성립에 관하여, 《주역》〈계사전 상〉은 "역에는 태극이 있고 이로부터 양의가 생겨난다. 양의는 사상을 낳고, 사상은 팔괘를 낳고, 팔괘가 길흉은 결정하고, 길흉은 대업을 낳는다."라고 하였다. 이것이 《주역》의 기본 구조가 된다. 역학사에서 1에서부터 8로의 과정은 만물 생성의 과정 또는 서법(시초점)의 연변 과정으로 해석되어 왔다. 태극으로서의 1은 생성 모체이자 시초 연산의 단초로 해석될 뿐, 존재의 본체나 변화의 근원으로 해석되는 것에는 이견이 분분해 왔다. 왜냐하면, 1은 생성론에서, 2의 배수 원리에 근거해 만물로 확장되어 가거나, 시초점에서 점치는 책상의 한구석에 놓여 있을 뿐 이후의 시초의 연변 과정에 아무런 참여도 하지 않고 있기 때문이다.[5]

《주역》의 64괘가 8괘의 중첩에 있다는 점에서 보자면,《주역》구성 동력은 8괘에 있다고 하겠다. 실제로도 건괘乾卦(☰), 태괘兌卦(☱), 리괘離卦(☲), 진괘震卦(☳). 손괘巽卦(☴), 감괘坎卦(☵), 간괘艮卦(☶), 곤괘坤卦(☷) 팔괘는 상호중첩을 통해서 64괘로 확장된다. 그리고 이들의 물상, 즉 하늘, 연못, 불, 우레, 바람, 물, 산, 땅은 만물을 대표하는 8가지 상징물로 해석된다. 말하자면, 만물을 대표할 수 있는 팔괘를 중첩하여 중첩괘를 구성하고, 이로써 세계의 다원적 구성을 설명하고 있다. 팔괘 중 어느 하나가 존재하지 않는다면, 64괘가 존재할 수 없을 뿐만 아니라, 팔괘가 아닌 칠괘 자체는 그 자체로 완정한 세계를 구성할 수 없을 뿐만 아니라, 음양이라는 두 요소의 변화 원리에도 부합하지 않게 되어, 이후 어떠한 운동과 변화도 확보할 수 없다. 즉, 팔괘를 구성하는 각각의 괘는 태극으로부터 파생된, 즉 보편의 분화로서의 다양한 존재가 아니라,《주역》체계를 구성하는 필수

---

[5] 본체론이 최초로 성립했던 위진 시기 역학에서 태극에 대한 논쟁이 시작된다. 王弼 역학에서 無(태극)는 有生於無의 생성의 함의, 以無爲本의 본체의 함의가 있다고 한다면, 郭象의 無(태극)는 생성과 본체의 개념이 없다. 有는 '有之自生'하며, 만물은 '物各自造'하므로, 곽상의 無는 어떠한 작용서도 어떠한 함의도 갖지 못하는 숫자상의 0과 같고 해석된다.

불가결하고 상호독립적인 존재로서 우주 만물을 구성하는 다원적 존재가 된다.

중첩괘는 각각 세계와 인간사를 관통하는 64가지의 대표적인 상황과 그 가치를 설명하고 있다. 후대 주석가들은《역전》에 근거해서, 자신만의 고유한 효변 또는 괘변의 이론을 개발하여, 즉 괘와 천지의 기운이 동일한 원리로 운용된다는 이론(맹희의 괘기설卦氣說), 팔괘가 각각 궁을 이루어 변화한다는 이론(경방의 팔궁괘설八宮卦說), 모든 괘에는 주된 효가 있다는 이론(왕필의 주효설主爻說), 건괘의 양효는 올라가고 곤괘의 음효는 내려온다는 이론(순상의 건승곤강설乾昇坤降說), 중효와 정효가 중정의 도덕을 실현한다는 이론(정이의 중정설中正說) 등 다양한 해석방법론을 세워서 64괘들의 상호운동, 상호변화, 상호의존의 원리를 설명해 왔다. 이들 방법론은 64괘, 384효의 독립적인 운동 변화와 그 상호관계성을 전제로 하여 제기된 것들이다. 이는 존재의 다양한 운동과 변화를 인정하고 각각 존재자들의 화해를 위한 상호교감을 논지로 하고 있다는 점에서 다원적 세계 구성을 지지한다고 하겠다.

64괘는 각각 초효에서 상효까지 6개의 효로 이루어져 있다. 6효 중 어느 한 효가 존재하지 않는다면, 괘는 존재할 수 없고, 괘가 존재하지 않으면,《주역》또는 주역의 세계와 세계관은 존재할 수 없게 된다. 뿐만 아니라, 6효는 각각 고유한 의미를 독점하고 있어서 상호대체가 불가능하며, 괘의 존재에 필수불가결하다는 점에서 6효는 다양한 존재가 아니라 다원적 존재라고 하겠다. 그런 의미에서 보자면, 중첩괘 구성은 기본적으로 分·異가 구성하는 세계관과 맞닿아 있다고 하겠다. 아울러 한 괘 내의 여섯 효의 운동과 변화도 역시 다원적 구성체들의 조화 관계를 표상하고 있다. 〈계사전〉은 "《주역》이라는 책은 시작을 추론하고 탐구해서 끝을 잘 알아차리는 것을 바탕으로 삼는다. 여섯 개의 효가 섞여 있으나, 오직 그 시대와 사물일 뿐이다."라고 말한다.

후대 역학가들은 한 괘 안에 여섯 효가 뒤섞이는 관계성을 조응(應) 친밀(比) 근거(据) 격리(隔) 올라탐(乘) 올려태움(承) 등의 체례 용어를 창안하여 효의 의미를 해석해 왔다. 즉, 특히 여섯 효를 천 지 인 삼재라는 삼원 조화 관계, 초효 이효 삼효 사효 오효 상효 사이의 원근, 친소, 조응 등의 관계를 근거로 괘효사의 길흉을 해석했던 것이다. 한 괘 여섯 효의 변화는 만물의 변화를 본뜬 것으로 해석되어짐을 감안한다면, 효의 변화는 바로 만물의 구체적 운동 변화를 상징하게 된다. 그렇기 때문에 효들 사이의 감응은 바로 分·異의 다원적 구성체의 관계를 의미한다고 볼 수 있다.

《주역》 역리易理와 음양 관계 : 다원적 세계관

《주역》 경전은 왜 저술되었나? 〈계사전〉에는 그 목적을 "공자가 말하였다. 성인은 상을 세워서 생각을 표현해 내고, 괘를 세워서 참과 거짓을 가려내며, 괘에 말을 더해서 그 말의 의미를 적극적으로 표현하고, 변화하고 소통하여 이로움을 지극히 한다."고 적고 있다. 즉, 《주역》은 성인이 천하를 다스리며, 백성들을 교화하기 위해 만물의 변화와 운동을 탐구하여 그 원리를 풀어 놓은 책으로 정의된다. 즉, 성인이 경세를 위해 기술한 자연과 인간사를 관통하는 가르침의 경전으로서, 우환 의식을 갖는 자를 평안하게 하고, 편함을 추구하는 자를 어려움에 빠지게 하는 교화의 목적을 갖는다. 요컨대, 교화의 요지는 허물을 없애는 것이라고 말한다. 그리고 허물을 없애는 방법을 제시하면서, 천지의 운행 법칙을 잘 준수할 것을 천명한다. 《주역》은 천지의 운행 원리를 실천하여 허물을 없애서, 평안함을 견지하라고 말한다. 그렇다고 주역이 세계의 원리를 그대로 인간사의 가치로 삼아야 한다고 말하는 것은 아니다. 왜냐하면, 세상은 언제나 변화하고, 사람마다 허물이 다르며, 집단마다 과오의 판단 기준이 다르듯, 《주역》은 괘효사마다 서로 다른 원인으로 허물이 생겨나고 교정됨을 말하고 있기 때문이다.

역학사에서 셀 수 없을 정도로 등장해 온 수많은 점사 해석의 체례들은 바로 《주역》 점사 사이의 논리적 비정합성, 즉 점사 간의 정합성을 지지할 보편적 원리가 존재하고 있지 않음을 반증한다고 하겠다. 그럼에도 불구하고 《주역》은 천지만물과 인간사가 공유하는 세계관을 표방하고, 그 세계관의 원리를 역리易理라고 표현한다. 태극, 역도易道, 역리 등은 바로 그 공유된 세계관에 관한 개념어에 해당한다고 하겠다. 그런데, 공유된 세계관의 원리가 《주역》 괘효사의 구체적 상황에서 어떻게 발현되는가를 살펴보면, 태극, 역도, 역리 등이 곧바로 다양한 괘효의 보편성이라고 하기에는 무리가 있다. 즉, 역리를 괘효 존재의 근거 또는 괘효사 의미의 근거로 여기는 기존 관점은 재고의 여지가 있다.

먼저 태극에 대해서 살펴보자. 태극은 《주역》 경전에서 〈계사전〉의 역에 태극이 있다(易有大極) 구절에 한 번 출현한다. 그럼에도 불구하고, 태극은 역학사나 철학사의 우주생성론과 본체론에서 핵심 주제어로 자리해 왔다. 그 논의의 대부분은 〈계사전〉의 "역에 태극이 있고, 이로부터 양의가 생겨난다."와 "크게 펼쳐지는 수는 50이고, 거기에서 쓰이는 수는 49이다."의 두 구절에 대한 역학가들의 주석에서 출발한다. 우주의 생성 변화에 논의를 집중했던 한대 사상가들은 〈계사전〉의 이 구절들에 대한 해석을 통해서 각자의 우주론을 전개하는데, 이 전개 과정에서 태극은 우주 생성 문제의 중심에 서게 된다. 이 시기에 태극은 생성의 모체였고, 위진 시기에 이르러서야 본체론적 의미로 발전된다. 《주역》 경전의 태극은 양한 시기까지 서법에 관한 개념이든 우주 생성 과정에 관한 개념이든 보편자로서의 본체론적 의미로 해석되지 않았다. 즉, 태극의 본체론적 의미 형성은 위진현학의 본체론이나 송대 성리학에서 가능한 것이지, 《주역》 경전에서는 성립 불가능한 것이다. 역학사의 일반적 견해에 근거할 때, 《주역》 경전의 태극은 그 일원론적 세계 구성 또는 우주의 생성 모체에 적합한 개념이긴 하지만, 본체론적 개념으로 확립되지 못했다는 점에서, 合·分 또는 同·異 사이의 괴리는 태극 개념만으로는 해결이 불가능하다. 그래서 《역전》은 合·異가 만들어 내는 다양한 인간사의 문제들을 해결하는 데에 초점이 있었기에, 서법 관련된 부분에서만 태극을 한 번 언급했을 것으로 추측된다.

역리로 표현되는 역의 원리는 어떠한가? 이에 대한 논의 역시도 〈계사전〉에서 주로 언급된다. 역의 원리를 거론할 때, 가장 많이 언급되는 구절은 바로 "끊임없이 생성됨을 역이라 한다 (生生之謂易)", "역은 천지를 법으로 삼는다 (역여천지준易與天地準)", "한 번 음하고 한 번 양함을 도라고 한다 (일음일양지위도一陰一陽之謂道)" 등이다. 요약하자면, ①끊임없는 생성 원리, ②역과 세계의 운동과 변화 원리의 동일성, ③일음일양의 원리이다.

"끊임없이 생성됨을 역이라 한다"에 대한 기존 해석을 살펴보면, 생생의 주체와 그 의미에 관한 논의로 압축된다. 먼저 생생의 주체에 관한 해석에서는 천지만물의 생생 주체는 음양 두 기이고, 《주역》의 생생 주체는 건곤 두 괘라는 관점이 지배적이다. 그리고 생생의 의미는 음양이 주체가 되어 무궁하게 생성하고, 끝임 없이 새롭게 하고, 앞으로 나아감을 의미한다. 요컨대, '끊임없이 생성됨'의 의미는 음양과 건곤의 생성 작용을 일컫는다. 음양과 건곤의 생성 작용은 실제로 독립된 음과 양 이원적 구성체의 운동을 의미하며, 그 운동은 만물의 생장소멸과 64괘의 변화 속에서 진행된다. 만물과 64괘의 생성 과정에서 역리가 보편적 원리로 작동하는 것이 아니라, 구체적 음양 두 기와 건곤 두 괘가 작동하는 것이다. 즉, 생성의 작용은 이원적 구성체의 변화운동에 근거하는 것으로, 일원성으로 역리를 규정할 수 없다.

"역은 천지를 법으로 삼는다"의 의미에서도 마찬가지이다. 이 구절은 크게 두 가지 의미로 해석된다. 하나는, 성인이 자연현상, 그중에서도 특히 하늘과 땅을 본떠 역리를 만든 것이라는 의미이고, 둘은 역리가 천지 포괄하지만 절대로 천지를 넘어서거나 천지에 미치지 못함이 없다는 의미이다. 즉, 역리는 천지 운동 변화의 원리이고,

그 작용은 천지의 작용과 같다는 말이다. 즉, 역리의 일원론 가능 여부는 천지의 운동 원리에 대한 분석을 통해 명확히 밝혀 낼 수 있다. 이 문제는 아마도 "역은 천지를 법으로 삼는다."의 천지가 천과 지로 구분되는가 아니면 천지라는 명사로 결합되는가?의 문제로 대체될 수 있을 것이다. 그런데, 《주역》에서 천지는 최고의 물상이면서 양과 음에 해당하는 물상이므로, 천지에 대한 분석은 자연히 음양에 대한 분석으로 대체할 수 있다.

《주역》에서 음양은 어떠한가? 《역경》은 음陰만 한 번 직접적으로 언급하지만, 실제로 음효와 양효, 군신, 부자, 남녀, 대소 등의 대립적 관념들을 읽어 낼 수 있다. 《역전》의 해석 속에서 강유剛柔, 천지, 주야, 한서, 일월, 물불, 동서남북 등 다양한 관념 체계로 확장되었고, 이는 자연히 선험적 세계관으로 자리하게 되었다. 《역경》의 음양이 구체적 대립 물상─'分·異의 대립'이라고 한다면, 《역전》의 그것은 추상적 세계관의 한 모형─'分·異의 대립이 구성한 총체'이라고 하겠다. 《역전》에서는 음양이 한 단어로 쓰인 적이 한 번도 없다. 언제나 대립적 속성의 이원을 전제로 하여 양자 간의 운동과 변화의 원리로 역, 역리, 태극 등의 최고 개념을 설명할 뿐이다. 《역전》의 음양은 건곤의 괘, 강유의 의미, 천지의 물상, 인의의 도덕, 홀짝의 수 등으로 표현된다. 이러한 개념들은 《주역》의 괘·효사와 그 세계관을 이해하는 데 필수적인 것들이다. 즉, 음양은 역리를 설명하는 이원적 개념으로서, 《주역》의 세계관을 설명할 수 있는 가장 중요한 다섯 가지 괘卦·효爻·상象·덕德·수數를 음양의 관념 체계로 계열화한다. 주희는 음양의 원리를 유행流行과 대대待對로 구분하여 설명하지만, 이 역시도 성리학파 역학 내에서의 음양이지,《역전》시기의 음양은 아니다.

〈계사전〉은 세계와 인간사의 변화, 64괘의 생성과 변화의 원리를 "한 번 음하고 한 번 양함을 도라고 한다"라고 표현한다. 후대 역학 가들은 이 구절에 대해 많은 주석을 달았는데, 한강백의 해석을 제외하면, 대부분은 음양 두 기의 상호대립과 상호전화의 운동 원리가 바로 역이라는 관점으로 해석한다. 특히 음양을 건곤 두 괘로 표현한 〈문언전〉의 "크도다! 건원이여(대재건원大哉乾元)"과 "지극하도다! 곤원이여(지재곤원至哉坤元)"의 구절은 역리의 이원적 구성 체계를 적극적으로 지지하고 있는 부분이다. 건괘에서 "크도다 건원이여, 만물이 이에 근거해서 시작된다."라 하여 만물이 건에 의해서 비롯됨과, 곤괘에서는 "지극하도다! 건원이여, 만물이 이에 근거해서 생겨난다"이라 하여 곤원에 의하여 만물이 생성된다고 말한다. 〈계사전〉에서도 "건은 위대한 창조를 맡고, 곤은 만물을 완성시킨다."라 하여, 만물의 창조는 건이 주재하고 坤이 완성하는 것이라고 하였다. 건의 주재함을 간이簡易이라 하고 곤의 완성을 간능簡能이라 하여, 간이함에 의하여 만물의 생겨나고 간능함에 의해 만물이 이루어짐을 제시했다. 건곤은 독립된 주체로서, 어느 하나도 없어선 안 될 역리의 이원 구성체이다.

《주역》괘효의 수시적변 : 다원적 가치

《주역》은 성인이 덕을 높이고 사업을 넓히는 치세의 뜻을 가지고 세상의 만사만물에 감추어져 있는 도리를 살펴 상象을 세우고 상에 해석을 덧붙인 경전이다. 성인의 본의는 무엇인가?《주역》경전에는 성인의 본의와 관련된 표현, 즉 의義와 의意가 있다. 먼저《주역》경전에서 '의義'는 크게 두 가지 의미로 나눌 수 있다. 하나는 '도의道義', '정의精義', '인의仁義'의 의義로서, 유가철학의 도덕적 함의에 관한 부분이다. 다른 하나는 괘의卦義, 효의爻義, 음양의 의(陰陽之義), 육효의 의(六爻之義) 등의 의義로서, 상과 의의 논리적 선후 관계에 관한 논의 부분이다. 그리고 '의意'는 성인의 뜻(聖人之意), 뜻을 다함(盡意) 등의 의意로서, 의義의 후자와 유사한 관점에서 다뤄져 왔다. 본 장에서는 상의象義 관계에서의 의義와 의意를 논의의 편의상 의意로 대체하여, 의意의 보편성 성립 여부를 논증하고자 한다. 그리고 도덕적 함의를 갖는 의義를 의義 그대로 표기하여, 괘효의 뜻에 대한 분석을 통하여 보편 가치의 성립 여부를 논증하고 한다.

《역전》은 의義－상象－사辭의 삼자관계로 경전 텍스트의 논리적 정합관계를 설명한다. 이는 바로 〈계사전〉의 "공자가 말하였다. 글은 말을 다하지 못하며, 말은 생각을 다하지 못하니 그러면 성인의 생각을 볼 수 없는가? 공자가 말하였다. 성인은 상을 세워서 생각을 나타내고, 괘를 베풀어 참과 거짓을 가려내며, 말을 붙여서 그 말을 다한다."란 구절에서 연원한다. 후대 역학들은 이 구절에 대한 해석을 둘러싸고 상과 의의 관계에 관한 논쟁을 전개했다. 위진 시기 "말과 뜻에 관한 논쟁"에서 송·명 시기 "상과 뜻에 관한 논의"까지 역학사를 관통하는 주요한 철학적 문제로 자리할 정도로 상과 의 사이의 논리적 필연성을 논의해 왔다. 이 글에서는 삼자 간의 논리적 필연성에 대한 논의를 차치하고, 의의 보편성과 특수성에 관한 문제에 집중하고자 한다. 보편성의 의를 성립시키기 위해서는 그에 걸맞는 상이 존재해야만 하는데, 주역에는 그런 상이 존재하지 않는다. 단지 64괘를 구성하는 이원구성체로서의 음양의 상이 존재할 뿐이다. 아니면, 보편성의 의가 특수한 상으로의 분화 능력을 가져야만 한다. 하지만 《주역》 텍스트 어디에도 그에 관한 언급이 없다. 단지 후대 역학가의 상의론에서 의의 보편성 주장이 확인될 뿐이다.

왕필은 본체론적 관점에서 상과 의의의 관계를 전개했다. 그는 상에 근거한 의에 대한 인식에 회의를 보였다. 요컨대, 그는 특수성의 상으로 보편성으로의 의를 온전하게 파악할 수 없다고 생각했다. 뜻을 구하는 목적을 이룬 그 순간에 그 수단이었던 상을 과감히 버리라고, "상을 잊음으로써 의를 구하니, 뜻은 여기에서 잘 드러난다."의 명제를 천명한다. 왕필은 비록 일一, 무無 등의 본체적 개념으로 의意를 설정하려 했지만, 의의 보편성의 의미는 명확하게 드러나지 않았다. 왜냐하면, 《노자주》의 일과 무 개념이 《주역주》에서 의意로 대체되는 순간, 의는 괘효사나 괘효상 등의 특수성과 관계해야만 하고, 그 관계 속에서 의는 곧바로 구체적인 괘의를 가리키게 되기 때문이다.

역의易義와 64괘의卦義의 관계를 분석해 보면, 《주역》에서 보편 가치의 성립 여부는 좀 더 분명해질 것이다. 만일 보편성의 역의가 존재한다면, 64괘의와의 관계는 어떻게 규정될까? 보편성의 역의는 64괘의 특수성 괘의를 관통해야 하고, 64괘 괘의는 역의를 체현해야만 한다. 여기에서 문제는 64괘는 인간사의 주요한 상황들을 설정하고 있기 때문에, 인간사의 다양한 변화를 어떠한 보편적 가치가 주재할 수 있느냐는 점이다. 앞서 살펴보았듯이, 역의는 건곤의 생성 원리, 팔괘라는 자연과 인간사의 대표적 물상 변화, 64괘의 다양한 변화에 대한 총칭일 뿐, 이들과 본체론 관계를 맺고 있지 않다. 分·異로서의 64괘 괘의가 모여서 合·同의 역의를 구성하는 방식일 뿐이다. 아래의 구체적인 괘효의 의미 분석은 역의의 보편성 성립 불가를 좀 더 명확히 보여 줄 것이다.

《주역》64괘를 가장 잘 설명할 수 있는 개념은 '변화'이다.《주역》에서 변화는 천지만물의 변화와 그러한 변화 속에서 생존과 번영을 모색하는 인간사의 변화를 함축하고 있다. 천지만물의 변화는 객관세계의 구체적인 시공간의 조건을 구성하고, 인간사의 변화는 그러한 시공간에서의 자기변혁을 꾀하게 된다. 바로 "때에 적합하게 변화함(왕필의 수시적변隨時適變)", "때에 맞게 변화함(정이의 수시변역隨時變易)"의 의미가 바로 그것이다. 괘효사의 구체적 상황에서 따른 의미의 가변성을 설정하고 있다.

군주의 통치에서, 어떤 경우에는 강경한 전제 통치를, 어떤 경우에는 유연한 위임정치를 말한다.《주역》, 예괘豫卦 육오에서는 "바로 질병이 있으나 오래토록 죽지 않는다."고 말한다. 육오효는 음효로서 부드러운 군주가 강력한 구사효의 신하를 아래에 둔 상황이므로, 통치가 쉽지 않은 상황에서 강력한 전제통치가 아쉬운 때라고 말한다. 하지만,《주역》, 대장괘大壯卦 육오에서는 "평이한 곳에서 양을 잃어버리니, 후회는 없다"고 말한다. 부드러운 군주여서 통치가 쉽지 않은 상황에서 강력한 전제정치가 아닌 구이 양효에게 권력을 위임하는 위임정치의 필요성을 강조하고 있다. 상황에 따라 강력한 전제정치와 위임정치의 상반된 정치 형태를 기술하고 있다. 비록 두 괘에서 육오는 모두 유약한 군주이지만, 상황에 따라 서로 다른 정치 행위가 요청되고 있다.

또 인간사에서 음효는 부인, 소인, 어린이들에 해당한다. 음효는 자신의 소극적이고 여성적이며 연약한 성질을 상황에 따라 발휘하거나 숨겨야한고 《주역》은 말한다. 《주역》, 항괘恒卦, 육오는 "그 덕을 항상 바르게 지키면 부인은 길하고 부자는 흉하다."고 말한다. 이는 덕을 항상 바르게 지켜내는 여성의 속성을 반드시 견지해야 함을 말하고 있다. 하지만, 《주역》, 가인괘家人卦, 구삼에서는 "집사람들이 두려운 듯 삼가면 걱정거리가 있어도 길하게 되지만, 부인이 희희락락하면 끝내 흉하게 된다."라고 말한다. 여성의 언행을 삼가야 함을 말하고 있다. 《주역》 경문은 동일한 행위 주체에게 상황에 따라 서로 모순된 가치를 좇으라고 권고한다. 이를 어떻게 이해할 것인가?

그렇다면, 위의 예시에서 보이는 괘의, 즉 전제와 위임, 여성성에 대한 찬반의 상호대립적인 괘의는 역의의 어떠한 보편적 가치로 아우를 수 있을까? 《주역》은 그저 상황의 변화에 따라 적합하게 변화해야 함(수시적변隨時適變)을 말할 뿐이다. 《주역》 태괘泰卦 구삼은 "평평한 것이 기울지 않음이 없고 가서 돌아오지 않음이 없다."고 인간사의 모든 상황은 유전하고 있음을 주장한다. 그렇기에 호랑이의 꼬리를 밟게 되는 리괘履卦의 상황에서도 길흉과 화복은 가변적이게 된다. 육삼에서는 "호랑이 꼬리를 밟아서 물리니 흉하다."고 하고, 구사에서는 "호랑이 꼬리를 밟았으니 두려운 듯하면 마침내 길하다."고 한다. 호랑이 꼬리를 밟게 되는 상황에서, 꼬리를 밟는 내가 얼마나 부주의했는가? 또는 얼마나 두려운 듯 삼가나?에 따라, 즉 행위 주체의 의식에 따라서도 길흉과 화복은 뒤바뀔 수 있음을 말하고 있다.

《주역》은 인간이 이 상황에 따라 변화해야 함(수시적변隨時適變)을 주장한다. 왜냐하면,《주역》은 상호대립적·모순적·배반적 가치들이 공존하는 세계를 전제로 하고 있고, 그런 상황에 대한 행위 주체의 적합한 변화와 자각 의식을 인간의 조건으로 설정하고 있기 때문이다. 상호대립적 존재, 적합한 변화, 자각의식 등으로 구성되는《주역》의 세계관 도는 그 원리를 보편적 원리로서의 역 또는 역의라고 부를 수 있을까? 설사 그렇다고 하더라도, 다시금 물어 오는 '역의는 무엇인가?'라는 질문 앞에서는 다시금 다원적 구성의 괘효의 형상, 다원 가치의 괘효의 의미의 존재로 눈을 돌릴 수밖에 없다. 요컨대, 《주역》의 천지만물이 본래 음양 또는 천지인의 다원적 구성체이기 때문에, 천지만물의 변화를 본뜬 역의는 보편적 일원一元으로 설명될 수 없는 것이다. 그러므로 역의는 다원성에 기초한다고 하겠다.

《주역》경문은 다원적 구성체들의 조화와 화해의 방법을 안내한다. 그것은 바로 대립적 전화轉化의 개념이다. 여기에는 괘효의卦爻義의 전화는 다원적 역의의 상호 조화와 화해를 의미한다. 건乾·곤坤, 태泰·비否, 손損·익益, 기제旣濟·미제未濟 등 괘 순서, 즉 상호 대립적 괘상으로 전화하는 과정에서도 읽을 수 있지만, 특히 괘효사의 의미에서 대립적 전화는 두드러진다. 태괘泰卦 구삼의 "평평한 것이 기울지 않음이 없고 가서 돌아오지 않음이 없다."도 그렇고, 건괘乾卦 상육의 "지나치게 높이 날아간 용에게는 후회가 있게 된다."도 그러하다. 사물의 지극한 면에 이르면 반대의 방향으로 향하게 된다 (물극 필반物極必反)의 전화 원리이다. 물극필반의 전화는 점사 부분에서 더욱더 명증하게 드러난다.

《주역》은 우리에게 변화하는 현실 세계에 적응하기 위해서, 즉 수시적변하기 위해 점사 탐독을 권한다. 길吉·흉凶·회悔·린吝, 정貞·부정不貞, 리利·불리不利, 구咎·무구無咎의 점사는 고정불변의 것이 아니라 상호전화를 전제로 하고 있다. "려厲이지만 무구无咎", "정貞 하지만 흉凶", "정貞하여 길吉" 등 점사는 그 전화적 속성을 보여 준다. 점사는 행위 주체의 자각 의식을 통해서 길에서 흉으로 흉에서 길로 전화될 수 있는 속성을 전제로 하고 있다. 즉, A라는 가치에서 ~A의 가치로 전화될 수 있음을 전제로 한다. 《주역》은 길흉회린 등의 가변적 점사를 통해 인간의 행위가 상황에 맞게 변화해야 함을 지적하고, 우리는 이 점사들을 통해 부정不定한 미래의 상황에 맞게 변화함을 꾀한다. 그것은 괘효사에서 구체적 시공간에서의 주체에 대한 자각이자 다양한 가치의 실현 형태로 나타난다.

다원주의 방법론 제안 : 分을 높여 合을 이루고(崇分擧合), 異를 구하여 同을 이룬다(求異存同)

존재와 가치의 보편성 탐구가 철학의 본래적 의무이라고 한다면, 지금 여기에서 현실 문제에 대한 반성적 사유는 철학가의 사회적 책무라고 하겠다. 이 글에서 논한 공맹과 주역을 중심으로 한 유가철학은 철학의 본래적 의무와 사회적 의무를 병행해 온 대표적인 철학의 유형들이다. 이들은 일원적 세계 구성과 보편 가치의 존재를 지향하면서도, 현실 사회에서 면대하는 다원 간의 갈등과 특수성 간의 대립을 조화시키는 데에 정향定向되어 있다. 이러한 철학적 사유는 다자의 갈등과 대립이 첨예한 한국 다문화 사회에서 매우 유효한 철학적 대안을 제시하고 있다. 즉, 근대 시기 서구의 보편이성과 일원적 세계 구성에 심취된 우리에게 '다원 조화와 화해'에 관한 철학적 반사를 요청하고 있다.

다원의 정합적 구성, 특수성의 조화는 이론적으로나 실제적으로나 쉽지 않은 일이다. 일원 체계와 보편 가치를 물리치고, 다원과 특수 스스로가 주체가 되는 상호조화의 철학을 전개한다는 것은 실제로 보편성 논쟁 중심의 기존 사유 체계에 대한 반사를 의미하기 때문이다. 철학적 반사는 합일된 가치와 동일한 본체를 설정함으로써, 분수된 가치와 상이한 주체까지도 포괄할 수 있다는 전통 시기 본체론적 사유에 대한 물음으로부터 시작될 것이다. 요컨대, 주종主從, 본말本末, 체용體用 등의 방법론에서 주主·본本·체體의 자리를 점했던 보편성 관련 개념들, 일一·합合·동同을 다多·분分·이異로 대체함을 모색해야 한다.

일원적 보편적 가치는 다원적 세계 구성을 표방하는 다문화 사회에서 설득력이 약하다. 이 글은 다원적 특수성의 가치를 위주로 하고, 분수分殊의 상이相異함을 근거로 한 사유 체계가 다문화 사회의 철학적 대안임을 주장한다. 그 대안의 하나로서, 한국 다문화 사회에서 다원 간의 화해와 조화를 이끌 수 있는 철학적 명제, "分을 높여 合을 이루고(숭분거합崇分擧合), 異를 구하여 同을 이룬다 (구이존동求異存同)"를 제안한다. 공맹이 주장했던 다양한 덕목들이 상호 독립적 가치로 실현됨으로써, 仁이 저절로 세상에 구현되고, 주역의 64괘 괘의가 주체적 동력으로 작동됨으로써, 역의가 저절로 구축되는 것처럼 말이다.

참고문헌

사미르 아민,《유럽중심주의》, 김용규 옮김, 세종출판사, 2000.

李學勤 主編,《十三經註疏》, 北京大學出版社, 1999.

樓宇烈,《王弼集校釋》, 中華書局, 1980.

牟宗三,《心體與性體》, 1冊, 臺北:正中書局, 中華民國57年.

馮友蘭,《中國哲學史新編》上, 北京:人民出版社, 1999年.

朱伯崑,《易學哲學史》1卷, 崑崙出版社, 2005年.

黃優仕, "周易名義考"/範愛賢, "易的意指符號學分析"《周易研究論文集》第一集, 北京師範大學出判部, 1987年.

龐朴,〈陰陽五行探源〉,《稂莠傑 - 中國文化與哲學論集》, 上海人民出版社, 1988年.

http: //news.naver.com/main/read.nhn?modeLSD&mid=sec&sid1=102&oid=001&aid=0006438761,〈한국 사회 갈등, OECD 27개국중 2번째로 심각〉, (기사입력 2013-08-21 10:00, 최종수정 2013-08-21 10:20)

제2부

한국의 '다문화' 인식 비판

1

'다문화'는 어떻게 이주민 가족을 비하하는 말이 되었나?
: '다문화 가족' 만들기와 이주민의 범주화

구본규

'다문화'= 불우 가정?

　정부의 … 지원 덕분에 우리는 … 많은 혜택을 받고 있다. … 일상생활에서 불편 없이 쓰는 한국어, 한국을 더더욱 알아 가는 나의 일자리 … 이렇게 … 한국 사회에 물들어 한 일원이 된 듯했다. 그러나 사회가 나를 받아들이기엔 아직 아닌가 보다. 다문화라는 한 단어로 저소득층, 농촌 총각의 배우자, 능력 부족 등과 연관시키며 나와 나의 가족을 취약 계층으로 취급하고 있다. … 특히 다문화 가정과 접할 기회가 없는 사람들의 … 눈에 나는 가엾고 안쓰러운 존재이자 가방끈이 짧고 넉넉하지 못한 한 인물에 불과했다. … 대중매체는 간혹 일어나는 안타까운 사연을 마치 결혼이민자들 모두의 삶처럼 보도하고 있다. … 우리는 그

---

*　이 글은 《동북아 문화연구》 제42집(2015.3)에 게재된 원고를 수정 및 보완하여 재수록한 것이다.

들의 취재로 단순한 가십거리이자 사회적 약자, 그리고 예산만 낭비하는 복지 대상이 되어 버리기 일쑤다. 나는 나름 행복하게 잘살고 있는데 말이다.[1]

안산시 외국인주민센터가 발행하는 다국어 잡지에 실린 한 결혼 이주민의 글의 일부이다. 한국 결혼 생활 8년째인 몽골 출신 나랑토야 씨는 이 글에서 한국 정부의 이주민 정책의 성과와 '다문화 가정'에 대한 한국 현지인들의 인식을 이주민의 관점에서 잘 요약해 주고 있다. 결혼이주민들은 정부의 지원을 받아 한국어를 배우고 일을 하면서 한국 사회의 "한 일원"으로 정착하고 있다고 생각하고 있는 반면, 한국 사회는 그들과 그 가족들을 "저소득층, 농촌 총각의 배우자, 능력 부족"인 "취약 계층"으로 "가엾고 안쓰러운" "가방끈이 짧고 넉넉하지 못한" 존재로 취급하고 있으며 언론에서는 "가십거리" "사회적 약자" "복지 대상"으로 다루고 있다.

그리고 이런 인식은 "본래 문화 다양성을 뜻했던 다문화라는 말이 특정 가족 형태를 지칭하는 데 쓰이면서, 어느새 주로 아시아계 결혼이민자의 가족을 비하하는 수식어로 변질"[2]될 정도로 일반화되었다. 즉, '다문화'는 '가난하고 못 배운 저개발국 출신 여성 이주민들이 한국의 농촌 및 도시 저소득층 가구 출신의 남성과 결혼하여 낳은 자녀들로 이루어진 가정'이라는 함의를 가진 집단으로 범주화되

[1] 나랑토야, 〈한국 사회에 비친 나〉,《Harmony Magazine》29, 2012, 9쪽.
[2] 이샘물, 〈다문화 한국 10년〉,《동아일보》2014년 5월 24일.

었다. 문제는 이런 식의 범주화가 이주 배경을 가진 사람들을 사회적으로 구분하고 이들과 주류 집단의 갈등을 유발할 가능성이 크다는 점이다. 예를 들면, '다문화 가정'의 학생들과 접촉하는 한국 현지인 교사들은 "다문화 가정이 불우할 것이라는"[3] 고정관념을 가지고 있고 '다문화 가정'의 아동 청소년들은 "다문화 가족을 다른 범주로 취급하는 것에 대한 불편감과 불쾌감을 느끼고"[4] 있다.

그간 한국 정부의 다문화 정책은 '다문화 가족'에 대한 지원 정책이며 그 지원의 내용은 다문화를 가장한 동화주의라는 비판을 받았다. 그러나 이런 비판 중 상당수는 '다문화 가족'이라는 범주를 전제하고 있다. 즉, '다문화 가족'에 비해 상대적으로 정부의 이주민 지원정책에서 이주노동자들이 배제되고 있다는 점, 그리고 '다문화 가족'에 대한 지원이 한국 사람 만들기에 치중하고 있다는 점이 비판의 대상이 되었지만, "출신 국적이나, 피부색의 다름뿐 아니라 개개인의 삶의 맥락, 즉 종교나 학력 또는 삶의 경험들의 다양함 때문에 그 누구 하나도 똑같은 모습으로 살아가지 않는"[5] 결혼이주민들과 그 자녀들을 '다문화 가족'으로 범주화하는 것에 대해서 문제를 제기하는 경우는 드물다. 또한 범주화에 대한 비판적인 논의들도 범주

---

[3] 권순정, 〈다문화 가정 학생들에 대한 교사들의 고정관념 탐색〉, 《국제이해교육연구》 제5권 2호, 2010, 5쪽.

[4] 양계민 · 김승경 · 김윤영, 《다문화 가족 아동 · 청소년의 발달과정 추적을 위한 종단 연구III》, 한국청소년정책연구원, 2012, iii쪽.

[5] 정혜실, 〈정부정책과 미디어를 통해 인종주의화되는 다문화 가족〉, 《이주민 분리와 차별을 넘어서 : 정책과 미디어를 중심으로》, 제1회 이주 정책포럼 심포지움 자료집, 2013, 14쪽.

화의 부작용과 폐해를 지적하고 있지만[6] 그것이 어떤 역사적 과정을 통해 이루어졌으며 그 과정에 어떤 동인과 기제가 개입되어 있는지를 분석하는 데 성공하지 못하고 있다.

그렇다면 '다문화'는 어떻게 이주민 가족을 비하하는 말이 되었는가? 이 글은 1990년대 이후 본격적으로 나타나기 시작한 이주민과 현지인 부모 그리고 그 자녀들로 이루어진 가족들이 어떻게 '다문화 가족'이라는 명칭으로 불리게 되었는지, 그리고 그 현상은 사회적으로 어떤 의미를 가지는지를 살펴보려고 한다. 이를 위해 먼저 '다문화 가족'이라는 명칭의 근거가 된 다문화주의에 대한 국내외의 선행연구들을 검토하여 이주민을 받아들이는 국가에서 다문화주의가 왜, 어떤 맥락에서 수용되어 왔는지를 개관한다. 이어 국내의 언론 보도와 정부의 이주민정책 자료를 분석하여 '다문화 가족'이라는 명칭이 언제 처음 사용되었고 어떤 역사적 과정을 거쳐 하나의 범주로 만들어지게 되었으며 이런 범주화가 이주민들에 대한 현지인들의 인식과 이주민들 스스로의 자기인식에 어떤 영향을 미쳤는지를 논의한다. 마지막으로 결혼이주민들과의 면담 자료를[7] 분석하여, 이주

---

[6] 예를 들면, 권순정, 〈다문화 가정 학생들에 대한 교사들의 고정관념 탐색〉. ; 양계민 · 김승경 · 김윤영,《다문화 가족 아동 · 청소년의 발달과정 추적을 위한 종단연구Ⅲ》. ; 정혜실, 〈정부정책과 미디어를 통해 인종주의화되는 다문화 가족〉.

[7] 면담 자료는 필자가 2011년 1월부터 6월까지, 이어 같은 해 10월부터 2012년 6월까지 경기도 안산시 단원구 원곡동 일대를 중심으로 실시한 현장 연구 시에 얻어진 것들이다. 원곡동은 한국의 대표적인 이주민 집중거주지역으로 90년대 초반부터 인근 반월 · 시화산업단지에서 일하던 이주노동자들이 모여 살기 시작하면서 형성되었고 90년대 말부터는 한 이주민 지원 단체의 "국경 없는 마을"운동으로 알려지게 된 곳이다. 특히 안산시는 2009년 이 지역 가운데 일부를 "다문화마을 특구"로 지정

민들은 한국 사회의 범주화에 어떻게 대응하는지를 살펴본다.

효과적인 민족주의로서의 다문화주의와 이주민의 범주화

한국 정부에 의해 시행되고 있는 '다문화' 정책들은 초기부터 그 '반다문화성'으로 인해 많은 비판을 받아 왔다. 다문화적 통합을 목표로 한다는 정부의 이주민 정책들이 결혼이주민과 그 자녀들에 대한 지원에 집중하고 있고[8] 그 지원의 내용도 "공급자 중심"[9]의 일방적인 한국어 교육과 한국문화 전달이어서 '진정한' 다문화주의가 아니라 다문화주의를 가장한 국가주도의 동화주의, 즉 '국민 만들기'라는 비판을 받아 왔다.[10]

그러나 다문화주의는 철학적·개념적·실천적으로 통일된 규정을 찾는 것이 거의 불가능할 정도로 "지역의 상황에 따라 독특한 의미

받고 개발하였는데, 다문화특구 내에는 총인구(16,706명 2011년) 가운데 약 66퍼센트(10,937명)가 외국인으로 안산시 전체 등록 외국인들의 4분의 1이 거주하고 있다. 또한 90년대 초부터 이주민 사업체들이 자리를 잡아 현재(2011년) 309개(특구 내 업체의 23퍼센트)의 외국계 업체들이 영업을 하고 있다. 원곡동의 형성 과정에 대해서는 오경석(2011), 구본규(2013) 등 참조.

[8] 최무현, 〈다문화 시대의 소수자정책 수단에 관한 연구 : 참여정부의 '다문화정책'을 중심으로〉,《한국행정학보》42(3), 2008, 51~77쪽.

[9] 오경석, 〈한국 다문화주의의 미래 : 안산 지역과 내 경험을 중심으로〉,《한국 다문화주의, 가족, 교육 그리고 정책》, 제2회 한국학중앙연구원 현대한국연구소 국내학술회의 자료집, 2009, 2쪽.

[10] 정의철,《다문화 커뮤니케이션》, 커뮤니케이션북스(주), 2013, 7쪽.

를 획득"하며 "다문화 사회의 수만큼 다른 다문화주의들이 존재한다."[11] 따라서 "다문화 사회가 만들어 내는 다양성과 복합성의 문제를 통치하고 관리하기 위해 채택된 전략과 정책"이라는 광의의 정의를 받아들인다면, 다문화주의는 "특정한 영토 내의 인구 집단 사이에 존재하는 문화적·인종적·종족적 차이로부터 발생하는 긴장과 갈등을 규제하고 조절하기 위해"[12] 동원되는 모든 정책을 일컫는 말이 되며 이는 통치성Governmentality[13]의 한 양식일 수 있다. 이런 맥락에서 다문화주의는 "민족주의에 반하는 것이 아니라 복합적인 이질성의 증가라는 현실을 수용할 수 있는 더 효과적인 민족주의를 구성하려는 통치적 시도이다."[14]

다문화주의가 사회의 다양성을 관리하고 통제하여 "민족의 일체

---

[11] Ien Ang, "Between Nationalism and Transnationalism : Multiculturalism in a Globalising World," *Institute for Culture and Society Occasional Paper Series* 1-1, University of Western Sydney, 2010, p. 3.

[12] Ien Ang, "Between Nationalism and Transnationalism : Multiculturalism in a Globalising World," p. 3.

[13] Michel Foucault, *Security, Territory, Population : Lectures at the College de France 1977-78*, Michel Senellart (ed.), Graham Burchell (trans.), New York : Palgrave Macmillan, 2009, p. 108. 푸코가 이 강의 시리즈를 통해 제시한 이 개념은 '통치의 기술The art of government'로 정의되는데 여기서 통치라는 개념은 권력 Power에 대한 확장된 이해를 기반으로 하고 있다. 즉, 푸코는 권력이 국가권력뿐만 아니라 학교, 병원 등과 같은 다양한 형태의 훈육 및 규율 기관Disciplinary institutions을 통한 사회적 통제나 지식 혹은 담론의 형태로 발현되는데, 특히 지식이나 담론의 형태로 발현된 권력은 개인들에게 내면화되어 개인들이 스스로를 규율하게 만듦으로써 더욱 효과적인 사회적인 통제를 가능하게 했다고 보았다.

[14] Ien Ang, "Between Nationalism and Transnationalism : Multiculturalism in a Globalising World," p. 7.

성을 유지하기 위한 국가 주도의 기획"[15]이라는 것을 여러 다문화 사회에 대한 연구들이 보여 주고 있다. 예를 들어, 말레이시아나 싱가포르와 같은 탈식민지 국가에서 다문화주의는 식민지 시기 발생한 대규모 이주의 결과 만들어진 종족적 다양성을 관리하고 민족국가를 건설하기 위해 고안된 정치적 이념으로 개념화된다. 반면, 호주와 같은 백인정착민사회White Settler Societies에서 다문화주의는 새로운 이민자들을 수용하기 위한 민족국가의 정책으로 동원되고 있다. 즉, 호주에서 다문화주의는 1970년대부터 가시화된 비유럽계 이민자들이 이주 후에도 본국의 생활 방식과 언어를 계속 유지하면서 주류 사회와 긴장을 일으키자 정부가 동화주의 정책을 완화시키고 이들 이민자들의 필요와 요구를 일부 수용하면서 시작되었다.[16]

다문화주의가 목표로 하는 평화적인 공존은 탈식민지 국가에서는 "종족 정체성을 유지하고 종족 집단의 권리를 분명하게 규정하는 것에 달려있는" 반면 백인 정착민 사회에서는 "모든 종족적·문화적 집단들에 대한 동등한 존중과 인정에 달려 있는" 것으로 상정된다. 또 백인 정착민 사회에서 다문화주의는 민족 만들기를 위한 탈종족화에 동원되기도 한다. 예를 들면, 뉴질랜드에서 다문화주의는, 마오리

---

[15] James Forrest and Kevin Dune, "'Core' culture hegemony and multiculturalism : Perceptions of the privileged position of Australians with British backgrounds," *Ethnicities* 6-2, 2006, p. 206.

[16] Ien Ang, "Between Nationalism and Transnationalism : Multiculturalism in a Globalising World," p. 6. ; James Forrest and Kevin Dune, "'Core' culture hegemony and multiculturalism : Perceptions of the privileged position of Australians with British backgrounds," p. 211.

들이 보기에, 뉴질랜드를 다양한 국가로부터의 이민을 통해 이루어
진 남태평양상의 다문화 국가로 규정함으로써 선주민으로서의 자신
들의 권리에 기반한 이중문화주의Biculturalism[17] 주장을 희석시키기 위
한 정체성의 정치에 동원되고 있다.[18]

그러나 다양한 종족 집단들이 동등한 권리를 가지고 평화롭게 공
존하는 하나의 공동체로 이상화된 다문화적 국가는 누가 국가를 '관
리'하고 '통제'하는지, '수용'의 주체는 누구인지를 가리는 수사일 가
능성이 크다. 다문화주의는 이주민이나 소수집단이 자신들의 정체
성, 문화, 신앙 등을 표현할 권리를 보장하지만 그것은 언제나 주도
집단의 주도적 지위에 대한 명시적·암묵적 동의를 전제로 하고 있
다. 예를 들면, 호주의 하워드 정부가 채택한 '오스트레일리아적 다
문화주의'는 호주 내의 다문화적 정체성 가운데서 '앵글로 – 오스트
레일리아적 정체성'에 핵심적인 지위를 부여한 것이었고,[19] 말레이
시아에서 중국계·인도계·말레이계 사람들의 평화로운 공존은 말

---

[17] 이중문화주의는 선주민과 식민정착민(예를 들면, 뉴질랜드의 마오리와 유럽 정착
민들)이나 식민정착민 집단들(예를 들면, 캐나다의 영어 사용자들과 프랑스어 사
용자들) 간의 종족 갈등 역사를 가진 국가에서 문화적으로 나뉘어 있는 두 집단들
사이에 정치 경제적 자원을 공정하게 할당할 수 있도록 정부를 구성하고 정책을
시행하는 것을 말한다.

[18] Ranginui Walker, "Immigration Policy and the Political Economy of New Zealand,"
In Stuart. W. Grief (ed.), *Immigration and National Identity in New Zealand*, Palmerston
North : The Dunmore Press, 1995, p. 286.

[19] James Forrest and Kevin Dune, "'Core' culture hegemony and multiculturalism :
Perceptions of the privileged position of Australians with British backgrounds," p.
209.

레이계 사람들의 권위와 주도권이 분명하게 인정되고 침범되지 않을 때 보장되는 것이었다.[20]

이는 다문화주의가 주도 집단에 의한 선별적인 포섭과 배제의 종족 정치일 수 있음을 시사한다. 사실 다양성의 수용을 통한 통일성의 유지라는 다문화주의적 기획은 내재적으로 모순을 가질 수밖에 없다. 다양성의 강화는 통일성을 훼손하게 되고 통일성의 강조는 다양성을 제한하게 되기 때문이다. 이런 모순 가운데서 주도 집단은 자신들의 주도적 지위를 보장해 온 국가적 일체성이 훼손되지 않는 범위 내에서 다양성을 수용accommodation한다. 즉, 다양성은 그대로의 모습이 아니라 수민국이 받아들일 수 있는 형태로 각색되는 것이다. 예를 들어, 흔히 이주민들이 가진 종족성과 이국성은 상품화되어 이주민들이 거주하는 도시의 경제적 자산으로, 다문화적 소비의 대상이 될 수 있는데 이때 소비되는 종족성과 이국성은 수민국의 필요에 따라 '재구성reconstructed'되고 '연출된staged' 것이다.[21] 만약 그것이 수용 가능한 종족성과 이국성이 아니라면 그것이 나타나는 공간은 수민국에서 '게토'로 규정되어 배제되기 쉽다.

이 선별적인 포섭의 과정이 새로 진입하는 이민자들에게 적용될 때 동원되는 중요한 기제가 이민에 대한 문제화와 이민자에 대한 인종적 범주화이다. 민족국가 체제가 형성된 이래 이민자들은, 수민국

---

[20] Ien Ang, "Between Nationalism and Transnationalism : Multiculturalism in a Globalising World," pp. 6-7.

[21] Sharon Zukin, T*The Cultures of Cities*, Oxford : Blackwell Publishers, 1996, pp. 3-11.

사회의 담론 속에서, 국가에 대한 충성을 의심받아 왔고 열등한 존재나[22] 잠재적 범죄자로[23] 인식되었으며 바람직한 이민자와 바람직하지 못한 이민자들로 구분되기도[24] 하였다. 따라서 이민은 국가의 특별한 정책적 노력을 통해 해결되어야 하고 민족적 응집력을 저해하며 사회적으로 인종 갈등을 야기하는 '문제'였다. 이런 이민의 문제화는 특히 '문제'가 이민자들이 가지고 있는 고유한 특성에서 기인된다고 보는 이민자들에 대한 인종적 범주화에 의해 발생되고 유지되고 강화되어 왔다.[25]

이민에 대한 문제화와 이민자들에 대한 인종적 범주화가 이민자들을 선별적으로 포섭하는 데 동원된다는 것은 이민자들이 이민을 받아들이는 사회의 이해와 요구에 따라 다르게 재현되었다는 점에서 잘 드러난다. 예를 들어, 1980년대부터 호주와 영국 미디어에서 이민자는 위협으로 묘사되었는데 이는 1970년대 "이민자를 환영하

[22] 강준만, 《미국은 세계를 어떻게 훔쳤는가 : 주제가 있는 세계사》, 인물과 사상사, 2013.

[23] Elena Maydell, *The Making of Cosmopolitan Selves : The Construction of Identity of Russian-Speaking Immigrants in New Zealand*, Ph.D. Thesis, University of Auckland, 2010.

[24] Yoosun Park, "Constructing Immigrants: A Historical Discourse Analysis of the Representations of Immigrants in US Social Work, 1882-1952," *Journal of Social Work* 6-2, 2006, pp. 169-203.

[25] Belén Agrela, "Spain as a Recent Country of Immigration : How Immigration Became a Symbolic, Political, and Cultural Problem in the "New Spain"," *Working Paper* 57, Center for Comparative Immigration Studies, UC San Diego, 2002. ; Paul, A. Silverstein, "Immigrant Racialization and the New Savage Slot : Race, Migration, and Immigration in the New Europe," *Annual Review of Anthropology* 34, 2005, p. 363-384.

는 관대함과 행복 중심"의 묘사와는 다른 것으로, 당시의 국제 상황의 변화와 이민의 증가에 따른 결과였다.[26] 또한 유럽에서 이민자들이 유랑민, 노동자, 뿌리 뽑힌 희생자, 혼종성을 가진 세계시민, 초국적 이주민 등으로 시대에 따라 다르게 인종화 racialization 되는 과정을 개관한 연구[27]는 이주에 대한 문제화와 이주민에 대한 인종화의 역사는 이주민에 대한 주도 집단의 주도권을 관철시키면서 이민자들을 국가적 통합의 대상으로 만들기 위한 지속적인 과정임을 지적하고 있다.

인종화는 "계급, 종족성, 세대, 친족/소속 및 권력의 장내에서의 지위 등 사회적 특성의 차이를 본질화하거나 생래적이고 생물학적인 것으로 만드는 과정"[28]으로 정의된다. 그리고 인종화 과정에는 또한 타자를 전통, 민족, 종교, 언어, 역사 등의 기준을 통해 다른 집단으로 정의하는 문화적 인종주의도 포함된다.[29] 예를 들어, 한국에서 결혼이민자들이 흔히 저개발국 출신의 여성인 것으로 묘사되는 것은 국적과 계급적 배경 및 성별이 다른 결혼이민자들을 특정 국적과 계급 및 성별로 인종화하는 것이다. 인종화는 따라서 "유동적인

---

26 정의철, 《다문화 커뮤니케이션》, 70쪽.

27 Paul, A. Silverstein, "Immigrant Racialization and the New Savage Slot : Race, Migration, and Immigration in the New Europe," pp. 363-384.

28 Paul, A. Silverstein, "Immigrant Racialization and the New Savage Slot : Race, Migration, and Immigration in the New Europe," pp. 364.

29 홍태영, 〈유럽의 시민권, 정체성 그리고 문화적 인종주의 : 국민국가의 전환과 극우 민족주의〉, 《한국정치연구》 20-2, 2011. 239쪽.

범주를 고정된 타자로 만드는 역사적 과정"[30]이라고 할 수 있다.

한편, 신자유주의로 대변되는 제2차 세계대전 이후의 경제적 변화는 민족국가가 원하는 '바람직한' 이주민에 대한 개념을 형성하는 데 영향을 끼쳤다. 신자유주의적 규율에 따라 이주민에 대한 인적자원적human-capital 인식이 도입된 것이다. 예를 들면 미국의 경우 "1960년대에 이르면 자유주의적 경제학은 비백인계 집단을 국가의 도움에 의존하는가 그렇지 않고 독립적으로 생활할 수 있는가에 따라 평가"[31]하게 되었고 이 기준에 따르면 '스스로'의 힘으로 주류 사회에서 상승 이동을 이루어 낸 민족적 소수자들은 민족국가 내의 주도 집단으로 편입될 수 있었다.

경제의 신자유주의적 재구조화가[32] 미국과 서유럽을 넘어 전 세계로 확대되기 시작한 이래 이주민들을 '인적자원'으로 개념화하는 민족국가의 인식은 더욱 강화되었다. 인구감소와 상시적인 노동력 부족을 겪고 있는 서구 산업국가들은 고도의 전문기술 인력과 저임금의 비숙련노동력, 그리고 돌봄노동이나 재생산에 필요한 인력을 이

---

[30] Paul, A. Silverstein, "Immigrant Racialization and the New Savage Slot : Race, Migration, and Immigration in the New Europe," p. 364.

[31] Aihwa Ong, "Cultural Citizenship as Subject-Making," *Current Anthropology* 37-5, 1996, pp. 739.

[32] 1970년대 에너지 위기 이후 북미와 서유럽 국가와 기업의 자본 재구조화와 그 결과로 나타나는 시공간응축Time-space compression이 국제이주의 흐름에 미친 영향에 대해서는 David Harvey, *The Condition of Postmodernity : An Enquiry into the Origins of Cultural Change*, Oxford : Blackwell Publishers, 1990와 Linda Basch, Nina Glick-Schiller and Cristina Szanton Blanc. *Nations unbound : transnational projects, postcolonial predicaments, and deterritorialized nation-states*. Basel : Gordon and Breach, 1994 참조.

민을 통해 충원하려 하였다. 그러나 이주민들의 유입은 민족국가 내부에서 차이의 확산 외에도 자원의 접근권을 둘러싸고 이주민과 현지인 사이의 갈등을 일으켰는데 이의 결과로 발생한 여러 가지 '사회문제'로 인해 '국민'들에게 이주민의 유입을 정당화하고 설득할 필요가 생겨났다.[33]

이때 '기여'와 인적자원 담론이 등장한다. 받아들일 이주민들을 선발하고 국가 내부의 자원에 대한 접근권을 부여하고 최종적으로 국가의 성원권을 부여하는 모든 활동이 이주민들의 수민국 사회에 대한 '기여'와 인적자원 담론을 통해 정당화되었다. 이에 따라 이민 대상자들은 '기여'와 '인적자원'이라는 기준에 의해 공공연하게 서열화되었고 수민국이 이들에게 차별적인 성원권을 부여하고 이들을 선택적으로 수용하는 것이 규범이 되었다. 즉, 그동안 보편적 기준이라고 여겨져 왔던 민주적 시민권이 다양한 범주의 개인들에게 다르게 적용되고 이 개인들이 민족국가와 세계경제에서 차지하는 위

---

[33] 이주민의 증가와 이에 따른 현지인의 불안은 흔히 "용인의 한계The threshold of tolerance(MacMaster 1991 : 14 ; Larchanch 2010 : 3에서 재인용-)" 이론이라는 유사과학적 이론으로 뒷받침된다. "특정 지역이나 기관(주택단지, 학교 또는 병원)내의 외국인이나 이민자들의 비율이 일정 수준에 도달하면 거의 자동적인 현지인들의 적대적인 거부가 발생한다"는 이 이론을 바탕으로 현지인들이 가진 불안을 반이민 정서로 연결해서 이민 제한과 이민자들의 사회제도에 대한 접근권 제한을 정치적 의제로 만드는 정당들이 등장하였다. 이런 "과학적 인종주의 개념"을 바탕으로, 예를 들면, 뉴질랜드의 경우 '뉴질랜드 제1당New Zealand First'이 상당한 지지를 받은 적이 있다. 이때 뉴질랜드 정부가 이에 대응해 내세운 논리가 이민자들의 뉴질랜드 사회에 대한 기여, 특별히 경제발전에 대한 기여였다.

치가 이들의 시민권에 영향을 미치게 된 것이다.[34]

'가족'의 탄생 : '다문화 가족' 범주의 형성 과정

'다문화 가족'은 법적으로 규정된 용어이다. 2008년 제정된 '다문화 가족지원법'은 '다문화 가족'을 "결혼이민자와 대한민국 국적을 취득한 자로 이루어진 가족"으로 정의하고 있다.[35] 즉, 다문화 가족은 국제결혼을 한 한국 국적자와 외국인 배우자 그리고 그 자녀들로 이루어진 가족을 일컫는 말이다. 그러나 결혼이민자의 대다수(2013년 현재 85.4퍼센트)가 여성이므로 일반적으로 '다문화 가족'은 국제결혼을 한 한국 남성과 외국 출신 여성 그리고 그 자녀들로 이루어진 가족을 뜻하는 말로 많이 사용된다. 그런데 이 용어가 본격적으로 사용되기 시작한 것이 2000년대 중반부터라는 점을 감안한다면 이 용

---

34 Aihwa Ong, "Cultural Citizenship as Subject-Making," pp. 737.

35 제2조(정의) 이 법에서 사용하는 용어의 뜻은 다음과 같다. 〈개정 2011.4.4.〉
    1. "다문화 가족"이란 다음 각 목의 어느 하나에 해당하는 가족을 말한다.
       가. 《재한외국인 처우 기본법》 제2조제3호의 결혼이민자와 《국적법》 제2조부터 제4조까지의 규정에 따라 대한민국 국적을 취득한 자로 이루어진 가족
       나. 《국적법》 제3조 및 제4조에 따라 대한민국 국적을 취득한 자와 같은 법 제2조부터 제4조까지의 규정에 따라 대한민국 국적을 취득한 자로 이루어진 가족
    2. "결혼이민자등"이란 다문화 가족의 구성원으로서 다음 각 목의 어느 하나에 해당하는 자를 말한다.
       가. 《재한외국인 처우 기본법》 제2조제3호의 결혼이민자
       나. 《국적법》 제4조에 따라 귀화허가를 받은 자

어는 90년대부터 본격화된 국제결혼, 즉 주로 중국, 동남아시아 및 중앙아시아 국가 출신 여성들과 한국 남성의 결혼으로 이루어진 가족을 지칭하는 의미로 사용되고 있음을 알 수 있다.

그렇다면 그 이전의 국제결혼 가족들에 대해서 사용되지 않았던 '다문화 가족'이라는 용어가 2000년대 중반 이후 왜 갑자기 나타나게 되었나? 이에 대해서 현재 받아들여지고 있는 설명은 '하이패밀리'라는 기독교계 단체가 2003년 12월 3일 서울 프레스센터에서 "혼혈인 인권차별 개선"을 위한 기자회견을 열고, '국제결혼 가족'을 '다문화 가족'이라고 부르고, '혼혈아' 또는 '혼혈인'을 '다문화 가족 2세'라고 부르자고 제안하면서부터라는 것이다.[36] 그 5개월 뒤 '하이패밀리'를 산하단체로 둔 '건강가정시민연대'라는 시민종교 단체가 '세계가정의 해' 10주년 기념사업의 하나로 "건강한 가정을 위해 개선해야 할 용어들" 속에 다문화 가정을 포함시키면서부터 '다문화 가정'이라는 용어도 사용되기 시작했던 것으로 보여진다.

그러나 이들의 제안은 "'편부모', '혼혈아', '불우 이웃' 등 약자에 대한 편견을 드러내는 용어도 '한부모', '다문화 가정 2세', '나눔이웃' 등 변화된 시대의 새로운 가치를 담을 수 있는 용어로 바꾸어야 한다"[37]거나 "국경을 넘어서 다문화의 배경을 가진 가족이란 의미…와 함께 부부와 자녀로 구성된 가정만을 정상적인 가정으로 보는 듯

---

[36] 장한업, 〈한국이민자 자녀와 관련된 용어사용상의 문제점 – '다문화 가정', '다문화 교육'〉, 352쪽.

[37] 임원진, 〈건강가정연대, 건강한 가정 위한 용어발표〉, 《기독공보》, 2004년 5월 8일.

한 착각에서 벗어나 소외된 가정들도 함께 끌어안아야 한다"[38]는 정도의 말 그대로 민간단체의 제안이었다.

이 용어는 그러나 2006년 4월 '여성결혼이민자 가족의 사회 통합지원대책(이하 결혼이민자대책)'과 '혼혈인 및 이주자의 사회 통합지원방안(이하 사회 통합지원방안)'이 발표되면서 정부와 학계, 시민사회에 도입되기 시작한다.[39] 정부 기관 중 '다문화 가정'이라는 말을 가장 먼저 사용한 것은 당시의 교육인적자원부였다. '다문화 가정 자녀 교육지원 대책'(2006년 5월)으로 시작해 '다문화 가정 자녀 교육지원 계획'(2007년 6월), '다문화 가정 학생 교육지원 방안'(2008년 10월) 등으로 이어진 이주 아동과 국제결혼 가정의 자녀들을 위한 정책에 "다문화 가정"이라는 명칭이 등장하였다. 그러나 이 때 이 용어는 이주민들과 그 자녀를 일컫는 더 포괄적인 의미로 사용되고 있다. '다문화 가정 자녀 교육지원 대책'에는 다문화 가정이 "우리와 다른 민족 문화적 배경을 가진 사람들로 구성된 가정을 통칭"하는 말로 정의되어 있으며 정책 대상에 "국제결혼가정 자녀"와 함께 "외국

---

[38] 송길원, 〈가가호호(家家好好)〉, 2014년http : //hifamily.net/user/board/view.php?no=19530&menu=0502&menuNo=9&disView2=x

[39] 결혼이민자 대책과 사회 통합지원 방안에는 '다문화 가족'이라는 말 대신 '결혼이민자가족'과 '혼혈인'이라는 용어가 사용되고 있다. 하지만 사회적 인식 개선을 위해 "공모 등을 통한 혼혈인 용어 변경(사회 통합지원방안)"을 추진한다는 점이 명시되어 있고, 그 "비전"을 "아시아를 선도하는 다문화 인권국가 구현(사회 통합지원방안)", "여성결혼이민자의 사회 통합과 열린 다문화 사회 실현(결혼이민자대책)" 등으로 설정하고 있으며 정책적 수단으로서 "다문화 교육"이나 "다문화 감수성 향상"을 제시하는 등 '다문화'를 전면에 내세우고 있다.

인 근로자" 자녀가 포함되어 있다.[40] 또한 이 시기 교육부 이외의 부처에서 "다문화 가정"이라는 말은 널리 통용되지 않았고 학계와 언론에서도 일부의 경우에서만 사용되고 있었으며 이때도 "다문화 가정" 또는 "다문화 가족"은 결혼이주민들과 이주노동자 및 그 자녀를 모두 포함하는 의미로 사용되었다.[41]

그러나 '다문화 가정'과 '다문화 가족'이라는 용어는 2008년 '다문화 가족지원법'이 제정된 이후 사용이 급격하게 증가하게 되었고 그 의미도 결혼이주민과 한국인 부부 및 그 자녀로 이루어진 가정으로 확정되었다. "안정적인 가족생활을 영위할 수 있도록 함으로써 이들의 삶의 질 향상과 사회 통합"을 목적으로 제정된 이 법이 시행되면서 '다문화 가족'이라는 용어는 한국 현지인이나 외국인 가족과 구별되는 형태의 가족이라는 의미로 정착되었다. 또 이들이 정부의 정주이주민 정책의 주요 대상이 되면서 이 용어는 정부의 관련 정책에서

---

[40] 특히 '다문화 가정자녀 교육지원 대책'에서는 당시 "언론과 시민단체에서 동남아지역의 여성결혼이민자 자녀를 KOSIAN(KOREAN+ASIAN)으로 부르고 있으나, 이들에게 별도 명칭을 부여하는 것은 낙인stigma 효과를 가져올 수 있으므로 가치중립적 용어인 '국제결혼가정 자녀(또는 결혼이민자 자녀)'로 부르는 것이 타당"하다는 지적을 하고 있다.

[41] 예를 들어, 1990년부터 2002년까지 구글학술검색에서 "다문화 가정"과 "다문화 가족"을 검색어로 각 8건과 3건의 자료가 검색되었으나 '다문화 가족'이라는 용어가 제안된 해인 2003년부터 2007년까지 각각 190건, 239건이 검색되었다. 또 한국언론재단 기사통합검색에서도 2003년부터 2007년까지 '다문화+가족'으로 1,537건, '다문화+가정'으로 1,534건이 검색되어 1990년부터 2002년까지의 54건과 52건보다 대폭 증가하였다. 그러나 2003년부터 2007년까지 언론에서는 "코시안"(331건)이나 "혼혈"(2,818건)도 많이 사용되었는데, 특히 "혼혈"이라는 단어 출현의 증가가 눈에 띈다.

뿐만 아니라 이주민 의제를 다루는 학술 연구와 언론매체 등에서 핵심어가 되었다. 2006년부터 설치되기 시작한 '결혼이민자지원센터'가 법 시행 이후 '다문화 가족지원센터'로 명칭을 변경하였고[42] 2006년 신설된 국무총리실 산하 '외국인정책위원회' 외에 2009년 '다문화 가족정책위원회'가 설치되었다. 특히 '다문화 가족'을 대상으로 한 각종 조사통계 자료가 작성되면서 '다문화 가족'은 더욱 견고한 사회적 실체가 되었다. '다문화 가족지원법'의 규정에 따라 2009년부터 3년마다 '다문화 가족실태조사'가 실시되었고 통계청에서는 2011년부터 인구동향조사에 '다문화인구동태통계'를 포함시켰다.[43]

이처럼 '다문화 가족(정)'이라는 용어는 2006년 노무현정부가 "한국이 다인종·다문화 사회로 이행하는 것은 이미 거스를 수 없으[므로] 다문화 정책을 통해 이주자를 통합하려는 노력을 해야 한다"고 선언하고 이주 정책의 비전을 '다문화 사회(국가)'로 설정하면서 시작되었다.[44] 그런데 이것은 정부 이주민 정책의 갑작스러운 변화로

---

[42] 김영혜·김경은, 《경기도 다문화 가족지원센터 프로그램 및 운영현황 분석과 효율화 방안》, (재)경기도가족여성연구원, 2013, 3쪽.

[43] 통계청의 다문화인구통계에서는 "가족"마저 생략되었다. "통계청은 다문화 가족의 출생자와 사망자 통계를 '다문화 출생'과 '다문화 사망'이라는 이름으로 발표하고 있다."(《동아일보》 2014년 5월 24일)

[44] 실제 '대책'과 '방안' 발표이후 '가족'뿐만 아니라 '다문화 교육', '다문화상담', '다문화소통', '다문화축제', '다문화연구' 등 '다문화'라는 말이 앞에 붙어서 이주민과 관련된 것임을 표현하는 단어가 많이 생겨났다. 한국에서 "다문화"라는 용어의 사용과 의미를 분석한 연구(Kim 2010)는 다문화라는 용어의 사용이 언론매체와 학술 연구에서 2006년부터 급격하게 증가하고 있다고 보고하면서 이런 다문화 담론의 전 사회적 유포는 정부의 '다문화' 정책의 본격적인 시행과 동시에 발생했다고 지적한다 (구본규 2013 : 37).

받아들여졌다.[45] 즉, 그 이전까지 '외국인력'이라는 인식틀로 이주노동자 문제에 집중했던 정부의 이민정책이 '결혼이민자대책'과 '사회 통합지원방안' 이후 '다문화'라는 틀을 가지고 결혼이주민 문제로 전환한 것이다. 이 전환이 갑작스러운 것으로 받아들여진 것은 무엇보다 2006년 당시 대부분의 이주민은 이주노동자였으며 결혼이주민이 전체 이주민 가운데 차지하는 비율은 미미한 수준이었기 때문이다.[46]

정부의 '결혼이민자지원대책'과 '사회 통합지원방안', 그리고 뒤이은 '재한외국인처우기본법'과 '다문화 가족지원법'을 다문화주의적 이주민 정책이라고 본다면, 2006년 정부가 다문화주의를 표방한 것은 이 시기를 전후해 민족적 일체감 또는 국가적 통일성을 저해할 가능성이 있는 '다양성'이 두드러지게 되었다는 것을 의미한다. 이와 관련하여 '다문화 가족'이라는 명칭이 혼혈인이라는 인종적 분류에서 에스니스티라는 문화적 분류로 한국 정부의 분류 행하기가 변화하고 있음을 보여 주기 때문에 중요한 의미가 있다는 주장[47]은 주목할 만하다. 한국 사회에 정착하게 될 언어와 외모가 다른 가시적 이주민visible immigrants의 급격한 증가와 이의 결과로 나타나는 혼혈인

---

[45] 김영옥, 〈새로운 '시민들'의 등장과 다문화주의 논의〉, 《아시아여성연구》 46-2, 2007, 134쪽.

[46] 2006년 당시 체류 외국인은 910,149명으로 전체 인구의 1.88퍼센트였으며 그중 결혼이민자는 93,786명으로 체류외국인의 약 10분의 1에 불과했다.

[47] 최종렬, 〈비교관점에서 본 한국의 다문화주의 정책〉, 《한국 다문화주의, 가족, 교육 그리고 정책》, 제2회 한국학중앙연구원 현대한국연구소 국내학술회의 자료집, 2009, 130쪽.

들의 대규모 출현은 국가적 통일성과 민족적 일체감을 유지하는 데 큰 위협으로 작용할 수 있기 때문이다.

한국 사회는 이전에—혹은 현재도—'유색'인과 '혼혈'에 대해 집단적인 차별을 한 경험이 있다.[48] 이제까지 혼혈인들은 입양, 이주, 격리 등의 방식으로 사회적으로 배제되어 왔다. 그러나 결혼이주민의 급격한 증가와 이의 결과로 나타나는 혼혈 아동의 존재는 이제 더 이상 이들을 배제할 수 없게 했다. 특히 1990년 중반 이후 본격화된 국제결혼으로 출생한 자녀들이 취학 연령이 되어 학교를 다니게 되면서 교육 현장에서 국제결혼가정 자녀들이 "언어발달 지체"를 보이고, "학교 수업에 대한 이해도가 낮으며", "정서장애도 나타나고", "집단따돌림"을 당하는 등의 문제를 겪고 있다는 보고[49]는 혼혈 아동이 학교에서 주변화 되기 시작하고 있음을 보여 주는 증거로 제시되었다. 이들을 수용해야 했고 그를 위해서는 사회적인 인식도 변화시켜야 했다.

한편 이 무렵 한국계 혼혈 미식축구 선수 하인즈 워드의 성공담이 언론을 통해 집중적으로 보도된 것도 '다문화'가 혼혈에 대한 정책적 대응이었음을 유추하게 한다. 이전의 단일민족 신화에 기반한 이데올로기로는 해결할 수 없는 민족주의에 대한 도전에 직면해서 성원들의 종족적 다양성을 관리하기 위한 새로운 수단이 필요해진 것

---

[48] 예를 들면, 남영호, 〈주둔지 혼혈인과 생물학적 시민권〉, 《한국문화인류학》 41-1, 2008, 91~128쪽.

[49] 교육인적자원부, 《다문화 가정 자녀 교육지원 대책》, 2006.

이다. 즉, 사회의 새로운 종족적 구성을 설명하고 정당화할 신화[50]가 필요했는데 '사회 통합지원방안'에서 지적하고 있듯이[51] 당시 화제가 되고 있던 하인즈 워드의 이야기는 이에 너무나 잘 부합되는 소재였다. 미군과 결혼해서 아이를 낳고 미국으로 간 어머니는 얼마 지나지 않아 이혼을 하게 된다. 그 뒤 어머니는 말도 통하지 않는 힘든 이민 생활을 혼자서 견디며 헌신적으로 자식을 뒷바라지했다. 아들은 그런 어머니에 대한 보답으로 열심히 노력하여 미국 사회에서 최고의 프로스포츠 선수로 성공했고 이제 어머니와 함께 어머니의 나라로 돌아온다. 하인즈 워드와 그의 어머니의 이야기는 "우리의 인종 편견, 좁은 피부색 쇄국주의를 깨고" "핏줄과 언어로 편을 가르지 않는 다인종, 다문화 사회"[52]를 만드는 계기가 되기를 바란다는 희망을 담고 전사회적으로 유포되었다.

더 나아가 하인즈 워드의 '귀향'을 계기로 한국 사회에서 혼혈인

---

[50] 다문화주의는 국가의 정체성을 규정하는 일종의 신화로서 기능할 수도 있다. "오늘날도 여전히 영연방에 속해 있는 호주나 캐나다와는 달리, 미국은 고유의 건국 신화를 가지고 있다. … 최근 연방정부가 벌이고 있는 '미국화' 캠페인은 '자유, 민주, 기회균등'이라는 이 독특한 건국신화를 환기시키는데, 캐나다나 호주에는 이런 식의 건국신화가 존재하지 않는 대신 탈식민지 민족국가 건설에서 다문화주의에 대한 강조가 그것을 대체하고 있다."(Joppke 2003 : 252)

[51] '사회 통합지원방안'에는 "'하인즈 워드'의 美슈퍼볼 MVP 수상과 혼혈인에 대한 국민관심 고조를 계기로 우리 사회의 뿌리 깊은 '순혈주의'를 극복, 세계화 시대에 부응하는 열린 다문화 사회 구현 필요"라는 점이 명시되어 있다.

[52] 허유신, 〈이제는 다인종 시대 : 결혼하는 7쌍 중 한쌍인 국제결혼 실태, 비율〉, 《MBC 뉴스데스크》, 2006년 4월 3일.

의 수적 증가와 사회적 영향력의 확대가 예측되기도 했다.[53] "2020 년께 167만 명에 달할 것으로 추산"되는 "코시안을 주축으로 한 혼혈인이" 정치 세력화되고 한국 사회를 다채롭게 하는 인적자원이 될 수 있다는 것이다. 베트남 결혼이주민들이 모국에 "원조를 많이 하겠다는 정치인에 몰표를 던질 수도" 있고 "20~30년 후 경제가 발전할 동남아 국가와의 관계에서 가교 역할을 할 것"이라는 전망에는 그러나 "혼혈인을 포용하지 않는다면 지난해 프랑스에서 발생한 이슬람 청년 폭동과 같이 '문화충돌' 현상이 벌어질 수 있다"는 경고도 빠지지 않았다.

이런 점에서 '다문화 가정'은 혼혈인들의 대규모 등장으로 인해 발생할 것으로 예상되는 민족적 일체감의 훼손을 방지하기 위해 '민족'의 범주를 확대한 결과일 수 있다. 그러나 정부의 다문화 정책을 '가시적 이주민'과 '혼혈'에 대한 대응으로만 볼 수 없는 것은 결혼이주민 중 가장 많은 수를 차지하는 이주민들은 외모의 차이가 없는 중국계, 그중에서도 한국어에 익숙한 중국 동포라는 점이다.[54] 따라서 국제결혼 가족을 '다문화'로 명명하는 것의 의미를 더 분명히 이해하기 위해서는 90년대 중반 중국 동포 신부들의 유입과 함께 본격화된 한국으로의 결혼이주의 성격을 이해할 필요가 있다.

---

[53] 이철재 · 한애란 · 정강현 · 김호정, 〈코시안 정치세력화 가능성… 2020년엔 신생아 3명 중 1명이 혼혈〉, 《중앙일보》 2006년 4월 4일.

[54] 또한 2000년 이후 급격하게 증가한 베트남 출신 결혼이민자들의 경우도 "한국인과 외모상의 구별이 되지 않[는]…다는 이유로 국제결혼 중매시장에서 선호하는 대상이 되었다.(이태옥 2006 ; 권미경 2009에서 재인용)

신자유주의적 자본주의의 심화에 따라 산업화된 국가들에서는 여성들의 노동시장 참여가 증가하면서 출산력 감소, 돌봄노동력의 부족 등 가족의 유지와 관련되는 재생산 노동의 위기를 겪게 된다. 이에 따라 재생산 노동에 대한 수요가 발생하게 되고 이를 담당할 여성들의 국제이주의 흐름이 발생한다. 그런데 이들 이주여성들이 유입되는 유형은 이들을 받아들이는 수민국 가정의 계급적 배경에 따라 달라진다. 중상층 가정에서는 가사노동자로, 저소득 가정에서는 무급으로 가사노동을 제공할 신부로 유입된다.[55] 이런 점에서 결혼이주민들의 유입은 지역 단위로 구축된 이주 체계를 따라 이루어지는 비숙련 이주노동자의 이주와 구조적으로 같은 맥락에서 이루어진다.

한국으로의 여성 결혼이주민의 유입도 이런 흐름의 연장선상에 있다. 즉, 70년대 이후 지속적인 출산아 수의 감소에 따른 인구구조의 변화와 일반적으로 아내의 나이가 남편보다 어린 한국의 결혼 관습으로 국내 혼인시장에서 성비 불균형이 발생하였는데 여성들의 노동시장 참여 증가에 따른 결혼연기와 독신의 증가는 이 불균형을 더욱 심화시켰다.[56] 이 영향은 배우자를 찾기 힘든 집단-농촌 및 도시 저소득층 남성들에서 더욱 심각하게 나타났다.

한편, 80년대 말부터 친척 방문, 한약 장사, 건설노동자 등의 기회

---

[55] Pei-Chia Lan, "New Global Politics of Reproductive Labor : Gendered Labor and Marriage Migration," *Sociology Compass* 2-6, 2008, p. 1803.

[56] 이상림, 〈혼인동향분석과 정책과제〉, 《보건 · 복지 Issue & Focus》 204호, 2013.8 참조.

를 찾아 한국으로 간 중국 동포들 중 큰돈을 벌어 돌아오는 사람들이 나타나면서 중국 동포 사회에서는 한국으로의 노동이주가 유행처럼 번지기 시작했다. 그러나 곧 한국 정부는 급격히 증가하는 중국 동포들의 입국을 제한하기 시작했고 그 이후 여성들에게 "'혼인이주'는 비교적 적은 비용으로 본인뿐만 아니라 그 부모까지 들어올수 있는 가장 용이한 방법"[57]이 되었다.[58] 중국 동포 여성들의 유입에는 또한 중앙 및 지방정부의 개입도 있었다. "1993년과 1994년에충북 옥천 군의회가 직접 나서서 조선족 여성과 농촌 총각과의 결혼을 주선"[59]하였고 "1995년부터 정부가 농촌 총각을 구제한다는 미명하에 중국에 거주하고 있는 중국 동포 여성을 농촌 총각의 배우자로 대거 유입"[60]한 것이다.

이렇게 90년대 중반부터 본격화된 중국 동포 여성들의 결혼이주는, 외모와 언어가 같은 '동포'와의 결혼이라는 실질적·상징적 의미가 있었지만, 결국 혼인시장에서 국경이 무너지게 된 계기가 되었다. 즉, 경제적 기회나 더 나은 삶의 조건을 찾아 국경을 넘는 여성들

---

[57] 이혜경·정기선·유명기·김민정, 〈이주의 여성화와 초국가적 가족 : 조선족 사례를 중심으로〉, 《한국 사회학》 40-5, 2006, 269쪽.

[58] 중국 동포 여성들의 입국 통로로 결혼이 이용되는 경향은 이후에도 지속되다 방문취업제 시행이 예고된 2006년 이후 감소하였다.

[59] 김혜순, 〈한국의 다문화 담론과 결혼이주여성 : 부계 부권의 가족 중심주의와 지역 인지성〉, 《에스닉과 다문화주의 인류학》, 한국 문화인류학회 국제학술대회 자료집, 2007.

[60] 한국염, 〈지자체의 〈농촌 총각 장가보내기〉 프로젝트의 실상과 과제〉, 《'농촌 총각 국제결혼 지원 조례·정책 제대로 보기' 토론회 자료집》, 2007, 3쪽.

의 실천, 국내에서 배우자를 찾지 못하던 남성들의 필요, 그리고 이들의 필요에 대한 정부와 지자체의 인정은 그간 국제결혼에 대해 한국 사회가 가지고 있던 제도적 인식적 장벽을 약화시키고 배우자를 국외에서 찾는 초국적 관행을 정상화normalize 시킨 것이다.

정상화된 국제결혼의 관행은 이후 아시아 지역으로부터의 노동이주 흐름의 변화, 국제결혼 중개업체의 초국적 활동, 그리고 인구 감소로 존립에 위협을 받는 지자체의 필요 등이 합쳐지면서 새로운 양상으로 발전한다. 먼저 서남 및 동남아시아에서 중동으로 향하던 노동이주의 흐름이 걸프전으로 붕괴된 후 이 지역에서 송출되던 이주노동자들이 새로운 목적지 중 하나로 한국을 선택하게 되면서 이 지역과 한국 사이에 노동이주의 체계가 형성되었다. 그러나 이 노동이주의 흐름 속에서 여성들은 제한을 받았는데, 그것은 이들을 필요로 하는 돌봄노동시장에 중국 동포 결혼이주민들이 이미 진출해 있었기 때문이다.[61]

따라서 이들이 한국으로 입국할 수 있는 것은 신부라는 신분을 통해서였으며 이 신부들의 입국을 중개하고 촉진시킨 것은 통일교라는 초국적 종교단체와 결혼중개 업체였다. 1980년대부터 일본인 여성과의 국제결혼을 주선해 온 통일교는 적극적인 포교정책의 일환으로 90년대 중반부터 비신자나 새로운 신자를 대상으로 동남아시

---

[61] 한국으로 결혼이주한 한국계 중국 여성들은 대부분 가사도우미, 보모, 청소원 및 돌봄노동자 등 비공식 영역의 재생산 노동자로 고용되어 있다(Lee 2005, Lan 2008 : 1807에서 재인용).

아 국가 출신 (주로 필리핀) 여성들과의 국제결혼을 주선하였고[62] 대형 결혼정보 회사의 출현으로 국내시장에서 영업이 어려워진 결혼중개업체들은 낮아진 국제 항공료를 바탕으로 단체관광형 국제결혼 중개에 나서면서 국제결혼의 대상국을 더욱 다양하게 확대시켰다.

특히 통일교와 결혼중개 업체들의 활동은, 당시 다수의 지방자치단체가 추진한 '농촌 총각 장가 보내기' 사업의 수행을 대행하면서, 더욱 촉진되었다.[63] 인구의 수도권 집중으로 공동화를 겪고 있던 다수의 지방자치단체들이 이에 대응하는 하나의 전략으로 결혼이주민의 유입과 정착을 장려한 것이다. "하나의 행정단위로 유지"하는 것을 걱정해야 하는 지자체들에게 "지역의 경제활동인구를 늘리고 정주권의 활성화를 가져"오는 결혼이민자는 귀중한 인적자원이었기 때문이다.[64] 이에 따라 2000년대 초반부터 일부 지자체들은 지역남성들의 국제결혼을 지원 주선하면서 결혼이주민의 유입에 적극적으로 개입하게 되었다.

한편, 국제결혼과 관련된 각 집단들의 이런 움직임들을 정부는 묵인 또는 방관함으로써 결과적으로 이를 조장하였다. 국제결혼이 본격화된 후 2006년 '다문화' 정책이 나오기까지 정부의 개입은 1997년 국적법 개정밖에 없었고, 오히려 허가제였던 결혼중개업을 1999

---

[62] 권미경, 《다문화주의와 평생교육》, 한국학술정보(주), 2009.

[63] 한국염, 〈지자체의 〈농촌 총각 장가보내기〉 프로젝트의 실상과 과제〉.

[64] 김혜순, 〈한국의 다문화 담론과 결혼이주여성 : 부계 부권의 가족 중심주의와 지역 인지성〉.

년 자유업으로 바꾸면서 이들이 국제결혼 시장으로 진출할 기반을 마련해 주었다. 국가적 차원에서 결혼이주민들은 신자유주의적 재구조화의 결과로 발생한 농촌과 도시 저소득층 가구의 재생산 문제를 해결하고 이들이 다시 저임금노동력으로 흡수되게 함으로써 "저임금 노동시장을 안정화하는 데 기여"하는 존재들이었기 때문이다.[65]

이런 점에서 90년대 중반 이후 본격화된 신부가 한국으로 오는 국제결혼은 흔히 이야기되는 것처럼 한국의 국가적 필요에 의해 기획된 '수입'이 아니라 국내에서 부족한 자원을 국경을 넘어서 얻으려는, 결혼이주민 당사자들을 포함한 여러 집단들의 초국적 행위의 결과물이었다. 그러나 한 국가의 경계를 넘는 초국적 실천은 국가에 위협이 될 가능성을 항상 가지고 있으며 국가의 이해와 요구를 관철시키기 위해, 성공 여부와는 별개로 사회가 수용 가능한 형태로 통제되고 관리되어야 했다.

여러 집단들의 이해와 요구가 투영된 초국적 행위로서의 국제결혼이 한국 사회에 주는 가장 큰 위협은 이렇게 형성된 가정이 쉽게 해체될 수 있다는 것이었다. '결혼이민자대책'이 지적하는 것처럼, 900여 개(2005년 현재)에 달하던 국제결혼 중개업체들은 이윤을 위해 도착 이틀 만에 단체 맞선을 보고 다음 날 결혼식을 하며 이틀간의 신혼여행으로 결혼이 이루어지는 "대량 속성 결혼중개"를 하고,

---

[65] 김은실 · 김정선, 〈지구/지역시대 행위전략으로서 국제결혼 : 새로운 아시아/지역으로서의 충남 J마을〉, 이화여자대학교 여성연구회 편, 《지구화시대의 현장 여성주의》, 이화여자대학교출판부, 2007, 191~222쪽.

다수의 지방자치단체는 매매혼이라는 비판에도 불구하고 경쟁적으로 지역 주민들의 결혼 비용을 지원한다. 또 "결혼이 불가능한 상태에 이른 사람[한국 남성]이 국제결혼 시장에 유입되며" 농촌과 도시 저소득층 가정에서 결혼이주민 여성들은 사회적 고립과 편견, 경제적 빈곤을 겪으며 가정폭력과 불화 등으로 이혼을 하는 경우도 많다. 국제결혼이 가진 문제는 결국 가정 해체라는 결과로 나타나고 이렇게 "국제결혼 가정이 깨어진다는 것은 우리 사회의 한 부분이 흔들리고 있음을 보여 주는"[66] 우려스러운 현상이었다.

그러나 국제결혼의 이혼율을 내국인 간 결혼의 이혼율과 비교해 보면 실제로 크게 차이를 보이지 않는다.[67] 그런데 국제결혼 부부의 이혼이 더 큰 문제가 되는 것은 무엇 때문인가? 그것은 그 결과 나타나는 가족 해체로 한국이라는 민족국가의 국가적 통일성을 저해할 집단, 즉 복수의 소속을 가진 경제적으로 주변화된 집단이 양산될 가능성이 높기 때문이다. 90년대 이후 계속되어 온 신자유주의적 재구조화는 국내에서도 경제적으로 주변화된 집단을 많이 만들어 왔다. 그러나 이들은 한국이라는 단일한 소속을 가진 국민들이었으며, 따라서 이들의 경제적 주변화는, 사회의 통합을 저해할 수 있다 하더라도, '국민'이 힘을 합쳐 해결해 나갈 '국가적 과제'가 된다. 그러

---

[66] 한국염, 〈지자체의 〈농촌 총각 장가보내기〉 프로젝트의 실상과 과제〉, 7쪽.

[67] "우리 사회 국제결혼은 … 국내결혼에서 … 2010년까지 계속해서 10퍼센트 이상을 유지하면서 '보편적' 결혼 유형이 되었다. … 국제결혼 가족의 이혼은 … 국내 전체 이혼에서 2010년에 … 9.6퍼센트를 차지하여 최근 10퍼센트 대를 유지하고 있다"(박재규 2011 : 114).

나 이중적인 또는 불완전한 성원권을 가진 이주민들의 경제적 주변화는 이런 민족적 일체감을 동원하여 해결할 수 없는 일이 되며 "'우리'와 '그들'로 나누어지는 집단 간의 경계"[68]를 만들면서 국가적 통일성을 저해할 종족적 대립의 문제가 될 수 있는 것이다.

한국이 다문화 정책의 필요성을 이야기할 때 사례로 자주 등장했던 2005년 프랑스의 이민자 '폭동'도 '문화충돌' 현상이라기보다는 이민자들의 경제적 주변화에 가장 큰 원인이 있었다.[69] 프랑스에서 이민자들이 "도시 교외의 골칫거리"로 등장한 것은 1970년대 후반부터였다. 이주노동으로부터 프랑스 경제가 창출해 내던 이윤이 크게 감소하게 되자 프랑스 주요 도시의 주거지역에 정착한 비유럽계 이주민들과 그 가족들은 주거, 교육, 의료, 복지 등 소위 이민의 사회적 비용이라는 문제를 야기하는 것으로 인식되었고 일부 지방정부는 "용인의 한계"이론을 내세우며 이주민들을 인구집중도가 높은 저소득층 주거지역으로 이주시켰다. 실업률 증가와 결합하여 이들 저소득층 주거지역의 환경은 급속하게 나빠졌고 이것은 1981년 리용 주거지역의 폭동과 같은 도시 내 폭력을 유발시켰다. 1981년 집권한 미테랑의 사회당 정권이 "하나이면서 다양한one and diverse" "다원적 프랑스Plural France"를 주창하면서 친이민정책을 내놓은 것은 이런

---

[68] Thomas Faist, "Immigration, integration and the ethnicization of politics," *European Journal of Political Research* 25, 1994, p. 449.

[69] Stéphanie Larchanché, *Cultural Anxieties and Institutional Regulation : "Specialized" Mental Healthcare and "Immigrant Suffering" in Paries, France*, Ph.D. Diss, Washington University, 2010.

배경에서였다.

한국 정부가 2006년 이후 내놓은 '다문화' 정책들은 결혼이주와 관련되어 있는 여러 집단들의 초국적 행위를 규제하고 관리하여 민족국가가 통제할 수 있는 형태로 만드는 과정이라고 할 수 있다. 국제결혼 중개업체들의 활동을 규제하고[70] 지방자치단체들의 국제결혼 지원 관행을 외국인 주민 지원이나 다문화 가족 지원 등으로 방향을 전환시켰으며[71] "혼인의 진정성"과 국제결혼 배우자에 대한 상호이해를 향상시키기 위한 프로그램을 마련하였다.[72] 무엇보다 결혼이주민과 혼혈인들에게 한국 사회가 행한 차별과 그들이 겪은 "사회적 고통 social suffering"을 인정하고 가정 내에서의 결혼이주민에 대한 처우를 규제하여 이탈을 방지하며 이들을 한국 사회로 '통합'시키기 위한 지원의 법적 근거를 만들었다.

그런데 이 '통합'은 이주민들에게 국민으로서의 권리가 부여되는,

---

[70] 국가는 결혼중개업의 관리에 관한 법률을 제정, 국제결혼 중개업을 등록제로 바꾸고 국제결혼중개업자가 인권 보호 등에 관한 교육과 거짓·과장된 광고 및 정보 제공 행위에 대한 처벌 등을 명시하여 "국제결혼 과정에서 …발생하는 문제를 예방하고자" 하였다. http : //multiculture.dibrary.net/posts/list/202/30/22426/ko_KR.do?topics_per_page=10

[71] 오경석·박선권·구본규, 《'외국인집거지역'의 다문화 사회 인프라 구축방안 : 안산의 사례를 중심으로》, 경기도의회 연구용역보고서, 2011, 70쪽.

[72] 법무부는 2011년 3월 7일부터 "국제결혼 안내 프로그램" 이수를 의무화하였다. 중국, 베트남, 필리핀, 캄보디아, 몽골, 우즈베키스탄, 태국 등 상대적으로 이혼율이 높거나 한국 국적을 다수 취득한 국가 국민을 결혼동거 목적으로 초청하려는 내국인은 이 프로그램을 이수하여야만 결혼동거 사증 발급 신청을 할 수 있다.(http : //www.hikorea.go.kr/pt/InfoDetailR_kr.pt?categoryId=1&parentId=1294&catSeq=&showMenuId=8)

국가 성원권의 범위를 확대하는 일이다. 따라서 최소한의 범위에서 이루어져야 하고 국민으로 만들지 않아도 되는 이주민들에게 이 지원의 혜택이 돌아가는 것을 막아야 할 필요가 있었다. 즉, 한국의 입장에서 "이미 우리 사회의 구성원이 되어 있고, 다음 세대를 출산하고 양육하는 [사람들]을 지원하는 선에서 머물러야" 하며 이들에 대한 "지원 정책이 이주노동자의 유입을 부추기는 잘못된 신호를 국제사회에 보내어서는"[73] 안 되는 것이다.

이런 목적을 달성하기 위해서는 국민이 될 수 있는 이주민과 그렇지 않은 이주민이 분명히 구별되어야 했다. 정부의 정책이 2006년 '갑작스럽게' 결혼이주민 정책으로 전환된 것은 따라서 국민으로 만들지 않아도 되는 이주민들을 국민이 될 수 있는 이주민들과 구별할 제도적 장치가 마련되었다는 의미일 수도 있다. 이런 점에서 '다문화' 정책이 2004년 고용허가제가 도입된 후 입안되었다는 것은 의미하는 바가 크다. 수민국의 입장에서 이주노동자들의 초국적 이주에 따른 가장 큰 문제는 '불법'체류와 정주화의 문제인데 고용허가제는 비숙련 이주노동자들의 단기순환노동을 합리화·제도화하여 이들의 정주화를 막은 것이다. 단기순환 이주민은 민족국가의 일체성을 위협하지 않으며 출입국정책과 연계된 노동시장정책을 통해 관리하고 통제할 수 있는 대상이다. 일단 단기순환노동이 제도화되면 이들에

---

[73] 박종보·조용만, 《2006. 다문화 가족지원법 마련을 위한 연구》, 여성가족부, 2006, 10쪽. 김영옥, 〈새로운 '시민들'의 등장과 다문화주의 논의〉, 《아시아여성연구》 46-2, 135쪽에서 재인용.

대한 정책은, 예를 들면 노동자들에 대한 착취적 노동 관행과 같은 문제는 정부의 사법적·행정적 감독과 시민단체의 개입을 통하여 수용하고 관리할 수 있다. 비숙련 이주노동자의 정주화를 단기순환노동의 제도화로 막은 다음 정주이주민에 대한 지원을 함으로써 정주이주민에 대한 지원이 비숙련 이주노동자로 새어 나가는 것을 방지한 것이다.[74]

이제 남은 과정은 정주 이주민들에 대한 지원의 정당성을 '국민'들에게 설득하는 일이었다. 이를 위해 먼저 이주민에 대한 집단적 문제화라는 기제가 동원되었다. '결혼이주민대책'은 당시 한국 사회의 결혼이주민에 대한 편견, 즉 결혼이주민을 "사회문제의 원천"으로 보는 시각을 경계하고 있다. 그럼에도 불구하고 '대책'에서는 피해 사례를 중심으로 결혼이주여성들을 결혼중개업체의 이윤을 위해 동원되는 무기력한 피해자나 한국 가정 내에서의 가정폭력의 희생자로, 그리고 상당수 국제결혼가정 아이들을 "언어발달지체 및 문화 부적응으로 인해 학교 수업에 대한 이해도가 낮으며 … 정서장애"를 가졌다고 묘사하는 등 이민자들을 집단적으로 문제화하고 있다.[75] 이런 시선들은 결혼이주민과 그 자녀들을 사회적인 약자로 만

---

[74] "복지권에 대한 제한조항은 이들의 복지를 제한하려는 것이라기보다는 다른 이주민 집단들의 복지권을 차단하고 결혼이주집단에만 한정적으로 제공하려는 의도가 강하게 반영되었다고 볼 수도 있다"(황명진 2011 : 8).

[75] 2005년 실시된 다문화 가정 자녀들의 교육에 대한 한 실태 조사는 국제결혼가정 중 "고소득층에 속하면서 도시지역에 사는 가정의 경우에는 자녀교육의 문제에 큰 문제가 없는 것으로 판단(조영달 2006 : 3)"하였다. 결국 '결혼이민자대책'의 진단은 이런 사회경제적 차이를 고려하지 않고 이주민들을 집단적으로 범주화하고 있다는

들기도 하지만 동시에 잠재적인 사회적 위협으로 만들 수도 있다. 예를 들면, 다문화 가정의 아이들이 자라서 "중고교 진학 연령대로 진입할 경우 … 무단결석, 가출, 폭력 등의 사례가 늘어나 사회문제가 될 우려"가 있으며 따라서 '우리'는 미래에 예상되는 이런 값비싼 사회적 비용을 치르지 않기 위해서라도 결혼이주민과 그 자녀들을 지원해야 한다는 주장이 이런 논리에 기반하고 있다.

결혼이주민과 그 자녀들에 대한 지원의 정당성의 근거로 등장하는 또 한 가지 논리는 세계화와 인적자원 담론이다. 가시적 이주민들의 존재와 활동으로 수민국 사회에 나타나는 이국성은 흔히 사회의 문화적 다양성이라는 자원으로 인식되며 이주민들 역시 자신들의 이국성을 상품화해 왔다.[76] 한국의 도시 곳곳에 형성되고 있는 외국인 거리는 이주민들이 필요에 의해 자발적으로 형성한 소수민족 집결지ethnic enclave들이다. 그런데 소수민족사업체ethnic businesses를 포함하여, 이 지역들이 가진 이국성이 도시의 관광자원이 되고 이는 역으로 다시 이주민들이 현지인들을 대상으로 자신들의 종족성을 상품화하여 판매할 수 있는 곳이 된다. 특히 지방도시의 경우 이런 이주민 집결지는 "외부성",[77] 즉 세계화에 따라 국경을 넘어서 형성된 네트워크를 통해 지방의 낙후성을 극복하기 위한 자원으로 활용되

비판을 받을 수 있다.

[76] Jock Collins and Patrick Kunz, "Ethnicity and Public Space in the City : Ethnic Precincts in Sydney," *Cosmopolitan Civil Societies* 1-1, pp. 39-70.

[77] 이진경, 〈지방성 사유의 세 가지 모델 : 지방성의 사유에서 외부성의 벡터에 관하여〉, 《로컬리티 인문학》 4, 2010, 168쪽.

고 있고 국가는 이를 '다문화'라는 이름으로 수용하여 근대성과 세계화의 상징으로 삼고 있다.

이런 내부적 세계화의 상징 가운데 결혼이주민과 그 자녀들이 위치하고 있다. 이들의 존재로 한국은 세계—최소한 아시아—의 다양한 민족과 문화가 모이는 중심이 되는 한편, 이들은 한국이 세계시장에 진출하는데 도움이 되는 '다문화 인재'들이 된다. 다문화무역인재육성사업(대한무역투자진흥공사), 다문화 가정 학생들을 글로벌 인재로 육성하기 위한 글로벌 브릿지 사업(교육과학기술부), 다문화 가족해외마케팅지원사업(한국무역협회) 등이 '다문화' 가족들을 '활용'한 대표적인 사업들인데, 예를 들면, 무역협회의 한 보고서는 지방 중소기업의 해외시장 개척을 위해 "다문화 요원의 장점을 적극 활용"할 것을 제안하고 있다. 따라서 이런 문화적 다양성이라는 자원과 인적자원은 적극적인 개발의 대상이 되어야 하며 이를 위해 여성결혼이주민과 그 자녀들은 적극적인 사회적 지원을 받아야 하는 것이다. 언론매체의 재현을 통해 한국 다문화 담론을 분석한 한 연구[78]는 결혼이주여성과 그 자녀들이 가진 다중언어능력과 문화적 혼종성은 한국을 위한 세계화 시대의 경쟁력 있는 자본으로 포착되며 따라서 다문화 가정에 대한 포용과 적극적인 지원은 "글로벌 코리아"의 위상을 더욱 높일 수 있는 투자로 인식되고 있음을 보여 주고 있다.

---

[78] 조지영, 《누가 다문화 사회를 노래하는가? : 신자유주의적 통치술로서의 한국 다문화 담론과 그 효과》, 연세대학교 대학원 정치학과 석사학위논문, 2013.

다문화 가족이라는 명칭에는 이상에서 논의한 것처럼 초국적 이주의 과정에서 민족국가의 통제와 관리를 벗어나기 쉬운 집단이나 개인들을 국경 내로 수용하려는 한국의 문화주의적 노력이 담겨 있다. 다문화 가족은 언어와 외모에서 차이 나는 이주민들을, '세계화'하는 한국 사회의 문화적 다양성을 상징하는 한 구성원으로 수용할 수 있는 범주가 된다. 따라서 이는 이주민들의 국적 혹은 민족성을 희석시킴으로써 민족국가 내부에서 이주민들이 종족집단화되는 것을 막기 위한 시도이다. 그러나 종족 집단의 형성을 막기 위한 이런 노력은 대신 결혼이주민과 그 자녀들을 '다문화'라는 또 다른 집단으로 범주화하는 결과를 낳았다. 여기에 다문화 가족이라는 용어가 가지는 정치성이 담겨 있다.

'또 하나의 가족' : 이국적 국민으로서의 '다문화 가족'

앞에서 지적한 것처럼 한국 정부가 여성 결혼이주민들과 그 자녀들을 수용하기 위해 동원한 다문화 정책들은 다른 이주민들과의 분리, 이주민들에 대한 문제화·인적자원 담론 등을 기반으로 하고 있다. 그러나 이들 장치들은 그 자체의 모순으로 인해 결혼이주민들과 그 자녀들을 새로운 타자로 범주화하고 있다. 먼저, 결혼이주민들을 '다문화 가족'으로 범주화하고 이들을 다른 이주민들, 특히 이주노동자들과 분리해서 지원하는 정책은 보편적 기준이 아니라 특수한 기준으로 이주민들에게 성원권을 부여한다는 점에서 이들의 소속을 불완전한 것으로 만든다. 이주민들이 수민국 사회와의 계약을 통해 '시민'이 될 수 있는 길[79]을 제한하고 국민과의 '혈연'으로 연결된 사람들을 중심으로 성원권을 부여하는 방식은 이를 기반으로 성원권을 받은 사람조차도 혈통의 순수성에 따라 그 성원권을 제한받을 수 있기 때문이다.

많은 결혼이주민들이 사회적인 차별이나 문화 부적응 이상의 어려움으로 지적하는 가족 내에서의 차별은 바로 이런 혈통 논리를 기반으로 하고 있다. 안산의 한 어린이 집에서 '파트타임' 교사로 일하고 있는 한 결혼이주민은 나이 많은 손아랫 동서들이 자신을 형님이라고 "부르지도 않고 그냥 애들 엄마 ⋯ 누구누구 엄마"라고 부르면서 "형 대우"를 안 해 준다고 말했다. 이 결혼이민자는 한국으로 온 지 10년이 넘었고 그동안 다양한 직업교육을 받고 현재 직업을 가지고 일을 하고 있으며 남편과의 사이에도 별 문제가 없다고 했다. 흔히 이야기되는 것 같은 사회적 차별도 크게 받은 것이 없었다. 그럼에도 불구하고 그녀는 '무시'라고 표현되는, 가족관계 속에서 경험하는 이런 미묘한 차별에 가장 큰 불만을 드러냈다.

흔히 결혼이주민을 대상으로 하는 여러 가지 '다문화 프로그램'은 가족이데올로기를 강조함으로써 결혼이민자들을 한국 사회의 '전통적인' 규범과 가치에 순종하는 주체로 만들어 내려는 시도라는 비판

---

[79] David Pearson, "Rethinking Citizenship in Aotearoa, New Zealand," in David Pearson, Paul Spoonley and Macpherson C. (eds.), *Tangata Tangata : The Changing Ethnic Contours of New Zealand*, Southbank Victoria : Thompson Dunmore Press, 2004, pp. 291-314.

을 받는다. 그러나 이런 '다문화' 정책에도 불구하고 실제 결혼이주민을 받아들인 가정은 이들을 가족 내에서도 주변화시켜 불평등한 관계를 지속하려고 하는 경향이 강하다. 결혼이주민을 받아들인 한국 가족의 관점에서 결혼이주민에 대한 이런 차별은, '다문화'정책에서 강조되는 가족에 대한 여성의 충성과 헌신이라는 이데올로기가 이미 현지인들에게도 유효성을 잃은 상황에서 결혼이주민을 가족 내의 '이등second-tier' 구성원으로 묶어 둠으로써 이주민들에게 부계 혈연의 우월성을 중심으로 한 한국의 주도권hegemony을 관철시킬 수 있는 기제로 작동할 수 있는 것이다.

결혼이주민들을 한국 현지인들이 기피하는 가정 내 돌봄, 재생산 노동에 묶어 둘 수 있는 것도 결혼이주여성을 가정의 이등 구성원으로 만드는 기제를 통해서이다. 8년여간의 결혼 생활 끝에 정신질환을 가진 한국인 남편과 이혼하기 위해 원곡동의 이주민 지원 활동가를 찾아 온 필리핀 출신 한 결혼이주여성은 남편의 정신질환을 결혼한 이후에야 알게 되었다. 그녀와 이후 태어난 자녀들은 남편의 정신질환 때문에 많은 고통을 겪었으나 남편의 가족들은 그녀가 남편이 정신적인 문제를 가지고 있는 것을 이해해야 한다고 하였고 나중에는 남편에게 스트레스를 준다며 그녀를 남편 병의 원인이라고 비난하기까지 하였다고 했다.

다문화 가족에 대한 지원을 정당화하기 위해 이들을 문제화하는 것도 모순적인 결과를 낳았다. 이주민들은 문제화의 담론 속에서 미성숙한 주체로 재현되고 따라서 수민국의 국가, 사회, 가정으로부터 지원과 훈육을 받아야 하는 존재들이 된다. 이런 점에서 한국 사회의 '다문화'는 외국인이 현지인이 되기 위해 거쳐야 하는 과도기 또는 유예의 단계로 개념화되기도 한다. 각종 정부 홍보물이나 대중매체를 통해 '다문화'는 외국인이 '한국 사람'이 되기 위해 거쳐야 하는 단계로 재현되고 있다. '한국 사람'이 된다는 것은 귀화를 통한 법적 지위의 획득만을 의미하는 것이 아니라 '문화'를 배우고 익혀서 완전한 성원이 되는 과정이라는 점이 강조된다. 여기서 '다문화'는 국민과 외국인이라는 강하게 고착된 이분법적 인식 속에서, 외국인이면서 국민이 되어야 할 사람들이라는 처음 경험해 보는, 불명확한 범주의 사람들에게 부여한 과도기적 성원권이라는 함의도 가지고 있는 것으로 보인다. 따라서 이 기간 동안 결혼이주민들은 '열심히 주류 사회의 문화를 배워서' '완전한' 성원이 되어야 하는 것이다.

그러나 이런 인식은 결혼이주민이 한국인이 될 것인가, 외국인으로 계속 남아 있을 것인가를 전적으로 이주민의 책임으로 만들 수 있다. 더 나아가 다문화 가족 구성원들이 '완전한' 성원이 되는 과정을 끝나지 않는 과정으로 만들고 있으며, '완전한' 성원이 되지 못하는 다문화 가족을 영원한 타자로 만들 위험성을 안고 있다. 엄마가 한국말이 서툰 다문화 가정의 자녀들이라 하더라도 "학교에 들어가면 별 차이가 안" 나는데도 불구하고 "다문화 가정 아이만 따로" 언어 발달을 진단해 주고, 한국어 교육을 해 주는 "이상한" 정책[80]이나 "엄마가 외국 사람이니 잘 지내라"거나 "정말 잘 키우셨어요!"라는 칭찬 등 학교에서 이주민들이나 그 자녀들이 듣게 되는 한국 사회의

---

[80] 이샘물, 〈다문화 한국 10년〉.

과잉 "배려" 및 "인정"[81] 역시 이들을 불완전한 성원, 영원한 타자로 만든다.

결혼이주민과 그 자녀들의 문제화를 전제로 한 다문화 가족에 대한 지원은 또한 선별적 복지가 복지 수혜자에게 주는 낙인효과가 이주민들과 그 자녀들의 외모와 언어의 가시성에 의해 더욱 증폭되면서 다문화 가족들에게 전형적인 이미지를 부여한다. 즉, 결혼이주민들과 그 자녀들은 자신들을 "'다문화'로 분류하고 원하지 않는 또는 … 전혀 필요하지 않은 매우 황당한 지원을 억지로 받으라고 [하면서] 주류 집단과 다른 존재임을 인식하게"[82] 되고 더 나아가 지원을 받는 이민자들 전체가 "'빈곤'이나 '도움이 필요한 사람' 또는 '왕따'나 '학습 능력의 부족' 및 '학교 부적응' … 그리고 '폭력의 피해자' 내지 '가해자 남편'이라는 극단적 이미지"[83]로 재현되고 있다는 것이다.[84]

81 이자스민, 〈다문화 사회의 이해〉 http : //www.sungshin.ac.kr : 8900/jsps/common/download.jsp? sSiteId=teacher&file=teacher_9_16_1330422188218.pdf&orifile=3-%B4%D9%B9%AE%C8%AD%BB%E7%C8%B8%C0%C7_%C0%CC%C7%D8.pdf&board_id=9&board_seq=16&file_seq=3, 2011.

82 양계민·김승경·김윤영, 《다문화 가족 아동·청소년의 발달과정 추적을 위한 종단연구 Ⅲ》, 292쪽.

83 정혜실, 〈정부정책과 미디어를 통해 인종주의화되는 다문화 가족〉, 12쪽.

84 최근 이런 문제를 개선하기 위한 정책적 노력들이 이루어지고 있는데, 다문화 가족 정책위원회에서도 앞에서 언급한 지원의 문제를 해결하기 위해 "다양한 가족의 한 형태로 지원", "소득수준별 지원방식 효율화, 정착단계별 맞춤형 지원" 그리고 "지자체를 통한 수요자 중심으로 지원체계 일원화"의 방향으로 여러 가지 개선 방안을 추진하기로 결정하였다. 그러나 "다문화 가족"을 "일반가족, 한부모·미혼모 가족, 조손가족, 위기가족, 탈북가정·장기정주외국인가족" 등의 "다양한 가족의 한 형

결혼이주민들과 그 자녀들이 가져오는 이국성과 인적자원을 세계화의 자산으로 삼으려는 시도 역시 이들을 이국적 타자로 범주화하는 결과를 낳았다. 다문화주의의 주된 비판 중 하나가 이주민들의 문화를 "이주의 경험이나 세대 간의 차이 또는 사회이동"에 따른 사회경제적 지위의 변화에도 불구하고 변화하지 않고 고정된 것으로 인식함으로써 이주민들을 주류 사회에서 문화적 소수자로 고착시킬 수 있는 위험을 가지고 있다는 점이다.[85] 더욱이 이주민들이 보장받고자 하는 문화적 차이가, 반드시 이주민들에 의해서만 구성되지도, 수민국 사회의 규제로부터 자유롭지도 않다는 점에서, 수민국 사회의 이데올로기를 정당화하는 요소로 작용할 수도 있다.[86]

이주민들이 가져오는 문화적 다양성을 수용하여 내부의 근대성과 세계화의 상징으로 삼으려는 시도는 이런 점에서 주류 사회의 인식과 가치에 따라 연출된 이국성이 드러나는 시간과 공간이 될 위험성이 크다. 크고 작은 '다문화' 행사의 전형성은 이를 잘 보여 주고 있다. '전통의상'을 입은 결혼이주민들과 그 자녀들이 참석한 가운데 열리는 행사는 먼저 지역에 기반을 둔 정치인들과 기관장 및 유력 인사들의 본격화된 다문화 시대 개막을 축하하는 연설로 시작된다. 이어 결혼이주민들과 그 자녀들의 '다문화' 공연이 이어지고 마지막

태"로 범주화하여 지원하겠다는 이 방안 역시 "다문화 가족"을 사회적으로 주변화된 가족의 한 형태로 구별할 위험성이 높다.

[85] Aihwa Ong, *Buddha is hiding : Refugees, citizenship, the new America*, Berkeley and Los Angeles : Unversity of California Press, 2003, p. 5.

[86] Aihwa Ong, *Buddha is hiding : Refugees, citizenship, the new America*, pp. 5-6.

으로 정치인, 기관장, 유력 인사들이 이주민들과 그 자녀들과 함께 기념촬영을 한다. 여기서 이주민들과 그 자녀들은 지역의 다문화성과 포용성을 보여 주기 위해 동원되는 듯한 인상이 강하다.

또 음식점 메뉴와 같이, 펼치면 그 곳에서 판매되는 각종 요리 사진과 명칭이 가장 먼저 나오도록 디자인된 원곡동의 다문화특구 안내 지도, 각국의 음식을 맛볼 수 있는 판매점 세계 전통의상 패션쇼 한국 전통문화 체험 등 천편일률적으로 구성되어 있는 각 지방자치단체의 '세계인의 날' 행사 등은 또한 '다문화'가 종족성의 상품화와 함께 종족성을 제도화된 방식으로 재현하여 사회적으로 수용 가능한 형태로 표출하도록 하기 위한 기획임을 짐작케 한다.

한편 '다문화 가족'에 대한 인적자원 담론은 이주민들과, 특히 그 자녀들에게 인적자원으로서의 역할과 기능을 강요하고 있다. 이들이 사회적으로 인정받기 위해서는, '하인즈 워드' 담론에서도 잘 드러나고 있는 것처럼, 혼혈이라는 조건을 본인들의 노력으로 극복하고 두드러진 성과를 내서 사회적으로 성공하여야 하며 그런 아이로 키우기 위해서 결혼이주민들의 특별한 헌신이 필요하다는 점이 강조되고 있는 것이다. 또 '다문화 가족'에 대한 인적자원 담론은 무엇보다 이들이 한국 사회의 완전한 성원이 되어야 한다는 요구와 상충된다. 즉, '다문화 가족'은 지원과 훈육을 통해 국민이 되어야 할 타자이면서 동시에 인적자원으로 국가에 기여하기 위해 이국적 타자로 계속 남아 있어야 하는 국민이라는 모순에 처하게 되는 것이다.

이상에서 살펴본 바와 같이 '다문화 가족'이라는 범주는 90년대 이후 한국 사회에 본격적으로 진입하기 시작한 아시아 저개발국 출신 여성 이주민들을 수용하고 그들이 한국인 남성과 결혼하여 낳은 자녀들을 한국인으로 만들기 위해 고안되었다. 이는 결혼이주여성들과 그 자녀들이 '혼혈'이라는 인종적 범주가 아니라 문화적 범주로 인식되게 한 반면, '다문화 가족'을 만들기 위해 동원된 장치들은 이 범주에 속한 이주민들을 불완전한 가족 구성원으로, 지원과 훈육이 필요한 미성숙한 주체로, 인적자원이 되어야 할 이국적인 타자로 만들면서 '다문화'로 새롭게 범주화하고 있다.

그렇다면 이주민들과 그 자녀들은 이런 인종화에 어떻게 대응하고 있는가? 수민국 사회가 부여한 '다문화'이라는 범주는 '다문화 가족'에 의해 어떻게 수용되고 변용되는가? 이 과정을 통해 이주민들과 그 자녀들은 어떤 주체를 만들어 가는가?

'다문화 가족' 만들기에 대한 이주민들의 대응

이주민들은 때로는 '다문화'라는 범주를 거부하기도 하고 전략적으로 수용하기도 하면서 이를 통해 주류 사회에서의 자신들의 소속을 협상하고 있다. 예를 들어, '다문화 가족'에게 가해지는 '온전한 한국인'이 되라는 사회적 압력을 내면화시킨 이주민들, 특히 그 자녀들은 자신들이 '다문화'라는 범주에 포함되지 않는다는 것을 입증하려고 한다. "보통 아이가 되고" 싶고 자신이 "한국 사람이라는 것을 증명하고" 싶다거나 "같은 다문화 가정 아이와 친구"를 하고 싶지 않다는 '다문화 가정' 아이들의 사례[87]는 이를 잘 보여 주고 있다. 반면에 주류 사회에서 '다문화'의 맥락에서 이루어지고 있는 종족성의 상품화를 적극적으로 활용하고 있는 이주민들도 많다. 결혼이주민들은 "다문화공연단"을 만들어 각종 다문화 관련 행사에서 공연을 하고 이국적인 외모를 가진 '다문화 가정'의 자녀들은 광고모델로 활동하기도 한다.

'다문화'가 어떤 의미에서든 이주민들에게 한국 사회에서의 소속의 틀을 제공하게 되면서 다양한 사회경제적·종족적·문화적 배경을 가진 이민자들이 이를 바탕으로 자신들의 소속을 주류 사회와 협상한다. 예를 들면, 아들과 함께 탈북한 후 현재의 중국 동포 남편을 만나 원곡동에서 살고 있던 한 여성은 탈북자들에게 제공되는 아파트에서 살지 않고 원곡동에 살고 있는 이유가 자신과 아들이 '탈북자'가 아니라 '다문화'로 인식되기를 원하기 때문이라고 하였다. 또 '다문화 가족'이라는 범주가 일반화되기 전까지 사회적으로 '통일교'라는 종교적 소속을 통해 주로 재현되었던 '축복결혼' 가족들도 이제는 (주로) 일본인과 한국인이 국제결혼한 '다문화 가족'이라는 측면이 강조되고 있다. 이처럼 '다문화'는 "법적인 시민권을 가지고 있음에도 불구하고 문화적인 차이로 인해 [민족]국가에 완전히 소속될수 없는 사람들이 … 이민자이면서 동시에 [국민]임을 주장할 수 있는"[88] 범주로 기능하고 있다.

---

[87] 이자스민, 〈다문화 사회의 이해〉.

[88] Ien Ang, "Between Nationalism and Transnationalism : Multiculturalism in a

그러나 '다문화'로의 범주화에 대한 이주민들의 대응을 검토하기 위해서는 무엇보다 아시아 여성들의 한국으로의 결혼이주가 이주민 자신들을 포함한 여러 집단들의 적극적인 초국적 행위의 결과물이라는 앞의 논의를 상기할 필요가 있다. 즉, 이 여성 결혼이주민들은 적극적인 초국적인 행위자들로서 자신들을 이등 구성원으로, 미성숙한 사람으로, 이국적 타자로 범주화하는 수민국 사회의 인식에 맞서 자신들의 초국성을 무기로 주체적인 존재로서의 담론을 만들어 가고 있다.

한국에 온지 15년째인 한 결혼이주민은 원곡동에서 '다문화' 활동과 이주민공동체 활동에 활발히 참여하면서 남편, 자녀와 생활하고 있다. 한국에 와서는 직업교육도 받았고 관련된 직장에서 일도 하고 있다. 표면적으로 그녀는 한국 사회에 잘 적응한 모범적인 '다문화 가정'의 구성원이다. 그러나 그녀가 말하는 자신의 이주과정에 대한 이야기는 한국으로의 이주가 스스로의 선택과 기획에 의한 것이며 또 한국에 온 것이 끝이 아니라 단지 그녀 생애의 한 과정임을 보여 주려 하고 있다.

"어렸을 때부터 … 한곳에 머무르지 못하고 … 어드벤쳐하고 싶[고] … 다른 나라 가고" 싶었던 그녀는 대학을 졸업한 후 1년간의 직업교육을 거친 후 20대 중반에 가까운 친척의 재정적인 도움을 받아 홍콩으로 노동이주를 하였다. 3년 반을 홍콩에서 일하면서 본국에 있는 세 동생들 대학 공부를 다 시키고 어머니에게 집도 사 준 그

Globalising World," p. 8.

녀는 홍콩에서 통일교회를 통해 현재의 남편을 만났다. 그녀는 "한국 여자가 없어서, 그리고 나이도 있고, 돈[도] … 직업도 없고 그냥 백수"였던 "불쌍한 남자"를 도와주고 싶다는 마음으로, 또 한국이라는 나라에 대한 호기심과 "어드벤쳐 한 번 해 볼까"라는 생각으로 결혼을 결심하게 되었다.

결혼 후 귀화한 그녀는 한국 성과 이름을 만들었고 가정에서는 며느리로, 또 지역사회에서는 통역으로, 또 새로 오는 자국 출신 이주민들의 안내자로 활동하면서 한국 사회에 잘 정착하였다. 이와 동시에 그녀는 1년에 한두 차례 자녀와 함께 본국을 방문하고 본국의 가족들과 거의 매일 전화로 연락하며 크리스마스와 같은 특별한 날에는 주기적으로 선물을 보낸다. 남편과 크게 다투고 난 다음에는 "인생 다시 시작하고 싶다"는 마음으로 본국으로 돌아가 한 달간 지낸 적도 있고 지금도 가끔 본국의 언니에게 결혼 생활이 힘들다고 이야기하면 언니는 "너무 속상해하면서" 다시 돌아오라고 한다. 또 그녀의 남동생이 "이주노동자"로 곧 한국으로 올 계획이다.

이 결혼이주민의 이야기에서 '다문화'는 자신의 자녀가 '다문화 애들'은 배울 게 없어서 싫어한다는 이야기를 해 줄 때 단 한 번 등장할 뿐이며 자신이나 가족에 대해 이야기할 때 '다문화'라는 표현이나 범주를 사용한 경우는 한 번도 없었다. 대신 이 결혼이주민은 스스로를 자신의 기질과 성향에 따라 홍콩행과 한국행을 선택한 이동하는 주체로, 송금을 통해 본국 가족의 사회이동을 지원한 경제적 주체로, 한국과 본국 양 사회의 성원으로 원활하게 기능하고 있는 초국적 주체로 재현하고 있다. 특히 나이 많고 무능하여 결혼하지 못하고 있던 현재의 남편을 도와주고 싶어서 결혼을 했다는 이야기는 '다문화'가 재현하는 여성결혼이민자상에 대한 완벽한 반박이다.

한편, 이주민들은 수민국에서의 자신의 상황을 이전에 본국에서 자신이 했던 경험과 비교하여 평가하는 경향이 있다. 마찬가지로 이주국에서 오랜 체류한 후 본국으로 귀환한 이주민들은, 본국에서의 상황을 이주국에서의 경험과 비교하여 평가하는 경향을 보여 준다. 그런데 이런 경향은 이주국에 있으면서도 본국과 일상적인 접촉을 계속하는 초국적 이주민들에게는 귀환을 하지 않더라도 두 사회에 동시에 개입되어 있는 삶의 과정에서 획득된다. 이 계속적인 비교의 과정에서 초국적 이주민들은 "초국적 아비투스transnational habitus"[89]라는 특유의 이중적 성향을 발달시키게 된다.

세 아이의 엄마로 한국에 시집온 지 10년째인 한 결혼이민자는 인터넷 메신저를 통해 본국에 있는 가족들, 친구들과 자주 연락을 주고받고 있었고 자신이 한국에 온 후 여동생 두 명을 한국으로 초청해서 그중 한 명은 한국 남자와 결혼, 같은 도시에 살고 있다. 그런데 그녀의 한국 가족과 사회에 대한 인식은 상당히 비판적이었다. 먼저

---

[89] Luis Eduardo Guarnizo, "The emergence of transnational social formation and the mirage of return migration among Dominican transmigrants," *Identities* 4, 1997, p. 311. 이것은 부르디외Bourdieu의 "아비투스habitus"를 초국적 이주의 맥락에 적용한 개념이다. 즉, 아비투스는 어떤 것이 가치 있고 보상받을 만한지를 평가하는 틀이며 일종의 게임의 규칙이라고 할 수 있는데 개인들은 사회적 기대와 가치 체계를 내면화함으로써 그것들을 개인적 성향, 기질 혹은 취향으로 몸에 익힌다. '초국적 아비투스'란 따라서 초국적 이주민들이 수민국과 본국 두 사회에 동시에 개입하고, 두 사회에서 동시에 생활하면서 몸에 익힌 평가의 틀이라고 할 수 있다.

가족관계에 대한 인식에서 그녀는 시어머니가 자신들과 함께 사는 것, 자녀가 셋이고 자신은 집안 살림을 하고 일도 하러 다녀야 하는데 시어머니가 "처음에는 안 봐 주시려고" 하다 "너무 많이 낳아서" "어쩔 수 없으니까" 아이들을 맡아 준 것, 같이 일을 하는데도 남편이 집안일을 전혀 도와주지 않는 것 등에 불만을 표시했다.

사회적으로는 한국 사람들이 마음에도 없이 듣기 좋은 말만 하는 것을 볼 때면 "거짓이 너무 많[고] 진심을 알 수 없어"서 싫었다고 했다. 또 친구하고 둘이 같이 밥을 먹을 때도 꼭 "뿜바이 해야" 하는 한국 사람들이 너무 "속이 좁게" 느껴지기도 했다. 그러나 본국 사회가 한국에 비해 모든 면에서 더 나은 것은 아니다. 예를 들면, 이 결혼이주민 본국의 공무원들은 민원인들이 가까이 갈 수 없을 만큼 높은 왕이다. 말 한 마디 잘못해도 안 될 정도로 잘 보여야 된다. 비용이 들지 않는 서류 발급을 위해서도 돈을 내야 되고 급한 서류는 더 많은 돈을 내야 된다. 그런데 한국은 완전히 반대이다. 공무원들에게 민원인들이 일을 빨리 안 해 준다고 화를 내는 것은 본국에서는 상상도 하지 못할 일이다.

이 이민자의 한국 가족과 사회에 대한 평가는 본국의 상황과의 비교를 통해 이루어진다. 한국인 시어머니가 아이 양육을 마지못해 맡아주었던 반면에 본국에서는 며느리는 "돈 벌러 가야 되니까" 그 집 살림은 시어머니가 당연히 하고 아이 양육은 친할머니 외할머니가 자기가 봐주겠다고 "서로 싸운다." "아침 일찍 일어나서 밥 차려 줘야 되고, 시간 맞춰서 점심 차리고 저녁 차리고, 좀 늦게 [오면] 잔소리"하는 한국의 시어머니들 혹은 자신의 시어머니는 "시어머니[가]

며느리에게 잘 보여야" 되고 며느리가 "일이 있으면 일보고" "늦게 들어가도 뭐라고 안"하는 본국의 시어머니들 혹은 친구의 시어머니들에 비추어 보면 불합리하다. 부부 사이에도 아내가 밥을 하면 남편이 설거지를 하는 식으로 "같이 돈 벌고 같이 집안일을 한다." 또 진심을 알 수 없고 빈말만 많이 하며 친구들과의 관계도 너무 계산적인 한국에 비해 자신의 본국에서는 식당에서 밥을 먹고 있을 때 친구가 들어와서 밥을 먹으면 자신이 나갈 때 그 친구 밥값까지 같이 계산하고 나갈 만큼 "친구들이 아주 열중하고 … 서로 진심으로" 대한다.

이 결혼이주민의 이야기에서도 자신은 본국의 가치 체계를 가지고 한국 가족과 사회를 평가하는 주체로 재현된다. 그리고 이런 주체로서의 대응은 본국과의 계속적인 연결을 통해 자신의 가치 체계를 유지하고 또 갱신할 수 있었기에 가능했다. 이렇게 유지되고 갱신된 가치 체계와 인적 네트워크는 저항의 수단으로 혹은 개인의 생존과 번영을 위한 정체성의 기반으로 작용한다. 즉 한편으로는, 결혼이주민들이 가족 내에서 차별이나 부당한 대우를 당했을 때 활성화되어 대항 담론을 만들어 내는 데 필요한 힘과 정당성을 제공해 주고 다른 한편으로는, 수민국 사회나 남편의 가족이 일방적으로 부과하는 정체성이 아니라 주체적으로 자신의 위치를 스스로 협상하여 자신의 가치와 가능성을 최대화하려는 적극적인 자아 형성의 기반이 되는 것이다.

'다문화'를 넘어선 이민자의 사회 통합

이상에서 살펴본 것처럼 '다문화 가족'은 이민으로 발생한 종족적 다양성을 관리하려는 다문화주의 정책과 신자유주의적 인적자원 담론에 기반하여 국민이 될 이민자들을 지원하려는 정책의 수행 과정에서 형성된 범주이다. 그러나 지원의 대상으로서 '다문화 가족'을 범주화하는 과정에서 특정 이주민들을 선별적으로 지원하고 이주민 집단을 문제화하며 이주민들에게 국가가 요구하는 인적자원이 될 것을 강요하면서 이민자들을 타자로서 주변화시키고 나아가 인종적으로 범주화하는 부작용을 낳았다. 이렇게 형성된 '다문화'라는 범주는 주류 사회의 이해와 요구에 따라 언제든지, 어떤 형태로든지 동원될 수 있는 차별의 담론으로 잠복하게 되고 결혼이주민들과 그 자녀들을 대다수의 '다문화'와 '다문화'로부터 벗어나 주류 사회로 진입한 극소수의 성공자로 분리할 가능성이 있다.

그러나 이민자들에 대한 수민국의 문제화와 인적자원으로서의 요구는 수민국 사회—가정, 기업, 국가—가 이민자들을 필요로 하고 있다는 사실을 은폐하는 기제가 될 수 있다. 이민자들을 '못사는' 나라에서 '잘사는' 나라로 "성공의 기회를 찾아온 절박한 개인들로 재현"[90]함으로써 대부분의 수민국 사회에서 이민자들이 저임금 단순 노동자로, 혹은 숙련된 기술 인력으로 부족한 인력을 대체하고 있다

---

90 Yen Le Espiritu, *Home Bound : Filipino American Lives across Cultures, Communities, and Countries*, Berkeley : University of Califormnia Press, 2003, p. 207.

는 사실은 은폐되고 대신 주류 사회의 이민자에 대한 주도권이 관철되며 이민자들은 민족국가의 통제 대상이 되는 것이다.

이주민들과 그 자녀들을 '다문화 가족'으로 범주화하는 정부의 정책이나 사회적 인식은 따라서 수정되어야 한다. 이런 문제의식을 기반으로 '다문화 가족'이라는 수사적 표현 대신 '이주민 가족'이라는 중립적인 표현을 사용하자는 주장이 대두되고 있다. 이 주장에 완전히 동의하면서, 한 가지 강조하고 싶은 바는, 어떤 용어를 사용하든 그것이 이주민들을 특정 집단으로 구별하는 범주가 되어서는 안 된다는 점이다. 중요한 것은 어떤 용어를 사용하는가보다 이주민들이 기존의 구성원과 동등한 자격을 가진 성원이 될 수 있는가의 여부일 것이다.

이민자의 존재와 이들의 통합과 관련된 문제는 국가의 성원권과 소속감이 유동적이며 따라서 끊임없이 재정의될 수 있음을 보여 주는 증거이다. 이민자들이 국가의 새로운 구성원으로서 어떤 성원권을 가지게 될지, 또 어떤 소속감을 가지게 될지 목격할 수 있기 때문이다. 한국 사회가 현재 그런 시점에 놓여 있다. 이민을 통해 새로운 성원을 받아들이는 것이 국가 공동체로서의 생존에 필수요소 중 하나가 된 지금 새로운 구성원에게 어떤 성원권을 부여하고 이민자들은 어떤 소속감을 가질 수 있을 것인가에 대한 진지한 성찰이 요청된다.

그런데 문화화의 초기 단계에서 나타나는 이민자들의 미숙함을 미성숙함으로 보는 인식, 이민을 '허용'하여 준 수민국 사회에 이민자들이 특별한 기여를 해야 한다는 논리 등은 수민국 사회의 동등한 일원이 되려는 이민자들의 노력을 좌절시키고 나아가 이들이 수민국 사회에 저항하게 만들 수 있다. 수민국 사회의 일방적 이해와 요구를 관철시키려는 '다문화'로는 이주민들을 통합시킬 수 없다. 이주민들을 이등구성원으로 만드는 통합은 종족정치이지 통합이 아니다.

　이주민들의 사회 통합을 위해서는 무엇보다, 앞에서 인용한 나랑토야 씨의 말처럼, 이주민들이 한국어를 배우고 직업을 가지고 일을 하면서 한국 사회를 알아 가는 과정, 즉 문화화 과정을 통해 "한국 사회에 물들어 한 일원"이 될 수 있다는 상식적인 생각, 곧 이주민들의 탄력적인 적응력에 대한 기본적인 인식이 필요하다. 이주민 자녀들을 돌보는 원곡동의 방과후교실에 한국에 온 지 채 한 달도 안 된 아이를 데리고 할머니가 교사와 상담을 하러 왔다. 3월에 학교 입학이 결정되자 한국말을 한 마디도 못하는 손녀가 한국에서 적응을 잘 못하고 밥도 잘 안 먹고 속을 너무 태워 본국으로 돌려보내려다 마지막으로 이곳을 찾아왔다고 했다. 그런데 교사와 할머니의 말을 옆에서 듣고 있던 한 아이가 할머니에서 "저도 한국말 하나도 모르고 입학했어요"라고 할머니를 위로하였다. 이 아이가 학교에서 "숙제도 잘하고, 적응도 잘 하고, 공부도 잘해서 평균 90점 이상" 맞는다는 교사의 말에 할머니는 자신의 손녀에게도 희망이 있다며 좋아하셨다. 실제로 할머니의 손녀는 그 후 이곳 방과후교실에 나와 한국말을 배우고 선생님, 친구들과 사귀면서 힘든 시기를 잘 견뎌 내고 있다. 이주민들의 문화화 과정이 결코 쉬운 것은 아니지만 대부분의 이민자들은 이 과정에서 자신들이 가진 자원을 최대한 활용하여 수민국에서 생존하고 번영하기 위해 나름의 방식으로 적극적으로 노력하고 있다.

또한 초국적 이주의 시대에 이주민들의 복수의 소속을 인정하면서 이들을 통해 이루어지는 복수의 사회적 장의 결합을 적극적으로 활용할 필요가 있다. 예를 들면, 결혼이주민들이 본국과 유지하고 있는 초국적 연결망은 한국 현지인 배우자에게도 경제적 기회를 제공하고 있다. 국제결혼 부부가 함께 한국에서 이주민 배우자 본국 출신 이주민들을 고객으로 하는 식당이나 식품점을 운영하는 경우가 원곡동에는 드물지 않다. 또 한국과의 연결을 활용해서 국제결혼 부부가 이주민 배우자의 본국에서 사업을 하는 경우도 많다.

이런 맥락에서 이민자들이 수민국 사회의 성원이 되는 과정에는 국가의 틀에 이민자들을 맞추는 방식만이 아니라 이민자들의 가능성을 통해 국가와 민족의 경계를 유연하게 하고 확대하는 것도 포함되어야 한다. 즉, 이민자들을 국가가 필요로 하는 '인재'로 만드는 정책만이 아니라 이민자들 스스로가 만들어 내는 발전에 대한 전망을 적극적으로 수용하는 정책도 필요한 것이다. 이를 위해서는 이주민들의 주체로서의 자격을 인정하고 이들의 경험을 활용하려는 전향적인 인식이 반드시 필요하다.

참고문헌

강준만, 《미국은 세계를 어떻게 훔쳤는가 : 주제가 있는 세계사》, 인물과 사상사, 2013.

교육인적자원부, 《다문화 가정 자녀 교육지원 대책》, 2006.

구본규, 〈다문화주의와 초국적 이주민 : 안산 원곡동 이주민 집주지역의 사례〉, 《비교문화연구》 19-2, 2013.

권미경, 《다문화주의와 평생교육》, 한국학술정보(주), 2009.

권순정, 〈다문화 가정 학생들에 대한 교사들의 고정관념 탐색〉, 《국제이해교육연구》 5-2, 2010.

김영옥, 〈새로운 '시민들'의 등장과 다문화주의 논의〉, 《아시아여성연구》 46-2, 2007.

김영혜·김경은, 《경기도 다문화 가족지원센터 프로그램 및 운영현황 분석과 효율화 방안》, (재)경기도가족여성연구원, 2013.

김은실 김정선, 〈지구/지역시대 행위전략으로서 국제결혼 : 새로운 아시아/지역으로서의 충남 J마을〉, 이화여자대학교 여성연구회(편), 《지구화시대의 현장 여성주의》, 이화여자대학교출판부, 2007.

김혜순, 〈한국의 다문화 담론과 결혼이주여성 : 부계 부권의 가족 중심주의와 지역인지성〉, 《에스닉과 다문화주의 인류학》, 한국 문화인류학회 국제학술대회 자료집, 2007.

나랑토야, 〈한국 사회에 비친 나〉, 《Harmony Magazine》 29, 안산시 외국인주민센터, 2012.

남영호, 〈주둔지 혼혈인과 생물학적 시민권〉, 《한국문화인류학》 41-1, 2008.

박재규, 〈국제결혼 여성이민자의 가족해체 원인 및 특성 분석 : 경기 지역 자료를 중심으로〉, 《보건사회연구》 31-3, 2011.

보건복지가족부, 〈국제결혼중개업체 등록제〉, http : //multiculture.dibrary.net/

posts/list/ 202/30/22426/ko_KR.do?topics_per_page=10, 2008.

송길원, 〈가가호호(家家好好)〉, http : //hifamily.net/user/board/view.
php?no=19530&menu =0502&menuNo=9&disView2=x, 2014.

양계민 · 김승경 · 김윤영,《다문화 가족 아동 청소년의 발달과정 추적을 위한 종
단연구 Ⅲ》, 한국청소년정책연구원, 2012.

오경석, 〈한국 다문화주의의 미래 : 안산 지역과 내 경험을 중심으로〉,《한국 다문
화주의, 가족, 교육 그리고 정책》, 제2회 한국학중앙연구원 현대한국연구소
국내학술회의 자료집, 2009.

오경석 · 박선권 · 구본규,《'외국인집거지역'의 다문화 사회 인프라 구축방안 :
안산의 사례를 중심으로》, 경기도의회 연구용역보고서, 2011.

이상림, 〈혼인동향분석과 정책과제〉,《보건 · 복지 Issue & Focus》제204호, 2013.8.

이샘물, 〈다문화 한국 10년〉,《동아일보》2014년 5월 24일, http : //news.donga.
com/3/all/ 20140523/63718507/1.

이자스민, 〈다문화 사회의 이해〉, http : //www.sungshin.ac.kr : 8900/jsps/common/
download. jsp?sSiteId=teacher&file=teacher_9_16_1330422188218.pdf&orifile=3-
%B4%D9%B9%AE%C8%AD%BB%E7%C8%B8%C0%C7_%C0%CC%C7
%D8.pdf&board_id=9&board_seq=16&file_seq=3, 2011.

이진경, 〈지방성 사유의 세 가지 모델 : 지방성의 사유에서 외부성의 벡터에 관하
여〉,《로컬리티 인문학》4, 2010, 149-168쪽.

이철재 · 한애란 · 정강현 · 김호정, 〈코시안 정치세력화 가능성… 2020년엔 신생
아 3명 중 1명이 혼혈〉,《중앙일보》2006년 4월 4일, http : //article.joins.com/
news/article/article.asp? total_id=2250434.

이혜경 · 정기선 · 유명기 · 김민정, 〈이주의 여성화와 초국가적 가족 : 조선족 사
례를 중심으로〉,《한국 사회학》40-5, 2006.

임원진, 〈건강가정연대, 건강한 가정 위한 용어발표〉,《기독공보》2004년 5월 8일
자.

장한업, 〈한국이민자 자녀와 관련된 용어사용상의 문제점 – '다문화 가정', '다문
화 교육'〉,《이중언어학》46, 2011.

정의철,《다문화 커뮤니케이션》, 커뮤니케이션북스(주), 2013.

정혜실, 〈정부정책과 미디어를 통해 인종주의화되는 다문화 가족〉,《이주민 분리와 차별을 넘어서 : 정책과 미디어를 중심으로》, 제1회 이주 정책포럼 심포지움 자료집, 2013.

조지영,《누가 다문화 사회를 노래하는가? : 신자유주의적 통치술로서의 한국 다문화 담론과 그 효과》, 연세대학교 대학원 정치학과 석사학위논문, 2013.

최무현, 〈다문화 시대의 소수자정책 수단에 관한 연구 : 참여정부의 '다문화정책'을 중심으로〉,《한국행정학보》42-3, 2008.

최종렬, 〈비교관점에서 본 한국의 다문화주의 정책〉,《한국 다문화주의, 가족, 교육 그리고 정책》, 제2회 한국학중앙연구원 현대한국연구소 국내학술회의 자료집, 2009.

출입국외국인정책본부 이민통합과, 〈국제 결혼안내프로그램〉, http : //www.hikorea.go.kr/ pt/InfoDetailR_kr.pt?categoryId=1&parentId=1294&catSeq=&showMenuId=8, 2013.

한국염, 〈지자체의 〈농촌 총각 장가보내기〉 프로젝트의 실상과 과제〉,《'농촌 총각 국제결혼 지원 조례 정책 제대로 보기' 토론회》, '농촌 총각 국제결혼 지원 조례 · 정책 제대로 보기' 토론회 자료집, 2007.

허유신, 〈이제는 다인종 시대 : 결혼하는 7쌍 중 한쌍인 국제결혼 실태, 비율〉,《MBC 뉴스데스크》2006년 4월 3일자.

홍태영, 〈유럽의 시민권, 정체성 그리고 문화적 인종주의 : 국민국가의 전환과 극우 민족주의〉,《한국정치연구》20-2, 2011.

황명진,《이주자 사회 통합 정책 교육 : Volume VIII, 한국의 정책현안과 대안들》, IOM이민정책연구원, 2011.

Agrela, Belén, "Spain as a Recent Country of Immigration : How Immigration Became a Symbolic, Political, and Cultural Problem in the "New Spain"," *Working Paper* 57, Center for Comparative Immigration Studies, UC San Diego, 2002.

Ang, Ien, "Between Nationalism and Transnationalism : Multiculturalism in a Globalising World," *Institute for Culture and Society Occasional Paper Series* 1-1, University of Western Sydney 2010.

Basch, Linda, "Transnational Social Relations and the Politics of National Identity :
An Eastern Caribbean Case Study," in Nancy Foner (ed.), *Islands in the City : West
Indian Migration in New York*, Berkeley and Los Angeles : University of California
Press, 2001.

Basch, Linda, Nina Glick-Schiller and Cristina Szanton Blanc, *Nations unbound :
transnational projects, postcolonial predicaments, and deterritorialized nation-states*, Basel :
Gordon and Breach, 1994.

Collins, Jock and Patrick Kunz, "Ethnicity and Public Space in the City : Ethnic
Precincts in Sydney," *Cosmopolitan Civil Societies* 1-1, 2009.

Espiritu, Yen Le, *Home Bound : Filipino American Lives across Cultures, Communities, and
Countries*, Berkeley and Los Angeles : University of California Press, 2003.

Faist, Thomas, "Immigration, integration and the ethnicization of politics," *European
Journal of Political Research* 25, 1994.

Forrest, James and Kevin Dune, "'Core' culture hegemony and multiculturalism :
Perceptions of the privileged position of Australians with British backgrounds,"
Ethnicities 6-2, 2006.

Foucault, Michel, *Security, Territory, Population : Lectures at the College de France 1977-78*,
Michel Senellart (ed.), Graham Burchell(trans.), New York : Palgrave Macmillan,
2009.

Guarnizo, Luis Eduardo, "The emergence of transnational social formation and the
mirage of return migration among Dominican transmigrants," *Identities* 4, 1997.

Harvey, David, *The Condition of Postmodernity : An Enquiry into the Origins of Cultural
Change*, Oxford : Blackwell Publishers, 1990.

Joppke, Christian, "Multicultural Citizenship," in Engin F. Isin and Bryan S. Turner
(eds.), *Handbook of Citizenship Studies*, London : Sage, 2003.

Lan, Pei-Chia, "New Global Politics of Reproductive Labor : Gendered Labor and
Marriage Migration," *Sociology Compass* 2-6, 2008.

Larchanché, Stéphanie, *Cultural Anxieties and Institutional Regulation : "Specialized" Mental
Healthcare and "Immigrant Suffering" in Paries, France*, Ph. D. Diss, Washington

University, 2010.

Maydell, Elena, *The Making of Cosmopolitan Selves : The Construction of Identity of Russian-Speaking Immigrants in New Zealand*, Ph.D. Thesis, University of Auckland, 2010.

Ong, Aihwa, "Cultural Citizenship as Subject-Making," *Current Anthropology* 37-5, 1996.

Ong, Aihwa, *Buddha is hiding : Refugees, citizenship, the new America. Berkeley and Los Angeles*, Berkeley and Los Angeles : Unversity of California Press, 2003.

Park, Yoosun, "Constructing Immigrants : A Historical Discourse Analysis of the Representations of Immigrants in US Social Work, 1882-1952," *Journal of Social Work* 6-2, 2006.

Pearson, David, "Rethinking Citizenship in Aotearoa, New Zealand," in David Pearson, Paul Spoonley and Macpherson C. (eds.), *Tangata Tangata : The Changing Ethnic Contours of New Zealand*, Southbank Victoria : Thompson Dunmore Press, 2004.

Silverstein, Paul, A., "Immigrant Racialization and the New Savage Slot : Race, Migration, and Immigration in the New Europe," *Annual Review of Anthropology* 34, 2005.

Walker, Ranginui, "Immigration Policy and the Political Economy of New Zealand," in Grief, Stuart. W. (ed.), *Immigration and National Identity in New Zealand*, Palmerston North : The Dunmore Press, 1995.

Zukin, Sharon, *The Cultures of Cities*, Oxford : Blackwell Publishers, 1996.

2
다문화 시대 소수자의 '명칭' 연구
: 결혼을 통해 이주한 여성 집단의 '명칭' 분석을 중심으로

이화숙

이 글은 다문화 시대의 새로운 소수자로 등장한, 결혼을 동기로 우리 사회에 이주해 온 여성 집단에 대한 명칭을 조사하여 그 현황을 살펴보고, 이들 명칭의 구조와 의미를 분석하는 데 주요 목적이 있다.[1] 이들 집단에 대한 제 분야의 연구가 활발하게 이루어지면서 각종 명칭이 생성되어 학술 논문을 통해 사용되고 있다. 하지만 이들 명칭에 대한 현황 파악과 분석적인 연구는 아직 이루어진 것이 없다.

시대의 흐름 속에 변화를 거듭하는 사회현상들은 어떤 형태로든 그 공동체의 언어 속에 반영되기 마련이다. '다문화'라는 용어는 현

---

* 이 글은 《한국학연구》 45집 (2013.6)에 수록된 원고를 일부 수정하여 재수록한 것이다.

[1] 이 글에서 여성 집단에 주목하는 이유는 한국의 이민정책과 관련이 깊다. 한국은 혈통주의에 기초하여 이민의 문호가 대단히 폐쇄적이므로 순수 외국인의 이민은 결혼을 통한 것이 일반적이다. 따라서 결혼을 동기로 한국 사회로 이주하는 집단의 대부분은 여성일 수밖에 없으며, 이들이 대부분의 다문화 연구의 주요 대상이 되고 있는 것이다.

재 우리의 시대상을 가장 함축적으로 반영하는 대표적인 신어^{新語}의 하나이다. 지구화에 따라 한국 사회에 거주하는 외국인의 수가 급속히 증가하고 이로 인한 사회·문화적 가치의 변화를 예상하는 제 분야의 연구가 과히 폭발적으로 이루어지면서 '다문화'는 새로운 담론을 형성하고 있다. 학계의 다문화 담론 속에 가장 빈번하게 거론되는 대상은 '이주Migration' 혹은 '이민Immigration'이라는 용어에 의해 정체성이 규정되는 소위 '다문화 시대의 소수자 집단'이다. 특히 '국민의 배우자' 자격으로 이주해 온 여성 집단이 학계의 주요 논의 대상이 되고 있는데, 이들을 개념화하기 위한 다양한 형태의 명칭이 만들어져 혼용되고 있어 관련 명칭에 대한 논의가 시급한 시점이다. '결혼' 혹은 '국제결혼', '이주민', '이민자', '여성' 등의 용어가 결합한 복합 구성으로 학술 논문에서 이들을 지칭하는 데 쓰이고 있는 명칭은 무려 60여 종이 넘는다. 다른 대상과 구별되는 고유의 특징을 바탕으로 명칭이 생성되는 만큼 분명한 의미 전달을 위해서는 하나의 대상에 하나의 명칭을 부여하는 것이 바람직하다.[2]

한국 남성과의 결혼을 동기로 이주해 온 여성 집단의 경우, 짧은 시간 동안 개별 연구자에 의해 단편적으로 연구가 이루어지면서 다양한 형태의 명칭이 만들어져 사용되고 있다. 하지만 명칭 사용이 일관적이지 않을 뿐 아니라, 명칭 자체에 대한 현황 파악과 학문적

---

[2] 명칭이 갖는 일차적인 기능은 대상이 갖는 특성의 차이를 세분화하여 특정 대상을 다른 대상과 구분하는 것이다. 이 글에서 명칭의 기능과 구성, 구성 요소의 의미 분석은 여찬영, 〈우리말 명칭어의 색채표지 연구〉, 《한국전통문화연구》 10, 1995를 참고하여 진행하였다.

검토 역시 아직 이루어진 바가 없다. 동일한 집단을 가리키는 용어가 혼용될 때, 대상에 대한 부정적인 사회 이미지를 생성하고 나아가 대상을 주변화할 가능성이 큰 만큼 다문화 시대의 소수자 집단의 명칭에 대한 비판적 성찰이 필요하다.

'다문화'라는 용어를 중심으로, 새로운 사회상을 반영하는 각종 용어들이 폭넓게 사용되기 시작하면서 다양하고도 과도한 개념들이 혼용되고 있으며 용어에 대한 학술적 검토가 필요하다는 지적들이 있다.[3] 서종남(2010)에서는 다문화와 관련된 정부 부처의 홈페이지에 사용되고 있는 이주 집단에 대한 지칭어들을 조사한 바 있다. 그 결과, 같은 대상을 일컫는 말임이도 불구하고 기관과 사람에 따라 다르게 표현되고 있어 혼란을 빚고 있으므로 용어의 정리와 단일화가 필요하다고 하였다.

이민경 · 이수정(2011)은 정책 용어의 관점에서 '다문화'가 갖는 협소함을 지적하고 다문화주의를 기반으로 하는 해외의 용어 사용을 검토하여 그 시사점을 바탕으로 '이주 배경 아동 · 청소년'이라는 용

---

[3] 김대군, 〈다문화 사회에서 소수자 배려윤리〉, 《윤리교육연구》 24, 2011, 185~198쪽 ; 김영옥, 〈새로운 '시민들'의 등장과 다문화주의 논의〉, 《아시아여성연구》 46-2, 2007, 129~159쪽 ; 김영옥, 〈결혼이주여성의 한국 사회 통합 : 정책과 경험 사이에서〉, 《다문화 사회연구》 3-2, 2010, 123~154쪽 ; 김혜순, 〈결혼이주여성과 한국의 다문화 사회 실험〉, 《한국 사회학》 42-2, 2008, 36~71쪽 ; 민현식, 〈한국어 교육에서 소위 다문화 교육의 문제점에 대해〉, 《한국언어문화학》 5-2, 2008, 115~150쪽 ; 박병섭, 〈다문화적 소수자 문제에서 한국의 특수성〉, 《사회와 철학》 12, 2006, 99~126쪽 ; 신지원, 〈이민정책의 이론적 기초와 방향성 연구〉, IOM 이민정책연구원 워킹 페이퍼 No. 2011-01(www.iom.mrtc.org), 2011 ; 한국 사회과학회, 〈한국적 "다문화주의"의 이론화, 동북아시대위원회 용역 과제 보고서〉, 2007.

어 사용을 제안하였다. '이주 배경 아동·청소년'이라는 용어는 다양한 집단을 포괄하는 정책 수행을 고려할 때, 다양한 이주 배경을 가진 아동·청소년들이 공통적으로 처한 상황과 조건을 명시적으로 드러낼 수 있고 가치 개념이 들어가지 않는 용어라는 점에서 정책 용어로 적절성이 있다고 하였다.[4] 장한업(2011)에서는 '다문화 가정'이라는 용어가 '부모 중 적어도 한 사람이 외국인인 가정'이라는 의미를 함의하는 용어로 적절하지 않을 뿐더러 다분히 이념적 색채가 드러나는 용어이므로 객관적인 대안으로 '이민자 가정'이라는 용어를 제안하였다.[5]

　다문화와 관련한 여러 분야의 학술 연구와 정책적 실천이 적극적으로 이루어지고 있으면서도 정책 대상의 명칭에 대한 심도 있는 검토가 이루어지지 않은 상황에서 서종남(2010), 이민경·이수정(2011), 장한업(2011)이 논의한 일련의 비판적이고도 반성적인 성찰은 그 의미가 크다. 그러나 공공기관의 홈페이지라는 제한된 가상공간에서의 사용 현황과 정책적 맥락 혹은 사회적 상황과 관련하여 적절한 용어

---

[4]　실제로 '이주 배경 청소년·아동'은 정책 대상을 지칭하는 용어로 정착되어 가고 있다.

[5]　국립국어원에서는 "소수자 구별언어에 대한 국민의식 조사"를 통해 '다문화 가정', '새터민', '조선족', '혼혈인'이라는 단어가 해당 소수자 구성원에게 차별감을 주는 정도에 대한 국민 인식을 조사한 것이 있다. 이 보고서에 의하면 '다문화 가정'이라는 용어에 대해 응답자의 50.1퍼센트가 차별감을 준다고 생각하는 것으로 조사되었다. 특히 '다문화 가정' 단어를 사용한 경험자의 경우 60퍼센트가 차별감을 준다고 생각하는 것으로 조사되었으며, 이 단어가 차별적인 용어이므로 사용하지 않는 것이 좋다는 응답도 41.7퍼센트에 달한 것으로 나타났다. 명칭과 관련한 조사를 통해 다문화 시대의 소수자로 등장한 여러 집단에 대한 명칭 사용에 대해 비판적인 성찰이 필요함을 알 수 있다. 국립국어원, 〈소수자 구별언어에 대한 국민의식 조사 보고서〉, 국립국어원 용역 결과보고서, 2010, 29~33쪽 참조.

를 제안하면서도 용어 자체에 대한 분석이 이루어지지 않았다는 점에서 그 한계를 찾을 수 있다.

이 글에서는 다문화 정책과 다문화주의 등 다문화 담론에서 논의의 중심에 있는 결혼을 통해 국내에 정주하는 여성들을 지칭하는 명칭을 전부 개괄하고, 이들 명칭의 구조와 의미 분석을 시도할 것이다. 계량적 분석을 통해 학계에서 가장 많이 통용되고 있는 명칭은 무엇이며, 명칭을 구성하는 데 가장 생산적으로 개입하고 있는 형태적 구성 요소와 의미 요소는 무엇인지 살펴보고자 한다. 이를 바탕으로 타당성 있는 명칭에 대해서도 아울러 제안할 것이다.

"결혼을 통해 국내에 정주하는 여성 집단의 명칭"(이하 '명칭')을 살펴보기 위해 다문화 관련 연구 논문을 목록화하고, 그중 논문의 제목에 연구 대상에 대한 '명칭'이 포함된 것을 별도로 분류해 내는 것으로 연구를 시작하였다. 이 글은 다음 〈그림 1〉의 연구 설계를 구체화하는 방향으로 논의를 진행하였다.

〈그림 1〉 연구 설계

(1) 다문화 연구 논문 검색(2,383편)
제목에 '결혼이주', '결혼이민', '국제결혼', '다문화 가족'이 포함된 논문 검색

(2) 관련 자료 선정(748편)
연구 대상의 '명칭'이 포함된 논문 목록화, 명칭과 연구 내용의 관련성 검토문 검색

(3) 분석 대상 추출(65종 명칭)
결혼을 통해 국내로 이주하는 여성 계층에 대한 '명칭'의 개괄 및 개량화

(4) '명칭'의 구조와 의미 분석
명칭의 구성 요소와 구조 분석 및 의미 요소 분석

학술연구정보서비스(http://www.riss.kr)에서 '결혼이주', '결혼이민', '국제결혼', '다문화 가족'을 입력하여 제목을 검색하였다. 그 결과로 출력된 2,383편 중(검색일 2013년 3월 29일 기준) 중복 등록된 것과 자료집, 논평, 인터뷰, 논의의 대상이 분석 대상과 다른 경우 등을 제외하고, 논문 제목에 관련 '명칭'이 포함된 748편을 논문 제목과 저자, 학술지, 발간년도를 중심으로 목록화하였다 (〈그림 1〉의 (1)→(2)단계). 이들 논문의 제목을 통해 65종의 '명칭'을 추출하여 계량화하여 개괄하고(〈그림 1〉의 (3)단계), '명칭'을 구성하는 형태적 요소와 의미 요소를 분석하는 과정으로(〈그림 1〉의 (4)단계) 논의를 진행하였다.

'명칭'의 현황

학계의 다문화 관련 연구는 2005년 이후 본격적으로 시작되었으며, 국제결혼, 다문화 가정, 다문화 가정자녀, 한국어 교육 등이 중요한 쟁점으로 부각되어 왔다.[6] 이들 연구를 통해 호명되는 연구 대상은 대부분 결혼을 통해 국내에 정주하는 여성 집단이다. 아래에서는 〈표 1〉을 통해 이들 집단에 대한 '명칭'을 학술 논문의 제목에 출현하는 빈도와 함께 개괄해 보고자 한다.

---

[6] 장임숙 외, 〈다문화연구의 지식구조에 관한 네트워크 분석〉, 《한국도서관 · 정보학회지》 42-4, 2011, 353~374쪽.

〈표 1〉 '명칭'의 출현 빈도와 형태

출현 빈도	형태
1회(41종)	결혼이민여성농업인, 결혼이민자어머니, 결혼이민자주부, 결혼이주민, 결혼이주민여성, 결혼이주어머니, 결혼이주외국여성, 결혼이주자산모, 국제결혼가정의외국인신부, 국제결혼다문화이주여성, 국제결혼여성 이주민, 국제결혼외국인산모, 국제결혼외국인이주여성, 국제결혼이민여성, 국제결혼이민자여성, 국제결혼이주민, 국제결혼이주자, 국제결혼한 몽골어머니, 국제결혼한 필리핀이주여성, 국제이주여성, 다문화 가정결혼이주여성, 다문화 가정여성결혼이민자, 다문화 가정의 결혼이주여성, 다문화 가정이주자, 다문화 가족폭력피해여성, 다문화결혼이주자, 동남아시아이주여성, 디아스포라여성, 소수민족이주여성, 여성 이주민, 여성 이주자, 외국결혼이주여성, 외국인결혼이주여성, 외국인배우자, 외국인여성결혼이민자, 외국인이주자, 외국인주부, 재혼국제결혼이주여성, 코시안가정주부, 한부모이주여성, 혼인이주자, 코시안가정주부
2회(9종)	국제결혼한 여성, 국제혼인이주여성, 다문화 가정 결혼이민자, 다문화 가정 일본인 아내, 동아시아 국내이주여성, 여성결혼이주자, 이주결혼여성, 재한일본인 아내, 혼인이주여성
3회(3종)	국제결혼여성이민자, 결혼여성이민자, 다문화 가정 여성
4회(1종)	국제결혼이민자
5회(3종)	결혼이주자, 다문화 가정 어머니, 다문화 가정 이주여성
6회(1종)	국제결혼 여성
11회(1종)	결혼이민자 여성
20회(1종)	이주여성
36회(1종)	결혼이민 여성
62회(1종)	결혼이민자
83회(1종)	국제결혼이주여성
217회(1종)	결혼이주여성
227회(1종)	여성결혼이민자

앞의 〈표 1〉에 제시한 '명칭'의 형태와 출현 빈도는 〈그림 1〉의 연구 설계에 따라 추출한 자료를 분류한 것으로, 모두 65종의 형태가 제시되어 있다. 이들 서로 다른 형태의 '명칭'은 많은 경우 227회에서, 적은 것은 1회에서 이르기까지 출현 빈도에 큰 편차를 보인다. 가장 출현 빈도가 높은 '명칭'은 '여성결혼이민자(227회)'와 '결혼이주여성'(217회)이다. 이 밖에 '국제결혼이주여성'(83회), '결혼이민자'(62회), '결혼이민 여성'(36회), '이주여성'(20회) 등의 순으로 출현 빈도를 보인다. 5회 미만의 출현 빈도를 보이는 것은 54종에 이르러 전체의 83퍼센트에 달한다. 특히 논문의 제목에 1회만 등장하는 형태도 무려 41종에 이른다. 〈표 1〉을 통해 동일한 집단에 대한 이칭異稱이 과도하게 많은 것을 볼 수 있다. 이는 '명칭'에 대한 합의가 이루어지지 않은 채 연구자의 관점에 따라 대상의 특성을 함축한 어휘들을 나열하여 '명칭'을 자의적으로 생성하고 있는 학계의 상황을 보여 준다.

다문화 담론의 흐름 속에 〈표 1〉에서 제시한 '명칭'의 출현 양상은 연도별로 차이를 보이는데, 아래의 〈표 2〉는 '명칭'의 출현율을 연도별로 계량화한 것이다.

〈표 2〉 '명칭'의 연도별 출현 비율

연도 명칭	2005 이전	2005	2006	2007	2008	2009	2010	2011	2012	2013	계 (퍼센트, 회)
여성 결혼이민자	-	0.44	5.73	5.73	12.78	18.50	17.18	19.82	19.38	0.44	100(227)

결혼이주여성	-	-	1.38	2.76	6.45	10.14	19.35	27.19	31.80	0.92	100(217)
국제결혼이주여성	-	1.20	10.84	15.66	14.46	9.64	19.28	20.48	8.43	-	100(83)
기타(54종)	2.70	1.35	2.70	10.81	13.51	18.92	14.86	14.86	18.92	2.70	100(71)
결혼이민자	-	-	8.06	11.29	19.35	11.29	16.13	11.29	22.58	-	100(62)
결혼이민여성	-	-	-	13.89	8.33	25.00	30.56	8.33	11.11	2.78	100(36)
이주여성	5.00	-	15.00	25.00	15.00	15.00	-	5.00	20.00	-	100(20)
결혼이민자여성	-	-	9.09	-	-	36.36	9.09	27.27	18.18	-	100(11)
국제결혼여성	-	-	16.67	-	16.67	33.33	16.67	16.67	-	-	100(6)
다문화 가정 어머니	-	-	-	-	-	60.00	20.00	-	20.00	-	100(5)
다문화 가정 이주여성	-	-	-	-	20.00	40.00	-	20.00	20.00	-	100(5)
결혼이주자	-	-	-	-	-	40.00	-	40.00	20.00	-	100(5)
계	0.40	0.40	4.92	7.58	11.30	15.69	17.55	19.95	21.4	0.80	100(748)
이칭의 종류	3	3	9	14	18	24	9	20	23	5	

위의 〈표 2〉를 보면, 2004년 이후 '명칭'의 출현 비율이 지속적으로 증가하면서 2008년을 시점으로 본격적으로 학술논문의 제목에 등장하기 시작한 것을 알 수 있다. 특히 2009년에 가장 다양한 형태의 '명

칭'이 등장했으며, 전체 출현 비율의 약 86%가 2008년과 2012년의 5년 사이에 분포하는 것을 볼 수 있다. 이는 '명칭'의 대상이 학계의 주요 논의 대상이 된 것이 최근의 일임을 시사한다. 아울러, 이들 '명칭'의 대상에 대한 인식 또한 최근에 형성된 것으로 다문화 시대의 새로운 소수자들의 등장이 비교적 근래의 사회 변화 요인이라는 사실을 이들 '명칭'의 연도별 출현율을 통해 짐작할 수 있다.

〈표2〉를 통해 '명칭'의 출현 빈도가 증가하면서 그 형태 역시 다양해지는 것을 볼 수 있는데, 2009년(24종)과 2011년(20종), 2012년(23종)에는 무려 20종 이상의 이칭이 논문의 제목 속에 나타나는 것을 볼 수 있다. 특히 기타 항목으로 분류한 5회 미만으로 출현하는 '명칭'은 2007년부터 매해 10%이상의 분포를 보이는데, 지금까지 조사된 5회 미만으로 출현하는 이칭은 모두 54종에 이르러 동일한 대상에 대한 과도한 이칭이 존재하는 복잡한 양상을 볼 수 있다 (〈표 1〉 참조).

다양한 '명칭' 중에 연도별 출현 빈도가 가장 높은 것은 '여성결혼이민자'와 '결혼이주여성'이다. '여성결혼이민자'는 2005년 1회 쓰이던 것이 2006년부터 급격히 출현 빈도가 높아지는데, 이는 2006년 중앙정부에서 발표한 "여성결혼이민자 가족의 사회통합 지원 대책[7]을 통해 이 '명칭'이 정책 용어에 포함되어 그 영향을 받은 것이다. 또한 '여성결혼이민자'는 현재 이들 집단과 가장 밀착된 서비스 지원을 담당하고 있는 여성가족부에서 공식적으로 사용하는 '명칭'이기도 하

---

[7] 외국인정책위원회, 〈외국인정책 기본방향 및 추진체계〉, 제1회 외국인정책회의 자료, 2006.

다. 특히 이들 집단을 위해 국립국어원에서 개발한 한국어 교재에도 '여성결혼이민자'라는 명칭이 사용되고 있다.[8] 2006년부터 이들 집단은 한국어 교육학계의 주요 연구 대상이 되는데, 보통 한국어 교육학에서 연구 자료로 활용하는 것들이 여성가족부나 국립국어원에 근거하고 있어 '여성결혼이민자'라는 용어를 그대로 사용하게 되는 경우가 많다. 그 결과 '여성결혼이민자'라는 '명칭'의 사용빈도가 높게 나타나는 것이다.

한편 '여성결혼이민자'와 '결혼이주여성'은 2010년을 기점으로 출현율이 역전되는 양상을 보인다. 아래의 〈그림 2〉는 두 고빈도 '명칭'의 연도별 출현율을 비교하여 제시한 것이다.

〈그림〉 '여성결혼이민자'와 '결혼이주여성'의 연도별 출현율 추이

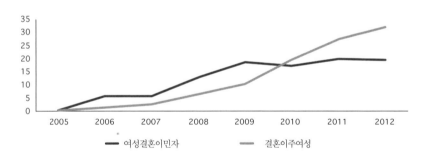

위의 〈그림 2〉를 보면, 2009년까지 출현 빈도가 가장 높던 '여성결

---

8   국립국어원에서 결혼을 통해 한국으로 이주한 여성을 위해 개발한 교재는 《여성결혼이민자와 함께하는 한국어》(전6권)이다.

혼이민자'는 2010년부터 '결혼이주여성'보다 출현율이 낮게 나타난다. 학술 논문에 사용되는 '명칭'의 출현비율에 근거한다면, 현재 가장 일반적으로 사용되고 있는 '명칭'은 '결혼이주여성'임을 알 수 있다.

'명칭'의 구성 요소

다문화 사회의 소수 집단에 대한 명칭은 둘, 혹은 그 이상의 형태가 결합하여 복합 구성을 이루는 것이 일반적이다. 복합 구성에서 가장 빈번하게 쓰이는 형태는 '여성', '결혼', '이주' 등이다. 이들 구성 요소들은 대상의 정체성을 반영하고 있는데, '명칭'의 구성에 개입하는 요소들의 의미 조합에 의해 대상에 대한 개략적인 의미 파악이 가능하다. 〈표 1〉에서 제시한 '명칭'의 형태를 분석하여, 구성 요소를 제시하면 아래와 같다.[9]

(ㄱ) 〈'명칭'의 구성 요소〉

'가정', '가족', '결혼', '국내', '국제', '농업인', '다문화', '동남아시아', '동아시아', '디아스포라', '소수민족', '배우자', '한부모', '산모', '신부', '아내', '어머니', '여성', '외국', '외국인', '이민', '이민자', '이주', '이주민', '이주자', '재한', '재혼', '주부', '코시안', '폭력피해', '혼인'

---

[9] '명칭'을 구성하는 요소 중, 출신국을 나타내는 '몽골', '일본', '필리핀' 등 구체적인 국적 표지는 제외하였다.

'명칭'의 구성 형태를 보면, 대상에 대한 다양한 정체성을 반영하는 개념들이 개입하고 있음을 알 수 있다. 관계 지향적 어휘로 '아내', '어머니', '배우자'를 비롯해서, 생물학적인 성sex을 의미하는 '여성', 새로운 사회 집단으로 변별하기 위한 '이주자', '이주민', '이민자' 등이 개입하여 다양한 형태의 '명칭'이 구성되어 있다. 보통 [사람]의 의미를 내포하는 형태들이 '명칭'의 가장 오른쪽에 위치하여 이들 집단의 정체성을 고정하는 핵어核語의 역할을 하고 있다. 이 밖에 '명칭'의 구성에 쓰인 형태 중에는 '결혼', '재혼'과 같이 한국 사회의 편입 동기 혹은 경로가 반영되거나, '이주'와 '이민'처럼 이동의 유형을 규정한 형태도 볼 수 있다. 이들 형태들은 핵어의 앞에 놓이면서 이들의 정체성을 보다 구체화하여 다문화 시대의 새로운 소수 집단으로서의 사회적 변별력을 높이는 기능을 하고 있다.

한편, 동일한 구성 요소들이 개입하여 위치만 바뀐 채 '명칭'이 형성되는 예가 있다. '결혼여성이민자', '결혼이민자여성', '여성결혼이민자'의 경우 '결혼', '여성', '이민자'라는 세 형태가 결합 순서를 달리해 구성된 것이다. '국제결혼이민자여성'과 '국제결혼여성이민자', '결혼이주여성'과 '이주결혼여성' 역시 동일한 구성 요소들이 그 배열 순서만 달리하여 '명칭'이 형성된 예이다. 대상이 갖는 정체성이 중층적일 때, 연구자들이 두드러지게 인식하는 특성은 서로 다를 수 있으며, 이로 인해 동일 대상에 대한 각종 명칭이 사용될 수 있다. 다만, 이 글에서 연구 대상으로 삼은 '명칭'의 경우, 그 이칭異稱의 종류와 구성 방식 등이 과도하게 복잡한 양상을 보이는 것은 분명 비판의 여지가 있다.

'명칭'의 구조

'명칭'은 위의 (ㄱ)에서 제시한 구성 요소가 둘 이상 결합하여 복합 구성을 보이는데, 핵어[X]를 포함하여 '명칭'의 구성에 개입하는 구성 요소의 수는 2~5종에 이른다. '명칭'을 구성하는 요소의 수만을 기준으로 본다면, 구분할 수 있는 간단한 구조는 [_[X]]([이주[여성]])를 기본으로 [[_[_]][_[_[X]]]]([[다문화[가정]][여성[결혼[이민자]]]])같은 복잡한 구조도 나타난다. 분석 대상인 65개 형태의 '명칭'을 구성 요소의 수에 따라 우선 구분하고, 이들의 결합 구조를 분석하였는데 그 결과를 제시하면 아래의 〈표 3〉과 같다.

〈표3〉 '명칭'의 결합 구조

구성 요소의 수 (비율)	'명칭'의 구조	용례
2종(16.9%)	[①[X]]	결혼이민자, 결혼이주민, 결혼이주자, 디아스포라여성, 여성이주민, 여성이주자, 외국인배우자, 외국인이주자, 외국인주부, 이주여성, 혼인이주자
3종(44.6%)	[②[①[X]]]	결혼여성이민자, 동남아시아이주여성, 여성결혼이민자, 여성결혼이주자, 이주결혼여성, 재한일본인아내, 한부모이주여성
	[[②[①]][X]]	결혼이민여성, 결혼이민자어머니, 결혼이민자여성, 결혼이민자주부, 결혼이주민여성, 결혼이주어머니, 결혼이주여성, 결혼이주자산모, 국제결혼여성, 국제결혼이민자, 국제결혼이주민, 국제결혼이주자, 국제결혼한 여성, 국제이주여성, 다문화가정어머니, 다문화가정여성, 다문화가정이주자, 다문화결혼이주자, 코시안가정주부, 혼인이주여성

4종(24.6%)	[③[②[①[X]]]]	동아시아국내이주여성, 외국결혼이주여성, 외국인여성결혼이민자
	[③[[②[①]][X]]]	외국인결혼이주여성
	[[③[②]][①[X]]]	결혼이민여성농업인, 결혼이주외국여성, 국제결혼여성이민자, 국제결혼여성이주민, 국제결혼외국인산모, 국제결혼이민여성, 국제결혼이민자여성, 국제결혼이주여성, 국제결혼한 몽골어머니, 국제혼인이주여성, 다문화가정결혼이민자, 다문화가정이주여성, 다문화가정일본인아내, 소수민족이주여성
5종(13.9%)	[[④[③]][②[①[X]]]]	국제결혼다문화이주여성, 국제결혼외국인이주여성, 국제결혼한 필리핀이주여성, 다문화가정여성결혼이민자, 다문화가족폭력피해여성
	[[[④[③]]②][①[X]]]	국제결혼가정의 외국인신부
	[[④[③]][[②[①]][X]]]	다문화가정의 결혼이주여성, 다문화가정결혼이주여성
	[④[[[③[②]]①][X]]]	재혼국제결혼이주여성

위의 〈표 3〉을 보면, (ㄱ)에 제시한 요소들이 '명칭'의 구성에 개입하는 수의 비율은 '3종(44.6퍼센트) 〉 4종(24.6퍼센트) 〉 2종(16.9퍼센트) 〉 5종(13.9퍼센트)'의 순을 보여, 3종의 구성 요소가 결합하여 이루어진 '명칭'이 가장 많다는 것을 알 수 있다. '명칭'을 구성하는 요소의 수와 관련하여, 개입하는 형태의 수가 2종에서 5종으로 증가할수록 결합 구조가 복잡해지는 경향을 볼 수 있다. 과다한 개념을 포함하여 '명칭'을 구성한 결과, 내부적으로 형태소의 경계를 이루며 수식 구조를 띠게 되는 등 복잡한 구조를 보이는데, 의미적으로 잉여 현상이 발생하기도 한다. '명칭'은 다문화 시대의 새로운 소수집단으로서 대상의 정체성을 객관적으로 규정하는 역할을 맡고 있다. 위의 〈표3〉을

통해 '명칭'의 구성 요소들이 결합하는 양상과 구조를 살펴본 결과, 과다한 구성 요소가 개입하는 것은 물론, 구조 역시 복잡하여 '명칭'이 대상의 정체성을 객관적으로 규정하는 데는 한계가 있음을 알 수 있다.

'명칭'을 구성하는 의미 요소

[성정체성]의 의미

'명칭'을 구성하는 의미 요소 중 가장 일반적인 범주는 [성정체성]의 의미 자질이다. '산모', '신부', '아내', '어머니', '여성', '주부' 등의 형태가 '명칭'의 구성에 개입하여 대상이 갖고 있는 여성성Feminity을 내포하고 있다. 이들 [성정체성]의 의미를 내포하는 형태가 쓰인 '명칭'을 제시하면 아래의 〈표 4〉와 같다.

〈표 4〉 [성 정체성] 의미를 구성하는 요소와 '명칭'의 예

구성 요소(빈도)	용례
'산모'(2)	결혼이주자 산모, 국제결혼외국인 산모
'신부'(1)	국제결혼가정의 외국인 신부
'아내'(2)	다문화 가정일본인 아내, 재한일본인 아내
'어머니'(4)	결혼이민자 어머니, 결혼이주 어머니, 국제결혼한몽골 어머니, 다문화 가정 어머니

'여성'(41)	결혼여성이민자, 결혼이민 여성, 결혼이민여성농업인, 결혼이민자여성, 결혼이주여성, 결혼이주외국 여성, 결혼이주민 여성, 국제이주여성, 국제결혼다문화이주여성, 국제결혼 여성, 국제결혼여성이민자, 국제결혼여성 이주민, 국제결혼외국인이주여성, 국제결혼이민 여성, 국제결혼이민자 여성, 국제결혼이주여성, 국제결혼한여성, 국제결혼한 필리핀이주여성, 국제혼인이주여성, 다문화 가정결혼이주여성, 다문화 가정 여성, 다문화 가정여성결혼이민자, 다문화 가정이주여성, 다문화 가정의 결혼이주여성, 다문화 가족폭력피해 여성, 동남아시아이주여성, 동아시아국내이주여성, 디아스포라여성, 소수민족이주여성, 여성결혼이민자, 여성결혼이주자, 여성 이주민, 여성 이주자, 외국결혼이주여성, 외국인결혼이주여성, 외국인여성결혼이민자, 이주결혼 여성, 이주여성, 재혼국제결혼이주여성, 한부모이주여성, 혼인이주여성
'주부'(3)	결혼이민자 주부, 외국인 주부, 코시안 가정주부

65종의 분석 대상 중, 53종류의 '명칭'에 [성정체성]의 의미를 반영하는 구성 요소가 결합되어 있는데, 이는 다른 의미 구성 요소의 결합 빈도에 비해 상대적으로 가장 높은 빈도이다. '명칭'이 구성되는 과정에서 [성정체성]과 관련한 의미를 가장 두드러지게 인식한 결과라고 판단되는데, 대부분 생물학적인 성性의 측면에서 여자를 이르는 '여성'이라는 형태를 통해 대상의 [성정체성]을 '명칭'에 반영한 것을 볼 수 있다. '여성'은 모두 41종류의 '명칭'에 결합되어 있으며, 보통 '명칭'의 가장 오른쪽에 놓여 핵어로 기능하고 있다. '외국 여성'(1), '이민 여성'(2), '이민자 여성'(2), '이주여성'(19), '이주민 여성'(1), '결혼 여성(2)'과 같은 결합을 통해 대상의 특수성을 구체화하고 있다. 이 밖에 '명칭'에 [성정체성]의 의미를 반영하고 있는 구성 요소는, 아기를 갓 낳은 여자를 가리키는 '산모', 자녀를 둔 여자

를 자식에 대한 관계로 이르는 '어머니',[10] 혼인하여 남자의 짝이 된 여자를 가리키는 '아내', 한 가정의 살림살이를 맡아 꾸려 가는 여자를 일컫는 '주부' 등의 형태가 있다.

이들 [성정체성]의 의미를 반영하는 형태들은 생물학적이거나 사회학적인 여성 정체성을 함의하고 있다. 남성과 자녀와의 관계 지향적이거나 가정이라는 공간에 한정된 역할에 근거하여 이들 '명칭'의 대상을 인식하고 있으며, '대상'의 사회적 가치 또한 여성성에서 찾고자 하는 학계의 태도를 엿볼 수 있다. 가정이라는 좁은 생활 세계를 중심으로 남편과 시부모, 자녀, 시집 식구들 중심으로 이루어진 가족 관계를 통해 새로운 정체성을 갖추어 가는 대상의 역할이, 흔히 '여성'으로서 혹은 '아내'나 '주부' 혹은 '어머니'로서 이미지화되기를 바라는 우리 사회의 희망사항이 이들 '명칭'의 의미를 구성하는 데 개입하고 있는 것이다.[11]

[이동동기]의 의미

'명칭'을 구성하는 의미 요소 중 또 다른 범주로 [이동동기]가 있다.

---

[10] '어머니'라는 형태는 자식과의 관계 지향적인 의미를 갖는다는 데 특징이 있으며, 집안 일을 주관하는 등 가정 내에서의 역할이 강조되는 우리 민족이 가진 하나의 여인상을 함의하는 상징적인 명칭이다. 배해수, 〈'어머니' 명칭에 대한 고찰〉, 《한국학 연구》 3, 1991, 8~15쪽 참조.

[11] 이미향은 《여성결혼이민자와 함께하는 한국어》에서 음식과 관련한 어휘 및 표현의 비중이 큰 것으로 분석하고 그 원인을 주류 문화권이 이들 결혼이민자를 가정 경제 생활의 주체로 인식한 때문이라고 하였다. 이미향, 〈학습자의 문화 간 의사소통능력 향상을 위한 한국어 교재 고찰〉, 《이중언어학》 42, 2010, 153쪽 참조.

'결혼', '국제결혼', '국제혼인', '혼인' 등의 형태가 '명칭'의 구성에 개입하여 대상이 갖고 있는 [이동동기]와 관련한 정보를 내포하고 있다. [이동동기]를 내포하는 형태가 쓰인 '명칭'을 제시하면 아래의 〈표 5〉와 같다.

〈표 5〉 [이동동기] 의미를 구성하는 요소와 '명칭'의 예

구성 요소(빈도)	용례
'결혼'(25)	결혼여성이민자, 결혼이민 여성, 결혼이민여성농업인, 결혼이민자, 결혼이민자어머니, 결혼이민자 여성, 결혼이민자 주부, 결혼이주어머니, 결혼이주여성, 결혼이주외국 여성, 결혼이주민, 결혼이주민 여성, 결혼이주자, 결혼이주자 산모, 다문화 가정결혼이민자, 다문화 가정결혼이주여성, 다문화 가정여성결혼이민자, 다문화결혼이주자, 여성결혼이민자, 여성결혼이주자, 외국결혼이주여성, 외국인여성결혼이민자, 이주결혼 여성, 다문화 가정의결혼이주여성, 외국인결혼이주여성
'국제결혼'(17)	국제결혼가정의 외국인 신부, 국제결혼다문화이주여성, 국제결혼 여성, 국제결혼여성이민자, 국제결혼 여성 이주민, 국제결혼외국인 산모, 국제결혼외국인이주여성, 국제결혼이민 여성, 국제결혼이민자, 국제결혼이민자 여성, 국제결혼이주여성, 국제결혼이주민, 국제결혼이주자, 국제결혼한 몽골어머니, 국제결혼한 여성, 국제결혼한 필리핀이주여성, 재혼국제결혼이주여성
'국제혼인'(1)	국제혼인이주여성
'혼인'(2)	혼인이주여성, 혼인이주자

65종의 분석 대상 중, [이동동기] 의미를 반영하는 구성 요소가 결합된 '명칭'은 모두 45종으로, [성정체성] 의미에 이어 두 번째로 높은 빈도이다. '명칭'의 의미를 구성하는 데 [이동동기]가 두드러지게 인식되는 의미 범주의 하나임을 알 수 있다. 보통 남녀가 정식

으로 부부 관계를 맺는 의례를 일컫는 '결혼'(25)이라는 형태를 통해 [이동동기]가 '명칭'에 반영되어 있다. 국가 간의 이동에서 특히 여성이 한국 사회로 이입되는 가장 일반적인 경로 중 하나가 결혼이라는 사실은 우리 사회의 특수한 현상이기도 하다. 이러한 사회현상이 '명칭'에 반영되어 결혼이라는 의례를 통해 한국 사람과 부부가 되었으며 이를 동기로 한국 사회로 이입해 온 집단을 범주화하기 위해 '결혼'이 '명칭'의 의미를 구성하는 데 개입한 것이다. 이 밖에 '명칭'에 [이동동기]의 의미를 반영하고 있는 구성 요소는, 국적이 다른 남녀가 결혼하는 것을 가리키는 '국제결혼'(17), '결혼'의 비슷한 말인 '혼인'(2), 사전에 표제어로 등재되지 않은 '국제혼인'(1) 등이 있다.

법률 용어로 '혼인'과 '결혼'은 혼용되는 양상을 보이는데 〈국적법〉에는 '혼인'이 사용되는 반면, 〈다문화 가족지원법〉에는 '결혼'이라는 용어가 쓰이고 있다.[12] '혼인'과 '결혼'이 유의관계에 있는 만큼 [이동동기]를 나타내는 형태를 통일할 필요가 있다. 부부 관계를 맺는 의례를 일컫는 말로 현재 '결혼'이 더 일반적으로 쓰이는 점을 감안하여[13] 가능하다면 '명칭'에 [이동동기]를 내포하고자 할 때는 '결혼'이라는 익숙한 형태를 반영하는 것이 바람직하다.

---

[12] 법률 용어로서 '혼인'과 '결혼'의 쓰임은 법제처(http : //www.moleg.go.kr)에서 검색한 〈국적법〉과 〈다문화 가족지원법〉의 조항에 쓰인 용례를 참고하였다.

[13] 세종말뭉치를 이용해 '결혼'과 '혼인'이 사용된 용례를 검색한 결과, '결혼' 2,349항목, '혼인' 172항목으로 '결혼'의 빈도가 높았으며, 복합어 구성에서도 '결혼'이 더 생산적으로 쓰이고 있었다.(용례 검색, http : //www.sejong.or.kr)

[국적정체성]의 의미

'명칭'을 구성하는 의미 요소 중 또 다른 범주로 [국적정체성]의 의미 자질이 있다. '외국', '외국인', '이민자', '이주민', '이주자' 등의 형태가 '명칭'의 구성에 개입하여 대상이 갖고 있는 [국적정체성]을 내포하고 있다. 이들 [국적정체성]의 의미를 내포하는 형태가 쓰인 '명칭'을 제시하면 아래의 〈표 6〉과 같다.

〈표 6〉 [국적정체성] 의미를 구성하는 요소와 '명칭'의 예

구성 요소(빈도)	용례
'외국'(2)	결혼이주외국 여성, 외국결혼이주여성
'외국인'(8)	국제결혼가정의 외국인 신부, 국제결혼외국인 산모, 국제결혼외국인이주여성, 외국인결혼이주여성, 외국인 배우자, 외국인 여성결혼이민자, 외국인이주자, 외국인 주부
'이민자'(12)	결혼여성이민자, 결혼이민자, 결혼이민자 어머니, 결혼이민자여성, 결혼이민자 주부, 국제결혼여성이민자, 국제결혼이민자, 국제결혼이민자여성, 다문화 가정결혼이민자, 다문화 가정여성결혼이민자, 여성결혼이민자, 외국인여성결혼이민자
'이주민'(5)	결혼이주민, 결혼이주민 여성, 국제결혼여성 이주민, 국제결혼이주민, 여성 이주민
'이주자'(9)	결혼이주자, 결혼이주자 산모, 국제결혼이주자, 다문화 가정이주자, 다문화결혼이주자, 여성결혼이주자, 여성 이주자, 외국인이주자, 혼인이주자

65종의 분석 대상 중, [국적정체성] 의미를 반영하는 구성 요소가 결합된 '명칭'은 모두 36종이다. '명칭'의 [국적정체성]을 내포하는 구성 요소 중에서 가장 빈도가 높은 형태는 '이민자'(12)이다. 이민

자는 자기 나라를 떠나 다른 나라로 이주해서 사는 사람을 가리키는 용어이다. 우리의 경우 다문화 정책에 의해 정책 대상으로서, 다른 나라에서 한국으로 이주해 와서 사는 사람을 가리키기 위해 정책 용어로 '이민자'가 흔히 사용되고 있다. 이 밖에 '명칭'에 [국적정체성]의 의미를 반영하고 있는 구성 요소는, 자기 나라가 아닌 다른 나라라는 의미를 갖는 '외국'(2), 다른 나라 사람이라는 뜻의 '외국인'(8), 다른 곳에서 옮겨 와서 사는 사람을 가리키는 '이주민'(5) 혹은 '이주자'(9) 등의 형태가 있다.

지구화의 추세에 따라 국가 혹은 국경의 개념이 약화되고 있는 시대상을 미루어 볼 때, 국경 관리를 위해 정책 용어로 '이민자'가 사용되는 것은 타당하다. 그러나 우리 사회의 구성원으로서 대상을 가리키는 '명칭'에 '이민자'를 사용하는 것은 대상을 타자 혹은 주변인으로 구별하는 인식이 강하게 반영되므로 지양해야 한다. 아울러 '외국(인)'과 '이민자' 등은 대상이 태어나고 자란 나라가 한국이 아니라는 사실을 변별하는 기능이 있다.

이미 우리 사회의 구성원으로서 참정권까지 부여받은 '명칭'의 대상 집단을, 다른 나라 사람이라는 구별 의식이 반영된 형태를 통해 호명하는 것은 비판의 여지가 있다. '명칭'을 통해 대상을 가치중립적으로 개념화하기 위해서는 특히 지역사회의 구성원으로서 자격을 인정하는 의미에서도 '외국인' 혹은 '이민자'와 같은 형태를 '명칭'에 반영하는 것은 바람직하지 않다.

[이동유형]의 의미

'명칭'을 구성하는 의미 요소 중 [이동유형]은 '국제이주', '이민', '이주'와 같은 형태에 의해 범주화 할 수 있다. [이동유형]을 내포하는 이들 형태가 쓰인 '명칭'을 제시하면 아래의 〈표 7〉과 같다.

〈표 7〉 [이동유형] 의미를 구성하는 요소와 '명칭'의 예

구성 요소(빈도)	용례
'국제이주'(1)	국제이주여성
'이민'(3)	결혼이민 여성, 결혼이민여성농업인, 국제결혼이민 여성
'이주'(21)	결혼이주 어머니, 결혼이주여성, 결혼이주외국여성, 국제결혼다문화이주여성, 국제결혼외국인이주여성, 국제결혼이주여성, 국제결혼한 필리핀이주여성, 국제혼인이주여성, 다문화 가정결혼이주여성, 다문화 가정이주여성, 다문화 가정의결혼이주여성, 동남아시아이주여성, 동아시아국내이주여성, 소수민족이주여성, 외국결혼이주여성, 외국인결혼이주여성, 이주결혼여성, 이주여성, 재혼국제결혼이주여성, 한부모이주여성, 혼인이주여성

65종의 분석 대상 중, [이동유형] 의미를 반영하는 구성 요소가 결합된 '명칭'은 모두 25종이다. 대부분 거주지의 이동을 의미하는 '이주'(21)라는 형태를 통해 대상의 [이동유형]을 '명칭'에 반영한 것을 볼 수 있다. 이 밖에 자기 나라를 떠나 정주定住와 국적취득을 목적으로 다른 나라로의 이동을 의미하는 '이민'(3)과, 국경을 넘는 이주라는 의미에서 '국제이주'(1)라는 형태가 쓰이기도 했다.

'이주'가 국가 간 또는 국내에서의 인구 이동을 함께 의미하는 포괄적인 개념으로 정의되는 데 반해, '이민'은 정주를 목적으로 태어난 곳을 벗어나 국적이 없는 다른 국가로 이동하는 경우에 한하여 사용하는 개념이다.[14] '이주Migration'가 '인구 이동' 전체를 포괄하는 의미인 반면, '이민Immigration'은 '정주'를 목적으로 하는 '국가 간 이동'에 한정된 의미로, 이동의 유형을 범주화할 때 의미의 폭은 '이주〉이민'의 관계로 이해할 수 있다. 최근 국가 간의 인구 이동이 다양한 형태로 나타나고 있으며, 국내에 거주하고 있는 외국인의 이동 목적과 거주 기간 역시 다양하여 제3국으로 이동을 위한 경로로 한국을 선택한 경우도 있다. 그러므로 '정주'를 목적으로 하는 국내 거주 외국인 집단에만 한정되는 '이민'이라는 용어는 의미상 한계가 있으며, 거시적 관점에서는 다양한 형태의 인구 이동과 '정주' 이외의 목적으로 국내에 거주하는 모든 구성원을 아우를 수 있는 '이주'라는 용어가 더 적합할 것으로 생각한다.[15]

---

[14] '이주'와 '이민'은 'Migration'과 'Immigration'을 우리말로 번역할 때 각각 대응되는 어휘이다. 국제이주기구(IOM, International Organization for Migration)에서는 'Migration'을 "The movement of a person or a group of persons, either across an international border, or within a State. It is a population movement, encompassing any kind of movement of people, whatever its length, composition and causes ; it includes migration of refugees, displaced persons, economic migrants, and persons moving for other purposes, including family reunification."이라고 정의하는 한편, 'Immigration'에 대해서는 "A process by which non-nationals move into a country for the purpose of settlement."라고 정의한 것이 있다 (자료 출처, http : //www. iom.int).

[15] 한국어 교육 분야에서는 '이주'와 '이민'의 함의를 구분하여, 교육 대상으로 국적을 취득하고 정주하는 이민자는 물론 한국으로 이입된 이주민 전부를 포괄해야 하는 만큼 교육 대상을 가리키는 명칭에 '이주'를 반영하고자 하는 논의가 있다. 이러한 논의는 현재 여성가족부와 법무부에서 사용하고 있는 '여성결혼이민자'와 '결혼이

[가족유형]의 의미

'명칭'을 구성하는 요소에는 '다문화 가정', '다문화 가족', '국제결혼 가정', '코시안가정'과 같은 형태가 있는데, 이들 형태는 [가족유형]이라는 의미로 범주화할 수 있다. [가족유형]을 내포하는 형태가 쓰인 '명칭'을 제시하면 아래의 〈표 8〉과 같다.

〈표 8〉 [가족유형] 의미를 구성하는 요소와 '명칭'의 예

구성 요소(빈도)	용례
'다문화 가정'(9)	다문화 가정결혼이민자, 다문화 가정결혼이주여성, 다문화 가정어머니, 다문화 가정 여성, 다문화 가정여성결혼이민자, 다문화 가정이주여성, 다문화 가정이주자, 다문화 가정일본인 아내, 다문화 가정의 결혼이주여성
'다문화 가족'(1)	다문화 가족폭력피해여성
'국제결혼가정'(1)	국제결혼가정의 외국인 신부
'코시안가정'(1)	코시안 가정주부

65종의 분석 대상 중, [가족유형] 의미를 반영하는 구성 요소가 결합된 '명칭'은 모두 12종이다. 대부분 '다문화 가정'(9)이라는 형태를 통해 대상의 [가족유형]의 의미를 '명칭'에 반영되고 있는데, '다문화 가족', '국제결혼가정', '코시안 가정'이 개입하여 '명칭'의 의미를 구성하는 예도 있다. 가까운 혈연관계에 있는 사람들의 생활 공동체를 가리키는 '가정' 혹은, 주로 부부를 중심으로 한 친족 관계에

민자'라는 용어에 대해 비판의 여지가 있음을 시사한다. 방성원, 〈국제결혼이주여성을 위한 한국어 교재 개발 방안 연구〉, 《한국어교육》 19-3, 2008, 2쪽 참조.

있는 사람들의 집단을 의미하는 '가족'에 '다문화', '코시안'이 결합하여 가족의 문화적 구성과 국적이 다층적임을 나타내거나, '국제결혼'이 선행하여 '가족'이 이루어진 원인을 구체화하면서 '명칭'의 의미를 구성하고 있다.

'다문화 가족'은 법률 용어로 쓰이기도 하는데 〈다문화 가족지원법〉의 정의에 따르면, 결혼이민자 혹은 〈국적법〉에 따라 대한민국의 국적을 취득한 자로 이루어진 가족을 일컫는 용어로, 이들 가족유형은 다문화 가족 지원 정책의 주요 대상으로 규정하고 있다.

'명칭'의 의미를 구성하는 [가족유형]은 "다문화 가족/가정의○○"이라는 뜻을 더하여 대상의 정체성을 가족 공동체의 구성원으로 축소하는 기능이 있을 뿐만 아니라, 의미적으로 '다문화'는 이주 배경을 전제하는 개념으로 '이주', '이민'과 함께 사용할 경우 잉여적이기도 하다. 아울러 '다문화 가족'이라는 용어는 정책적 지원을 위해 만들어진 용어로, 대상을 독립된 주체로 인식하기보다는 정책의 수혜자로 객체화할 수 있다는 데 문제가 있다.

차별 없는 '결혼이주민'

다문화 시대의 소수집단을 가리키는 명칭을 국어학적 관점에서 구조와 의미를 분석한 연구는 아직 보이지 않는다. 이 글에서는 특히 다문화 담론의 주요 대상이 되고 있는, 결혼을 동기로 이주해 온 여성 집단의 '명칭'들을 모아 개괄해 보고, 그 형태적 구성 요소 및 구조와 의미 요소에 대한 분석을 시도하였다.

'명칭'을 개괄해 본 결과, 65종의 '명칭' 중에 5회 미만의 출현 빈도를 보이는 것이 54종으로 83퍼센트에 이르며, 단 1회 출현하는 '명칭'도 41종에 달했다. 연구자의 관점에 따라 자의적으로 '명칭'을 생성하고 있는 학계의 상황을 짐작할 수 있다. 연도별 출현 빈도를 분석한 결과 가장 폭넓게 사용되는 '명칭'은 '결혼이주여성'으로 나타났다.

'명칭'은 둘 이상의 구성 요소가 결합하는 복합적인 구조를 보인다. 대상의 특성을 반영하는 개념들을 나열하여 '명칭'이 형성되는데, 동일한 구성 요소들의 배열 순서만 달리하여 3종의 '명칭'을 형성한 '결혼여성이민자', '결혼이민자여성', '여성결혼이민자'와 같은 예도 있었다. '명칭'의 구성에 개입하는 요소의 수는 '3종(44.6퍼센트) 〉 4종(24.6퍼센트) 〉 2종(16.9퍼센트) 〉 5종(13.9퍼센트)'의 순을 보여, 3종의 구성 요소가 결합하여 이루어진 '명칭'이 가장 많았다. 구성 요소가 2종에서 5종으로 증가할수록 '명칭'의 구조가 복잡해지며, 의미적 잉여가 발생하는 등 대상의 정체성을 객관적으로 규정하는 데 한계를 보인다.

한편, '명칭'은 '[성정체성](53) 〉 [이동동기](45) 〉 [국적정체성](36) 〉 [이동유형](25) 〉 [가족유형](12)'의 범주 빈도로 그 의미가 구성되는 경향을 볼 수 있다. 각각의 의미 범주에서 '명칭'의 의미 구성에 가장 생산적인 형태는 "'여성'(41) 〉 '결혼'(25) 〉 '이주'(21) 〉 '국제결혼'(17) 〉 '이민자'(12)' 순으로 나타났다. '명칭'의 의미를 구성하는 범주에서 [국적정체성]은 '다른 나라 사람' 혹은 '다른 나라에서 온 사람'이라는 구분 의식이 드러나므로 '명칭'에 반영하는 것은 지양할 필요가 있다. [이동유형]과 [가족유형]은 이주 배경이라는 의미가 전제되므로 함께 사용할 경우 잉여적 표현이 된다. '명칭'의 구성 요소와 의미 요소를 분석한 결과, [성정체성]의 의미를 내포하는 '여성', [이동동기]를 내포하는 '결혼', [이동유형]을 의미하는 '이주'가 가장 생산적으로 개입하고 있었다.

다문화 시대를 배경으로 새로이 생성되는 '명칭'은 우선 가치 중립적이며 사회적 편견이 배제되어야 한다. 아울러 '명칭'에 내포된 의미가 대상에 대한 사회적 차별로 이어질 가능성 또한 최소화하여야 한다.[16] 이러한 관점과 '명칭'에 대한 분석 내용을 고려할 때 제안할 수 있는 타당성 있는 '명칭'은 '결혼이주민Marriage Migrants'이다. '결혼이주민'은 국제적으로 통용될 뿐만 아니라 이주 배경만을 제시하여 문화적 편견이 개입될 가능성이 낮다. 아울러 이입의 유형을 '이주'라는 광의로 규정하고 '이주민'이라는 용어를 통해 국적취득 혹은 법적인 지위와 무관하게 지역사회에서 생활하는 주민Denizens이자 구성원으로서의 집단의 사회적 권리를 인정할 수 있다. 구성원으로서 '이주민'의 정체성에 더하여 정책적 필요에 따라 구분할 필요가 있을 경우 이주 경로인 '결혼'을 구별 표지로 명시하여, 다른 경로의 이주민 집단과 구분하여 지칭하는 것이 바람직하다. '여성'이라는 성별 표지는 결혼을 통해 이주한 집단을 구분할 때 특별한 정책적

---

[16] 다문화 시대의 소수자들에 대한 사회적 차별성을 줄이기 위해서는 소수자를 부르는 단어('명칭')를 개선하여야 한다는 논의는 국립국어원(2010 : 161)에서도 분석한 바가 있어 '명칭'이 사회적 차별로 이어질 가능성이 최소화되는 형태로 구성되어야 한다는 본 논의에 참고가 된다.

이유 없이 남성과 대비되는 개념으로 '명칭'에 반영하는 것은 이들 집단을 사회적 약자로 부각시킬 여지가 있으므로 바람직하지 않다.

이상의 논의를 통해 결혼을 동기로 이주해 온 여성 집단에 대한 연구자들의 자의적인 명칭 생성을 지양하고, 다문화 시대 소수자의 명칭 자체에 대한 학계의 논의가 필요함을 알 수 있다. 집단을 일컫는 명칭들은 사회적 경계를 만들어 내는 하나의 방식으로 작용하고 있는데, 가치중립적인 개념을 수렴하여 명칭이 소수자에 대한 사회적 차별의 낙인으로 기능하지 않도록 학계의 비판적인 성찰이 필요하다.

참고문헌

국립국어원,《소수자 구별언어에 대한 국민의식 조사 보고서》, 국립국어원 용역
  결과보고서, 2010.
국립국어원,《여성결혼이민자와 함께하는 한국어》1권~6권, 국립국어원, 2012.
김대군, 〈다문화 사회에서 소수자 배려윤리〉,《윤리교육연구》24, 2011.
김영옥, 〈새로운 '시민들'의 등장과 다문화주의 논의〉,《아시아여성연구》46-2,
  2007.
김영옥, 〈결혼이주여성의 한국 사회 통합 : 정책과 경험 사이에서〉,《다문화 사회
  연구》3-2, 2010.
김혜순, 〈결혼이주여성과 한국의 다문화 사회 실험〉,《한국 사회학》42-2, 2008.
민현식, 〈한국어 교육에서 소위 다문화 교육의 문제점에 대해〉,《한국언어문화
  학》5-2, 2008.
박병섭, 〈다문화적 소수자 문제에서 한국의 특수성〉,《사회와 철학》12, 2006.
방성원, 〈국제결혼이주여성을 위한 한국어 교재 개발 방안 연구〉,《한국어교육》
  19-3, 2008.
배해수, 〈'어머니' 명칭에 대한 고찰〉,《한국학 연구》3, 1991.
서종남, 〈한국 사회의 다문화 관련 용어에 관한 연구 – 현황분석 및 다문화 교육
  관계자 FGI를 중심으로-〉,《교육문화연구》16-2, 2010.
신지원, 〈이민정책의 이론적 기초와 방향성 연구〉, IOM 이민정책연구원 워킹 페
  이퍼 No. 2011-01(www.iom.mrtc.org), 2011.
여찬영, 〈우리말 명칭어의 색채표지 연구〉,《한국전통문화연구》10, 1995.
외국인정책위원회, 외국인정책 기본방향 및 추진체계, 제1회 외국인정책회의 자
  료, 2006.
이미향, 〈학습자의 문화 간 의사소통능력 향상을 위한 한국어 교재 고찰〉,《이중
  언어학》42, 2010.

이민경 · 이수정, 〈'다문화 아동 청소년' 정책 용어 사용에 대한 비판적 고찰과 대안모색 : 정책용어와 방향성에 대한 외국사례를 중심으로〉, 《사회과학연구》 35-2, 2011.

장임숙 외, 〈다문화연구의 지식구조에 관한 네트워크 분석〉, 《한국도서관 · 정보학회지》 42-4 ,2011.

장한업, 〈한국 이민자 자녀와 관련된 용어 사용상의 문제점 '다문화 가정' '다문화 교육'〉, 《이중언어학》 46, 2011.

한국 사회과학회, 〈한국적 "다문화주의"의 이론화, 동북아시대위원회 용역 과제 보고서〉, 2007.

21세기 세종기획 http : //www.sejong.or.kr

국제이주기구 http : //www.iom.int

법체처 http : //www.moleg.go.kr

학술연구정보서비스 http : //www.riss.kr

3

대중매체와 다문화적 '토크'의 상상
: 누가 시민이며, 시민권 향유의 주체는 누구인가?

이진형 · 박종명

대중매체와 한국의 다문화주의

2000년대 중반 한국 정부는 급격한 출산율 저하 문제와 노동력 부족 문제를 해결하기 위해서 국제 결혼을 장려하고 외국인 노동자의 국내 유입을 허용했다. 그 결과 2014년 한국 내 체류 외국인은 총 1,797,618명이 되었고, 전체 인구 구성에서도 3.5퍼센트를 차지하기에 이르렀다. OECD에서는 외국 국적자가 전체 인구의 5퍼센트 이상인 국가를 '다문화 국가'로 분류하는데, 이 기준에 따르면 한국을 '다문화 국가'로 규정하기는 힘들다. 하지만 매년 증가하는 체류 외국인 숫자로 볼 때,[1] 한국이 공식 '다문화 국가'를 향해 나아가고 있

---

* 이 글은 *Universitas-Monthly Review of Philosophy and Culture* Vol. 42 N. 5(2015.5)에 게재된 원고를 수정 및 보완하여 재수록한 것이다.

[1] 법무부 출입국 · 외국인정책본부에서 발행하는 《출입국 · 외국인정책 통계월보》

는 것만은 분명해 보인다.

한국에서 다문화주의는 정부가 인구 문제와 경제 문제에 대한 해법으로 채택한 정책의 일환이었다. 그 때문에 다문화 논의에서 중심은 한국(인)과 한국 문화가 차지하게 되고, 외국(인)과 외국 문화는 수단이나 대상의 지위에 놓일 수밖에 없었다. 이는 외국인 이주민들이 늘 '권리'를 침해당하거나 수단화의 위험에 노출되어 있을 수밖에 없음을 의미한다. 이주민들은 공적 논의의 장에 참여할 자격이 있는 주체가 아닌, 국가의 정책적 필요에 따라 '포용'되거나 '배제'되는 대상으로 간주될 뿐이었다. 이와 같은 이주민들의 '사물화'는 일정한 자격을 갖춘 외국인들에게 투표권을 부여하거나 한두 명의 이주민을 국회로 보낸다고 해서 해결될 수 있는 문제가 아니다.[2] 이 문제는 이주민들을 포함한 '모든' 사회 구성원들이 고유한 문화적 권리를 침해당하지 않은 채 공론장에 참여할 수 있을 때만 해소될 수 있다. 이주민들의 이질적 정체성이 '거리낌 없이' 표현되는 '아래로부터의 다문화주의', 즉 모든 이주민들의 사회적 '주체화'가 이루어져야만 하는 것이다.[3] 한국의 다문화주의에 대한 성찰 작업에

(2015.1)에 따르면, 한국 내 체류 외국인 숫자는 2004년 750,873명에서 2014년 1,797,618명으로 10년간 두 배 이상 증가했다. 2014년 체류 외국인 숫자는 2013년 1,576,034명에 비하더라도 약 14퍼센트 늘어난 것이었다.

[2] 한국에서는 2006년 지방선거부터 영주권 취득 후 3년이 지난 19세 이상 이주민에게 지방자치단체장과 지방의원 선거에 참여할 수 있는 투표권이 부여되었다. 그리고 2012년에는 필리핀 출신 이주민 이자스민이 한국의 국회의원으로 선출되기도 했다.

[3] '아래로부터의 다문화주의'는 국가에 의해서 주도되는 '위로부터의 다문화주의'에 반대되는 개념으로서, '이주민 등 문화적 소수자들이 공적 의사 결정에 참여'함으로

서 공론장이 갖는 의의는 바로 여기에 있다. 공론장이 국가권력으로부터의 상대적 자율성을 전제하는 사회 구성원들의 소통 영역을 의미하는 것인 한,[4] 이주민들의 사회적 '주체화'에 관한 사유를 위해서 오늘날 한국 사회의 공론장에 대한 검토 작업은 반드시 필요하다.

한국의 다문화주의에 대한 성찰에서 대중매체는 매우 중요한 연구 대상이다. 그 이유는 대중매체가 그 자체로서 공론장을 형성하기도 하지만, 무엇보다도 사회 구성원들의 '경험'을 구성함으로써 공론장의 조건을 만들어 낸다는 데 있다. 사람들은 대중매체의 '편재성'으로 인해 세계를 이해하고 '사회적인 것'을 상상할 뿐만 아니라, 그 '상식성'으로 인해 일상적 현실을 인식하고 일상적 행위를 판단할 수 있는 '기준과 척도' 또한 얻게 된다.[5] 베네딕트 앤더슨이 민족을 "본래 제한되고 주권을 가진 것으로 상상되는 정치 공동체"[6]로서 정의했을 때, 그가 중요하게 여긴 것은 문화적 구성물로서의 민족을 '상상'하게 해 주는 대중매체(인쇄 매체)의 기능이었다. 이와 유사한 맥락에서 마샬 매클루언 역시 대중매체의 주도권 이동, 정확히 말하

써 성취되는 다문화주의를 의미한다. '위로부터의 다문화주의'가 국가의 이익을 위해서 외국인 이주민들을 수단화하는 것이라면, '아래로부터의 다문화주의'는 외국인 이주민들을 고유한 권리를 지닌 주체로서 형성하는 것이다(김현미, 〈이주자와 다문화주의〉, 《현대사회와 문화》 26, 2008, 73~74쪽).

[4] 공론장 이론을 체계적으로 전개한 하버마스 역시 공론장의 형성 조건을 부르주아 사회가 '공권력의 감독'으로부터 벗어난 데서 찾은 바 있다(위르겐 하버마스, 《공론장의 구조변동》, 한승완 옮김, 나남출판, 2001, 163쪽).

[5] 로저 실버스톤, 《왜 미디어를 연구하는가》, 김세은 옮김, 커뮤니케이션북스, 2009, 3~10쪽.

[6] 베네딕트 앤더슨, 《상상의 공동체》, 윤형숙 옮김, 나남출판, 2002, 25쪽.

면 '획일성과 동질성'을 강조하는 인쇄 매체에서 '독특함과 다양성'을 강조하는 영상 매체로의 이동이 '단일민족' 신화의 해체에 끼친 결정적 영향을 강조하기도 했다.[7]

앤더슨과 매클루언은 사회의 문화적 구성에서 대중매체가 수행하는 중심적 기능을 공통되게 주장했다. 한국 사회의 다문화 담론이 사회적 합의가 아닌 대중매체에 의한 관 주도 다문화 담론의 일방적 전달을 통해 촉발된 것이라는 사실은 그 점을 전범적으로 보여 준다. 예를 들어 한국 정부는 2007년 재한외국인과 결혼이민자에 대한 규정을 포함하면서도 이주노동자에 대한 언급을 배제하는 '재한외국인 처우 기본법'을 제정했는데, 대중매체는 이를 근거로 다문화 담론을 생산해 냄으로써 한국 사회 구성원들이 이주노동자의 후경화와 재한외국인 및 결혼이민자의 전경화에 기반한 다문화주의 인식을 형성하는 데 크게 기여했다. 이후 2000년대 중반 들어 한국 대중매체들은 다문화를 문화 상품화하는 데 적극적으로 나섰고, 그 결과 비록 정책적으로 제약된 것이기는 하지만 사회 구성원들이 상대적으로 짧은 시간에 다문화 담론에 익숙해지는 데 결정적인 영향을 끼쳤다.[8]

니클라스 루만이 《대중매체의 현실》(1996)에서 제시한 '현실reality' 개념은 대중매체에 의한 사회의 문화적 구성을 살펴보는 데 중요한

---

7 마셜 매클루언, 《미디어의 이해》, 김상호 옮김, 커뮤니케이션북스, 2011, 529~532쪽.

8 주재원, 〈다문화 담론 이면의 타자와 미디어 윤리 : 타자에 대한 윤리철학적 논의들을 중심으로〉, 《커뮤니케이션 이론》 10-4호. 2014, 447~448쪽.

지침을 제공해 준다. 이 책에서 루만은 '현실'의 이중적 의미, 말하자면 대중매체를 포함하는 현실('제1차 현실')과 대중매체가 구성해낸 현실('제2차 현실')을 구분했다. 그리고는 대중매체의 영향력을 독립분화differentiation, 작동적 폐쇄operational closure, 체계의 아우토포이에시즈적 자율성autopoietic autonomy of the system에서 찾았다.[9] 이를 통해서 루만은 다음과 같은 두 가지 점을 강조했다. 하나는 대중매체가 기능 분화된 사회 체계에서 '독립된' 작동 방식에 따라 '현실'을 반복적으로 재생산함으로써 영향력을 발휘한다는 것이다. 다른 하나는 대중매체란 결코 사회로부터 완전히 벗어나 있을 수 없을뿐더러 심지어는 늘 '외부의 영향력'에 노출되어 있다는 사실이다. 요컨대, 대중매체는 현실을 구성해 내는 '독립된' 커뮤니케이션 체계지만 '외부의 영향력'에 노출되어 있는 현실 속 커뮤니케이션 체계이기도 하다.

'외부의 영향력'은 스튜어트 홀이 말한 '동의의 생산production of consent'[10]과도 접속 가능하다. 여기서 '동의의 생산'이란 대중매체의 작동 방식이 '모든 사람이 동의하는 것'을 반영하면서 구성한다는 사실과 함께, 국가가 공정성의 원천으로서 그 작동 방식에 영향력을 발휘한다는 사실을 암시하는 개념이다. 그렇다면 '동의의 생산'이란 루만이 '외부의 영향력'을 걸프전 당시 미국 정부에 의해 이루어진 '검열'과 관련해서 다루었던 것처럼, 우선적으로 대중매체에 대한

---

9 니클라스 루만, 《대중매체의 현실》, 김성재 옮김, 커뮤니케이션북스, 2006, 1~10쪽.

10 Stuart Hall, "The rediscovery of 'ideology' : return of thee repressed in media studies," in Michael Gurevitch, Tony Bennett, James Curran and Janet Woollacott. (ed.), *Culture, society and the media*, London and New York : Methuen, 1982, p. 87.

국가의 이데올로기적·제도적 영향력을 의미하는 것이라고 말할 수 있다. 하지만 그 개념의 의의는, '모든 사람이 동의하는 것'이란 국가의 이데올로기적·제도적 영향력과 관련된 상식을 의미하는 것이기도 하지만 발터 벤야민이 '경험(기억)'과 '기대'의 복합물로서 의미화했던 '소망 이미지'로 변주 가능한 것이기도 하다는 데 있다.[11] 그러므로 대중매체에 대한 연구는 그 '독립된' 작동 방식을 국가의 영향력뿐만 아니라 사회의 소망 이미지와도 관련해서 다루지 않으면 안 된다.

이 글은 두 편의 텔레비전 토크쇼, 즉 〈미녀들의 수다〉와 〈비정상 회담〉을 사례로 한국의 다문화주의에 대해 비판적으로 성찰하고 이를 토대로 다문화적 공론장의 가능성을 탐색할 것이다. 〈미녀들의 수다〉와 〈비정상 회담〉을 사례로 선정한 이유는 다음과 같다. 첫째, 상이한 문화적 정체성을 소유한 외국인들 사이의 '대화'와 '토론'이 두 프로그램의 구성 원리라는 점이다. 토크쇼를 통해서 생산된 공론장의 가상假想은 오늘날 한국인들이 상상하는 '다문화적 공론장'의 모습을 가늠하게 해 줄 것이다. 둘째, 두 프로그램이 오락물로서 큰 성공을 거두었다는 점이다. 두 토크쇼의 성공을 보증해 준 것은 무

---

[11] 발터 벤야민은 대중문화를 허위의식의 원천으로 간주했지만, 그것이 허위의식을 극복할 '집단적 에너지의 원천'이기도 하다는 점 또한 잊지 않았다. 대중문화에 내재하는 '소망 이미지'는 그것의 중요한 근거였다. 이때 소망 이미지란 "새것과 옛것이 함께 스며들어 있는 집단의식 속의 이미지"를 의미했다. 이 의미는 소망 이미지 속에서 "집단의식은 사회적 생산의 미숙성과 사회적 생산 조직의 부적절성을 극복하면서도 변형하려고 시도"할 수 있는 요인이었다. 그로 인해 벤야민은 "모든 시대는 다음 시대를 꿈꾼다"는 쥘 미슐레의 말에 전적으로 동의할 수 있었다.(Benjamin, 2002 : 4)

엇보다도 '재미'였는데, 이 '재미'야말로 대중매체의 '현실'이 사회 구성원들의 경험이나 기대와 소통하고 있음을 보여 주는 증거라고 말할 수 있다. 이는 '다문화적' 토크쇼에 대한 성찰이 '다문화적' 공론장에 대한 사회 구성원들의 '소망 이미지'를 포착하는 데 도움을 줄 수 있음을 의미한다. 셋째, 진행자나 한국인 게스트를 제외한다면 두 프로그램의 출연진은 여성이나 남성 중 하나의 성으로만 구성되어 있다는 점이다. 여성과 남성의 분리는 젠더 문제가 한국의 다문화주의를 규정하는 중요한 속성임을 보여 준다.

다음 장에서는 한국 정부의 다문화주의 정책이 결혼이주여성, 불법체류자, 우수 외국 인재라는 세 유형을 중심으로 시행되었음을 보여 줄 것이다. 국가의 다문화주의에 대한 이해는 대중매체에 의한 '동의의 생산'을 분석하기 위해서 반드시 필요하다. 그리고는 〈미녀들의 수다〉와 〈비정상 회담〉에 대한 분석 작업을 수행한 후, 두 편의 토크쇼를 사례로 대중매체에 내재해 있는 '소망 이미지'를 포착하려고 한다. 이 과정에서 국가의 다문화주의와 공론장의 다문화주의는 비록 '영향' 관계를 맺고 있을지라도 충분히 구별 가능한 것들로서 드러날 것이다. 마지막으로는 한국 사회에서 '다문화적' 공론장의 형성 가능성을 가늠해 보고 그 조건에 관한 제언을 하면서 글을 맺으려고 한다.

여성, 노동자, 인재人才

한국에서 다문화주의는 2005년 5년 외국인 문제가 '대통령 지시 과제'로 격상되면서 본격적으로 논의되기 시작했다. 그리고 2006년 4월 대통령이 '다인종·다문화 사회로의 진전은 거스를 수 없는 대세'라는 발언을 한 뒤에는 '이주자를 통합하려는 다문화주의 정책'이 정부 각 부처에 의해서 경쟁적으로 개발되었다. 이 시기 한국에서는 출산율 저하와 노동력 부족이 중요한 사회문제로 부상하고 있었는데, 정부는 외국인 이주민들을 사회에 통합하고 안정적으로 관리함으로써 그 문제들을 해결하려고 했던 것이다. '다문화주의 정책'이 주로 결혼이주여성과 외국인 노동자를 관리하고 지원하는 데 집중된 이유는 여기에 있었다. 이후 한국에서 결혼이주여성, 불법체류 노동자, 우수 외국 인재는 다문화주의를 통해 '통합'하거나 '배제'함으로써 관리하고자 했던 이주민들의 대표적인 이름이었다.

결혼이주여성

한국에서 다문화주의 정책은 결혼이주자가 증가하고 '다문화 가족'의 관리가 중요한 사회문제로 부상하면서 본격적으로 추진되었다. 결혼이주자는 1990년대 '농촌 총각 장가보내기' 사업이 시작된 이후 계속적으로 증가해서 2014년 말 15만 명을 넘어서기에 이르렀다. 여기서 중요한 점은, 한국에서 결혼이주란 대부분의 경우 '외국 여성'이 '한국 남성'과 결혼해서 이주하는 행위를 의미한다는 사실이다. 실제로 2014년 말 150,994명의 결혼이주자 중 여성이 128,193

명이었던 데 반해 남성은 22,801명에 불과했다. 이와 같은 성비性比의 불균형은 한국 정부가 결혼이주를 저출산 문제에 대한 해법으로서 활성화하면서도, 여전히 가부장제에 기반한 가족 구성을 유지하려고 했음을 보여 준다. 결혼이주여성은 무엇보다도 한국 남성의 아이를 출산할 수 있는 능력 때문에 한국 사회의 구성원으로 인정받을 수 있었다.

2006년 정부(빈부격차·차별시정위원회)가 확정해서 발표한 두 가지 정책, 즉 '혼혈인 및 이주자의 사회 통합 기본 방향'과 '여성결혼이민자 가족의 사회 통합 지원 대책'은 한국에서 다문화주의가 의미하는 바를 특징적으로 보여 주는 사례였다. 이 정책들의 기본틀을 만든 곳이 저출산고령화사회위원회라는 데서도 확인할 수 있듯이, 국가의 다문화주의는 무엇보다도 저출산 문제 해결과 이주 '여성'의 사회 통합에 초점이 맞춰져 있었다. 여기서 한국사, 한국어, 예절, 전통 등을 통한 결혼이주여성의 '동화' 교육은 사회 통합을 위한 중요한 방법들이었다. 정부의 관심은 '다문화 가족'이 아닌 '한국식 가족'의 유지와 재생산에 있었고, 결혼이주여성은 '외국인 며느리'로서 한국 사회에 동화되기 위한 노력을 멈추어서는 안 되었다.[12] 다시 말해, 외국 여성은 '한국

---

[12] 한국에서 결혼이주여성은 오직 '결혼'을 통한 '가족' 형성에 기여하는 경우에만 '동화'의 대상으로서 간주되었다. 대한민국 법무부를 비롯한 정부 문건에서 결혼이주여성 중 이혼하거나 사라진 여성을 '이탈자'로 표현한 것은 그 대표적인 증거다. 이는 한국정부가 겉으로는 '다문화주의'를 내세우면서도 실제로는 '한국식 가족'의 유지와 생산에만 관심이 있었음을 보여 준다. 즉, 결혼이주여성은 '외국인 며느리'로서 '동화'의 대상이 되거나 아니면 '이탈자'로서 '추방'의 대상이 되어야 했다(김현미, 〈이주자와 다문화주의〉, 67~69쪽).

남성'과 '한국식 가족'의 하위주체|subaltern|라는 지위를 받아들임으로써만 한국 사회의 구성원이 될 수 있었다.

결혼이주여성의 사례에서 확인할 수 있듯이, 한국의 다문화주의를 구성하는 중요한 속성은 이주의 젠더화gendered imigraion 혹은 이주의 '여성화feminization'[13]였다. 한국 사회에서 이주민은 우선 생산 능력이 있는 여성, 즉 남성 중심 가계의 구성원을 생산해 낼 수 있는 여성을 의미했다. 그러나 이주민의 여성성에 대한 강조는 이주민의 문화와 그 정체성에 대한 무관심을 초래할 수밖에 없다는 점에서 명백히 문제적인 것이었다. 이주의 젠더화(=여성화)와 함께, 이주민은 문화적 탈-정체화와 '한국 남성'을 매개로 한 문화적 재-정체화를 동시에 경험할 수밖에 없기 때문이다. 이 경우 한국의 다문화주의는 남성적 한국 문화 속으로 여성적 외국 문화가 융합될 때 성공적으로 실현된다.

불법체류 노동자

결혼이주여성이 국가에 의해서 전면적 '통합'의 대상으로 간주된 데 반해, 이주노동자에게는 매우 선별적이면서도 이중적인 방식으로 이주가 허용되었다. 이주여성은 '모두' 출산 능력의 소유자로서 여겨질 수 있었지만, 이주노동자는 '일부'만 경제적 능력의 소유자로서 인정받을 수 있었다. '매우 우수한' 능력을 소유한 이주노동자가

---

[13] 김현미, 〈국제결혼의 전 지구적 젠더 정치학〉, 《경제와 사회》 70, 2006, 14~17쪽. 김민정의 〈필리핀 여성의 젠더화된 이주 : 한국의 사례〉(《한국여성학》 28-2, 2012)는 필리핀 이주여성들을 사례로 한국 사회에서 전개되는 이주의 젠더화 현상에 관한 충실한 설명을 제공해 준다.

'우수 외국 인재'로 명명되어 이주가 허용되었다면, 그 능력을 소유하지 못한 다수의 이주노동자는 일정 기간 체류 후 본국으로 돌아가거나 '불법체류자'로 살아가야만 했다. 특히 한국은 1990년 UN에서 만장일치로 통과된 "모든 이주노동자와 그 가족의 권리 보호에 관한 협약"(이주노동자가 모든 국가에서 체류 자격 취득 여부와 무관하게 인간으로서의 최소한의 권리를 보장받아야 한다는 것을 규정한 UN 협약)을 비준하지 않은 국가에 속하기 때문에, 한국에서 불법체류자가 된다는 것은 늘 강제 추방의 위협에 노출된다는 것과 함께 인간으로서의 최소한의 권리를 보장받지 못하게 된다는 것을 의미했다.

한국 정부의 이주노동자 정책은 산업연수제(1992~2003)에서 고용허가제와 산업연수제의 병행기(2004~2005)를 거쳐 고용허가제(2007~)로 바뀌었다. 이와 같은 정책 변화는 표면적으로 이주노동자의 권리 보장을 이유로 실시되었다. 1990년대 산업연수생이 학생이라는 신분 때문에 장시간 노동에 시달리면서도 충분한 임금을 받지 못했던 것과 달리, 불법체류 노동자는 인간으로서의 권리를 포기하는 대신 상대적으로 높은 임금을 받을 수 있었다. 그 결과 불법체류 노동자의 비율이 전체 이주노동자의 80퍼센트를 넘어서게 되었고, 마침내 정부는 고용허가제를 실시함으로써 불법체류 노동자의 합법화를 유도하는 정책을 펼 수밖에 없었다. 하지만 이주노동자 정책이 바뀐 뒤에도 불법체류 노동자의 비율은 여전히 높은 수준을 유지하고 있다.[14] 그 근본적인 이유는 고용허가제가 이주노동자에게 최소 임금

---

[14] 김환학의 조사에 따르면, 2013년 무렵 고용허가제로 입국한 외국인의 불법체류 비

정도만 보장할 뿐 체류 기간, 직업 선택, 거주지 이동 등에서 여전히 많은 제한을 둔 데 있다. 말하자면, 고용허가제는 "비숙련이주노동자들의 단기순환노동을 합리화, 제도화하여 이들의 정주화를 막"[15] 았던 것이다. 이와 같은 사정은 2014년 '외국인근로자의고용등에관한법률'이 시행된 후에도 근본적으로 개선되지 않았다. 한국에서 이주노동자의 권리 제한과 불법체류자의 '배제'(강제 출국)는 여전히 저임금 노동력의 안정적 확보를 위한 필수 조건이었다.

한국에서 이주노동자는 언제나 '배제'의 잠재적 대상이었고, 국가의 다문화주의는 이주의 불법화를 유도함으로써 유지될 수 있었다. 국가는 '배제'의 방법으로 이주노동자들을 관리함으로써 그들을 순전히 경제적 필요에 예속된 존재, 즉 단순한 생산력으로 만들고자 했다. 결혼이주여성이 남성적 한국 문화로 재-정체화될 것을 강요받았다면, 불법체류 노동자는 모두 문화적 정체성을 부정당한 채 끊임없이 비非-정체화될 것을 요구받았다. 그리고 그들은 비-정체성에 대한 요구를 수용함으로써만, 다시 말해 경제적 도구화와 그로 인한 사물화에 대한 요구에 순응함으로써만 추방의 위협 속에서일지라도 한국 거주를 허락받을 수 있었다.

율이 40퍼센트에 육박했다(〈불법체류자의 고용관계에 대한 통제〉, 《행정법연구》 35, 2013, 90~91쪽).

[15] 구본규, 〈'다문화'는 어떻게 이주민을 비하하는 말이 되었나〉, 《동북아문화연구》 42, 2015, 19쪽.

276 • 한국 다문화주의 비판

우수 외국 인재

고용허가제를 통해서 입국한 외국인 노동자가 한국에 체류할 수 있는 기간은 3년으로 한정되어 있다. 이주노동자는 별도의 연장 신청을 통해 1년 10개월 더 한국에 체류할 수 있지만, 총 4년 10개월이 지난 뒤에는 반드시 본국으로 돌아가지 않으면 안 된다. 그러나 다른 한편으로 한국 정부는 '매우 우수한' 능력을 소유한 이주노동자에게는 '우수 외국 인재'라는 이름을 부여하면서 제한 없는 이주와 정착(귀화)의 기회를 제공하고 있다. 2011년 1월 발효된 '국적법 개정안'은 우수 외국 인재에게 귀화 조건을 완화하고 복수국적을 허용하는 내용을 담은 것이었다. 종전에는 국내 5년 이상 거주자만 귀화 신청을 할 수 있었지만, 이제는 과학·경제·문화·체육 등 특정 분야에서 '매우 우수한' 능력을 소유한 자로 인정받는 외국 인재라면 누구나 국내 거주 기간과 무관하게 귀화를 신청할 수 있게 되었다. 게다가 우수 외국 인재에게는 한국 국적을 취득한 뒤에도 외국 국적을 포기하지 않을 수 있게 되었다.

우수 외국 인재의 사례는 한국 다문화주의의 전략적 성격과 위계적 성질을 보여 준다. 한국에서 다문화주의는 이주자의 문화적 권리 또는 인간적 권리와 무관한 것으로서, 오로지 국가의 문제를 해결하기 위한 전략적 선택에 불과했다. 우수 외국 인재를 판별하기 위한 기준('매우 우수한')을 '국익'과 '경제적 이해'에 둔 것은 그 점을 노골적으로 보여 주는 증거였다.[16] 경제활동을 위해서 유입되는 외국인

---

[16] 이용재, 〈'다문화'의 이론적 재구성을 위한 소고〉, 《문화과학》 74, 2013, 168~169쪽.

들을 막을 수 없다면, 그들 중 '매우 우수한' 인재에게 선별적으로 혜택을 부여하는 것은 한국 정부에게 '국익'과 '경제적 이해'를 위한 중요한 전략일 수 있다. 문제는 우수 외국 인재에 대한 특혜가 한국 다문화주의의 위계적 성격을 표면화하고 있다는 점이다. 결혼이주여성의 경우 복수국적과 귀화는 한국 사회의 하위주체가 됨으로써 허용될 수 있었지만, '매우 우수한' 능력을 소유하지 못한 대다수 이주노동자들에게는 복수 국적 취득 기회가 처음부터 차단되어 있었다.[17] 모든 이주가 동질적인 것은 아니었고, 모든 이주노동자들이 동등한 권리를 소유한 것은 아니었다.

이주(민)의 위계화는 한국의 다문화주의를 구성하는 중요한 속성이다. 우수 외국 인재들은 바로 그 능력의 우수성 때문에 한국인보다 더 많은 권리를 누릴 수 있었고, 그런 만큼 이주의 위계 체계에서 가장 높은 자리에 놓일 수 있었다. 그들은 '동화'와 '배제'의 체계로부터도 벗어나 있었고, 그 때문에 탈-정체화, 재-정체화, 비-정체화 등의 메커니즘에 전혀 영향을 받지 않았다. 결혼이주여성이나 불법 이주노동자와 달리, 우수 외국 인재는 한국 사회에서 기존의 문화적 정체성을 인정받았고 그를 토대로 한국인과 대화를 나눌 수 있었다.

---

[17] 우수 외국 인재는 '세계화 시대 기술과 능력을 가진 사람들이 국경을 넘나들며 삶의 터전을 만들어 나가는 대표적인 초국가주의적 삶의 표본'이었다. 그에게 허용된 '복수국적'은, 그가 한국 사회에서 모국의 문화적 정체성을 유지한 채 '초국가적 삶'을 살 권리가 있음을 증명하는 것이었다. 그러나 우수 외국 인재들은 한국의 시민권이 없어도 그 소유자 못지않은 권리를 누릴 수 있었기 때문에, 정부의 의도와 달리 그들의 '귀화' 비율은 상당히 낮았다(김정규, 〈탈국가주의, 초국가주의, 이중시민권, 그리고 한국의 복수국적 허용에 대한 논의〉, 《대한정치학회보》 20-1, 19~20쪽).

다문화주의의 이상이 이질적 문화들 간 '인정'과 '관용'에 있다면, 우수 외국 인재들의 다양한 정체성은 그 실현을 위한 이상적 조건이라고 말할 수 있다. 그러나 잊어서는 안 될 것은, 우수 외국 인재들에 대한 인정과 관용 또한 근본적으로는 문화적 정체성 그 자체가 아닌 국가의 경제적 필요성에 의존해 있다는 사실이다.

오늘날 이주의 젠더화, 불법화, 위계화는 한국의 다문화주의를 규정하는 중요한 속성들이다. 국가는 '국익'이라는 경제적 필요를 기준으로 이주민을 하위주체화하거나 불법체류자로 규정해서 배제하기도 했고, 일부 전문직 노동자의 경우 우수 외국 인재로 차별화한 뒤 선별적으로 수용하기도 했다. 어떤 문화적 정체성들은 인정과 관용의 대상이 되기도 했지만, 다른 문화적 정체성들은 불법이나 배제의 대상으로 간주되었다. 이와 같은 이주의 젠더화, 불법화, 위계화는 한국의 다문화주의를 '선택적 동화·차별 모형'[18] 따른 것으로서 규정하도록 해 준다. 지금까지 한국의 다문화주의는 문화적 정체성들을 '인정' 아니면 '배제'의 틀로 구획하는 데만 관심이 있었을 뿐 한국인과 이주민 간, 또는 다양한 문화적 정체성들 간 대화와 소통

---

[18] 이용재, 〈'다문화'의 이론적 재구성을 위한 소고〉, 173쪽. 이주민에 대한 다문화 사회의 정책적 대응은 크게 동화 모형, 차별·배제 모형, 다문화 모형 등으로 구분된다. 동화 모형은 주류 문화가 소수집단 문화를 통합되는 것이고, 차별·배제 모형은 인종적·문화적 소수자를 사회의 단일성과 통합성에 대한 위협으로 간주해서 제거하는 것이다. 그리고 다문화 모형은 인종적·문화적 소수자가 고유 문화를 유지한 채 주류 문화와 공존하는 것이다. 한국의 다문화주의는 세 가지 성격을 모두 내포한다는 점에서 "선택적 동화·차별 모형"으로 정의될 수 있다.

에는 전혀 관심이 없었다.

다문화적 '토크'의 조건

대중매체는 '현실' 속에서 '현실'을 구성해 낸다. 대중매체는 한편으로 국가의 다문화주의에 의해서 형성된 사회 속에 있지만, 다른 한편으로는 독립된 작동 방식을 통해서 또 다른 사회를 구성해 내는 것이다. 그러므로 대중매체의 다문화주의는 국가의 다문화주의와 구별해서 볼 필요가 있다. 두 편의 텔레비전 토크쇼, 즉 〈미녀들의 수다〉와 〈비정상 회담〉에 대한 검토는 한국의 다문화주의에 대한 복합적 이해를 가능하게 해 준다. 상이한 문화적 정체성을 소유한 외국인들이 한국인들과 대화를 나누는 모습에서는, 국가에 의해 정책적으로 추진된 다문화주의의 '영향'뿐만 아니라 다문화적 공론장에 대한 사회 구성원들의 '소망 이미지' 또한 읽어 낼 수 있다. 두 편의 토크쇼에 대한 검토 작업은 토크쇼가 지향하는 구성원들 간 대화의 이상이 한국 대중매체에서 상상되는 방식과, 그것이 국가의 정책 및 한국인들의 소망과 맺고 있는 복합적 관계에 대한 이해에도 도움을 줄 것이다.

〈미녀들의 수다〉

〈미녀들의 수다〉는 2006년 10월부터 2010년 5월까지 약 3년 6개월 동안 총 172회 방영된 KBS의 오락 프로그램이다. 정식 명칭이 "글로벌 토크쇼Global Talk Show 미녀들의 수다"라는 데서도 드러나듯, 이 토크쇼는 한국에 거주하는 외국 여성들이 한국 문화와 남성에 관해 이야기Talk를 나누는 방식으로 구성되어 있다. 이 프로그램은 한 명의 한국 남성 진행자와 다섯 명의 한국 남성 게스트들을 중심으로, 16명의 외국 여성들이 '외국 여성의 눈'에 비친 한국인의 모습에 관해 의견을 나누는 방식으로 진행되었다. 3년 6개월 동안 이 토크쇼에는 총 48개 국가 출신 118명의 외국 여성들이 교대로 출연했다. 물론 몇몇 출연자들의 경우 점차 인기를 얻게 되면서 비교적 많은 출연 기회를 얻기도 했지만, 그 구성상 〈미녀들의 수다〉가 '다문화'적 토크를 위해서 문화적 다양성에 큰 비중을 두고 있었던 것만은 분명해 보인다.

〈미녀들의 수다〉에서 가장 주목해야 할 것은 토크쇼 출연자의 자격이다. 이 토크쇼에 출연하려는 외국 여성들은 적어도 두 가지 조건을 충족하고 있어야만 했다. 출연자는 우선 미혼 여성이어야 했고 (물론 몇몇 출연자들은 프로그램이 계속되면서 한국 남성과 결혼을 하기도 했다), 다음으로 '매우 우수한' 능력을 소유하고 있어야 했다. 우선 '미혼'이라는 조건은 출연자가 한국 사회에 '아직' 동화되지 않았다는 것, 즉 출연자가 고유한 문화적 정체성을 유지하고 있다는 것을 의미했다. 이는 '다문화'적 토크를 위한 필수 조건이라고 말할 수 있다. 그리고 '매우 우수한' 능력이란 한국인과의 의사소통을 위한 기본적인 언어적·지적 능력을 의미했다. 언어적 능력이 토크를 위해서 요구되는 기술적 조건이라면, 지적 능력은 토크의 내용을 채우기 위한 실질적 조건인 셈이다. 토크쇼 출연자들 대부분이 학생(대학생, 대학원생)으로 이루어진 이유는 이와 같은 두 가지 사실에 있었다.[19] 요컨대, 토크쇼 출연자는 '아직' 한국 사회의 구성원이 아니었지만 '매우 우수한' 능력으로 인해 한국 사회의 구성원이 될 수 있는 자격을 소유한 외국 여성이었다.

'글로벌 토크쇼'의 공론장은 외국 여성들이 한국 사회의 구성원으로서 인정받기 위한 영역이었다. 여기서 '토크'는 '미녀들'이 한국을 이해하기 위한 수단이자 한국 사회의 구성원으로서 인정받기 위한 수단이었다. 사실상 그녀들은 대부분 '매우 우수한' 능력을 소유한 학생들이었으므로, 졸업 후 불법체류자가 되기보다는 결혼이주여성이나 우수 외국 인재가 되어 한국 사회에 정착할 가능성이 높았다. 그러나 〈미녀들의 수다〉가 재현한 그녀들의 모습은 사실상 우수 외국 인재라기보다 결혼이주여성의 잠재태潛在態에 가까웠다. '미혼'이라는 출연 조건은 문화적 '타자성'을 유지하기 위한 것이기도 했지만, 그에 못지않게 한국 남성과의 결혼 가능성을 전제하는 것이기도 했기 때문이다. 토크쇼의 기획 의도('한국 남성'에 대한 이해)뿐만 아니라 토크쇼의 구성 자체가 이 점을 분명하게 증명해 준다. 한국 남성 진행자와 게스트들이 '관찰하듯' 16명의 외국 여성들에게 질문을 던지는 진행 방식, 그리고 그 사이에 편성되어 있는 한국어 받아쓰기 시험이나 장기자랑 시간은 그녀들에게 '외국인 며느리' 자격 증명을

---

[19] 〈미녀들의 수다〉의 출연자를 직업별로 구분하면 학생이 91명, 전문직 종사자가 21명, 기타가 6명이었다. 그리고 이 토크쇼의 제작자에 따르면, 출연자들은 기본적으로 3개 언어를 구사할 수 있었고 많은 경우 6개 언어로 의사소통을 할 수 있었다 (KBS 미녀들의 수다 제작팀, 《Global Talk Show 미녀들의 수다》, 성안당, 2008, 14쪽).

요구하는 행위였다.

〈미녀들의 수다〉가 보여 준 것은 외국 여성의 하위주체화 메커니즘과, 여기에 내재하는 한국 문화와 외국 문화 간 젠더적 관계였다. 이 토크쇼에 출연하는 많은 외국 여성들은 '외국인 며느리'가 되기 위해서 탈-정체화와 재-정체화의 과정을 겪어야만 하는 존재들이었다. 그들은 한국 남성을 매개로 한국 문화를 이해해야만 했고, 남성 중심 한국 문화를 수용함으로써 하위주체로서의 지위를 받아들여야만 했다. 이 경우 대중매체가 상상한 '다문화'적 공론장이란 그 문화적 다양성의 외양에도 불구하고 궁극적으로는 그에 반하는 것이었다. 이 공론장에서의 발화 원리는 문화적 정체성들 간 대화와 소통이라기보다 긍정적이든 부정적이든 한국 문화의 중심성을 인정하고 그것을 수용하는 일이었다. 그 결과 그녀들에게는 두 가지 선택지만 주어지게 되었다. 하나는 기존 정체성을 고수한 채 본국으로 돌아가는 것이고, 다른 하나는 기존 정체성을 포기하고 '외국인 며느리'로서 자신을 재-정체화하는 것이다. 〈미녀들의 수다〉가 형성한 다문화적 공론장이 다양한 문화적 정체성들의 배열이었다면, 그 배열에 내재하는 것은 여성적 외국 문화를 한국의 남성적 문화 속으로 융합하는 하위주체화 메커니즘이었다.

〈비정상 회담〉

〈비정상 회담〉은 2014년 7월 7일부터 현재까지 1년 이상 방영되고 있는 JTBC의 오락 프로그램이다. 이 프로그램의 정식 명칭은 "국경 없는 청년회 비정상 회담"인데, 여기에는 '세계의 젊은 시선'으로 한국 청년들이 처한 현실적 문제들을 바라본다는 기획 의도가 담겨 있다. 이 토크쇼는 세 명의 진행자와 한두 명의 게스트, 그리고 12개 국가 출신 외국 청년들이 한국 문화에 관해 이야기talk를 나누는 방식으로 구성되어 있다. 〈미녀들의 수다〉의 경우 다수의 외국인들이 매회 교대로 방송에 출연했다면, 〈비정상 회담〉의 경우는 특별한 문제가 없는 한 12명의 출연자들이 고정적으로 출연하고 있다.[20] 이와 같은 고정 출연과 프로그램의 높은 인기로 인해 외국인 출연자들은 대중적인 스타가 되었고, 그들 중 몇몇은 〈내 친구의 집은 어디인가〉(2015년 2월부터 방영)를 비롯한 많은 방송 프로그램에 출연하면서 다양한 상품의 광고 모델로 활동하고 있다.

〈비정상 회담〉에서도 우선 주목해야 할 것은 토크쇼 출연자의 자격 문제다. 〈미녀들의 수다〉의 경우 출연자들의 절대 다수가 학생이었던 것과 달리, 이 토크쇼의 출연자들은 의료 통역관, 자동차 딜러, 북경TV 아나운서 출신 학원 강사, 방송인, 브랜드 디지털 마케터, 가수 등 전문직 종사자들이다. 이들은 모두 미혼 남성이지만, '미혼'이 토크쇼 출연을 위한 필수 자격은 아니다. 〈비정상 회담〉이 그들에게 요구한 유일한 출연 자격은 '청년', 즉 고유한 문화적 정체성을 유지한 채 한국 사회에서 살아가는 외국인이라는 것이었다. 대부분의 '미녀들'이 사회적 지위가 불분명한 학생 신분이었던 데 반해, 그들은 고소득이 보장되는 전문직에 종사하고 있었다. 그들은 '미녀

---

[20] 〈비정상회담〉은 2015년 7월 기존 외국인 출연자들 중 6명을 교체했지만, 여전히 12명의 외국인 출연자 수는 고수하고 있다.

들'이 갖고 있었던 '우수한 능력'에 더해 '전문적 지식'을 갖고 한국인이 선망하는 직종에서 활발하게 활동하는 외국인들이었다. 그들이 토크쇼에서 발언권을 부여받게 된 결정적 이유는 바로 여기에 있다. 한국 사회에서 그들은 토크쇼 출연 여부와 무관하게 '이미' 우수 외국 인재로 간주되고 있었다.

〈비정상 회담〉이 구성한 것은 상이한 문화들 간 의사소통이 이루어지는 영역이었다. 여기서 특징적인 것은 한국의 문화적 정체성이 12개 국가의 문화적 정체성들에 의해서 탈중심화되어 있다는 점이다. 한국을 포함한 13개 국가의 대표들이 특정 주제를 두고 이야기를 나눌 때, 한국 문화는 어떤 중심적 지위도 인정받지 못한 채 단지 소재로서의 의의만 인정받을 뿐이다. 〈비정상 회담〉의 출연진 배치는 이와 같은 특징을 상징적으로 보여 준다. 이 토크쇼의 무대는 외국인 출연자들이 긴 테이블을 중심으로 양쪽에 6명씩 앉아 서로 대화를 나누고, 세 명의 한국인 진행자가 테이블 뒤에서 앞을 보고 앉아 진행을 하는 방식으로 구성되어 있다. 이와 같은 구성은 한국인의 매개 없는 외국인들 간 의사소통을 가능하게 해 주고, 더 나아가서는 한국의 문화적 정체성을 포함한 다양한 문화적 정체성들 간 친밀감이 형성되도록 해 준다. 여기서 대중매체의 공론장은 다양한 문화적 정체성들이 '거리낌 없이' 의사소통하는 영역, 즉 친밀감에 기반한 '다문화적' 영역이 된다.

〈미녀들의 수다〉가 문화적 정체성들 간 토크라는 형식 속에서 작동하는 문화적 위계화와 외국 여성들의 하위주체화 메커니즘을 재현했다면, 〈비정상 회담〉은 대등한 수준에서 이루어지는 문화적 정체성들 간 토크를 통해서 위계 없는 대화와 소통의 가능성을 보여 준다. '미녀들'의 경우 '아직' 새로운 문화적 정체성을 습득하지 못한 존재들에 불과한 데 반해, '청년들'은 '이미' 기존의 문화적 정체성을 인정받은 존재들이었다. 그로 인해 〈비정상 회담〉에서는 상이한 문화적 정체성들이 상대적 가치만을 주장하는 가운데 다문화적 공론장을 형성할 수 있었다. 물론 이 프로그램에서 국제정치상 힘의 관계가 전적으로 무시되고 있는 것은 아니지만, 이 공론장의 구성 원리가 문화적 정체성들 간 대화와 소통에 있음은 분명해 보인다.[21]

'다문화적 토크'라는 소망

〈미녀들의 수다〉와 〈비정상 회담〉은 4년 이상의 시차를 두고 방영되었다. 그로 인해 2006년 처음 방영된 〈미녀들의 수다〉와 2014년부터 방영된 〈비정상 회담〉는 서로 다른 가상의 공론장을 구성함으로

---

[21] 〈비정상회담〉에는 2015년 말까지 가나, 그리스, 네팔, 노르웨이, 독일, 러시아, 미국, 벨기에, 브라질, 이집트, 이탈리아, 일본, 중국, 캐나다, 폴란드, 프랑스 등 16개국 출신 20명 이상의 외국인이 출연했다. 그러나 토론은 보통 중국의 장 위안과 미국의 타일러 러쉬, 즉 오늘날 정치적으로나 경제적으로 세계의 패권을 쥐고 있는 두 강대국 출신 외국인들에 의해서 주도된다 (혹은 그렇게 되도록 편집된다). 이 토크쇼는 장위안과 타일러가 지정된 주제에 대한 대립구도를 형성하면서 토론을 주도하고 다른 출연자들이 다양한 의견들을 제시하며 토론을 풍부하게 한 후 일종의 절충적 결론을 이끌어 내는 식으로 전개된다. 그럼에도 불구하고 〈비정상회담〉이 기본적으로 문화적 정체성들 간 동등한 대화와 소통의 가상을 형성하고 있음은 분명해 보인다. 출연자들 간 직접적 대화가 가능한 무대 배치, 그리고 무엇보다도 거리낌 없는 의견 제시 방식은 그에 대한 의미 있는 증거라고 말할 수 있다.

써 한편으로 한국 다문화주의의 강조점 변화를 보여 주면서도, 다른 한편으로는 한국 다문화주의의 특성을 문제적인 것으로서 인식하게 해 주었다. 특히 두 프로그램은 사회 구성원들의 '소망'을 반영함으로써 그 작업을 성공적으로 수행할 수 있었다.

두 편의 토크쇼에서 확인할 수 있는 한국 다문화주의의 강조점 변화는 크게 두 가지다. 하나는 외국 이주민에 대한 관심의 초점이 결혼이주여성에서 외국 우수 인재로 바뀌었다는 점이다. 앞에서 살펴본 것처럼, 한국 정부가 처음 다문화주의 정책을 추진한 이유는 저출산 문제와 노동력 부족 문제를 해결하려는 데 있었다. 이때 결혼이주여성이 출산과 육아를 위해서 한국에 정착하도록 유도되었던 것과 달리, 이주노동자들은 단기간 저임금 노동에 종사한 후 본국으로 돌아갈 것을 요구받았다. 〈미녀들의 수다〉가 오직 미혼 여성들만을 통합의 대상으로 간주한 이유는 여기에 있었다. 이주노동자들과 달리, 외국 미혼 여성들은 국가의 인구 문제 해결을 위해서 반드시 한국 사회에 통합되어야만 했다. 다른 하나는 외국 이주민을 통합의 대상에서 대화의 상대로 간주하게 되었다는 점이다. 결혼이주여성이 한국 사회에서 하위주체로 편입될 것을 요구받았다면, 2011년 국적법 개정 이후 외국 우수 인재는 그와 같은 요구와 무관하게 한국 사회의 구성원으로 인정받을 수 있었다. 문화적 이질성이 허용되었고, 다양한 문화들의 공존이 바람직한 상태로 여겨지게 되었다. 이는 한국 다문화주의가 기본적으로 '선택적 동화·차별 모형'에 입각해 있으면서도, 부분적이나마 대화와 소통을 지향하는 간문화주의interculturalism 쪽으로 나아가고 있음을 보여 주는 듯하다.

그와 같은 변화와는 별도로, 〈미녀들의 수다〉와 〈비정상 회담〉은 명백히 한국 다문화주의의 중요한 특성을 공유하고 있다. 그것은 바로 문화적 다양성을 국가의 '이익'을 위해서 관리하고 통제하는 다문화주의, 즉 국가 중심 다문화주의다. 〈미녀들의 수다〉는 외국 미혼 여성을 잠재적인 '외국인 며느리'로 간주하면서도 결혼이주여성을 출연시키는 데는 인색했다. 〈비정상 회담〉은 이주노동자들을 중심으로 출연진을 구성했지만 동남아시아나 아프리카 출신의 저임금 노동자(조만간 본국으로 돌아가거나 아니면 불법체류 노동자로서 한국에 남게 될 존재)를 출연시키지는 않았다. 그들은 결코 가상의 공론장에 출연해서 한국인과 동등하게 발언talk할 수 있는 존재들로 간주되지 못했다. 출산과 육아 때문에 힘들어하는 외국 여성들과 저임금 노동으로 인해 고통스러워하는 외국인들은 가상의 공론장에 등장하기 힘들었다.[22] 그 이유는 분명하다. 한국 사회에서 그들은 남성 중심 가계의 존속을 위해서 후속 세대를 재생산해 내는 '출산 기계', 또는 낮은 임금과 불법의 위협 속에서 한국의 경제 구조의 재생산에 기여하는 '노동력'에 불과했다. 그들은 발언 능력을 결여한 존재들이자 발언권을 부여받지 못한 존재들, 즉 하위주체화와 불법화를 통해서 비가시성非可視性을 강요받는 존재들이었다.

---

[22] 물론 결혼이주여성과 저임금 노동자들이 대중매체에서 완전히 소외되어 있는 것은 아니다. 그들은 〈다큐공감〉(KBS 1TV), 〈인간극장〉(KBS 1TV), 〈MBC다큐스페셜〉(MBC) 같은 공중파 다큐멘터리 프로그램을 통해서 재현되기도 한다. 그러나 여기서 그들은 보통 한국인의 대화 상대자라기보다 동정과 배려의 대상으로 등장할 뿐이다. 그들의 삶은 한국인에 의해서 대상화되고 사물화되며, 그런 한에서만 한국 사회에서 일정한 자리를 배정받게 된다.

한국의 다문화주의는 문화적 정체성에 대한 인정과 관용보다 이 주민들의 정치적·경제적 수단화와 사물화에 더 관심을 갖고 있다. 이주의 젠더화, 불법화, 위계화 메커니즘과 그를 통한 결혼이주여성 및 불법체류 노동자의 비가시화는 그 결과였다. 〈미녀들의 수다〉와 〈비정상 회담〉을 통해서 재현된 것은 이와 같은 특성 위에 구축된 '다문화적' 공론장의 가상이었다. 여기서 우선 확인할 수 있는 것은 대중매체에 대한 국가의 이데올로기적·제도적 영향력, 즉 '동의의 생산'이다. 대중매체는 결코 이데올로기적·제도적 수준에서 이루어지는 '외부의 영향력'으로부터 자유로울 수 없었다. 〈미녀들의 수다〉에 결혼이주여성이 등장하지 못한 이유, 그리고 〈비정상 회담〉에 저임금 노동자 혹은 불법체류 노동자가 출연하지 못한 이유는 바로 여기에 있었다. 하지만 '동의의 생산'은 국가의 영향력 못지않게 대중매체의 수신자, 즉 사회 구성원들의 영향력에 의해서도 이루어진다. 이 '소망'은 국가의 다문화주의와 구분되는 대중매체의 다문화주의에 대한 이해뿐만 아니라, 국가의 다문화주의에 대한 비판적 상대화 또한 가능하게 해 준다는 점에서 중요하다. 그리고 다문화주의에 대한 사회 구성원들의 '소망 이미지'를 가늠해 볼 수 있게 해 준다는 점에서 특히 중요하다.

〈미녀들의 수다〉와 〈비정상 회담〉이 재현한 문화적 다양성 및 탈중심적 친밀감의 영역은 '이질적 문화들의 공존'이라는 다문화주의적 이상을 구성하는 두 축이라고 말할 수 있다. '이질적 문화들의 공존'이란 어떤 문화적 정체성도 비가시성의 폭력에 시달리지 않을 때, 또한 모든 문화적 정체성들이 어떤 중심이나 매개도 없이 발언권을 갖고 발화를 할 수 있을 때 성립 가능하다. 물론 두 프로그램에서 이와 같은 다문화적 토크의 상상은 국가의 다문화주의에 의한 영향을 받음으로써, 다시 말해 '미녀들'과 '청년들'에게만 허용된 발언권을 인정함으로써 이루어질 수 있었다. 그렇지만 대중매체에 의해 재현된 다문화적 토크는 문화적 다양성과 탈중심적 친밀감의 영역에 대한 상상을 가능하게 해 줄 뿐만 아니라, 그를 토대로 이주의 젠더화, 불법화, 위계화 등으로 구성된 국가의 다문화주의에 대한 위반과 비판 기능 또한 수행할 수 있다. 대중매체의 다문화주의는 물론 국가의 영향력으로부터 완전히 벗어나 있을 수는 없지만, 일종의 자율성을 통해서 그와 구별되는 방식으로 다문화적 토크에 대한 사회 구성원들의 '소망'을 담아낼 수 있는 것이다.

앞에서 설명한 것처럼, 한국의 다문화주의 정책은 정치 문제(인구문제)와 경제 문제에 대한 해법으로서 채택된 것이었다. 그러므로 다문화적 토크에 대한 사회 구성원들의 '소망'은 문화적 수준에서뿐만 아니라 정치적·경제적 수준에서도 다루어지지 않으면 안 된다. 다문화적 공론장의 가상를 조건 짓는 정치적·경제적 요인과의 내밀한 관계에 대한 인식이 필요한 것이다. 그렇다면 '미혼 여성'과 '우수한 노동력'이라는 성격 규정은 결코 다문화적 토크를 위한 조건이 될 수 없다. 그것들은 이주민들과 다양한 문화적 정체성들을 수단화하고 사물화하기 위한 정치적·경제적 규정들에 불과하기 때문이다. 그보다 다문화적 토크를 위해서 필요한 것은, 이주민들과 다양한 문화적 정체성들이 정치적·경제적 수준에서 스스로를 주체화하는 것이다. 그들은 결혼이주여성, 불법체류 노동자, 우수 외국 인재로부터 탈-주체화해야 하고, 더 나아가서는 그와는 구별되는 고유한 이름 들로서 재-주체화해야 하는 것이다. 이때 비로소 그들은 정치적·경 제적 수단화와 사물화로부터 벗어날 수 있고, 고유한 문화적 권리를 소유한 자로서 다문화적 토크에 참여할 수 있을 것이다.

상상된 다문화주의

한국의 다문화주의는 정부가 저출산 문제와 노동력 부족 문제를 해 결하기 위해서 정책적으로 추진한 것이었다. 그로 인해 결혼이주여 성들과 이주노동자들은 국가의 '이익'을 위해서 수단화되거나 사물 화될 수밖에 없었다. 한국 사회에서 결혼이주여성은 하위주체로서 사회에 통합될 수 있었지만(이주의 젠더화), 이주노동자들은 저임금으 로 이용된 뒤 불법체류 노동자로 규정되어 사회로부터 배제되었다 (이주의 불법화). 물론 '매우 우수한' 능력을 지닌 이주노동자는 우수 외국 인재로 구분되어 각종 혜택을 누릴 수도 있었다 (이주의 위계화). 종합하자면, 국가에 의해 정책적으로 추진된 한국 다문화주의란 이 주의 젠더화, 이주의 불법화, 이주의 위계화의 복합적 구성물이라고 말할 수 있다.

〈미녀들의 수다〉와 〈비정상 회담〉이 재현한 공론장의 가상은 한 편으로 국가의 다문화주의에 의한 영향을 보여 주면서도, 다른 한편 으로는 문화적 다양성에 관한 사회 구성원들의 소망을 내포하고 있 었다. 이 소망의 핵심은 국가 다문화주의와 달리 다양한 문화적 정체성들이 대화를 나누는 탈중심적 친밀감의 영역, 다시 말해 누구도 비가시성의 폭력에 의해서 희생되지 않을 수 있는 영역이자 모든 문화적 정체성들이 그 자체로서 발언권을 획득할 수 있는 영역의 형성에 있다. 그리고 무엇보다도 대중매체에 의해 상상된 다문화주의는 이상적 다문화 사회에 대한 한국인의 소망을 보여 주는 것으로서 국가의 다문화주의에 대한 비판적 상대화를 가능하게 해 준다.

상상된 다문화주의의 현실성은 다음과 같은 두 가지 사항에 대한 인정을 통해서 확보될 수 있다. 하나는 한국의 다문화주의가 정치적·경제적 수준에서 촉발되고 정책적으로 추진되었다는 사실이고, 다른 하나는 인구 문제와 경제 문제 너머에서 문화적 정체성들에 관한 사유를 전개해야 할 필요성이다. 바꿔 말해서, 한국 다문화주의의 가부장적·자본 중심적·국가 중심적 성격을 자기비판적으로 인정해야만 하는 것이다. 이와 같은 인정을 토대로 가부장적·자본 중심적·국가 중심적 다문화주의를 해체하려는 노력이 이어질 때, 그리고 이질적 문화적 정체성들을 인정하는 '품위 있는 사회'[23] 수립을 목표로 한국 다문화주의의 근본적 재구성 작업이 이루어질 때, 상상된 다문화적 토크는 단순한 소망에 그치지 않을 수 있다.

---

[23] 이용승, 〈다문화 시대의 시민권 아포리아〉, 《한국정치학회보》 48-5호, 2014.12, 203쪽.

참고문헌

구본규, 〈'다문화'는 어떻게 이주민을 비하하는 말이 되었나〉, 《동북아문화연구》 42, 2015.

김정규, 〈탈국가주의, 초국가주의, 이중시민권, 그리고 한국의 복수국적 허용에 대한 논의〉, 《대한정치학회보》 20-1, 2012.

김현미, 〈이주자와 다문화주의〉, 《현대사회와 문화》 26, 2008.

김현미, 〈국제결혼의 전 지구적 젠더 정치학〉, 《경제와 사회》 70, 2006.

김환학, 〈불법체류자의 고용관계에 대한 통제〉, 《행정법연구》 35, 2013.

김민정, 〈필리핀 여성의 젠더화된 이주 : 한국의 사례〉, 《한국여성학》 28-2, 2012.

법무부 출입국·외국인정책본부, 〈출입국·외국인정책 통계월보〉, 2015.1.

이용승, 〈다문화 시대의 시민권 아포리아〉, 《한국정치학회보》 48-5, 2014.12.

이용재, 〈'다문화'의 이론적 재구성을 위한 소고〉, 《문화과학》 74, 2013.

주재원, 〈다문화 담론 이면의 타자와 미디어 윤리 : 타자에 대한 윤리철학적 논의들을 중심으로〉, 《커뮤니케이션 이론》 10-4. 2014.

KBS 미녀들의 수다 제작팀, 《Global Talk Show 미녀들의 수다》, 성안당, 2008.

베네닉트 앤더슨, 《상상의 공동체》, 윤형숙 옮김, 나남출판, 2002

위르겐 하버마스, 《공론장의 구조변동》, 한승완 옮김, 나남출판, 2001.

마셜 매클루언, 《미디어의 이해》, 김상호 옮김, 커뮤니케이션북스, 2011.

니클라스 루만, 《대중매체의 현실》, 김성재 옮김, 커뮤니케이션북스, 2006.

로저 실버스톤, 《왜 미디어를 연구하는가》, 김세은 옮김, 커뮤니케이션북스, 2009

Hall, Stuart, "The rediscovery of 'ideology' : return of thee repressed in media studies," in Michael Gurevitch, Tony Bennett, James Curran and Janet Woollacott (ed.), *Culture, society and the media*, London and New York : Methuen, 1982.

Benjamin, Walter, *The Arcades Project*, Howard Eiland · Kevin McLaughlin (trans.), London : The Belknap Press of Harvard University Press, 2002.

4

다문화 뉴스 제작 관행과 게이트키핑의 문화정치학
: 누가 시민이며, 시민권 향유의 주체는 누구인가?

주재원

한국은 다문화 사회인가?

급속한 인구 유동성의 증가는 전 세계에서 일어나고 있는 사회적 변화의 주된 양상 중 하나이다. 비록 일부에서는 그것이 일시적인 현상이라고 주장하지만, 국제 이민은 이제 세계적 인구 변화의 구조적 특성이라고 할 수 있으며, 이는 동아시아를 포함한 전 사회 영역에 영향을 미친다. 인구 유동성 증가의 원인이 되는 요인들은 교육 수준의 향상, 전 지구적 미디어의 확산, 교통수단의 발달, 비즈니스와 노동 시장의 국제화와 복합적으로 연관되어 있다(Vertovec and Cohen 1999).

---

* 이 글은 《한국콘텐츠학회논문지》 제14권 10호(2014.10) 게재된 원고를 수정 및 보완하여 재수록한 것이다.

특히 한국에서의 이주민은 지난 십여 년 동안 사회적으로 가장 많은 논란이 되었던 사회적 이슈들 중 하나이다. 이는 한국이 전통적으로 단일민족으로 구성되어 있다고 인식되어 왔기 때문이며, 이러한 인식은 민족적 동질성에 대한 지배적 신화로 자리매김해 왔다. 하지만 지난 수년 사이에 이 지배적 신화는 대규모 노동 이민과 국제결혼으로 인해 흔들리게 되었다. 법무부 이주 정책과의 발표에 따르면 2007년 8월에 한국에 거주하는 외국인 수가 처음으로 백만을 넘어섰으며, 2000년대에 접어들면서 한국 사회는 급격하게 다인종 사회로 변모해오고 있다. 법무부 이주 정책과의 발표에 따르면 2013년을 기준으로 한국에 거주하는 외국인은 약 150만여 명으로 전체 인구의 3퍼센트를 차지하고 있다. 이 중 이주노동자들이 약 70만여 명, 결혼이주여성이 약 55만여 명에 이를 것으로 예상하고 있으며, 파악이 되지 않는 미등록 외국인들도 약 20만 명에 이르는 것으로 알려지고 있다. 통계청은 2020년에 전체 인구의 약 5퍼센트 정도가 외국인 혹은 다문화 가정의 자녀들로 채워질 것이라고 전망하고 있다. 여기에 약 17만여 명의 다문화 가정 자녀들은 포함되지 않았다. 이는 한국이 다인종 사회로 급격히 변모하고 있음을 의미한다.

인구 이동으로 인한 새로운 사회 구성원들의 유입은 근대 민족국가적 관점에서 볼 때 기존 사회의 문화적/정치적 정체성에 심각한 위협으로 인식된다(Robertson 1992). 이 과정에서 사회적 권력을 가진 다수 세력은 필연적으로 새로운 구성원들을 분류하고 차별하며 격하시킨다(Held et al. 1999). 이러한 권력 구조 속에서 사회의 새로운 구성원들인 이민자들은 주변부로 밀려나게 되며 결국 전 지구화의 흐름 속에서 방향성과 정체성을 상실한 이방인으로 전락하게 되는데, 이 과정에서 사회 구성원들 간의 권력관계를 확대 재생산하는 역할을 하는 것이 대중매체이다(Curran 2002 ; van Dijk 1988). 한 사회에서의 소수자들에 대한 인식은 그 사회의 주류 매체에 의해 생산된 보편적 매체 담론과 크게 다르지 않다(Cottle 1997 ; Downing and Husband 2005 ; Hall 1997). 이는 현대사회에서 대중매체가 오피니언 리더의 역할을 하고 있기 때문이며, 또한 사회적 객체나 집단에 특정한 이미지를 투영할 수 있는 힘을 가지고 있기 때문이기도 하다(Curran 2002).

2000년대 이후 한국 사회에서 매체 연구 영역을 포함한 다양한 학문 분야에서 이민자와 다문화주의에 대한 관심이 점차적으로 증가해 왔음에도 불구하고, 담론 생산 메커니즘에 대한 연구는 찾아보기 힘들다. 따라서 이 글은 전 지구적 이주의 흐름 속에서 국가적 우월성과 계층화된 인종 질서 이데올로기를 확대 재생산하는 도구로서의 공영방송 뉴스를 상정하고, 뉴스 제작 일선에 있는 기자들의 다인종/다문화에 대한 인식과 뉴스 제작환경에 대한 평가를 분석하는데 초점을 맞추고자 한다. 이는 '실재의 사회적 구성'이라는 이론적 관점에서 볼 때, 이주민들에 대한 담론 생산자들의 인식과 제작 시스템을 분석하는 것이야말로 한국 사회에 만연한 인종 담론의 문화적/사회적 배경과 특성을 이해하는 데 중요한 출발점이 될 수 있기 때문이다.

한국 사회의 다인종화 과정과 다문화 담론의 형성

1980년대 이전까지만 해도 아시아계 노동자들은 일본, 홍콩, 대만, 중동지역에 집중되었고, 한국은 오히려 노동력 수출 국가에 해당되었다. 하지만 1980년대 이후 관광객 유치를 위해 시행되었던 비자 면제 시스템으로 인해 동남아시아 지역으로부터 상당수의 밀입국 노동자들이 한국으로 들어오게 되었다. 이 시스템으로 인해 출입국 관리가 소홀해지기 시작했다(한건수 2004). 특히 1980년대 한국에서 개최되었던 국제적 규모의 행사, 아시안게임(1986)과 올림픽(1988)은 한국 사회에 외국 노동력이 본격적으로 유입되게 된 결정적인 계기가 되었다. 이주노동자들의 유입은 대학 진학률 증가와 인건비 증가, 강력해진 노동조합으로 인해 노동력 부족을 호소하던 중소기업들에 도움이 되었다(박경태 2008). 그들이 국가의 경제적 성장에 기여한다는 사실 때문에 정부는 밀입국 이주노동자들에 대한 문제를 회피하게 되었다(한건수 2004).

1990년대 이후 약 20여 년 동안 한국 사회에서는 다양한 형태의 이민이 혼재해 왔지만 그중에서도 이주노동자들과 결혼이주여성들은 가장 두드러지는 이주 집단이다. 특히 노동 이민의 급격한 증가는 한국 사회의 인종적 다양성을 가속화시켰다. 한국은 아직 이주민 유입 과정의 초기 단계에 있지만 빠른 속도로 노동력 수입 사회로 변모하고 있다(설동훈 1999 ; 박경태 2008). 하지만 이주노동자들의 대다수는 단순 육체노동자로 간주될 뿐 아니라 인종/계급적 서열화로 인해 이중으로 차별 받고 있다. 노동자에 대한 한국 사회의 인식은 산업혁명을 경험했던 서구 사회의 그것과는 다르다. 근대화에 앞서 500여 년간 유교사상의 영향 아래에 있었던 조선 시대의 계급제도는 양반·농민·상인·수공업자의 4가지로 분류되었으며, 이러한 계급 시스템의 흔적은 여전히 사회 곳곳에 잔재한다. 전통적인 편견으로 인해 생산직에 종사하는 육체노동자들은 한국 사회에서 여전히 가장 천대받는 직업군에 속하며, 육체노동이 단순히 직업을 의미한다기보다 하나의 사회적 계급을 표상한다고 볼 수 있다(박경태 2008). 그러므로 한국 사회의 이주노동자들은 인종적으로뿐만 아니라 육체노동자 계급으로서도 차별 받는 이중적 배제를 경험하고 있다.

한국의 이주민들 중 또 다른 주류 집단은 한국 남성과 결혼한 이주여성들이다. 최근 10여 년간 한국 사회에서는 국제결혼이 급격하게 증가해 왔다. 통계청 자료에 따르면 2010년 국제결혼이 34,235건으로 집계 되었는데, 이는 그해 전체 결혼 건수(326,104)의 약 11퍼센트에 해당하는 수치다. 비교적 새로운 경향으로 간주되는 '다문화 가정[1]'은 이주노동자들의 유입처럼 노동력의 국제적 분업을 향한 출발점이라고 볼 수 있다(한건수 2004). 하지만 한국 사회에서의 다문화 가정은 농어촌을 중심으로 성별 분업의 필요를 채우기 위해 인위적

---

[1] 사실 한국 사회에서 보편적으로 사용되는 '다문화'라는 담론은 이중적 방식으로 의미 작용이 가능한데, '구별 가능한 다양한 문화들'의 다원주의적 공존과 관련지어 해석되는 경향과 기존의 '단일민족문화' 내지 '지배문화'에 의해 통합되거나 배제되는 '소수문화들'과의 권력관계 속에서 해석되는 경향으로 구분이 가능하다. 그러나 한국의 주류 미디어에서 생산되는 '다문화' 담론은 이 두 가지 차원이 뒤섞여 논의되며, 문화적 맥락이 전혀 배제된 채 사용되는 경우도 다반사이다 (이상길·안지현 2007).

으로 장려되어 온 성격이 강하다. 즉, 중국 베트남 필리핀 러시아 우즈베키스탄 등지에서 여성들을 이주시켜 옴으로써 지방에서 도시로 이주한 한국 여성들의 빈자리를 메우는 것이다(한건수 2004). 국제결혼과 결혼이주여성의 증가는 단순한 통계 수치가 아니라 한국 사회가 얼마나 급격하게 다인종 사회가 되어 가고 있는지를 나타내는 척도이며, 동시에 향후 새로운 형태의 다인종/다문화 문제의 쟁점으로 떠오르게 될 다문화 가정 자녀들의 문제를 내포하고 있다는 점에서 매우 의미가 있다.

한국 사회에서 다문화 담론에 대한 관심이 급격히 증가하고 있음에도 불구하고 이 사안을 학문적 영역으로 끌어온 것은 그리 오래되지 않은 일이다. 한국에서 다문화 담론의 확산이 곧 한국인과 다르게 생긴 외국인들의 수가 증가하는 것을 의미하는지에 관해서는 의문의 여지가 있다. 엄밀히 이야기하자면, 한국은 다문화 사회가 아니라 다국적 혹은 다인종 사회로 변모하고 있다고 표현하는 것이 더 적절할 것이다. 단순하게 정의 내리기는 쉽지 않지만 보편적으로 학계에서 정의하는 다문화주의는 '인종과 민족성에서 자유로우며 모든 집단이 시민으로서 같은 수준의 사회적·경제적·정치적·문화적 권리를 갖는 사회'를 의미한다(박경태 2008 ; 한건수 2004 ; 이혜경 2005). 하지만 신기욱의 연구는 국가와 국가 정체성에 대한 한국인들의 견해를 드러내고 있는데, 93퍼센트의 참여자가 '우리나라는 단일민족이다'라고 대답했으며 83퍼센트의 참여자가 '해외에 사는 한국인들도 (그들이 이민을 가거나, 다른 나라의 시민권을 얻거나, 한국 밖에서 태어나거나 혹은 다른 나라의 합법적 시민으로 간주되어도) 한국인과 같은 뿌리를 가지고 있기 때문에 여전히 한국 사람이다'라고 응답했다(신기욱 2009 : 2). 이러한 상황에서 태동한 근대국가적 담론은 자민족 중심주의의 형태로 작용한다. 자민족 중심주의 사회의 주류 구성원들은 타자들을 미심쩍어하며 자기와 다르다고 생각되는 집단이나 담론들을 이질적, 야만적, 비도덕적 혹은 정신적으로 열등하다고 판단한다.

다문화 사회와 이데올로기적 매체로서의 공영방송

커뮤니케이션 연구에 있어서 많은 연구자들은 전 지구화 과정에서 매체가 수행하는 역할에 집중해 왔으며, 매체와 전 지구화가 구체적으로 어떻게 연관되는지에 대해서도 다양한 논의들이 전개되어 왔다(Golding and Harris 1997 ; Curran 2002 ; Appadurai 2006). 여기서 한 가지 분명한 전제는 전 지구화는 필연적으로 경제적·정치적·문화적 힘의 불균형을 야기한다는 것이다(Held et al. 1999). 이때 국가, 인종 차별적 사회질서, 지역적 특이성을 중요한 가치로 환산하는 대중매체는 권력의 불균형에 의해 소외된 특정 사회, 인종, 지역에 대한 부정적인 담론을 형성하는 데 주된 역할을 하게 된다(van Dijk 1988). 많은 연구자들에 의해 논의되었던 것처럼 매체 담론은 이주민들을 타자others, 심지어는 범죄자나 잠재적 위험인물로 재현해 왔으며, 이렇게 재생산된 담론은 사회의 주류 이데올로기로 자리 잡게 된다(Fairclough 1992 ; van Dijk 1992 ; Wodak et al. 1999).

홀은 특정 인종이나 민족 집단에 대한 정형화가 타자화의 실천 행위라고 말한다 (Hall, 1997). 즉, 매체 담론을 통한 타자화는 집단의 차이를 드러내고 그러한 차이를 본질적이고 생물학적인 특성으로 환원하며, 지배 이데올로기와 다른 부분들에 대한 이항대립적 요소들을 강조하여 특정한 이미지를 만들어 내는 것이라 할 수 있다 (이동후 2006). 몰리David Morley에 의하면 대중매체는 이민자들을 사회적 '불순물'로 재현함으로써 소외되고 대내지향적인 위치의 이주민들과 이항대립 관계에 있는 사회의 주류 세력을 더욱 강화하고 우월하게 만드는 역할을 한다 (Morley, 2000). 이러한 매체 담론은 타자들을 배제하고자 하는 민족주의를 확산시키려는 경향을 갖는다 (Wodak et al. 1999). 이러한 맥락에서 볼 때 대중매체는 전 지구화 과정에서 민족주의적 이데올로기의 타당성을 유지하고 증폭시키는 핵심 기제로 작용한다. 이 과정을 분석하면서 현대사회에서의 대중매체를 지배 계층을 위한 하나의 엘리트 담론 생산자로 해석할 수도 있는데, 이는 대중매체가 점차 증가하는 이민자들 특히 인종적 소수자들을 부정적으로 재현하여 사회 구성원 다수의 인종적 정체성을 강화하는 데 기여하기 때문이다 (Appadurai 2006). 부르디외가 강조하듯 학교와 같은 교육기관은 국가적 사회 통념을 형성하고, 이와 유사하게 일상으로 통합되는 재현적 시스템으로서의 텔레비전 역시 사회적 계급 분류 체계를 통해 흔히 민족적 정체성으로 지정된 것을 구축하는 데 기여한다 (Bourdieu, 1984). 그리고 여기에는 '우리'와 '타자'에 대한 포용과 배제의 과정이 필연적으로 포함된다. 특히 텔레비전의 재현에 있어서 "카메라의 사용으로 타자의 이미지를 가시화할 수 있게 되었고"(Sturken and Cartwright 2000 : 284), 이 과정을 통해 텔레비전은 더 쉽고 명확하게 타자로부터 '우리'를 구별할 수 있는 도구로서 기능하게 되었다.

이러한 이론적 논의들은 한국의 미디어 연구를 통해서 재확인할 수 있다. 2000년대 중반부터 본격적으로 시작된 이주민에 대한 미디어 연구는 대체로 텔레비전에 재현된 타자의 이미지와 그들에 대한 미디어 프레임을 분석하는 데 초점을 맞추어 왔다. 특히 다수의 연구자들은 텔레비전 뉴스나 다큐멘터리 등의 분석을 통해 이주민들에 대한 특정 스테레오타입이 일상적, 반복적으로 생산되고 있음을 지적했다. 이동후(2006)는 공영방송 KBS 프로그램 분석을 통해 아시아를 '우리'의 담론에 포섭하고 '우리'의 기준으로 아시아를 인식하는 시도들을 발견했는데, 이것은 단순히 서구 사회의 오리엔탈리즘적 타자화가 아닌 동질성과 이질성의 경계를 넘나들면서 식민주의와 자민족 중심주의를 강화하는 형태의 이중적 타자화라고 해석할 수 있다. 양정혜(2007)의 연구에 따르면, 뉴스에서 재현되는 결혼이주여성들은 '동화의 대상'이자 '혼란을 겪는 대상'이며 '동질적이고 집합적인 타자'로 제시되고 있으며, 한국인들이 바라보는 그들은 '도움을 필요로 하는 대상'으로 정형화된다. 김경희(2009)는 뉴스에 재현된 이주민들이 건강하지 못하고 심리적으로 불안정하며 경제적으로도 매우 열악한 환경에 처해 있기 때문에 수용자들의 온정주의적 관점을 유발할 수 있다고 지적했다. 정연구, 송현주, 윤태일, 심훈(2011)은 뉴스 미디어와 수용자의 고정관념 간의 상관관계를 분석한 연구를 통해 미디어가 이주여성을 다문화적 공존의 대상이 아닌 타자화, 동질화, 정형화의 대상으로 간주하고 있다는 점을 증명했다. 또한 김명혜(2012)는 방송에서 재현되는 이주여성들의 이미지가 글로벌 로

컬리티라는 맥락 속에서 한국의 민족주의적 관점을 준거틀에 의해 그들을 타자로 만들고 있다고 주장했다. 이상에서 살펴본 바와 같이 일상적 매체로서의 텔레비전은 재현 체계를 통해 특정 그룹을 타자화하고 동시에 '우리'로 규정되는 사회 구성원들의 정체성을 재확인하는 역할을 한다. 그리고 이러한 문제는 특별히 사회의 모든 영역에 있어서 불편부당하고 공정한 재현을 핵심 원칙으로 삼고 있는 공영방송에 적용할 시 더욱 논의가 확대될 수 있다.

역사적 관점에서 살펴보면, '인쇄 자본주의print capitalism' 못지않게 '상상의 공동체imagined community'로서의 근대국가의 틀을 구축하고 확산하는 데 중요한 역할을 해 온 것이 바로 영상 매체이다. 영상 매체와 근대 민족주의 간의 밀접한 관계는 근대국가 초기에서부터 극명하게 드러났으며, 따라서 이 관계는 태생적인 것이라고 할 수 있다. 가장 전형적인 예로 1920년대 소비에트 영화들을 들 수 있다. 1917년 러시아 혁명 이후 소비에트 연방의 모든 영화들은 정부의 전폭적인 지원을 받았으며, 그 결과 영화의 주제 역시 공산주의 혁명과 슬라브 민족주의를 예찬하는 내용으로 국한되었다.

국가가 주도한 영상 매체의 또 다른 사례는 비슷한 시기에 영국에서 태동한 공영방송이다. 공공 서비스로서의 초기 공영방송은 사회적 단결을 고취시킬 수 있는 강력한 수단이 되는 것으로 입증되었는데, 특히 제2차 세계대전 이후 실시간으로 중계된 국가 의식이나 행사 혹은 국가수장의 연설 등이 그러했다(Scannell 1989). 무엇보다도 공영방송의 영향력을 가장 잘 보여 주었던 장르는 바로 뉴스였다. 특히 프라임타임이 방영되는 공영방송 뉴스는 유럽에서뿐만이 아니라 한국과 일본과 같은 지상파 중심의 방송 시스템을 가진 사회에서 여전히 매우 중요한 정보의 출처로 인식되고 있다. 이는 공영방송이 공론장의 중심에서 중요한 기반으로 기능하며, 중요한 입지를 유지하고 있음을 보여다. 비록 부르주아 공론장에 대한 하버마스의 설명은 공공 미디어를 직접적으로 언급하지는 않지만, 공공 커뮤니케이션에 대한 그의 비판은 공영방송이 민주적 심의와 시민권에 어떠한 역할을 맡고 있는지를 논의할 수 있는 중요한 시사점을 제시한다. 커런은 "공론장에 대한 하버마스의 설명이 역사적으로 결함을 가지고 있다"고 주장하기는 하지만, 공영방송이 하버마스의 규범적 개념에 부합하는 것은 인정했다(Curran 1991). 그는 하버마스의 규범적 요소가 영국 공영방송의 기능에 반영되었다고 주장했다. 이와 비슷한 관점에서 간햄(Garnham 1986)은 공론장과 유사한 형태로서의 공영방송 모델을 제시하는 것이 중요하다고 주장했다.

공영방송의 또 다른 역할을 설명하는 개념은 바로 '공공 가치론'이다. 1990년대 이후 공공 가치론을 개척한 무어Mark Harrison Moore는 공공서비스의 목표를 '공공 가치의 창출'에서 찾는다(Moore 1995). 무어에 따르면 공공 서비스는 개인의 선호가 아닌 사회 구성원들의 보편적 염원을 반영해야 하는데, 이는 공공 서비스의 가치를 개개 이용자가 느낀 만족의 합으로 보는 공리주의나 후생경제학의 관점과는 다른 것이다(이창근 2013). 따라서 공공 가치를 위한 공공미디어의 잠재적 역할을 파악하려는 폭넓은 연구의 전통은 '공영방송 뉴스가 민주주의 사회의 보편성에 기여하고 공적 정보의 원천으로서 그 책무를 다해야 한다'는 이 글의 전제로 이어진다. 바꾸어 말하자면, 이

는 곧 공영방송 뉴스가 특정 이슈를 보도함에 있어 사회적 책임을
져야 한다는 것이다. 비록 이주민들에 대한 사안이 대중의 이목을
끌게 된 것은 최근의 일이지만, 대중매체와 문화적 다양성에 대한
문제는 분명 긴 역사를 갖고 있다. 특히 공영방송은 문화적 다양성
과 공정성을 추구해야 할 책임이 있는 매체인 만큼 더욱 민감한 사
안이라 할 수 있다.

텔레비전 뉴스 기자들의 게이트키핑

이 글의 핵심 전제는 "텔레비전이 사회적 이슈를 보여 줄 뿐만 아니
라, 사회가 지시 받는 규범과 가치들을 구성하고 유지한다"는 것이다
(D'Acci 2004 : 381). 전 지구화 시대에 인구 유동성과 같은 요인들로 인해
사회 구성원들의 민족 정체성은 점점 다양해진다. 그리고 이러한 환
경에서 방송 매체는 재현의 시스템으로서뿐만 아니라 사회문화적 참
고자료로서 더욱 중요해진다 (Georgiou 2006). 따라서 텔레비전 뉴스 제
작 시스템을 연구하는 것은 텔레비전의 담론을 통해 나타난 인종적
혹은 사회적 타자성의 재생산 구조를 검토하는 것을 의미한다.

90년대 후반부터 인터넷이 대중적인 매체로 자리잡기는 했지만
텔레비전은 '일상성'이라는 측면에서 여전히 지배적인 매체로 간주
되고 있으며 여기에는 재현representation이라는 중요한 의미작용의 과
정이 포함된다. 디아시(D'Acci 2004)의 연구가 우리에게 상기시켜 주듯
이 텔레비전이 사회를 재현하는 방식에 대한 논의는 '재현representation'

이라는 용어가 무엇을 의미하는지를 살펴봄으로써 시작할 수 있다. 스터큰과 카트라이트(Sturken and Cartwright 2000)가 주장하듯, 재현이란 우리 주변 세계에 대한 의미를 생산하기 위한 언어와 이미지의 상호작용을 의미하며, 재현에 대한 논의는 현실의 세계에 존재하는 실재로서의 '현실'과 매체에 의해 재현되는 '현실' 간의 관계에서부터 출발한다.

수많은 텔레비전 장르들 중에서도 뉴스는 텔레비전이 가지는 핵심적인 정보 시스템으로서의 기능을 보여 준다. 텔레비전 뉴스는 현대사회에서 가장 대중적인 정보의 원천이며 그러므로 보편적 대중이 사회 전반에 걸친 이슈들을 이해하는 데 있어 중요한 역할을 한다. 이러한 텔레비전 뉴스의 기능에 대해 건틀릿과 힐(Gauntlett and Hill 1999)은 공적 영역과 사적 영역 사이의 간극을 메워 주는 수단으로 표현한다. 따라서 텔레비전 뉴스 연구에서 핵심적인 문제는 그것이 대중의 지식에 얼마나 기여할 수 있고 그것이 가지는 사회적 의미는 무엇인가 하는 것이다(Harrison 2000).

글래스고 미디어 연구소는 텔레비전 뉴스를 본질적으로 '전문적이고 이데올로기적인 믿음의 일관된 집합에 기초하며 엄격한 재현의 공식으로 표현된 생산물'로 보았다(Glasgow Media Group 1980). 홀이 주장하듯, 객관성에 대한 저널리스트의 신념(사회적 통념이 뉴스 제작 시스템을 지배할 때 나타나는 사실과 가치의 완벽한 구분)은 그 자체로서 허구에 불과할 수도 있다(Hall 1973). 시간의 흐름에 따라 재조명되고 재해석되기도 하는 주제를 통해 이야기를 이어 나간다는 점에서 버드와 다르딘(Bird and Dardenne 1988 : 70)은 텔레비전 뉴스를 '신화 myth'로 정의하기도 했다. 이러한 주제들은 해당 사회의 문화로부터 파생되었으며 또한 문화에 반응한다. 또한 이러한 주제들은 뉴스 매체가 혼란과 불확실성 속에서 질서를 확립하는 하나의 방식이 되었으며, 파편화된 지식들을 체계화된 담론으로 전환하는 역할을 한다는 것을 분명히 한다. 동일한 맥락에서 피스크와 하틀리(Fiske and Hartley 1978)는 뉴스 신화news myth를 문자 그대로의 의미를 넘어 함축적인 의미를 지니는 '문화적 의미'로 보았으며, 상징적인 개념으로 재현했다.

뉴스는 현실 세계의 재현이며 모든 재현은 선택적이다(Downing and Husband 2005). 텔레비전 뉴스가 재현이라는 방식을 통해 신화화되는 과정에는 필연적으로 뉴스 소재를 취사선택하고 가공하는 일련의 재생산 시스템이 작동한다. 이러한 뉴스 선정 과정은 게이트키핑gatekeeping이라고 불리며 이 과정을 담당하는 사람들을 뉴스 제작자라고 부른다. 게이트키핑은 세상에 존재하는 무수한 메시지들이 특정 시기, 특정 수용자들에게 도달하는 단 몇 개의 메시지로 취사선택 및 가공되는 과정을 일컫는다(Shoemaker 1997). 좀 더 미시적인 분석에 의하면 게이트키핑은 어떤 사건에 대한 필수 골격을 재구축하고 그것을 뉴스로 만드는 과정이라고 정의될 수 있다(Shoemaker and Vos 2009). 텔레비전에 방송되는 뉴스 콘텐츠들은 뉴스 제작자들의 의지를 기반으로 만들어지는 결과물이며, 이는 곧 뉴스가 제작자의 의식 혹은 무의식을 반영한다는 것을 의미한다. 할로란, 엘리엇 그리고 머독은 게이트 키핑이 시작되는 것이 어떤 뉴스가 이미 다루어지고 난 후의 사무실에서가 아니라, 리포터들이 어떤 사건을 다루기로 결심한 그 순간부터라고 주장한다(Halloran, Elliot and Murdock 1970).

기버Gieber는 기자와 뉴스 취재원의 상호 관계 연구에서 뉴스 취재 과정 및 보도 과정에서 취재기자를 1차적인 게이트키퍼gatekeeper라고 정리한다(Gieber 1956). 취재기자가 어떻게 뉴스 가치를 판단하고 취재에 임하느냐에 따라 뉴스 중요도가 어느 정도 결정된다는 것이다. 이후 2, 3차적인 게이트키핑에 의해 기사 선택 기준이 달라진다. 기버는 게이트키핑 과정에서 '지면에 게재할 수 있는 뉴스 품목 수의 많고 적음, 각 뉴스들의 중요성, 마감 시간에 대한 압박, 기술적인 제작' 등의 요소에 비하면 개인적인 주관은 그리 중요한 요소가 아니라고 주장했다(Gieber 1956). 즉, 기버는 게이트키핑을 구성해 나가는 과정에서 조직 및 그 조직의 관행적인 업무 요소들이 일선 취재기자의 개인적인 기사 선택 기준보다 더 중요하다고 결론지었다. 기버의 관점은 미디어의 개인 종사자들이 게이트키퍼로서 집단행동을 한다고 간주하여 미디어 조직을 게이트키핑의 단일체로 보았다.

그러나 주관적이고 능동적인 입장을 가진 기자들이 모여 기능하는 언론 조직에서 구성원간의 개인적 특성이 결여된 조직이란 존재할 수 없다. 바스(Bass 1969)의 모델에 의하면 게이트키핑은 두 단계의 과정으로 나눌 수 있다. 1단계는 다양한 채널로부터 수집되는 정보 raw news를 받아서 이를 뉴스 원고화하는 뉴스 수집 단계를 말하고, 2단계는 뉴스 가공자가 뉴스 원고를 수용자에게 전달할 수 있는 완성된 작품으로 처리하는 단계를 의미한다. 하지만 이러한 연구는 방송 중심이 아닌 신문 중심의 연구이기 때문에 방송뉴스가 갖는 속성을 설명하는 데는 이 모델에 따르면 모든 게이트키퍼들이 반드시 똑같은 기능을 수행하는 것은 아니며, 내부 뉴스 유통 과정은 뉴스 수집자와 뉴스 가공자라는 두 가지 유형으로 분류된다. 그 결과 방송뉴스의 최종 결정은 아니지만 그 결정 행위는 일차 게이트키핑 차원에서 발생하게 된다(최남일 2002).

이와 같은 관점 때문에 이 글에서는 일선 취재기자들의 능동적인 개인적 차원에서의 게이트키핑을 연구 대상으로 설정하고자 한다. 그러나 게이트키핑 차원을 개인적 단위로 설정하였다고 해서 게이트키퍼가 소속된 조직과 독립적이거나 독자적인 판단을 내릴 수 있다는 주장을 하는 것은 아니다. 레빈의 게이트키핑 연구에서도 언급했듯이 한 개인의 특성은 개인과 환경 간의 상호작용이 발생하는 장field의 맥락 속에서 고찰되어야 한다. 즉, 조직과의 역동적인 상호작용을 통해 외적 세계를 의식하는 것은 일차 게이트키퍼로서의 취재기자가 뉴스 가치나 방향성을 결정하더라도 그것은 조직의 방침이나 관행을 반영한 결과물일 수 있다는 것을 의미한다.

공영방송 뉴스 역시 사회의 공공 이익을 반영하는 것에 그 목적이 있지만, 기자의 개인적인 관점이 내용을 왜곡할 수 있기 때문에 뉴스가 현실을 그대로 보여 준다고 할 수는 없다(Tuchman 1978 ; van Dijk 1988 ; Schudson 2003). 뉴스는 어디까지나 현실 세계의 재현이며 모든 재현은 선택적이다(Downing and Husband, 2005). 이는 인간의 필연적 선택권을 의미하는데, 뉴스 제작자들은 무엇을 어떻게 뉴스로 만들 것인지를 결정한다(Schudson 2003). 워싱턴포스트의 칼럼니스트 브로더Broder는 "독자가 무엇을 읽을지를 결정하는 과정이 객관적이라기보다 오히려 주관적인 판단과 개인적인 가치관, 편견을 수반한다"고 말한다(Schudson 2003 : 33). 그러므로 특정 집단이나 사안에 대한 기자들 개인

적 차원의 가치관, 편견, 개념을 이해하는 것은 뉴스 콘텐츠의 경향
성과 밀접하게 연관되어 있기 때문에 매우 중요하다.

특히 담론 생산의 메커니즘 속에서 뉴스 콘텐츠는 개별적 뉴스 보
도로 한정되지 않고 뉴스 제작 관행으로부터 만들어진다고 볼 수 있
다(Tuchman 1978 ; van Dijk 1988). 뉴스 제작에 있어서 관행은 '패턴화된, 관
례화된, 반복적인 일의 연장이며 매체 종사자들이 일할 때 사용하는
형식'이라고 정의된다(Shoemaker and Reese 1996 : 105). 이러한 관습들은 뉴
스 제작 조직이 명예훼손으로 고소당할 위험을 최소화하고, 조직 레
벨에서 기자들을 비난으로부터 보호하기 위한 방편으로 발달되어
왔다(Shoemaker and Vos 2009). 게다가 관행은 주요 뉴스 항목 선정과 그러
한 뉴스 보도를 담당하는 뉴스 제작자/게이트키퍼들 사이에 적용되
는 공식에 지대한 영향을 미친다(Hirsch 1977).

사실 뉴스 기관과 뉴스 제작자들은 뉴스로 만들어 내야 할 압도
적인 양의 사건들과 정보들을 맞닥뜨리게 된다. 이러한 상황에서
관행은 엄청난 분량의 뉴스 선별 과정에 드는 노력을 절감해 준다
(Shoemaker 1997). 하지만 관행적인 뉴스 제작 환경에서는 자칫 질이 낮
은 뉴스를 양산할 가능성이 있다(Glasgow Media Group 1980). 골딩에 의하
면 관습은 뉴스 판단의 임무를 단순화시키는데, 더욱 접근이 용이하
며 기술적으로 처리하는 것이 쉽고 그 자체로도 보도할 수 있는 사
건들은 관례적으로 'news story'라고 불린다(Golding 1981 : 75). 터크만은
'전형화·typification'라는 작업이 "원재료가 기자/뉴스 기관에 의해 정제
되는 것처럼 사건의 변수를 줄이기 위해서 사용된다"는 사실에 주
목했다(Tuchman 1978). 기자들이 거대한 양의 정보를 빠르고 관습적으

로 처리하기 위해 일종의 프레임을 사용하는 것도 이와 유사한 방식이라고 볼 수 있다.

게이트키핑은 분명히 개인적 단계, 업무적 관례의 단계, 조직적 단계 등의 복합적인 차원에서 이루어진다(Shoemaker and Vos 2009). 하지만 정치적/경제적 권력 혹은 사회 구성원들의 일반적인 합의, 감정, 이데올로기가 어떤 방식으로 뉴스 제작에 영향을 미치는지를 거시적 관점에서 분석하는 것이 매우 복잡하면서도 어려운 작업임을 감안한다면 일선 취재기자들의 개인적 가치 판단 개입 여부와 취재 과정에서의 여러 가지 업무적 관행 등을 분석함으로써 귀납적으로 접근하는 것도 적절한 방법이라 할 수 있다.

뉴스 제작 관행 들여다보기

이 글은 한국의 대표적 공영방송인 KBS[2]의 뉴스 담당 기자들을 인터뷰함으로써 이주민과 다문화에 대한 기자들의 인식을 분석하는 데 초점을 맞추고 있다. 텔레비전 뉴스 제작자에 대한 연구는 담론 분석적 매체 연구의 주요 과제 중 하나이다(van Dijk 1992). 피스크(Fiske 2010)는 담론을 '어떤 주제 영역에 대하여 하나의 일관된 의미의 집합

---

[2] 2013년 현재 KBS와 MBC는 모두 공영방송으로 분류되고 있다. 하지만, 분석의 엄밀성을 위해 공공 가치 실현 정도, 수신료 운영 여부, 사회 보편적 인식 등을 놓고 고려했을 때, KBS가 한국 사회에서 공영방송으로서의 대표성을 가진다고 판단하였다.

체를 만들고 순환시키기 위해 사회적으로 발전한 재현의 체계'라고 정의했다. 페어클라우(Fairclough 1992)는 담론을 세계(물질세계의 과정, 관계, 구조 혹은 사상, 감정, 믿음과 같은 정신세계, 사회적 세계)의 측면을 재현하는 하나의 방식으로 정의했다. 이 글에서는 기자들과의 반구조화 인터뷰Semi-structured Interview를 통해 권력의 재현 도구로서의 대중매체가 '우리'와 '타자'를 구별하기 위해 선택, 편집, 제작의 과정에서 어떻게 특정한 담론을 확대 재생산하는지를 분석하고자 했다. 인터뷰 질문은 큰 틀에서 기자 개인적 차원, 조직적 차원, 사회적 차원으로 분류하여 구성되었으며, 각 영역을 명확하게 구분짓기보다는 상호 관련이 있는 질문과 답변이 이어지는 경우에는 순서와 영역 구분을 자유롭게 설정하여 더 풍성한 이야기들을 이끌어 내고자 하였다.

제시된 인터뷰 자료는 정보 수집을 위해 통제된 것이기 때문에 일반적인 대화와는 다르다(Keats 2000). 그런 의미에서 인터뷰 대상자가 어떤 상황에서는 특정 사안에 대한 정보를 스스로 제공하도록 전제되었다고 할 수 있다. 이는 대상자들의 견해를 파악하기 위해 앞으로 제시될 인터뷰 자료를 깊이 파고들어야 할 필요가 있다는 기대에 근거한다. 따라서 인터뷰 자료들은 생동감이 있고, 다듬어지지 않았으며 분석함에 있어 통찰력을 필요로 한다. 결과적으로 뉴스 제작자들과의 인터뷰는 실제로 뉴스를 제작하는 사람들에 의해 생산된 재현의 의도와 해석을 탐구하게 해 주었다. 인터뷰는 그들의 견해와 매체 제작 과정을 기록할 뿐만 아니라 의사 결정을 주도하는 제약들과 지침들을 기록하는 도구로서의 역할을 한다. 매체에서 소수집단 재현에 대한 공공 정책이 거의 없기 때문에, 매체 제작자들과의 인터뷰는 뉴스 편집실의 정치적 가치관을 파악하고 이민자들과 민족적 소수자들의 재현에 대한 지침/제약들을 분석하는 데 시작점이 될 수 있다.

인터뷰는 2009년 12월과 2010년 1월에 10명의 KBS 뉴스 담당 기자들을 대상으로 진행되었다. 최초 25명의 KBS 기자들에게 이메일로 인터뷰 요청을 하였고, 그중 12명이 인터뷰에 동의했으나 지역, 성별, 기자 경력, 의사 결정권의 다양성 여부 등을 종합적으로 고려하여 최종적으로 10명의 인터뷰 대상자들을 선정하였다. 최종 표본에는 6명의 여성과 4명의 남성이 포함되었으며, 그중 4명은 서울 KBS에서 근무하고 나머지 6명은 다른 지역에서 근무했다. 인터뷰 참가자들은 이주민 혹은 다문화 관련 뉴스를 최소 2회 이상 보도한 경험이 있었다. 각각 대상자들의 근무 기간은 4년에서 16년 사이로 매우 다양했으며, 7명은 보도 기자, 나머지 3명은 직접 뉴스 제작에 관여하는 제작 기자였다. 각 인터뷰 세션은 최소 50분, 최대 70분이 소요되었다. 연구의 정확도와 신뢰도를 위해 인터뷰 대상자들의 허락 하에 디지털 녹음기가 사용되었고, 모든 인터뷰는 총 138페이지의 녹취록으로 기록되었다.

〈표 1〉 인터뷰 참여자

이름 (영문 이니셜로 표기)	성별	근무지	경력
A	여	진주 KBS	4년
B	남	순천 KBS	4년
C	남	광주 KBS	13년

D	여	울산 KBS	7년
E	여	서울 KBS	7년
F	남	서울 KBS	16년
G	여	춘천 KBS	7년
H	여	서울 KBS	14년
I	남	부산 KBS	5년
J	여	서울 KBS	9년

이주민 관련 뉴스의 정형화

인터뷰에 참여했던 KBS 기자들은 이주민 관련 뉴스들이 크게 두 가지 주제로 국한되어 있다고 지적했다. 그중 하나는 이주민들이 한국의 명절 기간에 등장하는 것이었으며, 다른 하나는 그들이 처한 열악한 삶의 환경에 관한 것이었다. 특히 전자의 경우 추석이나 설 같은 명절에 반복적으로 보도되는 동일한 내용의 항목들로 이루어져 있는데, 기자들은 이러한 뉴스들을 '달력 뉴스'라고 불렀다.

아무래도 명절이나, 에… 특별히 이제 계기가 있을 때 이제 다문화 가정 취재를 했던 거 같구요. 아니면 이제 뭐 관련 사건이 발생했을 때나, 아니면 그 다문화 가정의 경우는 보통 명절이나, 아니면 어떤 사건이 있을 때. 뭐 그 정도에 맞춰서 취재를 하는 거 같은데요. (B 기자)

우리가 이주노동자를 부각하는 것은 딱 두 가지예요. 첫 번째는 명

절의 스케치로 원 오브 뎀one of them으로 들어가는 거… 명절에 그들
도 (웃음) 우리와 하나로 어울리고 있는 사람이다라는 거를 보여 주기
위해서 한 꼭지(달력 뉴스) 우리도 추석 좋아요 (네네) 그런 거 하나를
만든다든지 '외국인 노동자도 즐겼습니다'라고 해서 한 단락으로 들어
간다던지…. (E 기자)

　

이런 뉴스들에 등장하는 외국인들은 주로 명절 행사에 초대된 이
주노동자들이거나 가족들을 위해 명절 음식을 준비하는 결혼이주여
성들(KBS 기자들은 이들을 보통 '외국인 며느리[3]'라고 표현한다)이었다. 한
국에 거주하는 이주민들은 지난 십 수 년 동안 동일한 맥락에서 취
재되어 왔으며, 뉴스 속 그들은 한국 명절을 즐기고 한국 문화에 적
응하고 있는 것처럼 포장되었다. 그러한 뉴스가 한국의 명절 분위기
에 들어맞기 때문이라고 KBS 기자들이 판단했기 때문이다.

그렇다면 이런 종류의 뉴스는 왜 매년 반복적으로 재생산되는 것
인가? 대부분의 기자들은 이것이 '관행'의 일부이기 때문이라고 설
명한다. 관행은 그 성과에 있어서 적지 않은 역할을 한다. 그들이 이
것을 관행이라고 부른다는 사실은 이런 종류의 뉴스 선택이 KBS의
제작 환경에 깊게 뿌리내려 있다는 것을 의미한다. 특히 텔레비전

---

[3] '외국인 며느리'라는 표현은 방송뉴스 및 타 언론매체에서도 공공연하게 사용하는
단어이다. 이는 여전히 가부장적 전통의 언저리에서 벗어나지 못하는 한국 사회가
결혼이주여성들을 어떤 시선으로 바라보는지를 나타내는 대표적인 현상이다. 가치
중립적인 용어를 사용해야 하는 공영방송에서조차 결혼이주여성들을 '외국인 며느
리'라고 표현하는 것은 사회에 만연해 있는 타자에 대한 차별적 시선을 재생산하는
사례라 할 수 있다.

뉴스는 제작 기술(주로 이동성)의 제약성과 소위 '그림'이라고 불리는 자료화면에 대한 제한성 때문에 계획되고 예측 가능한 사안에 대한 의존도가 높다.

> 일종의 관행이죠. 좋게 이야기하면 아까 처음에 말한 그런 거고. 관행의 일종이라고 봐야죠. … 우리 만족인 것 같아요. 외국인들을 위해서 하는 게 아니고, 다양성을 지향한다는 우리 만족인 것 같아요. (D 기자)

> 관례지. 관례. 설 명절인데 우리나라 사람만 나오면 재미가 없고, 같이 외국 사람들도 와서 좀 우리나라 명절이니까 좀 같이 즐기는 명절이면 더 좋겠다. 이왕 한국 사람을 2명 인터뷰를 할 거면, 저기 외국 아이들이 투호라도 던지고 있으면 신기하니까. 뭐 재미있다는 한 마디 끌어내려고 인터뷰할 거고, 뭐 다채롭게 하기 위해서 뭐 그런 것도. (I 기자)

이러한 뉴스 제작 관행의 정형화는 뉴스의 질적 하락을 야기하며 (Glasgow Media Group 1980), 뉴스에 대한 가치 판단과 제작의 임무를 단순화시킬 뿐만 아니라 특정 이슈에 대한 사회적 선입견을 확대재생산하는 역할을 한다(Golding 1981). KBS 기자들에 따르면 뉴스에 등장하는 한국 사회의 이주민들은 명절에 한국 음식을 먹고 한국 전통 놀이를 하는 것으로 묘사되는데, 이것은 그들 개인적 차원의 발상이라기보다는 이미 구조적 환경에서 내면화된 제작 관행으로 볼 수 있다. 그리고 대부분의 KBS 기자들은 이러한 유형의 뉴스에 한국 시청자들이 흥미를 가지고 좋은 반응을 끌어낼 수 있다고 믿고 있다.

이러한 '우리'의 축제를 즐기는 '타자'들에 대한 보도는 한국 시청자들의 나르시시즘을 충족시켜 주는 역할을 한다. 프로이드 심리학에서 제시되는 '사소한 차이의 나르시시즘The narcissism of minor differences'에 따르면 '외국인들이 우리의 전통문화를 즐긴다'는 사실로부터 얻어내는 나르시시즘은 '그들'이 '우리'와 다르다는 전제 때문에 가능해지는 것이다(Appadurai 2006). 이 과정에서 '우리'의 전통과 문화는 '그들'의 것보다 우월한 권력을 가지게 되며, '우리'의 문화는 권력의 도구means of power로 작용한다(Hobsbawm 1983). 즉, 명절 때마다 반복되는 '한국 음식 맛있어요', '한국 전통놀이 훌륭해요' 등과 같은 정형화된 인터뷰를 얻어 내기 위한 관행적 뉴스 생산은 표면적으로 이주민들을 다루는 뉴스임에도 불구하고 오히려 그들의 타자성을 더욱 강화함으로써 '우리'의 명절을 우월하게 재현하는 권력 메커니즘으로 해석할 수 있을 것이다.

KBS 기자들이 다루었던 이주민 관련 뉴스의 또 다른 주제는 '이주민들이 처한 어려운 환경'이었다. 이런 종류의 뉴스는 사건이 일어났을 때 일회적으로 보도될 뿐 면밀하게 계획된 뉴스처럼 심층적으로 다루어지지 않는다. 더구나 사건에 대한 표면적이고 단순화된 설명은 사실에 대한 곡해를 초래하기도 한다. 설상가상으로 이러한 뉴스를 취재했던 기자들은 열악한 상황에 처해 있는 이주민들에 대한 연민의 감정을 느꼈으며, 그들에게 도움을 주기 위한 하나의 방편으로 뉴스를 보도하기도 했다. 하지만 취재원이 제공하는 일부 사실에 편향된 기자의 감정은 뉴스의 중립성에 영향을 미칠 수 있다. 동일한 사회적 현상이 기자의 의도에 따라 긍정적 혹은 부정적으로 재현될 수 있는 가능성이 바로 이 지점에서 비롯되는 것이다.

한 필리핀 엄마가 이제 아빠랑 이혼을 하고. 아이가 그때 초등학교
에 들어간 아인데 얼굴이 까만 거 때문에 그 아이가 그 반에서 왕따고,
물론 이제 그 엄마가 혼자서 벌기 때문에 가난한 거예요, 애가. 그러니
까 여러 가지 상황에서 되게 도와주고 싶어서 그때 아마 충남 공주, 공
주시청에 그 무슨 복지과 직원 분한테 이야기를 해서, 우리가 컴퓨터를
한 번 보내 준 적이 있었던 기억이 있어요. (F 기자)

불쌍하죠. 남의 나라 와서 고생하는데, 사람 대접 못 받고. 좀 안타깝
기도 하고 도와주고는 싶은… 뭐 그런 마음이 들죠. (G 기자)

이러한 텔레비전 뉴스는 종종 어두운 시각 이미지, 서정적인 배경
음악 효과와 결합하여 시청자들의 감성을 자극하기도 한다. 이 과정
에서 이주민들의 열악한 환경은 사회구조적 제약이나 모순에서 비
롯된 것이 아닌 개인이 당면하고 극복해야 할 슬픈 이야기로 변환된
다. 기자의 개인적인 견해가 간혹 전혀 새로운 사회적 현실을 구축
하게 되는 이유가 여기에 있다. 보가트(Bogart 1980)는 뉴스를 하나의 드
라마 장르로 분석했는데, 연속되는 사건의 전개와 후속 보도들 그리
고 기자의 감정적 개입과 편집 기법에 의해 뉴스는 하나의 드라마적
서사 구조를 가진다는 것이 그의 핵심 주장이다. 이러한 관점에서
이주민들에 대한 KBS 기자들의 연민은 뉴스에 직·간접적으로 반
영될 수 있으며, 이를 통해 이주민들에 대한 특정한 담론이 확대 재

생산되는 것이다.

내재화된 인종적 편견과 언어 권력

KBS 기자들이 한국 사회에 만연해 있는 인종적 편견을 어떻게 이해하고 내재화시키고 있는지 파악하는 것은 의외로 어렵지 않았다. 더 정확하게 표현하자면 인종적 편견을 당당하게 언급하는 기자들의 반응은 예상을 벗어나는 것이었다. 우선 그들은 뉴스를 취재하는 과정에서 한국 사회에 보편적으로 존재하는 차별적 인식을 별다른 문제의식 없이 받아들이고, 백인과 유색인종을 취재할 때 각기 다른 이중적 태도를 나타냈다. 심지어 그들 중 상당수는 백인을 취재할 때 뉴스가 더욱 생생하고 역동적이며 고급스러워진다고 주장했다.

한국 날씨가 예를 들어 너무 춥다 그런 거를 이제 백인, 지나가는 백인한테 따면 어쨌든 인터뷰를 따면 인터뷰 하나가 사는 생생한 인터뷰가 하나 들어가기 때문에 그렇게 넣는 경우도 있죠. … 백인의 시각에서 보는 것들은 좀 넣으면은 좀 리포트가 살아나는 그런 게 있거든요. (E 기자)

저라도 백인 (인터뷰) 딸 거 같아요. 현장에서 보고 좀 지적일 거 같은 백인을 저라도 선택할 거 같아요. 그냥 아무래도 세련됐다는 그런 의식? 친절하다? … 아무래도 뉴스가 좀 질이 높아질 것 같다라든지 그런 생각을 할 거 같아요. 고급스러워질 거 같다라든지 그런 생각할

거 같아요. (H 기자)

일단 백인에 대해서는 선진국에서 왔을 거라는 전제를 가지고 있구요. 저도 모르게 선입견이 잡혀 있기 때문에 문화적인 현상을 물어본다거나 아니면 그들의 의견 자체를 물어보는 식으로 되지만, 그리고 인터뷰하는 주제 자체가 너무나 달라요. 백인들을 인터뷰할 때와 이주노동자 그니깐 유색인종과 인터뷰할 때는 이제 처음에 제가 질문하는 의도 자체가 다르기 때문에 이주노동자나 이렇게 한국에서 억압받고 있는 그런 외국인을 인터뷰할 때는 그들의 어려운 점을 더 듣고 싶어 하고, 뭐 어떤 어려움을 겪고 있는지, 한국 사회의 구조적인 문제를 그들이 어떻게 보고 있는지 그런 이야기를 듣고 싶죠. (J 기자)

KBS 기자들의 이주민에 대한 선입견은 취재 대상자의 인종적 배경에 따라 던지는 질문이 다르다는 점에서도 발견된다. 이는 인터뷰 대상의 인종적 배경에 따라 뉴스 아이템을 취사선택하려는 뉴스 제작 관행의 일부이기도 하다. 기자들은 그들이 듣고자 하는 의견이 무엇이냐에 따라 취재 대상의 인종을 결정한다. 만약 그들이 한국의 문화와 같이 일상적이고 가벼운 주제를 다루고 싶거나 한국 사회의 긍정적인 면을 부각하고자 한다면 백인들을 인터뷰한다. 반대로 한국에서의 힘겨운 삶을 보여 주거나 심각하고 논란이 되는 사회문제를 다루고자 한다면 유색인을 택했다. 제기된 질문들에는 애초에 리포터가 기대했던 답이 주어지도록 연출되었는데, 이 방법은 방송 뉴스의 분위기를 결정하는 데 필수적인 부분을 차지했다. 이는 백인과 유색인들에 대한 KBS 기자들의 고정관념을 보여 주는 전형적 사례이다. 이러한 인종적 가치관이 일반적인 한국 공영방송 뉴스의 보도 경향에 반영되는 것이다.

KBS 기자들의 백인 선호 경향은 뉴스 선호도에도 반영되고 있으며, 그러한 뉴스 텍스트는 또 다른 인종적 편견을 확대 재생산하는 도구로 사용될 수 있다. KBS 기자들의 내재화된 인종적 편견은 인터뷰 언어를 선택하는 행위에서도 알 수 있다. 백인의 경우 인터뷰 대상자는 대부분 관광객이나 전문가들로 간주되고, 그들이 한국어를 사용할 수 없다는 가정 하에 주로 영어로 인터뷰가 진행되었다. 반면 백인이 아닌 사람들, 특히 이주노동자나 결혼이주여성들과의 인터뷰는 한국어로 진행되었다. 백인과 유색인에 대한 리포터들의 편향된 관점이 뉴스 인터뷰에서 사용되는 언어의 선택에 영향을 주는 것이다.

그 사람들(외국인 노동자와 결혼이주여성들)이 우리한테 동화되어야 하는 사람들이니까, 첫째는 그렇고, 둘째, 외국인 관광객들은 우리나라 말을 못할 거라는 생각을 저변에 깔고 있고, '이 사람들은 우리나라에서 일을 하거나 우리나라에서 결혼을 했으니깐, 우리나라 말을 일정은 하겠지?'라고 하는 게 첫 번째 생각이고…. (A 기자)

외국인 신부들이 한국말을 떠듬떠듬 하더라도 하는 모습 자체가 보는 사람에게 감동을 주죠. '아 한국인이 되려고 노력하는구나. 아 한국인이 되려고 저렇게까지 노력하는구나.' (H 기자)

인터뷰를 요약하자면, KBS 기자들은 백인들에 대한 두 가지 선입견을 가지고 있음을 알 수 있는데, 첫째는 한국에 거주하는 백인들을 이주민으로 간주하지 않는다는 것, 둘째는 모든 백인들은 영어를 할 수 있다고 전제한다는 것이다. 반면 이주노동자나 결혼이주여성들로 여겨지는 외국인들에 대해서는 한국에 거주하기 위해 한국어를 배워야 한다고 간주한다. 하지만 여기서 한 가지 중요한 사실이 간과되고 있다. 2009년에 발표된 통계청 자료에 따르면 여행이 아닌 체류를 목적으로 한국에 있는 외국인들 중 미국인들이 중국인들 다음으로 가장 많았으며, 백인 중심 사회인 미국·캐나다·영국·프랑스·호주·독일·러시아 출신의 이주민들을 모두 포함하면 대략 17만여 명에 달했다(통계청 2009). 이는 1990년대 후반부터 급격히 팽창한 영어 교육 시장 때문인 것으로 풀이되며, 그들 중 상당수가 사설 교육 기관에서 영어 교사로 일하고 있는 것으로 유추할 수 있다. 따라서 백인들을 이주민이 아닌 관광객이라고 생각하는 기자들의 인식은 사실과 다를 수 있으며, 그들의 인터뷰 접근 방식은 인종에 대한 그들의 개인적 선입견에 기초한 것으로 해석될 수 있다.

언어는 사회적 권력관계를 분석하는 데 매우 유용하다. 푸코에 의하면 언어권력은 실생활에 매우 밀접하게 연관되어 있다(Foucault 1980). 역사적으로 특정 외국어 구사 능력은 당대의 정치·경제 권력과 직결되는 요소로 간주되었다. 언어는 정보를 전달하는 기능을 하는데, 그 정보가 다른 언어로 형성되어 있다면, 언어를 해석하는 능력 자체가 정보력 획득의 기회로 치환되는 것이며 여기서 언어권력이 발생하는 것이다. 일제강점기에 일본어를 할 줄 아는 사람이 식민통치에 일조하며 기생할 수 있었던 과거도, 토익 점수가 높은 사람이 취직에서 유리한 평가를 받는 현재도, 언어권력은 변함없이 우리 삶에 생생하게 구현되고 있다. 특히 한국 사회에서의 영어라는 언어는 인종차별적 이데올로기를 내포하고 또 재생산한다. 기자들과의 인터뷰 내용을 통해 유추할 수 있듯이 한국 사회에서 통용되는 'native speaker'란 결국 '백인'을 의미한다. 필리핀이나 인도 그리고 다수의 아프리카 국가들은 영어를 공용어로 사용하고 있지만 그곳 출신들은 'native speaker'로 인정받지 못한다. 따라서 한국 사회에서의 언어권력적 질서는 영어-한국어-기타 외국어 순으로 형성되어 있다고 볼 수 있으며, 이러한 질서에 따라 영어를 사용하는 '백인'들을 제외하고는 차상위 언어인 한국어를 사용하도록 강요되는 것이다.

차별화된 인터뷰 언어 관행이 가지는 더 심각한 문제는 이러한 뉴스 보도가 생산해 낸 이주민들에 대한 부정적 전형성stereotype이다. 이미 오랜 기간 동안 동남아시아 출신의 이주노동자들은 그들의 한국어 발음 때문에 유머의 소재로 활용되었으며, 공공연한 웃음거리가 되기도 했다. 공공연하게 그들의 말투는 농담과 조롱의 대상이 되었으며 간혹 순전히 그들에 대한 적개심을 드러내기 위한 수단으로 사용되기도 했다. 반면 이주민들에 대한 동정심을 유도하는 사연들이 뉴스의 소재로 활용되기도 하는데, 이런 뉴스에서는 이주노동자들의 어눌한 한국어 발음이 그들의 의도와 무관하게 한국인들의 동정심을 유발시키는 요소로 활용되기도 한다. 이러한 재현 관행은 이주민들이 한국 사회 전반으로부터 소외되고 게토ghetto화되는 결과를 초래할 수 있다.

뉴스 제작 관행의 현실과 한계

KBS 기자들은 시간의 제약, 투자할 수 있는 노력의 한계, 그리고 회사가 부여하는 이주민들에 대한 뉴스 보도의 양적인 제한에 대해 인식하고 있었다. 하지만 이러한 상황에 대해 인식하고 있다면 그들은 왜 뉴스 보도에 있어서의 제한적 틀에 순응하고 스스로를 프레임이 가두는가? 인터뷰 결과 이에 대한 몇 가지 근거를 발견할 수 있었다. 우선은 정보의 부족으로 인해 보도 범위가 제한된 것일 수 있다. 한국에서 이주민들의 급증이 사회적 의제로 다루어지기 시작한 것은 2000년대 초반부터였다. 보도 기사가 거의 동일한 주제를 다루며 유사한 내용을 반복적으로 생산한다는 사실은 뉴스 소재의 다양성이 부족하거나 기자들이 경험해 보지 못한 새로운 사회적 현상을 다루어야 하는 낯선 현실 때문일 것이다. 특히 지상파 방송의 경우 주간weekly, 월간monthly으로 다루어지는 뉴스가 반복적으로 생산되는 경향이 있는데, 이러한 현상의 주된 원인 중 하나는 생소한 사회현상이라 할지라도 기존의 뉴스 생산 관행에 맞추어 보도되는 뉴스 생산의 '관례화routinization'이다.(Harrison 2000)

이러한 뉴스 제작 관례화의 원인은 심층보도보다는 사건 사고에 대한 특종이나 단독 보도에 무게중심을 두는 보도국의 분위기 때문으로 풀이된다. KBS 기자들은 당일 발생한 사건, 사고들을 우선적으로 다루어야 하기 때문에 단기간 보도에 익숙해져 있다. 그들은 종종 당일 일어난 사건을 몇 분 내에 보도해야 하는 상황에 직면하기도 한다. 이러한 업무 여건에서는 기자들이 장기간에 걸쳐 심층적인 보도를 할 수 있는 여건이 조성되기 어렵다. 빠른 속도로 일해야 하는 업무 환경은 생소한 사회적 현상에 대해 피상적이고 왜곡된 보도를 할 가능성을 내포한다. 인터뷰에 참여했던 KBS 기자들 대다수는 다문화 사회 혹은 이주민들에 관한 뉴스를 여전히 일회성 뉴스소재로 취급하고 있다. 그들은 정치, 경제, 사회 관련 뉴스를 매일 새로 제공하는 데에 그들의 시간과 노력 대부분을 쏟는다. 이러한 상황에서, 이주민들에 관한 뉴스는 정치 뉴스가 적은 공휴일이나 명절 그리고 외국인 관련 사건 사고가 발생했을 때에만 생산될 수밖에 없으며, 한국 사회에서의 이주민들은 오락의 대상 혹은 사건에 연루된 잠재적 범죄자라는 인식이 점차 고착화된다.

아직까지는 지금 초기잖아요. 우리가 … 예를 들어서 우리가 프랑스처럼 뭐 아랍인들이 많이 그래서 막 이슈가 된 것도 아니고. 초기기 때문에 이런 정도의 뉴스밖에 나올 수밖에 없는거 같고 … 별로 소스가 없다는 거죠. (F 기자)

기자들이라고 하는 사람이 매일매일 아이템을 내어서 그렇게 살아갈 수밖에 없는 사람들인데, 늘 새롭고 샘솟는 아이디어가 있는 것도 아니고, 그러다 보면 그게 관행적으로, 뭐 가는 측면도 강해요. 뭐, 아이디어가 없으면, 데스크에서 "이것 좀 해봐라." 하는데, 그 사람 머리에서 나오는 아이디어가 새로운 게 아니고, 옛날에 자기가 경험했던 것 중에서 골라서 주는 거죠. (C 기자)

방송기자들 다 그렇습니다. 계기가 있을 때만 이제 끄집어내는 거죠. 그래 가지고 그냥 뻔한 뉴스. 잘 적응해서 잘살고 있다. 뭐 명절 때 뭐 떡 … 전도 부치고 요리도 하고 뭐 이런 것들 보여 주고 뭐 사건 일어날 때 한 번씩 나타나고. 뭐 이 정도에 그치는 것들. 그런 것들이 좀 아쉬워요. (B 기자)

KBS 기자들 스스로가 이주민들에 대한 관심과 사전 지식이 부족하다는 한계를 지적하기도 했다. 그들은 사회적 영향력의 측면에 있어서 한국 사회의 상위 계층에 속하는데, 이런 그들이 이주노동자, 결혼이주여성, 혼혈 아동과 같은 사회적 소수자들에 대해 크게 관심을 가지지 않는다는 것이다. 이주자들에 대해 그들이 가진 거리감은 시청자로 하여금 공감대를 얻기 힘든 틀에 박힌 뉴스와 고정관념을 생산해 내는 요인으로 볼 수 있다. 그리고 이러한 유형의 뉴스를 요구하는 사회적 여건이 제작 관행을 형성하고 이는 내부 제작들의 개인적 신념과 얽히면서 구조화된 틀을 공고하게 구축한다. KBS가 이주민들에 대한 새로운 관점을 제시할 경우, 이주자들에 대한 특정한 선입견을 가지고 있는 다수의 시청자들로부터 압력을 받을 수 있다고 기자들은 우려한다. 이것이 외국인에 대한 보도 기사가 일반적인 대중들의 관점과 합치하는 이유라 할 수 있다.

KBS 기자들 자체가 이미 기득권층이기 때문에, 조금만 방심하면, 사회적 약자나 소수자에 주의를 기울이고 관심을 가지고 그들의 문제에 대해서 진지하게 고민해 보려는 그런 끈을 놓치기가 쉬워요. 관심

없으니까 안 보이는 거고, 모르니까 안 보이는거죠. (J 기자)

이주노동자들의 실상이 이렇다 이런 보도가 나가잖아요? 그러면은 성질 급하신 분들은 전화를 해요. 우리나라 실업자가 얼만데, 쟤네들이 우리나라 사람들 일자리 다 뺏어 갔는데, 왜 쟤네들 편을 드냐구 KBS 너네 국민의 방송이지 왜 그러냐구, 너네가 그러면 안 된다구 바로 전화가 와요. (H 기자)

하지만 더욱 핵심적인 문제는 대부분의 기자들을 비롯한 KBS 조직 구성원들이 이주민들과 관련된 이슈를 여전히 중요한 사회적 의제로 여기지 않는다는 사실이다. 특히 서울 KBS 기자들은 이주민들에게 더 적은 관심을 기울일 수밖에 없다고 주장했는데, 이는 지역 방송국 기자들보다 이주민들과 직접적으로 접할 기회가 더 적기 때문으로 해석된다. 이것은 차별이 발생하는 또 하나의 메커니즘으로서 이주민들의 존재 여부를 인지하지 못하는 것은 매우 중대한 문제이다. KBS 기자들은 대부분 대도시에 거주하는 한국인들과 유사한 방식으로 외국인들을 인식하고 있으며, 이는 뉴스 보도에 영향을 준다. 그리고 이것은 한국 사회가 이주민들을 지역화된 관점localized view, 더 나아가 내부 오리엔탈리즘적internalized orientalism 관점으로 바라보는 방식으로 해석될 수 있다.

아직도 뿌리 깊게 남아 있는 아시아인에 대한 그런 차별이나 그런 거는 KBS라기보다는 한국 사회에 있는 정도의 선입견이 우리 조직에

도 물론 있기 때문에, 뉴스 가치를 따지는 데 있어서 작용이 어느 정도 되는 것 같아요. (D 기자)

만약에 그들(이주민들)을 한국 사회의 한 구성원으로 인정을 한다면 당연히 그게 편성 규약에 다문화 사회 내지는 이주노동자 내지는 외국에서 들어온 나중에 한국 국적을 취득한 그런 사람들 관련된 보도를 어떻게 할 것인지에 대해서 내부적인 공감대가 있어야 되고 그게 명문화되어야 되거든요. 근데 아직은 기자들 또는 KBS 내에서도 이 사람들을 진정으로 우리 사회 혹은 한국인에 한 축으로 인정하는 그런 분위기가 없는 것 같아요. (J 기자)

마지막에 언급된 두 가지 요소는 순환 논증의 한 예이다. 인터뷰 결과 KBS 기자들은 이주민들에 대한 한국 사회의 무관심과 편견의 영향으로부터 자유로울 수 없다. 따라서 이러한 사회와 조직의 분위기는 기자들로 하여금 즉각적으로 발생하는 사건들에 관한 일회성 뉴스를 생산하게끔 유도한다. 그리고 보편적인 뉴스 시청자들은 외국인들의 재현된 이미지를 내면화하고 강화하여 확고한 지식으로 받아들이게 되며, 이러한 지식들이 축적되어 한국 사회에 강력하게 작용하는 담론으로 자리 잡게 된다. 그리고 이렇게 생산된 담론이 사회적 이데올로기로 작동하는 데에는 공영방송으로서의 KBS에 대한 축적된 사회적 신뢰가 크게 작용한다.

다문화 사회를 위한 공영방송의 역할

지금까지 한국 내 이주민들에 대한 보도를 담당하는 공영방송 뉴스 기자들의 인식이 뉴스에 어떻게 반영되며 뉴스 제작 과정에서의 관례화된 요소들은 어떤 것들이 있는지 살펴보았다. 그 결과 기자들 개인적 차원의 인식과 관행화된 뉴스 제작 문화가 일정한 형태로 재생산되는 이주민 관련 뉴스 콘텐츠 생산에 상당 부분 영향을 미치고 있다는 결론을 도출해 냈으며, 구체적인 내용은 다음과 같이 정리할 수 있다.

첫째, KBS 기자들은 한국에 거주하는 이주민들에 대해 정형화된 스테레오타입을 가지고 있었다. 이러한 그들의 인식은 이중적으로 나타나는데, 우선 기자들은 전반적으로 다문화 가정들에 대해 막연한 연민의 감정을 가지고 있는 것을 알 수 있다. 그들은 뉴스 취재 과정에서 다문화 가정이 가난한 환경과 낮은 교육수준으로 인해 고통 받고 있다고 인식하고 있었다. 또한 기자들의 대다수는 이러한 가정이 증가함에 따라 다문화 사회가 만들어지는 것이라고 믿고 있는데, 일부 기자들은 그것이 우리 사회에 어떤 형태로든 긍정적으로 작용할 것이라는 인식을 가지고 있었다. 하지만 한국에 이주한 인구의 절반 이상을 차지하는 이주노동자들은 일반적으로 다문화 사회의 구성원으로 여겨지지 않는다는 점을 주목해야 한다. 이는 한국에서 통용되는 다문화 담론의 양면성이다. 또한 다문화라는 용어가 매우 제한적인 의미로 사용되고 있다는 것을 시사한다. 2005년 이후 각종 미디어에서 생산된 다문화 가정과 국제결혼에 대한 논의들을 돌이켜 보면, 국제결혼을 통한 이주민들은 한국 사회의 일부분으로 받아들여지고 있지만 이주노동자들은 지속적으로 제외되고 있음을 알 수 있다. 이러한 담론의 편중성을 설명하기에는 복잡한 사회적 요인들에 대한 이해가 필요하겠지만, 이주노동자를 다문화 담론에서 배제하는 문제는 남성으로서의 한국 사회가 여성으로서의 타자들에게는 관대한 반면, 사회의 잠재적 위협으로 간주되는 남성 이주민들에 대해서는 경계하는 일종의 '이주의 여성화Feminization of immigration' 개념으로 설명할 수 있을 것이다(Moreno 2006). 또한 백인과 그 외 이주민들에 대한 기자들의 태도에 명백한 차이가 있다는 사실도 알 수 있다. KBS 기자들은 백인들을 주로 문화적 이슈나 한국적 가치 등에 대한 평가를 위한 객관화된 타자로 인식하는 반면 유색 이주민들은 주로 한국에서의 열악한 생활과 삶의 어려움 그리고 한국 문화를 포장하기 위한 부수적 배경으로 인식하고 있었다. 이 과정에서 인터뷰는 서로 다른 언어(한국어와 영어)로 수행되며, 다른 종류의 질문(개방형과 폐쇄형)들이 특정 답변을 얻기 위하여 제기되기도 하는데 이것 역시 기자들의 인식에서 비롯되는 관례적 행위로 볼 수 있다.

둘째, KBS 기자들은 외국인들과 관련된 기사를 생산함에 있어서 KBS 내부의 취재 관행에 크게 의존하고 있음을 알 수 있다. 이는 명절 행사에 참여한 이주민들에 대한 뉴스나 다문화 가정의 열악한 생활 실태에 대한 뉴스 등을 다룬 경험이 있는 기자들의 인식을 통해 확인할 수 있었다. 이러한 관행적 뉴스의 특징은 일정한 시기에 반복적으로 재생산된다는 점인데, 이러한 뉴스 담론의 반복적 생산은 타자에 대한 특정 이미지를 공고하게 구축하며 그들에 대한 부정적 인식을 확대재생산하는 메커니즘으로 작용한다. KBS의 관행적 뉴스제작 차원에서 특정 이슈와 관련된 이주민들이 높은 뉴스 가치를 가진다는 것은 분명해 보인다. 하지만 그들에 관한 뉴스 보도는 여전히 공영방송이 추구해야 할 공공성과 불편부당성에 기반한 것이라기보다는 기자 개인의 일상적 뉴스감 찾기와 관례화된 시스템에 의해 생산되고 있으며, 따라서 이주민들에 대한 뉴스 보도의 공적 가치나 공영방송 기자로서의 의무 등과 같은 기자들의 인식은 찾아보기 힘들다.

마지막으로 KBS 기자들 중 상당수는 이주민들에 대한 뉴스 내용의 한계와 문제점을 어느 정도 인지하고 있으나, 이를 개선하기 위한 대안으로 이주민들에 대한 '연민적' 혹은 '긍정적'인 보도를 제시하고 있다. 물론 이러한 용어들에 대한 명확한 정의가 필요할만큼 구체적인 대안은 아니다. 그들은 한국에 거주하는 이주민들이 더 많은 관심을 받고 존중 받아야 한다는 데 원칙적으로 동의하고 있으며, 이와 같은 변화를 통해 이주민들에 대한 한국 사회의 차별적인 시선이 개선될 것으로 믿고 있다. 하지만 이러한 기자들의 관점과는 달리 KBS 뉴스가 바라보는 이주민들은 여전히 계급적·민족주의적 지배담론의 틀에서 벗어나지 못하고 있다. 이것은 앞서 살펴본 바와 같이 이미 관례적으로 구축된 이주민 관련 보도의 틀에서 벗어나지 못하는 기자 개인적 차원의 문제임과 동시에더 거시적 차원에서 한국 사회의 보편적 구성원들이 가진 인종적 편견과 자민족 중심주의와 같은 이데올로기에서 자유로울 수 없는 공영방송 KBS의 시스템적 한계를 반증하는 지표이기도 하다.

현대사회에서의 미디어 산업은 디지털, 다채널 시대를 맞아 급격히 재편되고 있으며, 이 과정에서 시장성과 경쟁력을 이유로 공영방송에 대한 회의론이 부각되고 있다. 그러나 영국의 미디어 규제기구 Ofcom이 밝힌 바처럼 미디어의 다양성은 다채널 환경과 무관하며 오히려 지역, 언어, 인종, 성별을 넘나드는 문화적 다양성과 연계되어야 한다(Barnett 2009). 그리고 이러한 문화적 다양성은 게이트키퍼들의 자율적 의지가 아닌 체계화되고 구체화된 가이드라인을 통해 현실화될 수 있으며, 이러한 실천 의지를 가장 잘 반영할 수 있는 미디어가 바로 공영방송이어야 한다. 공영방송 KBS 역시 추상적이고 왜곡된 다문화 담론 생산을 지양하고 문화적 다양성을 재현하기 위한 구체적인 제도적 장치를 마련해야 할 것이다. 아무쪼록 이 글이 많은 연구자들과 언론인들에게 문화적 현상으로서의 다인종, 다문화주의를 재조명하고 이에 대한 공영방송의 역할 정립에 대한 새로운 학술적 공론장을 여는 계기가 되기를 희망하며 이 글을 맺고자 한다.

참고문헌

김경희, 〈텔레비전 뉴스 내러티브에 나타난 재한 이주민의 특성〉, 《방송과 커뮤니케이션》 12-2, 2009.

김명혜, 〈한국 텔레비전의 글로벌 로컬리티 재현〉, 《언론과학연구》 12-2, 2012.

박경태, 《소수자와 한국 사회 : 이주 노동자, 화교, 혼혈인》, 후마니타스, 2008.

설동훈, 《외국인 노동자와 한국 사회》, 서울대학교 출판부, 1999.

신기욱, 《한국 민족주의의 계보와 정치》, 이진준 옮김, 창비, 2009.

양정혜, 〈소수 민족 이주여성의 재현 : 국제결혼이주여성에 관한 뉴스보도 분석〉, 《미디어, 젠더 & 문화》 7, 2007.

이동후, 〈텔레비전이 재현하는 아시아〉, 《방송문화연구》 18-1, 2009.

이창근, 〈공영방송의 공공 가치 개념에 대한 이론적 검토〉, 《언론과 사회》 21-1, 2013.

이혜경, 〈혼인이주와 혼인이주 가정의 문제와 대응〉, 《한국인구학》 28-1, 2005.

정연구 · 송현주 · 윤태일 · 심훈, 〈뉴스 미디어의 결혼이주여성 보도가 수용자의 부정적 고정관념과 다문화지향성에 미치는 영향〉, 《한국언론학보》 55-2, 2011.

최남일, 〈뉴스영상 게이트키퍼로서의 영상취재기자에 관한 연구 : 국내방송 3사 영상취재기자 조사를 중심으로〉, 연세대학교 언론홍보대학원 석사학위논문, 2002.

통계청, 《체류외국인통계 2009》, 통계청, 2009.

한건수, 〈타자만들기 : 한국 사회와 이주노동자의 재현〉, 《비교문화연구》 9-2, 2004.

Appadurai, Arjun, *Fear of Small Numbers*, Durham : Duke University Press, 2006.

Barnett, Steven, *Journalism, Democracy and the Public interest : rethinking media pluralism for the Digital Age*, Oxford : Oxford University Press, 2009.

Bass, A. Z., "Refining the 'gatekeeper' concept : A UN radio case study," *Journalism*

Quarterly 46, 1969.

Bird E. and W. Dardenne, "Myth, Chronicle, and Story : Exploring the Narrative Qualities of News," in James W. Carey (ed.), *Media, Myths and Narratives : Television and the Press*, London : Sage, 1988.

Bogart, Leo, "Television news as entertainment," in p. H. Tannenbaum (ed.), *The Entertainment functions of television*, Hillsdale, N.J. : L. Erlbaum Associates, 1980.

Bourdieu, Pierre, *Distinction : A Social Critique of the Judgement of Taste*, Richard Nice (trans.), Cambridge, Mass. : Harvard University Press, 1984.

Cottle, Simon, *Television and Ethnic Minorities : Producers' Perspectives*, Ashgate, 1997.

Curran, James, "Rethinking the Media as a Public Sphere," in Peter Dahlgren and Colin Sparks (eds.), *Communication and Citizenship*, London : Routledge, 1991.

Curran, James, *Media and Power*, London : Routledge, 2002.

D'acci, Julie, "Television, Representation and Gender," in R. Allen and A. Hill (eds.), *The Television Studies Reader*, New York : Routledge, 2004.

Downing, John DH and Charles Husband, *Representing 'Race'*, London : Sage, 2005.

Fairclough, Norman, *Discourse and Social Change*, Cambridge : Polity Press, 1992.

Fiske, John and John Hartley, *Reading Television*, London : Methuen, 1978.

Fiske, John, *Television Culture* (2nd ed.), London ; New York : Routledge, 2010.

Foucault, Michel, *Power/Knowledge : Selected Interviews and Other Writings 1972-1977*, Colin Gordon (trans.), New York : Pantheon Books, 1980.

Garnham, Nicholas, "Media and the Public Sphere," in p. Golding, G. Murdoch and p. Schlesinger (eds.) *Communicating Politics*, Leicester University Press, 1986.

Gauntlett, David and Annette Hill, *TV Living*, New York : Routledge, 1999.

Georgiou, Myria, *Diaspora, Identity and the Media*, Hampton Press, 2006.

Gieber, Walter, "Across the desk : A study of 16 telegraph editors," *Journalism & Mass Communication Quarterly* 33-4, 1956.

Golding, Peter, "The Missing Dimensions News Media and the Management of Social Change," in Elihu Katz and Tamás Szecsko (eds.), *Mass Media and Social Change*, London : Sage, 1981.

Golding, Peter and Phil Harris, *Beyond Cultural Imperialism : Globalization, Communication and the New International Order*, London : Sage, 1997.

Hall, Stuart, "A world at one with itself," in Stanley Cohen and Jock Young (eds.), *The Manufacture of News*, Beverly Hills, Calif. : Sage, 1973.

Hall, Stuart, "The Work of Representation," in Stuart Hall (ed.) Representation : *Culture Representations and Signifying Practices*, London : Sage, 1997.

Halloran, James D., Phillip Elliott and Graham Murdock, *Demonstrations and Communication : A Case Study*, Penguin, 1970.

Harrison, Jackie, *Terrestrial TV News in Britain : The Culture of Production*, Manchester University Press, 2000.

Held, David, Anthony McGrew, David Goldblatt and Jonathan Perraton, *Global Transformations*, Stanford : Stanford University Press, 1999.

Hirsch, Paul M., "Occupational, Organizational and Institutional Models in Mass Communication Research," in Paul M. Hirsch (ed.) *Strategies for Communication Research*, London : Sage, 1977.

Hobsbawm, Eric, "Mass Producing Tradition : Europe, 1870-1914,", in Eric Hobsbawm(ed.) *The Invention of Tradition*, Cambridge : Cambridge University Press, 1983.

Keats, Daphne, *Interviewing : A Practical Guide for Students and Professionals*, Buckingham : Open University Press, 2001.

Moore, Mark Harrison, *Creating public value : Strategic management in government*, Cambridge, Mass. : Harvard University Press, 1995.

A. Moreno, *Migration, Gender and National Identity : Spanish Migrant Women in London*, Peter Lang Publishing, 2006.

Morley, David, *Home Territories : Media, Mobility and Identity*, New York : Routledge, 2000.

Robertson, Roland, Globalization : Social Theory and Global Culture, London : Sage, 1992.

Scannell, p. , "Public Service Broadcasting : The History of a Concept," in Toby Miller (ed.) *Television : Critical Concepts in Media and Cultural Studies*, London · New York : Routledge, 1989.

Schudson, Michael, *The Sociology of News*, New York : W. W. Norton & Company, 2003.

Shoemaker, Pamela J., "A New Gatekeeping Model", In Dan Berkowitz (ed.) *Social Meanings of News : A Text-Reader*, Thousand Oaks, Calif. : Sage, 1997.

Shoemaker, Pamela J. and Stephen D. Reese, *Mediating the message : Theories of influences on mass media content* (2nd ed.), New York : Longman, 1996.

Shoemaker, Pamela J. & Timothy Vos, *Gatekeeping Theory*, New York : Routledge, 2009.

Sturken, Marita and Lisa Cartwright, *Practices of Looking : An Introduction to Visual Culture*, New York : Oxford University Press, 2000.

Tuchman, Gaye, *Making News : A Study in the Construction of Reality*, New York : The Free Press, 1978.

Dijk, Teun Adrianus van, *News As Discourse*, Hillsdale, N.J. : L. Erlbaum Associates, 1988.

Dijk, Teun Adrianus van, "Discourse and the Denial of Racism," *Discourse and Society* 3, 1992.

Vertovec, Steven and Robin Cohen(ed.), *Migration, Diasporas and Transnationalism*, Cheltenham, UK : Edward Elgar Publishing Ltd, 1999.

Wodak, Ruth, Rudolf de Cillia, Martin Reisigl and Karin Liebhart, *The Discursive Construction of National Identity*, Edinburgh : Edinburgh University Press, 1999.

제3부

다문화 사회의 문학, 번역, 교육

1

윤동주와 다문화적 주체성의 문학

오문석

윤동주와 만주의 지역성

윤동주에 대한 연구에 변화가 있었다면 그가 만주국 출신이라는 사실이 강조된 이후라고 할 수 있다. 영토적 경계를 중요하게 생각하는 과거의 국문학 연구에서 만주를 집중 조명할 이유가 없었고, 따라서 윤동주가 만주 출신이라는 사실이 크게 중요한 사실은 아니었기 때문이다. 국문학의 연구 범위가 '유·이민자'의 문학으로까지 확장됨[1]에 따라서 만주는 비로소 국문학자의 관심권 안으로 들어오기

---

*   이 글은《한국근대문학연구》제25집(2012.4)에 게재된 원고를 수정 및 보완하여 재수록한 것이다.

[1]   윤영천, 〈일제강점기 한국 유이민 시의 연구〉(서울대 박사, 1987)가 선구적인 작업이다.

시작했다. 물론 유·이민자를 문학사에 포함시킬 때에도 그들의 언어적·정신적·출신적 거점이 '조선'이라는 데에 한정되었지만 말이다. 제한적으로나마 '유·이민자'라는 용어가 '디아스포라'로 대체되었을 때[2] 연구의 범위는 더욱 넓어지고, 이론적으로도 풍부한 전거를 동원하게 되었다. 국문학이 디아스포라까지 연구 대상에 포함하게 되면서 해방 이전의 '재만 조선인'에서 해방 이후의 '재일(혹은 재미) 조선인'으로까지 연구가 확산되었음은 잘 알려져 있다.

하지만 디아스포라의 관점 또한 연구의 대상이 어떤 방식으로든 '조선/한국'을 정체성의 출발점으로 삼아야 한다는 데서는 벗어나기 어렵다. 그러한 한계를 벗어나기 위한 연구 방법으로 최근에는 '다문화주의'에 주목하는 경우가 있다.[3] 다문화주의는 디아스포라 연구와 달리 연구 대상의 국적을 조선/한국에 한정하지 않아야 하기 때문이다. 오히려 중심이 되는 국적은 다른 곳에 있으면서 조선/한국을 주변국으로 경험하는 방식을 집중적으로 조명하게 된다. 이렇게 되면 연구의 대상이 확장됨에 따라서 국문학의 범위를 넘어설 가능성이 열리게 된다. 적어도 연구의 대상이 되는 작품들의 언어적·정신적·출신적 거점이 조선/한국이 아닐 수 있음을 고려해야 하기 때

2　윤동주의 작품을 디아스포라의 관점에서 연구한 논문으로는 구모룡, 〈윤동주의 시와 디아스포라로서의 주체성〉, 《현대문학이론연구》, 2010 ; 정우택, 〈재만조선인의 혼종적 정체성과 윤동주〉, 《어문연구》, 2009. 9 ; 임현순, 〈윤동주 시의 디아스포라와 공간〉, 《우리어문연구》, 2007 등을 꼽을 수 있다.

3　김신정, 〈다문화공간의 형성과 '이주'의 형상화-한국 시에 나타난 다문화의 양상〉, 《국어교육연구》, 2010.

문이다. 그것은 디아스포라 연구에도 영향을 주게 되는데, 예컨대 최근의 '재일 조선인' 연구에 포함되는 교포 3세대의 경우, 그들은 실제로 언어적·정신적·출신적 거점만 보게 되면 이미 조선/한국을 벗어나 있음을 보게 된다. 이처럼 '유·이민자'에서 '디아스포라', 그리고 '다문화주의'로 연구가 진전됨에 따라서 국문학의 경계가 서서히 붕괴되는 과정을 목격할 수 있다.

　윤동주에 대한 연구도 마찬가지의 절차를 밟아 진행되었다. 처음 국문학의 범위에 포섭되었을 때 윤동주의 문학은 적과 동지가 선명하게 갈리는 '저항문학'이었기 때문에 '일본/조선'의 이자 관계를 중심으로 연구가 진행되었다. 이 과정에서 윤동주가 만주국 출신이었다는 사실은 크게 고려할 사항이 아니었다. 만주는 민족의 수난이 입증되는 장소이거나 저항의 거점이었으며, 그런 의미에서 조선의 연장선상에서 고려되었다.[4] 그런데 이런 관점이 유·이민자에 대한 연구에서도 다시 한 번 반복된다. 유·이민자 연구에서는 아직 만주의 '지역성locality'이 제대로 부각되지 못하였던 것이다. 그런 점에서 만주에 대한 연구에서 유·이민자의 관점은 과도기적 성격이 강하다고 할 수 있다. 그것은 유·이민자 연구의 방법이 아직은 '지배/저항'의 구도를 크게 벗어나지 못하였다는 것을 말해 준다.

　윤동주 연구에 있어서 결정적인 변화는 '탈식민주의'의 관점의 도

---

[4] "조선으로부터 조선인들의 이주가 더욱 증가하면서 만주는 점차 조선 민족의 새로운 생활 공간이 되기 시작하였다." 이는 만주가 "이제 외부가 아니라 내부를 대리 표상하는 개념으로 자리잡아 가기 시작하였음"을 의미한다. 전성현, 〈일제시기 '만주' 개념의 역사성과 부정성〉, 《석당논총》, 2010, 257쪽.

입으로 '만주'가 새롭게 조명 받으면서 시작되었다.[5] 이른바 '만주 연구'의 붐은 1932년 만주국 성립 이후 조선의 자본가와 지식인들 사이에서 유포되었던 '만주 유토피아니즘'에 주목하게 하였다. 이것은 한말에서 1920까지 이어지던 '수난·저항·도피'의 땅으로서의 만주가 아니라, '개척·정착'을 앞세우는 만주국의 이념과 거기에 동조하는 사람들을 강조하는 입장이다. 만주의 땅을 '야만'으로 간주하면서 스스로를 '문명'으로 자리매김하는 주체화 과정이 일본 제국의 신민 subject이 되는 과정을 반복한다는 지적[6]은 그 대표적인 관점이다. 이는 만주를 매개로 하여 이른바 친일문학의 논리가 성립하는 과정을 보여 준다.

이로써 한말에서 1920년대, 그리고 1930년대와 중일전쟁 이후의 만주의 표상이 각각 다르다는 것을 확인하게 되었고, 만주에 대해서는 일면적 평가가 불가능해졌다. 만주를 바라보는 관점의 변화는 결국 만주 출신의 시인 윤동주를 평가하는 데도 영향을 주게 된다. 만주를 조선의 연장으로만 간주하지 않는다면, 만주 출신이라는 사실에서 만주의 '지역성'을 크게 강조할 필요가 있기 때문이다. 만주의 지역성을 강조한다는 것은 조선에서 바라보는 만주문학이 아니라 만주에서 바라보는 조선문학의 가능성을 생각한다는 뜻이다. 식민지 조선의 관점에서 만주를 보게 되면 '지배/저항', 혹은 '협력/저항'

---

[5] 만주문학 연구에서 민족주의적 수난과 저항의 관점을 뛰어넘으려는 선구적 연구로는 김철, 〈몰락하는 신생 : '만주'의 꿈과 《농군》의 오독〉, 《상허학보》, 2002. 9 ; 이경훈, 〈만주와 친일 로맨티시즘〉, 《한국근대문학연구》, 2003. 4 등을 들 수 있다.

[6] 윤대석, 〈1940년대 '만주'와 한국 문학자〉, 《한국학보》, 2005, 134쪽.

의 논리가 크게 강조될 수밖에 없다. 하지만 만주에는 조선문학만이 있었던 것이 아니라 일본과 중국의 문학이 동시에 참여하는 '초민족적 문학'이 공존했다. 만주에서 조선문학은 오히려 '소수자 문학'의 범주에 속하게 된다. 만주에서의 조선문학은 만주에까지 그 영역을 확장하는 '디아스포라의 문학'이 아니라, 여러 민족으로 구성된 만주문단에서 '소수자 문학'으로 취급되는 축소의 경험을 하게 된다. 그것은 문학의 생산자에게도 동일하게 적용될 수 있는 경험이다. 따라서 '만주문단'은 조선문학의 확장과 축소를 동시에 경험할 수 있는 지점으로 기능하고 있다. 그런 의미에서 만주는 조선문학에 어떤 변화를 예고하는 '중심점'으로 기능하고 있는 것이다. 윤동주의 문학을 만주와 관련하여 분석한다면 만주의 지역성에 대해서 이러한 인식이 전제되어야 할 것이다. 그런 의미에서 윤동주가 유독 주체성의 문제에 집중할 수 있었던 것[7]도 조선인으로서의 주체성이 만주의 개입으로 인해서 확장과 축소에 버금가는 변화에 노출되어 있다는 것을 경험으로 알고 있었기 때문이다. 그러한 현상을 여기에서는 '다문화적 주체성'의 관점에서 살펴보고자 한다.

[7] 윤동주의 시에서 주체성의 문제는 주된 연구 테마 중의 하나이다. 대표적인 사례로는 김상봉, 〈윤동주와 자기의식의 진리〉, 《코기토》, 2011 ; 박민영, 〈윤동주 시에 나타난 자기 동일성의 인식 양상〉, 《한국문예비평연구》, 2000 ; 이혜원, 〈이상과 윤동주 시에 나타나는 주체 형성의 양상〉, 《우리어문연구》, 2001 등이 있다.

향수와 그리움, 그리고 만주의 발견

다문화적 주체성은 중심에 속하지 않는 주변인, 혹은 타자의 관점에서 중심을 바라보고 중심과 관계하고자 할 때 대두하는 주체성의 양상이다. '다문화적'이라는 수식어를 통해서 알 수 있듯이, 그것은 특정한 문화에 '참여'하면서도 그 문화의 '외부'를 끌어들이는 경우를 가정한다.[8] 그렇다면 주체가 참여하고 있는 문화와 주체가 끌어들이고 있는 문화가 서로 팽팽하게 긴장하게 될 것이다. 하지만 자신이 참여하고 있는 하나의 문화에만 속한 사람들에게는 그것이 의식되지 않는다. 그들은 '단일 문화적 주체성'의 상태에 있기 때문이다. 오직 '다문화적 주체성'의 경우에만 문화적 긴장감을 경험할 수 있다. 그러기 위해서는 한 번이라도 자신이 속한 문화가 '소수자'인 상태를 경험해야만 한다. 압도적으로 참여를 강요하는 특정 문화의 위력을 경험해야 한다는 것이다. 윤동주는 그것을 만주에서가 아니라 만주를 떠나면서 경험하게 된다.

---

[8] 고봉준은 근대문학이 "'공유'를 기준으로 '우리'와 '우리 아닌 것'을 분리하는 집단주의적 공동체"에 근거했음을 지적하고, "'공유'에 근거하지 않은 채로 외부성을 긍정함으로써 이질성의 출현에 의해 매번 재구성되는 '특이성'으로서의 공동체를" '외부성의 공동체'로 규정하고 있는데(고봉준, 〈근대문학과 공동체, 그 이후-'외부성의 공동체'를 위한 시론〉, 《상허학보》, 2011. 10.), 여전히 공동체의 입장에서 사고하고 있는 것을 알 수 있다. 따라서 공동체에 떠밀려 들어간 '외부성'으로서의 주체, '타자'로서의 주체에 대한 설명은 배제되어 있다. 우리는 윤동주를 통해서 '외부성으로서의 주체', '타자로서의 주체'를 보고자 한다. 이 문제를 '외재성'의 관점에서 접근한 사례로는 이장욱, 〈문화산업시대 문학의 존재론 - 레비나스와 바흐친의 외재성 개념을 중심으로〉, 《인문학연구》, 2010을 참조할 수 있다.

윤동주는 1935년 2학기에 평양 숭실중학교로 편입하게 된다. 만주를 떠나 처음으로 조선을 방문한 것이다. 하지만 그의 첫 번째 조선 유학은 6개월을 넘기지 못하고 중단되고 만다. 신사참배를 거부했다는 이유로 기독교 학교였던 숭실중학교가 폐교되면서 다시 용정으로 복귀하게 된 것이다. 이 짧은 유학 생활은 윤동주에게 결정적인 경험을 제공하고 있다. 만주국에서는 '조선인'으로 분류되던 윤동주가 막상 조선에 와서는 조선인이 아니라 '일본국민'으로 호명되고 있음을 발견한 것이다. 다시 말해서 만주에서는 조선인이라는 사실에 대한 자각이 불필요했지만, 조선에서는 자신이 조선인임을 스스로 의식하면서 살아가게 만든다는 것이다. 그렇지 않다면 '일본인'으로서 살아가는 것이 더욱 자연스러운 일이 될 것이기 때문이다. 이러한 경험을 통해서 윤동주는 비로소 '다문화적 주체성'에 접속할 기회를 얻게 된다. 조선인으로 살기 위해서는 일본이라는 지배적 문화에 응답해야 한다는 것, 그러나 만약 그렇게 된다면 조선인으로 살아간다는 것이 무의미해질 수 있다. 그는 지배적 문화에 응답할 수도 없고, 응답하지 않을 수도 없는 심리적 난관에 봉착하게 된 것이다. 이 과정을 거쳐서 윤동주는 조선 문화의 주변성을 실감하게 된다.

조선인으로서의 안정감은 만주에서도, 조선에서도 불가능했던 것이다. 오히려 하나의 주체성에는 항상 다른 주체성으로 열린 문이 있다는 것을 실감하게 된다. 짧은 유학 기간을 통해서 '외부성outsideness'에 대한 체험이 완성된 것이다. 이처럼 만주에서는 '조선인'으로, 조선에서는 '일본인'으로 계속 연기되는 주체성의 경험은 '유랑민'에 대한 심리적 동일시를 가능하게 한다. 이제는 만주에서의 삶도 '유랑'으로 규정된다.

헌 짚신짝 끄을고
    나 여기 왜 왔노
두만강을 건너서
    쓸쓸한 이 땅에

남쪽 하늘 저 밑엔
    따뜻한 내 고향
내 어머니 계신 곳
    그리운 고향 집   ─ 〈고향 집 ─ 만주에서 부른〉 전문(1936. 1. 6.)

평양 유학 기간 중에 쓰여진 이 작품에서 "따뜻한 내 고향"은 이미
만주가 아니다. 화자는 비록 만주에 정착해서 살고 있다고 할지라도
"남쪽 하늘 저 밑"이 그의 고향인 것이다. 만주에 거주하면서 만주
아닌 고향을 그리움의 대상으로 삼고 있는 유랑민이 화자인 것은 분
명하다.[9] 하지만 이것은 이 작품이 쓰여진 1936년 무렵 조선에서 유
행하는 만주 이데올로기와 대립한다. 앞서 말했듯이 당시 만주의 이
념으로는 '개척과 정착'이 크게 강조되고 있었기 때문이다. 그런데

---

[9] 이 작품의 화자에 대한 해석을 두고 의견이 분분하지만 여기에서는 조은주, 〈디아스
포라 정체성과 탈식민주의적 계보학 연구—일제 말기 만주 관련 시를 중심으로〉, 서
울대 박사논문, 2010, 38쪽의 해석을 참조.

위의 작품에서 윤동주가 제시하고 있는 화자의 '향수鄕愁'는 이국땅에 정착하지 못하고 유랑하는 1920년대 이주민의 초상인 것이다.

그렇다고 해서 윤동주가 1930년대 조선인들 사이에서 유행하던 '만주 붐'의 원인을 몰랐다고 할 수는 없다. 그의 시 〈오줌싸개 지도〉에 등장하는, "돈 벌러 간 아빠 계신 / 만주땅 지도"는 경제적 갱생의 자리, 희망의 땅으로서의 1930년대 만주 이미지를 반영하고 있다.[10] 여기에서 화자는 만주로 떠난 아버지를 그리워하는 '조선'의 아이들이다. 그런 의미에서 이 아이들은 위의 〈고향 집〉에 나타나는, 만주로 떠나온 화자와 마주보고 있다. 만주에 있는 화자는 '남쪽' 고향에 두고 온 어머니를 그리워하고 있고, '남쪽' 고향에 있는 어린 화자는 만주로 떠난 아버지를 그리워하고 있는 것이다. 만주를 중심으로 해서 형성된 그리움의 거리는 유랑민의 등장으로 인해서 해체된 가족의 아픔을 물리적으로 보여 주고 있다. 만주는 '향수'와 '그리움'을 낳는 매개물이 되고 있다. 만주를 중심으로 해서 조선에는 고향에 대한 향수와 가족을 향한 그리움이라는 '유랑민의 정서'가 지배하게 된 것이다. 문제는 향수와 그리움의 대상이 국경을 넘어서 존재한다는 것이다. 국경을 넘는 향수와 그리움의 정서는 특정한 장소에서 '외부성'의 존재를 알리는 통로이기도 하다. 이렇게 해서 윤동주

---

[10] 총독부의 시책에 따라 만주로 파견되어 기행문을 남긴 여러 문인들 중에서 함대훈은 이렇게 말한다. "'만주로 간다' 이 말은 만주사변 전엔 조선서 쫓겨가는 불쌍한 농민들이 바가지를 꿰차고 보따리를 든 초라한 모양을 연상했지만, 만주 건국 이래 6년의 세월이 흐른 금일에 있어서는 만주로 간다는 말이 '일을 하러 가고 희망을 갖고 간다'고 할 수 있게끔 되었다." 함대훈, 〈남북만주편답기〉, 《조광》, 1939. 7.

는 평양 유학을 통해서 만주를 드디어 발견하고 객관적으로 대상화해서 바라볼 수 있게 된 것이다.[11] 더 정확하게 말하자면 만주의 기능에 대한 발견이라고 해야 할 것이다.

협력을 통한 저항의 전략

평양 유학을 통해 윤동주가 발견한 만주의 기능은 향수와 그리움의 대상을 국경 너머로 확장하는 데서 그치지 않는다. 윤동주는 민족 간의 문화적 차이를 인정하지 않겠다는 일제 말기의 '동화주의' 정책을 몸소 직접 체험하고 왔기 때문이다. 적어도 조선에서 '조선인'으로 살기 위해서는 '일본국민'이 되어야 한다는 역설적 상황이 당연한 듯이 통용되었던 것이다. 하지만 만주에서 '만주국민'으로 살기 위해서는 '조선인'으로 분류되는 일이 자연스럽다. 그렇다 하더라도 조선인이 되기 위해 일본국민이 된다든가, 만주국민이 되기 위해서 조선인이 된다는 것이 모순적 상황이라는 점은 평양 유학 이후 더욱 분명해졌다.

그러나 1930대 만주로 이주하는 조선의 지식인들 중에는 '조선인'으로 살기 위해서 만주를 선택하는 경우가 많아졌다. 특히 '내선일체'의 정책이 확정된 이후에는 국내에 거주하는 한 조선인이 되기 위해서는 우선 일본국민이 되어야 한다는 모순적 이념에 시달릴 수

11 정우택, 〈재만조선인의 혼종적 정체성과 윤동주〉, 222쪽.

밖에 없기 때문에, 만주국의 건국이념만 보고 만주에서는 일본국민이 되지 않고도 조선인으로 살아갈 수 있으리라는 희망을 가졌던 것이다. 만주국에 대한 환상은 조선에서의 모순적 상황을 돌파하기 위해서, 다시 말해서 조선인이 조선인으로 살기 위해서 불가피하게 선택한 것이라 하겠다.

잘 알다시피 만주국의 건국이념은 만주국을 구성하는 다섯 민족(만주, 몽고, 중국, 일본, 조선)의 문화적 차이를 존중한다는 뜻에서 '오족협화'를, 그리고 그것이 서양 정치의 한계를 극복하기 위한 동양의 '왕도정치'의 실현이라는 뜻을 포함하고 있다.[12] 비록 5개 민족이 평등하다는 '오족협화'의 건국이념이 국제사회의 눈을 고려한 허구적 선언에 불과하다 할지라도, 조선은 물론 일본의 좌파 지식인들 사이에서는 그 허구를 이용하여 그 실현을 이끌어 낼 수 있다는 환상에 사로잡혀[13] '협력을 통한 저항'의 전략이 채택되었다. 예컨대 재만 조선인이 발간한 소설집 《싹트는 대지》(1941, 만선일보사) 후기에는 텅 비어 있는 처녀지를 개간해 수전을 만듦으로써 낙토 만주를 실현해야 한다는 의지가 드러나 있는데, 이것은 동아시아의 이상 실현을 위해 만주 개척이 필요하다는 일본 제국의 국가정책에 편승하는 것이다.[14] 이처럼 일본 제국의 국책 이념에 기댄다는 측면에서

---

[12] 만주국의 건국이념에 대해서는 야마무로 신이치, 《키메라 – 만주국의 초상》, 윤대석 옮김, 소명, 2009, 140~145쪽 참조.

[13] 배주영, 〈1930년대 만주를 통해 본 식민지 지식인의 욕망과 정체성〉, 《한국학보》, 2003, 55쪽.

[14] 김미란, 〈'낙토' 만주의 농촌 유토피아와 공간 재현 구조〉, 《상허학보》, 2011, 111쪽.

는 '친일'의 논리처럼 보이지만, 안수길처럼 이를 통해서 최대한 조선인 농촌 공동체의 자치권을 확보하겠다는 이상을 펼쳐보이는 경우도 있다.[15] '개척/정착'을 통한 '오족협화'의 실현이라는 만주국의 위선적인 유토피아 utopia에 편승하면서도 이를 역으로 이용하여 그것이 실제적인 '토포스 topos'에서 실현되도록 하겠다는 뜻을 포함하는 것이다. 다시 말해서 제국의 '명목상의' 논리를 반복하면서 그것이 명목에 그치지 않고 '실질적으로' 실현될 수 있게 유도하면서 동시에 제국의 위선적 행위를 폭로하는 방식이라 하겠다. 그것은 일본 제국이 총력전 체제에 조선인을 끌어들이기 위해 내세운 '내선일체'의 논리를 이용하여 차별 없는 평등을 요구하겠다는 전략[16]과 유사하다. 그와 같은 전략은 윤동주의 다음과 같은 시에서도 발견된다.

사이좋은 창문의 두 돌기둥 끝에서
오색기(五色旗)와, 태양기(太陽旗)가 춤을 추는 날,
금을 그은 지역의 아이들이 즐거워하다.

아이들에게 하루의 건조한 학과로,
해말간 권태가 깃들고,

---

15 김미란, 〈'낙토' 만주의 농촌 유토피아와 공간 재현 구조〉, 113쪽.

16 예컨대 내선일체론에 따른 조선어 폐지 의견에 대한 입장 중에서 내선일체의 취지를 이용하여 "제도적 차별의 폐지는 요구하면서도 조선의 고유한 문화는 옹호하는 양가적" 전략을 구사하는 인정식의 경우를 들 수 있다. 배개화, 〈1930년대 말 '조선' 문인의 '조선어'를 바라보는 두 가지 관점〉, 《우리말글》, 2005.4, 336쪽.

'모순(矛盾)' 두 자를 이해치 못하도록

머리가 단순하였구나.

이런 날에는

잃어버린 완고하던 형을

부르고 싶다.　　　　　　　　　　　　　− 〈이런 날〉 전문(1936. 6. 10.)

　"사이좋은", "춤을 추는 날", "즐거워한다", "해맑간" 등의 구절만을
보면 이 작품은 "아이들"에 대한 긍정적인 묘사로 이루어진 듯하다.
심지어 "아이들"은 너무도 천진난만하여 교정에 매달려 있는 "오색
기五色旗와, 태양기太陽旗" 사이의 "'모순矛盾' 두 자를 이해치 못"할 정도
이다. 하지만 두 개의 깃발 사이에서 '모순'을 감지하지 못할 정도의
천진함이 여전히 긍정의 대상인 것은 아니다. 잘 알려져 있듯이 이
작품에서 "오색기"는 '오족협화'라는 만주국 이념을 상징하고 있고,
"태양기"는 만주가 '일본 제국의 식민지'임을 상기시킨다. 교정에 매
달린 깃발은 다섯 민족이 평등하게 공존한다는 '오족협화'의 이념을
일본 제국이 보장한다는 뜻을 말하고 있다. 이것은 다섯 민족의 평
등을 위해서는 단 한 민족이 그 평등을 위배할 수 있어야 한다는 말
처럼 모순을 이루고 있다. 뒤집어 말하면 일본 제국과 나머지 네 개
민족 사이에 '차별'이 성립해야만 일본을 포함해서 다섯 민족 전체
가 '평등'할 수 있다는 뜻이다. 이에 따라 만주국에서 일본인은 '평등
을 위한 불평등'이라는 모순된 지위를 점령하고 있는 것이다.
　그러므로 이 작품은 만주국의 건국이념인 '오족협화'라는 것이 허

구적이라는 사실을 폭로하고 있다. 다섯 민족의 평등한 공존을 상징하는 '오색기'는 만주국이 사실상 일본 제국의 식민지라는 점을 은폐하기 위한 정치적 제스처였던 것이다. 서양의 근대정치를 극복하고 동양의 왕도정치를 실현하여 '낙토'를 건설하겠다는 의지도 황무지 개척이라는 '문명개발론'을 은폐하기 위한 전략적 선언이었던 것이다. 윤동주는 '오족협화'의 이데올로기 아래서 "금을 그은 지역의 아이들"이 즐겁게 춤추는 장면을 긍정적으로 묘사하면서도, "태양기"의 모순적 개입으로 그러한 즐거움이 일거에 무너질 수 있음을 환기하고 있다. 오족협화의 이데올로기를 긍정하지만 그것이 일본 제국의 지나친 간섭으로 인해서 그 '진정성'이 의심받을 수 있음을 지적하여, 오족협화가 '실질적으로' 실현될 수 있기를 희망한 것이다.

사실 오족협화의 이데올로기는 캐나다와 호주 등지에서 추진되는 '다문화주의 국가'를 앞질러 제시한 것이기도 하다. 참여한 모든 민족이 평등하게 공존한다는 이념 그 자체로서는 긍정적인 평가를 받을 수 있다. 하지만 실제로는 "오족협화와 왕도주의가 실현되는 평화로운 땅, 풍요로운 삶을 보장하는 '낙토'로서의 만주. 이는 분명 환상에 가까운 것이었고 만주로 이주한 농민들의 삶은 그러한 환상과 철저히 괴리되어 있었다."[17] 만주의 건국이념은 지식인들 사이에서만 작동하는 이데올로기였던 것이다. 그 이데올로기의 비밀은 '평등으로 가장한 불평등'이라는 이중성에 있었던 것인데, 만주국의 조선

---

[17] 조은주, 〈디아스포라 정체성과 탈식민주의적 계보학 연구-일제말기 만주 관련 시를 중심으로〉, 25쪽.

지식인들도 그 비밀을 이용하곤 했다. 그들은 일본 제국에 대해서는 글자 그대로 '오족협화'의 평등권 혹은 자치권을 주장하면서도, 만주인에 대해서는 '평등을 가장한 불평등'이라는 제국의 전략을 모방하는 이중적 행태를 보였다.[18] 하지만 일본 제국에 대한 '평등'의 요구와 만주인에 대한 멸시(차별)가 서로 '모순'을 이루고 있다는 것을 조선의 지식인들이 알지 못했다고는 할 수 없다. 그들이 '오족협화' 이념의 모순적 양상을 모방하고 반복한다고 할 때 그것이 무의식의 차원에서 이루어지는 것이라 하기도 어렵다. 오히려 모순적 상황의 모방과 반복은 그것을 이용하면서 모순의 간극을 확장하고 폭로하는 것이라 할 수 있다.

불치의 병, 길 위의 주체성

평양 유학 이후 윤동주는 만주의 '지역성'에 대한 선명한 인식에 도달하였다. 이후 두 번째 조선 유학과 그 뒤를 잇는 일본 유학을 통해서 만주의 지역성은 윤동주의 주체 형성에 지속적으로 관여하게 된

---

[18] "일본에 대해서는 식민지인이면서, 만주에서는 제국의 신민"(배주영, 〈1930년대 만주를 통해 본 식민지 지식인의 욕망과 정체성〉, 47쪽.)으로 행세하는 이중적 태도의 근거로서 식민지적 무의식을 지적하는 경우가 많다. 이것은 타자를 식민지적 인식의 구도 속에 포섭함으로써 자신이 식민지민이라는 사실에서 빠져나오기 위한 전략에 따른 것이라 할 수 있다. 이 과정에서 이미 제국을 모방하고 있는 자신, 즉 자기식민화의 과정을 거쳤다는 사실이 은폐된다. 이에 대해서는 고모리 요이치, 《포스트 콜로니얼-식민지적 무의식과 식민주의적 의식》, 송태욱 옮김, 삼인, 2002를 참조.

다. 이때 만주의 지역성이란 만주를 중심으로 일본, 조선, 중국 등의 이해관계가 복잡하게 얽히면서 형성되는 양상을 가리킨다. 조선을 중심에 놓고 사고하는 '디아스포라 문학'의 관점에서라면 만주는 다만 조선적 상황의 연장에 불과할 수 있겠지만, 만주 출신의 윤동주에게 만주는 단순히 조선의 연장인 것이 아니라 조선에서는 불가능한 욕망과 무의식이 분출될 수 있는 독립적 영역이다. 그래서 1930년대에는 조선에서는 불가능하지만 만주에서는 가능한 것을 찾아서 수많은 조선의 지식인들이 만주를 방문했다. 조선에서는 '저항/협력'이라는 양자택일의 구도에 갇혀 있었던 그들은 만주에서 더 많은 선택의 가능성을 찾고자 했던 것이다. 조선에서는 허용되지 않았던, '오족협화'로 대표되는 문화 공존의 논리가 그러한 환상을 부추겼다. '내선일체'의 무차별적 동화주의 정책이 강화될수록 만주에 대한 기대와 환상은 더욱 증폭되었다.[19]

당시 만주에서는 적어도 이념적으로는 '동화주의'를 포기하고 문화들 사이의 차이를 인정하는 '문화적 다원주의cultural pluralism'[20]가 실현되는 것처럼 보였다. 다양한 문화적 가치들의 평등권에 대한 인정

---

[19] 오족협화와 내선일체의 갈등양상에 대해서는 김재용, 〈내선일체의 연장으로서의 만주국 인식〉, 《한국근대문학연구》, 2005. 4를 참조.

[20] "다문화주의는 혼용되고 있는 문화다원주의cultural pluralism 개념과는 구별된다. 문화다원주의는 개개 문화의 고유성이 유지된다는 전제 아래 복수의 문화들의 상호 고유성을 인정하는 선에서 조화롭게 공존하면서 교류한다는 현상을 인식하는 개념이다. 이 개념의 이면에는 자문화중심주의라는 편향된 기준이 작동할 수 있는 가능성이 잠재"한다. 송재룡, 〈다문화주의와 인정의 정치학, 그리고 그 너머-찰스 테일러를 중심으로〉, 《사회이론》, 2009, 82쪽.

은 사실상 식민지와 제국 사이의 위계와 차별 관계를 폐기할 수 있는 가능성의 하나였던 것이다. 그러나 조선에서 만주로 향하는 조선의 지식인들 사이에 확산된 문화 다원주의에 대한 환상은 사실상 '자문화중심주의'를 포기하지 않는 것이며, 따라서 동화의 요구에 쉽게 굴복할 가능성도 많았다. 반면에 평양 유학 이후의 윤동주는 만주에 제출된 '오족협화'의 이념이 사실상 '평등을 가장한 불평등'의 논리라는 것을 확인한 바 있다. 다시 말해서 만주국이 표방하는 '문화적 다원주의'라는 것이 실제로는 개개의 '단일 문화'를 옹호하게 만들고, 결국에는 자기 문화를 중심으로 하는 배타적 차별화에 귀착하게 된다는 것이다. 이처럼 모든 문화에 대해 공평하게 적용되는 평등의 논리가 자기 문화의 배타적 독립성을 인정받았을 때만 성립한다면, 거기에는 이미 평등의 논리를 거부하는 '자문화 중심주의'가 포함될 수밖에 없다. 만주에 대한 환상은 그러한 모순된 논리 위에 성립한 것이다. 의식적이건 무의식적이건 만주에 대해 환상을 품는 것 자체는 이미 일본 제국의 이념을 모방하고 반복한다는 것을 전제한다.

그러나 평양에서 일본 제국의 '동화주의' 정책을 목격한 윤동주는 만주에서도 오족협화의 이념이 표면적으로는 '문화적 다원주의'를 내세우지만, 그 이면에 '자문화중심주의'가 깔려 있다는 것을 발견하게 되었다. 특히 1936년 미나미 총독의 부임과 더불어 내선일체가 공식적으로 강화되고, 1937년 중일전쟁 이후에는 만주에서 조선인의 치외법권까지 철회된 이후 만주의 오족협화의 이념이 유명무실해질 가능성이 높아지면서 윤동주는 두 번째 조선 유학을 결심하게 된다. 식민지 정책이 동화주의를 강화하는 쪽으로 치닫게 되면 재만 조선인이 채택했던 '협력을 통한 저항'의 전략은 다시 '단일 문화주의[=저항]'와 '친일[=협력]'로 양분될 수밖에 없게 된다. 만주와 조선의 차이가 삭제될 것이기 때문이다. 하지만 윤동주의 경우는 달랐는데, 그가 다시 조선행을 선택하였을 때 만주는 다시 한 번 단일 문화의 외부성의 근거지로 남을 수 있다. 만주는 다시 국경을 넘는 그리움과 향수의 거리를 만들어 놓기 때문이다.

조선의 지식인들의 경우 만주로 이주하면서 시작된 고향상실의 의식은 다시 조선으로 되돌아오면서 회복이 가능하다. 하지만 만주에서 조선으로 이동하면서 발생한 윤동주의 고향상실의 의식은 만주로 복귀하여도 여전히 회복되지 않고 지속한다는 특징을 보인다. 조선으로 복귀하면 향수병이 사라지는 디아스포라의 경우와 달리 윤동주의 고향상실의 의식은 한번 시작되면 영구적으로 작동한다는 것이다. 그것은 그의 고향상실의 의식이 특정한 지역에서가 아니라 '길' 위에서 성립하였다는 데 원인이 있다.

잃어버렸습니다.
무얼 어디다 잃었는지 몰라
두 손이 주머니를 더듬어
길에 나아갑니다.

돌과 돌과 돌이 끝없이 연달아
길은 돌담을 끼고 갑니다.

담은 쇠문을 굳게 닫아

길 위에 긴 그림자를 드리우고

길은 아침에서 저녁으로

저녁에서 아침으로 통했습니다.

돌담을 더듬어 눈물짓다

쳐다보면 하늘은 부끄럽게 푸릅니다.

풀 한 포기 없는 이 길을 걷는 것은

담 저쪽에 내가 남아 있는 까닭이고,

내가 사는 것은, 다만,

잃은 것을 찾는 까닭입니다.　　　　　－ 〈길〉 (1941. 9. 31.) 전문

　　그의 고향상실의 의식은 결코 회복을 알지 못한다. 그것은 상실과
회복을 반복하는 단순 질병이 아니다. 한번 발병하면 영원히 고칠
수 없는 불치의 병이다. 모든 공간이 그 병원균으로 가득 차 있기 때
문이다.[21] 다만 그 병은 만주 혹은 조선이라는 특정 지역에서 발생하

---

[21] 그런 의미에서 한때 그가 자신의 시집 제목을 '병원'으로 하고자 했다는 사실은 의
　　심장하다.

는 것이 아니고, 만주에서 조선으로 혹은 조선에서 만주로 이동하는 길 위에서 생겨난 것이다. 국경을 넘는 과정에서 생겨난 고향상실의 의식은 그것 자체로 주체성의 성격을 규정하게 된다. 담을 사이에 두고 주체는 두 군데를 동시에 점유하게 된다. 담 저쪽에 있는 주체와 담 이쪽에 있는 주체 사이에 어느 것이 진정한 주체인지 알지 못한다. 윤동주는 다만 상실한 것을 찾아나서는 길 위에서 주체로서 살아간다. 길 위에서 그는 항상 주체의 '외부성'을 의식해야 하는데 그것이 존재의 이유가 되고 있다.

외부성을 내장하고 있는 주체는 자기 스스로 주체임을 결정할 수 없다. 밀폐된 내면에서 '나는 나'라는 확고한 단정이 가능하지 않다는 것이다. 외부성에 개방된 주체성은 항상 나 아닌 외부에 또 다른 주체로 존재할 가능성을 열어 두었을 때에만 주체로 존재할 수 있다. 윤동주는 그러한 경험을 원인을 알 수 없는 타자의 '부름'으로 표현하고 있다. 예컨대 서울의 연희전문학교로 유학온 직후에 쓰여진 〈이적〉이라는 작품에서 그는 "내사 / 이 호숫가로 / 부르는 이 없이 / 불리어 온 것은 / 참말 이적異蹟이외다."라는 고백을 남기고 있다. 어느 곳에서든 그는 "부르는 이 없이 / 불리어 온 것"의 경험을 통해서 주체가 된다. 그렇게 타자적 부름을 통해서 주체로 되는 경험을 그는 "이적"이라고 표현한다. 하지만 원인을 알 수 없는 부름에 대해서, "거 나를 부르는 것이 누구요."라고 묻고, "나를 부르지 마오."(〈무서운 시간〉)라고 말하는 것은 '부름'이라는 말에서 연상되는 '소명'에 대한 두려움을 반영한다. 그 부름은 그가 머무는 곳의 외부에서 들려오는 것으로, 그를 어디에도 정주하지 못하는 주체, 즉 길 위의 주체로 불러들이는 것이기 때문이다. 그래서 그의 주체성은 같은 장소에 머물러 사는 것이 아니라 "나의 길은 언제나 새로운 길"(〈새로운 길〉)이라는 사실을 받아들이는 데서 성립한다. 이 모든 일은 그가 만주에서 조선으로 이동하는 과정에서 발생한 현상이다.

복수複數의 주체성에서 공허한 주체성으로

연희전문학교의 졸업을 앞두고 윤동주는 시집 발간을 준비하면서 '병원'이라는 제목을 버리고 '하늘과 바람과 별과 시'라는 제목을 채택했는데, 그것들이 모두 포함되는 작품이 오늘날 〈서시〉(원제목은 〈무제〉)로 알려진 작품이다. 거기에는 "잎새에 이는 바람에도 / 나는 괴로워했다."(〈무제〉)라는 고백이 포함되어 있다. 여기에서 주목할 것은 '바람'인데, 여기에서는 바람이 화자의 '괴로움'의 원인인 것처럼 서술되어 있다. 그런데 다른 작품에서 그는 그러한 추정을 부정한다. "바람이 부는데 / 내 괴로움에는 이유가 없다"(〈바람이 불어〉)는 구절이 그것인데, 이것만 보면 바람이 '괴로움의 이유'라고 판단하기는 어렵다. 하지만 그렇다 해도 그는 항상 이유를 알 수 없는 괴로움에 시달리고 있는 것만은 사실이다. 심지어 그는 "나도 모를 아픔을 오래 참다 처음으로 이곳[=병원]에 찾아왔다. 그러나 나의 늙은 의사는 젊은이의 병을 모른다. 나한테는 병이 없다고 한다."(〈병원〉)는 말을 남기면서, 자신의 '아픔'이 의사도 진단할 수 없는 병이라고 말한다. 그는 의학적으로 확인할 수 없는 괴로움에 시달리는 것인데, 비록 그 원인을 알 수는 없지만, 분명한 사실은 "잎새에 이는 바람"에도, 심지어 "별이 바람에 스치운다"(⟨무제⟩)는 생각만으로도 발병하여 그를 괴롭히고 있다는 것이다. 지나친 민감성이라고도 할 수 있을 만한 윤동주의 과도한 괴로움은 자주 "바람"을 동반하고 있다.

고향에 돌아온 밤에
내 백골이 따라와 한방에 누웠다.

어두운 방은 우주로 통하고
하늘에선가 소리처럼 바람이 불어온다.

어둠 속에 곱게 풍화 작용하는
백골을 들여다보며
눈물짓는 것은 내가 우는 것이냐
백골이 우는 것이냐
아름다운 혼이 우는 것이냐　　　　　– ⟨또 다른 고향⟩ (1941. 9.) 부분

이 작품에서도 주체의 '슬픔'의 현장에는 어김없이 "바람"이 있다. 바람은 괴로움과 슬픔의 현장에 항상 출현하여 그 원인의 일부로 작용하는 것처럼 보인다. 그런데 이 작품에서는 원인을 알 수 없는 슬픔에 이어서, 그 슬픔의 주체도 확정짓지 못하고 있다. 바람이 불어오는 "어두운 방"에서 슬픔에 휩싸여 있는 주체가 "백골"인지, "내"인지, "아름다운 혼"인지 결정할 수 없다는 것이다. 어쩌면 그가 슬픔과

괴로움의 원인을 알지 못하는 것은 그 슬픔의 주체를 알지 못한다는 사실과 통하는지도 모른다. 누가 슬퍼하는지 결정할 수 없을 정도로 그의 내면에는 너무도 많은 주체가 공존하고 있다. 그렇다면 바로 그 점이 슬픔의 원인으로 작용한다고 할 수 있다. 사람들마다 슬픔의 이유가 다양한 것처럼, 분명 그의 내면에 있는 주체라고 할지라도 어떤 주체가 어떤 순간에 슬픔에 사로잡히게 될지는 알 수 없는 것이다. 슬픔에 사로잡히는 주체를 알아낼 수 없다면 슬픔의 원인을 못 찾는 것은 당연하다.

그런데 이처럼 한 사람의 내면에 수많은 주체가 동시에 거주한다는 일이 어떻게 가능할 수 있는가. 이러한 복수의 주체성은 무엇을 의미하는가. 그 실마리는 〈십자가〉에서 찾아볼 수 있다. 그 작품에서 그는 교회의 첨탑을 올려다보면서 이렇게 말하고 있다.

> 괴로웠던 사나이,
> 행복한 예수·그리스도에게
> 처럼
> 십자가가 허락된다면
> 모가지를 드리우고
> 꽃처럼 피어나는 피를
> 어두워가는 하늘 밑에
> 조용히 흘리겠습니다.　　　　　　　　　　　－〈십자가〉 (1941. 5. 31.) 부분

이 작품에서 주목할 부분은 "괴로웠던 사나이, / 행복한 예수·그

리스도"라는 표현이다. 그에게 있어서 예수는 무엇보다 먼저 "괴로 웠던 사나이"고, 그 다음으로 "행복한" 사람인 것이다. 괴로움과 행복 이 등가적으로 연결되어 있다는 점에서 이 말은 앞뒤가 어긋나 있는 표현처럼 보인다. 하지만 그 '괴로움'[22]이 일반적인 괴로움이 아니라 예수의 괴로움이기 때문에 화자는 그것이 '행복'일 것이라 추정한 다. 〈십자가〉라는 제목을 통해 보건대 윤동주는 지금 예수가 받은 형 벌과 죽음의 의미를 되새기고 있다. 잘 알려져 있듯이 유대인이었던 예수를 고발하여 십자가에 매달게 한 사람들은 다른 민족인 로마인 이 아니라 같은 민족인 유대인들이었다. 유대인이 같은 유대인 예수 를 로마인의 손에 죽게 만들었던 이유는 여러 가지로 추정할 수 있 지만, 그중 하나로는 예수가 유대인의 민족 신을 전세계 모든 사람 들에게 개방하여 '누구나'의 신으로 만들고자 했다는 사실이 있다. 결국에는 식민지 백성인 유대인을 지배하고 있는 로마 제국의 신이 되었던 것이다.

단 하나의 민족만을 위한 신이 전세계 모든 민족을 위한 신으로 변신하는 데 있어서 예수의 죽음은 결정적인 사건이 되고 있다. 예 수의 죽음으로 유대인의 신은 유대인의 신도 로마인의 신도 아닌 보 편적인catholic 신으로 선포된 것이다. 윤동주도 지금 조선인도 일본인 도 아닌 보편적인 주체에 대해서 생각하고 있다. 국적에 얽매이지 않는 주체, 조선인도 일본인도 아닌 주체, 항상 외부로 개방되어 있

---

[22] 괴로움은 슬픔과 통한다. 슬픔은 '공감'의 능력에서 파생하며, 따라서 윤동주에 따 르면 '팔복'의 근원이다.

는 주체를 말이다. 그것은 그림자가 없는 주체, 다시 말해서 실체가 없는 주체, 그러므로 '흰 그림자'만 있는 주체를 가리킨다. 이때는 그가 일본 유학을 결심하게 되는 시점이기도 하다.

이제 어리석게도 모든 것을 깨달은 다음
오래 마음 깊은 속에
괴로워하던 수많은 나를
하나, 둘 제 고장으로 돌려보내면
거리 모퉁이 어둠 속으로
소리 없이 사라지는 흰 그림자,

흰 그림자들
연연히 사랑하던 흰 그림자들,

내 모든 것을 돌려보낸 뒤
허전히 뒷골목을 돌아
황혼처럼 물드는 내 방으로 돌아오면

신념이 깊은 의젓한 양처럼
하루 종일 시름없이 풀포기나 뜯자.　　　－ 〈흰 그림자〉 (1942. 4. 14.) 부분

그의 삶에서 괴로움의 원인은 '주체'에 있었던 것이다. 만주국의 국민이기 위해서는 '조선인'이 되어야 하고, 조선인이 되기 위해서

는 '일본인'이 되어야 한다면, 일본인이 되기 위해서는 또 무엇이 되어야 하는가. 그것은 '텅빈 주체'가 되는 것이다. 어느날 문득 "동경東京 교외 어느 조용한 하숙방에서, 옛 거리에 남은 나를 희망과 사랑처럼 그리워"(《사랑스런 추억》) 하는 때도 있겠지만, 창씨개명으로 이름을 바꾸면서 도착한 일본에서 "옛 거리에 남은 나"는 "거리 모퉁이 어둠 속으로 / 소리 없이 사라지는 흰 그림자"를 남기고 사라지고 있다. 만주에서 평양으로, 평양에서 만주로, 그리고 다시 만주에서 서울로 옮겨다니면서 생성된 "수많은 나"를 "하나, 둘 제 고장으로 돌려보내"고 이제 '공허한 주체'만 남게 된 것이다. 그렇다면 '공허한 주체'로 살아간다는 삶이란 어떤 것인가.

바람이 자꾸 부는데
내 발이 반석 위에 섰다.

강물이 자꾸 흐르는데
내 발이 언덕 위에 섰다.   **— 〈바람이 불어〉 (1941. 6. 2.) 부분**

윤동주는 "바람"과 "강물"처럼 출발점이나 종점을 알 수 없이 흘러가는 삶을 생각하고 있다. 그러한 삶을 단단하게 받치고 있는 것은 "반석"이나 "언덕"이라는 말에서 연상되듯이 기독교적 신앙일 터인데, 그것은 부는 바람이나 흐르는 강물처럼 국적에 얽매이지 않는 유동적인 삶을 가능하게 만든다. '공허한 주체'는 이러한 '무국적자의 삶'으로 실현된다.

다문화적 주체, 식민지와 제국의 외부

윤동주가 제국의 심장부에서 '무국적자'의 공허한 주체가 되기로 하였을 때, 그것은 일본인으로도 조선인으로도 살아갈 수 없는 자신의 처지를 확인했다는 것을 뜻한다. 만주에서 조선, 다시 조선에서 만주를 오가는 과정에서 경험했던 원인을 알 수 없는 괴로움과 슬픔은 사실상 '복수의 주체성'을 부여받아야 하는 형벌에서 기원하는 것이다. 이때부터 이미 그는 '공허한 주체'를 예감하고 있었던 것이다.

조선인으로도, 일본인으로도 살아갈 수 없는 '복수의 주체성'은 조선 출신의 유학생들에게서는 찾아볼 수 없는 현상이다. '단일 문화'에 익숙한 그들에게는 친일과 항일, 혹은 협력과 저항 외에 별도의 출구가 없을 것이기 때문이다. 그들은 윤동주처럼 심리적 유랑의 상태, 무국적의 상태를 경험하기 어렵다. 이러한 상태에 처한 주체를 '다문화적 주체'라고 할 수 있다. 하지만 그러한 주체에는 최근의 다문화주의 이론으로 설명될 수 없는 부분이 있다. 오늘날 자유주의와 공동체주의로 양분되어 대립하고 있는 다문화주의 이론[23]은, 개인이나 공동체를 특정한 주체 형성의 조건으로 고려하고 있을 뿐, '공허한 주체성'이나 '복수의 주체성'까지 고려하지는 않기 때문이다. 그 이유는 다문화주의 이론 자체가 다문화적 상황에 직면해 있

---

[23] 이에 대해서는 김비환, 〈현대 자유주의-공동체주의 논쟁의 정치적 성격에 관한 고찰〉, 《철학연구》, 1999 ; 박정순, 〈자유주의 대 공동체주의 논쟁의 방법론적 쟁점〉, 《철학연구》, 1993 ; 문성원, 〈현대성과 보편성(2)-자유주의와 공동체주의〉, 《시대와 철학》, 1998 등을 참조

는 국가의 정책적 방향에 대한 논의를 중심으로 삼고 있다는 데서 찾아진다. 다문화적 상황에 처해 있는 국가의 입장에서 논의를 전개하고 있기 때문에 다문화적 상황에 떠밀려 간 주체의 관점을 충분히 반영하지 못하고 있는 것이다.

그러나 윤동주야말로 다문화적 상황으로 떠밀려 간 주체에 해당한다. 민족주의와 제국주의가 대립하던 시대에, 다시 말해서 민족국가의 형성에 국가의 에너지를 집중할 시점에는 다문화적 주체는 배제되어야 할 대상에 지나지 않았을 것이다. 그럼에도 불구하고 윤동주가 민족과 저항의 이름으로 문학사에 호명되었던 것은 식민지 말기 민족문학의 공백기를 그대로 방치할 수 없었던 근대문학사의 필요가 반영된 것이라 하겠다.

참고문헌

고모리 요이치,《포스트 콜로니얼 - 식민지적 무의식과 식민주의적 의식》, 송태욱
　　옮김, 삼인, 2002.

고봉준, 〈근대문학과 공동체, 그 이후 - '외부성의 공동체'를 위한 시론〉,《상허학
　　보》, 2011.

구모룡, 〈윤동주의 시와 디아스포라로서의 주체성〉,《현대문학이론연구》, 2010

김미란, 〈'낙토' 만주의 농촌 유토피아와 공간 재현 구조〉,《상허학보》, 2011.

김비환, 〈현대 자유주의 - 공동체주의 논쟁의 정치적 성격에 관한 고찰〉,《철학연
　　구》, 1999.

김상봉, 〈윤동주와 자기의식의 진리〉,《코기토》, 2011.

김신정, 〈다문화공간의 형성과 '이주'의 형상화-한국 시에 나타난 다문화의 양
　　상〉,《국어교육연구》, 2010.

김재용, 〈내선일체의 연장으로서의 만주국 인식〉,《한국근대문학연구》, 2005.

김철, 〈몰락하는 신생 : '만주'의 꿈과《농군》의 오독〉,《상허학보》, 2002.

문성원, 〈현대성과 보편성(2) - 자유주의와 공동체주의〉,《시대와 철학》, 1998.

박민영, 〈윤동주 시에 나타난 자기 동일성의 인식 양상〉,《한국문예비평연구》,
　　2000.

박정순, 〈자유주의 대 공동체주의 논쟁의 방법론적 쟁점〉,《철학연구》, 1993.

배개화, 〈1930년대 말 '조선' 문인의 '조선어'를 바라보는 두 가지 관점〉,《우리말
　　글》, 2005.

배주영, 〈1930년대 만주를 통해 본 식민지 지식인의 욕망과 정체성〉,《한국학보》,
　　2003,

송재룡, 〈다문화주의와 인정의 정치학, 그리고 그 너머 - 찰스 테일러를 중심으
　　로〉,《사회이론》, 2009.

야마무로 신이치,《키메라 - 만주국의 초상》, 윤대석 옮김, 소명, 2009,

윤대석, 〈1940년대 ‘만주’와 한국 문학자〉,《한국학보》, 2005.

윤영천, 〈일제강점기 한국 유이민 시의 연구〉, 서울대학교 박사학위논문, 1987.

이경훈, 〈만주와 친일 로맨티시즘〉,《한국근대문학연구》, 2003.

이장욱, 〈문화산업시대 문학의 존재론-레비나스와 바흐친의 외재성 개념을 중심으로〉,《인문학연구》, 2010.

이혜원, 〈이상과 윤동주 시에 나타나는 주체 형성의 양상〉,《우리어문연구》, 2001.

임현순, 〈윤동주 시의 디아스포라와 공간〉,《우리어문연구》, 2007.

전성현, 〈일제시기 ‘만주’ 개념의 역사성과 부정성〉,《석당논총》, 2010.

정우택, 〈재만조선인의 혼종적 정체성과 윤동주〉,《어문연구》, 2009.

조은주, 〈디아스포라 정체성과 탈식민주의적 계보학 연구-일제말기 만주 관련 시를 중심으로〉, 서울대학교 박사학위논문, 2010.

함대훈, 〈남북만주편답기〉,《조광》, 1939.

한국 다문화 문학의 가능성
: 손홍규 소설과 하종오 시의 '다문화 상상력'

김주영

시대의 표현으로서의 다문화

최근 한국문학에서는 다문화 시, 다문화 동화, 다문화 소설이라는 용어들이 점차 자리 잡고 있다. 명확한 규정도 합의된 바 없는 다문화문학과 관련한 용어들이 통용된다는 것은 그만큼 21세기 한국 사회의 제 현상들이 다문화로 호명되는 문학적 명제들을 요청하고 있기 때문이다. 문학적 글쓰기가 그 시대를 살아가는 사람들의 모습이나 사회문제, 당대의 철학적 사유 체계를 표현하는 이상 다문화문학도 우리들 삶의 일부임이 틀림없다.

인류는 유대인의 대이동을 떠올릴 필요도 없이 그보다 훨씬 먼 옛날부터 이주, 정착, 교류의 역사를 이어 왔다. 한국역시 고대부터 이

---

* 이 글은 *Universitas-Monthly Review of Philosophy and Culture* Vol. 42 N.5(2015.5)에 게재된 원고를 수정 및 보완하여 재수록한 것이다.

주와 교류의 역사를 이어 와, 14세기 말 조선시대 이전까지는 전쟁 등의 요인으로 이동이 활발하였다. 조선시대에는 쇄국정책으로 도항을 엄격히 금지시켰지만, 그 와중에도 일본과의 전쟁 등을 통해서 수많은 이산이 이루어졌다. 그 후에도 일제강점기에 정치적·경제적 이유로 대규모의 이주가 일어났고, 소련이나 중국, 일본에 수백만 명 규모의 한반도 출신자들이 정착하게 되었다. 일제강점기가 끝나고 1950년 한국 전쟁발발 당시 전 세계 18개국의 군인들이 참전하였는데, 이를 계기로 국제결혼과 혼혈이 촉발하게 된다.

이렇듯 문화 간 충돌과 그 정착 과정으로 생기는 다문화는 21세기의 문제만은 아니다. 그런데 지금은 과거에 발생했던 다문화와는 다른 양상을 보이며 '다문화' 현상이 더욱더 부각되고 있다. 이는 국가들이 전쟁을 통해서 다문화를 촉발시켰던 시대와는 달리 글로벌리즘의 경제적 논리, 즉 자본의 이동과 분배에 따라 사람들이 이동하게 되면서 그 현상이 두드러지고 있기 때문이다.

이런 현상은 한국에서 단일민족 단위의 문학만을 염두에 두었던 문학의 영역에도 영향을 미칠 수밖에 없다. 예컨대 지금도 우리나라에서는 한국문학 대신 '국문학'을 한국사 대신 '국사'라는 용어를 사용하는 것이 일상이다. 그런데 문학의 영역에서만 보더라도 이제 더 이상 단일한 민족이나 인종들로 구성된 국가로서의 표현력만으로는 지탱할 수 없다. 지금 다양한 인종과 다양한 문화가 공존하고 있는 한국 사회는 다양한 요인으로 사람들의 가치관이나 삶의 형태도 바꾸고 있다.

이 글에서는 이처럼 다문화 사회를 의식하고 이 사회의 여러 현상을 중심 주제로 삼아 예술 언어적으로 형상화하려는 문학을 다문화문학이라고 정의한다. 물론 이 정의도 아직까지 완전하지는 않다. 다문화문학의 창작 주체, 표현되는 언어, 한국어로 번역된 외국의 다문화문학에 대한 포함 여부, 즉 '한국' 다문화문학이라는 국가 제한적인 규정을 둘 것인가 등등 앞으로 학자들이 해야 할 일들이 많다. 한국계 미국 국적자인 시인이, 한국어로, 미국에서 소수인 한국계 이민의 감성을 표현하는 행위는 과거부터 숱하게 있었다. 한국으로 이주한 아시아계 이주민이 외국어로 한국 다문화 현상의 부조리를 고발한 문학을 창작했을 경우는 앞으로 어떻게 분류할 것인가. 아니면 다문화라는 문화수용성이 강한 영역에서 분류한다는 것은 과연 의미가 있을까 등등 의문이 꼬리를 문다.

그럼에도 불구하고 다문화 사회의 현실을 목도하는 문학이 주류는 아니지만 이 시대의 표현의 산물로 등장하는 지금 우리는 그 의미에 대해서 생각해 볼 필요가 있다. 이 글에서 다루는 손홍규의 《이슬람 정육점》[1]과 하종오의 《반대쪽 천국》[2]에 수록된 〈한 아시안〉은 다문화문학의 지향점을 보여 준다. 다시 말해서 이 텍스트들은 기존의 차별을 고발하거나 고난을 극복하는 식으로 단순히 이분법적으로 다문화 현상을 포착했던 다문화서사와 시에서 벗어나 '다문화 상상력'을 동원하여 유토피아를 꿈꾼다.

'다문화 상상력'에는 눈에 잘 드러나지 않게 복잡한 그물망처럼

---

[1] 손홍규, 《이슬람 정육점》, 문학과지성사, 2010.

[2] 하종오, 《반대쪽 천국》, 문학동네, 2004.

얽힌 구조화된 차별 안에서도 '정주민'이라는 아주 작은 기득권에 눈이 먼 '우리' 스스로를 돌아봄으로써 인간성 회복을 염원하는 역설이 담겨있다. 이 텍스트들에서 읽어 낼 수 있는 다문화 상상력이란 이주, 이동해 온 마이너리티에 대한 긍정적 사유에서 시작된다. "이 긍정적 사유는 이동해 온 사람은 물론 이동하지 않고 정주하고 있다고 믿는 주체조차도 공유하는 세계관이어야 한다."[3] 손홍규와 하종오 문학이 어떤 식으로 다문화적 세계관에 입각한 문학적 상상력을 동원하는지, 그리고 그 결과 어떤 방식으로 글로벌 시대 신자유주의적 사고가 일상이 된 오늘날 인간의 삶을 위로하는 대안 공간을 마련하는지 살펴보기로 한다.

다문화적 삶과 유목적 사유

손홍규의 소설과 하종오의 시는 다문화 상상력을 발휘한다는 점에서 공통성을 가지고 있다. 이들 문학에는 다문화 상상력이 지향하는 이주해 온 마이너리티에 대한 긍정적 사유들, 즉 다문화 현상과 관련해 현실주의적, 현재적 차원을 넘는 시도들이 있다. 즉, 이 현상이 품은 본질적 문제들을 철학적으로 사유하려 하며, 그 원천에는 유목적 사유가 있다. 손홍규의 《이슬람 정육점》과 하종오의 시세계는 소

---

[3] Jooyong Kim, "Islamic Butcher Shop by Son Hong-gyu Read through the Diasporic Imagination", *Diaspora & Cultural Criticism* 6-1, 2016, pp. 95-96.

설과 시에서 한국 다문화문학의 새로운 방향을 개척한 텍스트들이다. 이 텍스트들은 지금까지 여전히 뿌리 깊은 다문화주의가 가진 약점들에 대해서 일종의 실험적인 방향성을 제시한다.

한국에서는 일반적으로 이주해 온 사람들을 '다문화'라는 용어로 포괄하고 정주해 있는 쪽을 '주체'로, 이주해 온 쪽을 '타자'로 인식하는 경향이 있다. 다문화 현상에 대해 한국에서는 외국에서 온 사람들, 특히 인종적·경제적으로 마이너리티에 속하는 사람들을 '바르게 인식'함으로써 편견과 차별을 없애자는 담론이 존재한다. 반면 다른 한편으로는 '우리'의 일자리와 삶의 터전을 빼앗는다고 '우리나라'에서 몰아내야 한다는 과격한 주장도 있다.

이 문제는 에이카 타이가 지적하는 바와 같이 다문화주의가 이론이 아닌 생활 속에서 충돌함으로써 다양한 주장과 전략이 있었다는 점과 관련된다. 다문화주의는 1970년대부터 주로 미국의 교육 현장을 중심으로 전개되다가, 직장에서도 사회구조적으로 차별받는 마이너리티의 지위 향상을 위한 운동의 지침으로 그 범위가 넓어졌다. 또한 다문화주의는 국민문화가 아니라 에스닉 그룹의 문화를 우선적으로 하여 다른 문화를 상대화하려는 움직임이다. 이로 인하여 통합의 확보인가 다양성의 존중인가 하는 문제가 생겨나며, 국가의 통일성을 유지하려는 주장과 마이너리티의 삶의 질을 우선시하는 주장이 대립될 수밖에 없는 것이다.[4]

이에 더하여 지젝이 자본주의적 맥락과 서구 중심주의가 결합한

---

[4] 戴エイカ,《多文化主義とディアスポラ》, 明石書店, 1999, pp. 49-50.

지점에서 글로벌리즘을 읽어 냄으로써 다문화주의를 비판한 것처럼, 국가의 통일성 확보라는 정치적인 문제와 이주민들을 수용할 수밖에 없는 글로벌리즘이 맞닿는 지점은 문제가 더 복잡해진다.[5] 그런데 더 중요한 것은 한국 사회에서 의미하는 다문화주의가 무엇인가 하는 점이다. 한국에서는 소수자의 권리를 보호함으로써 국가의 이익을 창출하고, 나아가서 통일성을 확보하려는 어중간한 타협을 하고 있다.[6] 이런 징후는 국가 기관이나 연구 기관들이 사용하는 '사회 통합', '이민통합', '다문화통합'이라는 용어들을 통해서 드러난다. 즉, 다문화 이주민들은 결혼과 노동의 인적자원 수급을 위해 받아들이기는 하지만 통합의 대상이 되는 것이다. 여기에는 '우리'와 '너'라는 이분법적 발상이 그대로 살아 있다. 이것은 위에서 지적한 것처럼 소수자의 권리를 보호한다는 다문화주의의 맥락과 자본주의의 필요성이 타협한 결과이다.

이같이 고착화된 사고로 이주, 이동, 교류의 21세기를 착상할 수는 없다. 이때 주체가 아닌 '개체'의 사상을 중심으로 한 들뢰즈의 유목적 사유는 차별, 편견의 논리들을 해결하는 기제가 된다. 이동과 교류의 문제에 주목한 현대철학자 들뢰즈Deleuze와 가타리Guattari는 유목적 사유를 통해서 차별과 배제의 원리가 가지고 있는 근본적인 모순에 천착하였다. 이들은 인간들이 만든 문화적인 것에 대한 고정

---

[5] Slavoj Zizek, "Multiculturalism, or the Cultural Logic of Multicultural Capitalism," *New Left Review* 225, 1997, pp. 28-51.

[6] 김미영, 〈2005년 프랑스 ; 소요사태' 이후 문화정책 재조명 : 다문화주의 도입의 범위와 한계〉, 《불어불문연구》 82, 2010, 426~427쪽.

관념에서 벗어나 생물학적인 분화에 착목함으로써, 기존의 차별적인 사회 시스템과 거리를 두었다. 이 철학적 사유는 즉각적으로 현실에 적용하지는 못하더라도 다문화 현상이 지향해야 할 바를 제시하고 있음은 분명하다.

유목적 사유로 보는 세계는 "차이나 다양성을 긍정"하며, "주체의 동일성에 구애받지 않고 갖가지 방향으로 분산되는 생을 고무하는"[7] 세계이다. 고정된 것들, 예컨대 문화, 제도, 양식들은 그 자체가 주체의 동일성을 전제로 성립된다. 여기서 주체의 동일성 확보에 실패한 잉여 가치들은 마이너리티로 배제되거나 차별의 대상이 되는 것이다. 이에 대해서 들뢰즈와 가타리는 리좀이라는 철학적인 개념을 세운다. 그들은 계층, 중심, 초월적 통일성, 제도로 정의될 수 없는 리좀을 통해서 세계를 해석한다.[8] 그러면서 또 이렇게 말한다. "사람들은 역사를 쓴다. 하지만 사람들은 언제나 정주민의 관점에서, 국가라는 단일 장치의 이름으로, 아니면 적어도 있을 법한 국가 장치의 이름으로 역사를 썼다. 심지어는 유목민에 대해 말할 때조차도 그런 식이었다.'[9] 정주민의 관점, 국가의 단일 장치의 적용은 현재 한국의 다문화 현상에도 적용될 수 있는 의제이다. 현재 한국 사회는 국가 장치에서 벗어나 다양한 문화 존중을 뜻하는 이상적인 다문화에서

[7] 檜垣立哉,《ドゥルーズ 解けない問いを生きる》, NHK出版, 2002, p. 90.

[8] Gilles Deleuze and Feʾlix Guattari, *a thousand plateaus : capitalisme and schizophrenia*, Brian Massumi (trans.), Minneapolis : University of Minnesota Press, 1987, p. 23.

[9] Gilles Deleuze and Feʾlix Guattari, *a thousand plateaus : capitalisme and schizophrenia*, p. 23.

멀어져, '국익을 위하여' 행해지는 다문화 평등에 대한 주장들이 왕
왕 슬로건화되는 것을 볼 수 있다.

히가키가 해석하는 바에 따르면 들뢰즈 철학은 '개체'의 윤리
에 공동성도 타자도 죽음도 중심화시키지 않는다.[10] 즉, 주체로서의
'나'의 고유성을 배제하고 그 대신에 '개체'를 착상하는 것이다. '나'
를 중심으로 하는 공동성이나 공감이라는 개념은 아무리 타자를 수
용하자는 논리를 내세워도 결국 "극단적인 자기중심성과 철저한 타
자중심성, 흔들리지 않는 이기주의와 무상의 이타주의, 이들은 거의
같은 구조를 가지"[11]며, 문제 해결에 근본적인 도움이 되지 못한다.
손홍규의 '입양적 세계관'과 하종오의 '이주적 세계관'은 타자 수용
의 논리를 넘는다는 점에서 다문화 상상력의 모델로 적합하다.

앞으로 논하는 바와 같이 손홍규의 '입양적 세계관'과 하종오가
시도하는 '이주적 세계관'은 유목적 사유를 통해서 시작과 끝을 무
화시키는 세계를 펼침으로써 차이나 다양성에 무한한 애정을 보인
다. 그리고 이들 다문화문학은 주체의 동일성에 구애받지 않는 자세
와 예기치 못한 방향으로 분산되는 다문화 상상력을 통해서 들뢰즈
와 가타리의 사상과 공명한다. 예컨대 한국에서 다문화 동화는 색이
다른 아이들 사이에서 이질감을 없애고 서로 동화되어 화목하게 살
자는 중심적인 메시지를 담은 책들이 많다. 이는 좋은 의미에서 소
통을 하자는 뜻이지만 '주체'의 중심화를 전제로 하고 있기 때문에

---

[10] 檜垣立哉, 《ドゥルーズ 解けない問いを生きる》, p. 96.
[11] 檜垣立哉, 《ドゥルーズ 解けない問いを生きる》, p. 98.

궁극적인 해결이 될 수 없다. 이와 같은 주체/타자의 입장에서 차별과 배제를 철폐하자는 담론은 한국 사회의 주류 담론이며, 이에 대해 많은 다문화문학들도 자유롭지 못한 것도 사실이다. 이와는 뚜렷한 차이를 가지고 유목적 사유와 공명하는 손홍규와 하종오의 다문화 상상력은 다문화주의가 가진 이분법적인 사상을 넘어설 수 있는 단초를 발견했다고 평가할 수 있을 것이다.

　다문화 수용이 쉽지 않은 배경에는 한국의 단일민족 신화가 여전히 남아있는 것도 한몫하고 있다. 단일민족 신화는 역사적으로 존재했던 다문화적 상황과 선을 긋고 있는 관념으로써, 식민지 피지배경험을 덮고 한국전쟁의 상흔을 수습하는 데에는 유용했을지도 모른다. 또한 경제발전을 이룩하기 위한 이념으로서 민족적 단결이라는 구호가 필요했을 것이다.[12] 그 와중에 파생된 경제발전 신화의 일환이었던 '한강의 기적'은 당시 개발도상국인 한국 사람들의 뇌리 깊숙이 박혀 있다. 그러나 이 단일민족을 표방한 경제발전 신화에는 영토의 중심화로서 다른 민족에 대한 배제가 전제된다. 따라서 이미 존재하고 있던 다문화 상황, 즉 주둔군 사이에서 태어난 혼혈, 외국인, 화교들은 민족적 단결을 위한 타자들일 수밖에 없었다.

　이러한 타자들이 다시 부상하게 된 글로벌 시대의 한국 상황은 들

---

[12] 미국과 소련은 다민족국가로서 광활한 국토와 자원을 보유한 제국주의 모델을 유지한 강대국이었다. 반면에 독일, 일본, 한국같이 제2차 세계대전 이후 부흥을 시도한 나라들은 민족적 단일성의 힘을 집약함으로써 자본주의 발전을 이끌어 낼 수밖에 없었다. 이런 점에서 독일의 네오 나치주의나 일본의 우경화, 한국의 보수화의 일면들이 보여 주는 것은 정주의 기억에 매달린 채 드러내는 탈영토화에 대한 경계심으로 읽을 수도 있다.

뢰즈와 가타리의 개념을 차용하자면 더 이상 제도화된 것들의 규격화를 유지하거나, 그것들을 단순히 재현하고 반복하는 것은 유효하지 않다는 말로 설명될 수 있다.[13] 유목적 사유에 기반을 둔 이주, 이동, 교류는 이제 지구에서 일상적인 풍경이 되었다. 이와 같은 문화들의 제 현상을 기존의 근대성에 입각한 관념에서 파악하는 것은 어려운 일이다. 그렇다고 들뢰즈와 가타리의 이론을 곧바로 현실에 대입하는 것도 올바른 태도가 아닐지도 모른다. 그들 철학의 특징인 중심성과 고유성을 벗어난 개체의 사상을 도리어 실체적인 주체로 환원하는 오류를 범할 수 있기 때문이다. 그러나 들뢰즈와 가타리가 시사하는 바의 "존재론을 뒤집고, 기초를 부숴 버리고, 시작과 끝을 무화시키는"[14] 방법으로서의 문학적 사유를 탐색하는 것은 나쁘지 않을 것이다.

여기서 우리들이 우선적으로 고려해야 할 것은 유목적 삶의 에너지가 눈앞에 펼쳐진 타자에 대한 배제, 차별의 시스템에 대한 이의 제기를 넘어서 이러한 사유의 원리가 추구하는 미래지향성[15]일 것이다. 문학은 미래의 민중상을 그리는 예술로서, 그런 점에서 손홍규의 다문화소설과 하종오의 다문화 시는 한국 다문화문학의 지평을 열고 있다 하겠다.

[13] 질 들뢰즈,《차이와 반복》, 김상환 옮김, 민음사, 2004, 597~605쪽.

[14] Gilles Deleuze, Fe'lix Guattari, *a thousand plateaus : capitalisme and schizophrenia*, p. 25.

[15] 篠原資明,《ドゥルーズ−ノマドロジ 》, 講談社, 1997, p. 245.

《이슬람 정육점》의 입양적 세계관

《이슬람 정육점》은 "다문화소설이자 성장소설이며 소설가소설로도 읽힐 수 있어 해석의 층위에 따라 다양한 의미가 도출될 수 있"으며, "1990년대 이후 문학의 방향성을 상실한 작가들에게 길을 제시해 주는 변혁적이고 실험적인"[16] 텍스트라는 찬사가 아깝지 않은 작품이다. 이 소설이 어떻게 다문화소설을 대표하는지 살펴보는 것은 앞으로 나올 다문화소설을 위해서도 매우 의미 있는 일이다.

이 소설의 스토리에서 가장 눈에 띄는 것은 주인공 격인 소년의 기원이 부재한 점이다. 게다가 주인공 소년을 중심으로 배치된 인물들 역시 그들이 왜 그 '장소'에 모이게 되었는지에 대한 경로가 소거되어 있다. 즉, 기원과 경로가 없는 서사인 것이다. 기원과 경로는 공허한 기억 창고 속에 봉인된 채로 있다. 이 소설에서 펼쳐지는 다문화 상상력은 주체의 기원을 부재시키고, 그 경로를 소거함으로써 다문화적인 유목적 사유를 실험하고 있는 것이다.

먼저 중심인물들 모두 혈연에 기반을 둔 가족 관계가 부재하거나 단절되었거나 억압적이다. 또한 이들은 과거 혹은 현재, 폭력적 상황에 노출되어 가족 관계가 단절된 경험을 공유한다. 혈연관계가 아니고 출신지와 유랑의 배경이 다른 사람들이 모인 의사擬似가족의 서사라는 점에서 기존의 한국소설이 전통적으로 다루는 가족 관계 서사와는 거리가 멀다. 이러한 특징에 주목해 보면 이 소설에는 '입양

---

16 이미림, 《21세기 한국소설의 다문화와 이방인들》, 푸른사상, 2014, 120쪽.

적 세계관'이라고 명명할만한 다문화적 사유를 내포하고 있다. '입양적 세계관'은 혈연의 기원과 관계에 의한 가족제도 밖에 존재한다. 사람과의 관계 맺기에서 기원과 제도를 부정하고 예기치 않는 방향에서 개체의 생을 고무시키는 방향성을 암시하는 세계관이라고 정의할 수 있다. 이와 같은 입양적 세계관이 들뢰즈와 가타리의 리좀과 통한다는 것은 그려지는 세계가 혈통 관계가 아니라 결연 관계로 제시된다는 점이다.

리좀은 시작하지도 않고 끝나지도 않는다. 리좀은 언제나 중간에 있으며 사물들 사이에 있고 사이-존재이고 간주곡이다. 나무는 혈통 관계지만 리좀은 결연 관계이며 오직 결연 관계일 뿐이다.[17]

이 소설이 제시하는 의사가족의 서사는 한국의 달동네에 상처받은 사람들이 공생하면서 연대감을 형성하는 것이 중심 내용이다. 그런데 그 등장인물들의 면면을 보면 이들이 모일 수 있는 필연적인 조건이 없다. 단지 우연적인 분화로 인하여 생성된 공동체가 이질적인 외면들을 포용하며 따뜻하게 서로의 내면을 공유하는, 마치 유목적 유토피아라고 명명할 수 있는 사회가 펼쳐지는 것이다. 이 유목적 유토피아는 문학적 상상력의 산물인데, 그 기반을 이루는 것이 '입양적 세계관'이라고 해석할 수 있다. '입양적 세계관'은 주체와 타자의 구별을 불가능하게 하는 실험성을 가지고 있는데, 결연 관계

---

[17] Gilles Deleuze and Fe'lix Guattari, *a thousand plateaus : capitalisme and schizophrenia*, p. 25.

로 맺어진 의사가족은 그 좋은 예이다.

"내 몸에는 의붓아버지의 피가 흐른다."(《이슬람 정육점》, 7쪽)로 시작되는 이 소설은, 화자인 '나'의 의붓아버지는 한국전쟁 당시 터키파병 군인으로 지금은 정육점을 경영하는 사람이다. 제목이 '이슬람 정육점'인 까닭은 '나'를 양자로 거둔 하산 아저씨의 일터이기 때문이다. 종전 후 한국에 잔류한 하산 아저씨는 총상이 온몸에 남아 있고 그와 관련된 트라우마로 악몽을 꾸는 사람이다. 그런데 그가 왜 한국에 잔류했는지는 공백으로 남아 있다. 다시 말해서 그의 정착 동기는 베일에 싸인 채 소설의 중심을 공허하게 만드는 것이다. 이 하산 아저씨가 고아원을 전전하던 '나'를 입양하게 되면서 스토리가 시작된다. 부모가 누군지 모르는 '나'는 하산 아저씨의 말에 따르면 총상으로 인한 흉터투성이의 몸을 가지고 있다. 하산 아저씨는 '나'를 보호하는 역할에만 충실할 뿐, 아버지라고 부르도록 요구하지도 않기 때문에 나는 그저 '하산 아저씨'라고 부른다.

여기서 '나'는 친부모가 누구며 어떤 동기로 고아원에 들어가서 여기저기를 전전하였는지 그 기원이 부재한 인간으로, 하산 아저씨라는 의붓아버지의 피가 상징적으로 '나'에게 흐르고 있다. 이 상징적 아버지는 또 '나'에게 부성의 권위를 강요하지 않으며 그가 왜 '나'를 입양하였는지에 대해서도 논리적인 설명을 하지 않는다. 이는 일반적으로 우리들이 생각하는 입양, 즉 양육하는 주체와 양육되는 주체가 서로 관계 맺기를 하는 것과는 다르다. 이 소설은 입양의 기원을 없애고, 그 토대와 끝조차도 지우고 있는 점에서 현실에서 상상하는 이민에 의한 입양과도 다르다.

이러한 설정은 부성 체계가 규범화되고 내면화된 단일 문화의 논리로는 설명될 수 없는 공허한 관계이기도 하다. 그런데 그들이 제도적인 중심성에서 일탈하고 있다고 해서 인간적인 연대감이 없는 것은 아니다. "의붓아버지의 피"를 수용한 '나'는 세계와의 연대를 맺는 새로운 사회를 형성하기 때문이다. 이것은 이 소설의 '입양적 세계관'이라고 명명할 수 있는 사유 체계에서 비롯된다. 이 '입양적 세계관'은 사랑이라는 감정을 통해서 유목적 연대감을 형성한다. 소설 말미에 하산 아저씨의 임종을 지키는 '나'는 비로소 '아버지'라고 호명한다.

> "제 말 들으셨어요? 사랑해요. ⋯⋯⋯ 사랑한다구요!
> 나는 내 몸속으로 의붓아버지의 피가 흘러들어온 걸 느꼈다. 뜨거웠다. 인간의 모든 기억들이 이처럼 단순하고 정직하게 이어진다는 걸. 나는 그때 처음 알았다. 나는 훗날 내 자식들에게 나의 피가 아닌 의붓아버지의 피를 물려주리라. 병실 구석에 섰던 이맘이 나를 껴안았다. 그날 나는 이 세계를 입양하기로 마음먹었다. – 《이슬람 정육점》, 236쪽

이어서 '나'는 하산을 대신해 모스크 사원에서 기도를 드리면서 "모든 현재는 미래를 향한 충동"이라는 것을 깨닫고 소설은 끝을 맺는다. 여기서 "의붓아버지의 피"를 받은 '내'가 "나의 피가 아닌 의붓아버지의 피를 물려"준다고 하는 발상은 다문화 상상력의 새로운 사고법을 시사해 준다. 혈연에 연연하지 않고 사랑을 통하여 "이 세계를 입양"한다는 가치관이야말로, 기원과 과정이 아니라 미래로 분화

되는 힘을 통해서, 고정된 사고의 틀로 주체와 타자를 구분하는 법에서 벗어난 노마드적 세계를 암시하고 있는 것이다.

이 동네에는 하산 아저씨와 비슷한 또 한 명의 외국인 야모스 아저씨가 있다. 야모스 아저씨는 그리스 군의 조종사로 작은 아버지 일족을 사고로 사살하고 도망치듯 한국전쟁에 참가한 사람이다. "고향에서 한 걸음이라도 더 멀리, 멀리 달아나고" 싶었던 그는 "지구의 반대편이나 마찬가지인"(《이슬람 정육점》, 103쪽) 나라로 이주한 것이다. 야모스 아저씨는 이주의 동기가 분명하지만 가족 관계는 부재한다. 오히려 그 기원이 학살의 기억과 연관되어 공동화空洞化되었다.

하산 아저씨와 '나', 그리고 야모스 아저씨를 보살펴 주는 충남식당의 안나 아주머니는 고대 제사장을 연상시키며[18], 상처받은 군상들을 치유하는 능력을 가진 사람이다. 남편의 폭력 때문에 도망쳐 나온 안나 아주머니는 시아버지로부터 남편의 부고를 들은 다음 날 식당 문을 닫고 무기력한 시간을 보낸다. 식탁을 모으고 그 위에 잠든 그녀의 고단한 생애를 '나'는 안나 아줌마가 지독한 꿈을 꾸며 "불룩한 눈시울에서 진득한 눈물"(《이슬람 정육점》, 160쪽)이 흐르는 것을 본다. 이어서 "나도 꿈을 꾸면서 가끔 눈물"(《이슬람 정육점》, 160쪽)을 흘리고, 하산 아저씨의 악몽과 더불어 이들이 서로 아픔을 공유하는 존재라는 것이 서술된다. 안나 아주머니가 꾼 꿈은 고향집을 찾아간 그녀가 본 적도 없는 "텅 빈 공터"와 마주친 경험이었고, "유년이 그처럼 깨끗하게 사라져버린"(《이슬람 정육점》, 161쪽) 공허감을 담고 있었다.

---

[18] 이미림, 《21세기 한국소설의 다문화와 이방인들》, 2014 참조.

이 등장인물들에게 공통적인 것은 유랑하기 전 그들의 뿌리가 산산이 부서져 공허하게 된 감각이었다. 이때 안나 아주머니의 잠자는 모습을 보는 '나'는 혈연적인 구분을 거부하고 있다. 이들에게는 시작과 끝이 있는 여정이 아니라, 결연 관계와 아픔이 공유하는 세계로 향한다. 다음에 인용하는 부분은 마치 한국이라는 공간을 탈영토화 함으로써 유목적 공간으로 만드는 부분이다. 어느 쪽이 주체이고 타자인지 그 구별 자체가 없는 사유 체계야말로 다문화문학의 상상력에 기댈 부분이다.

안나 아주머니의 잠든 얼굴은 기이했다. 영락없이 전형적인 한국 여인으로 여겨지다가도 중국계나 일본계 혹은 베트남계나 인도네시아계라고 해도 전혀 이상하지 않을 것 같았다. 아니, 히스패틱계라 해도 좋았고 뮬라토 혹은 삼보라 해도 좋았다. 종내는 안나 아주머니가 어떤 사람인지, 누구의 피를 물려받았는지가 모호해졌고, 인간이란 이처럼 애초에 혼혈로 태어나는 게 아닌가 하는 생각마저 들었다. 하산 아저씨와 야모스 아저씨도 그랬다. 그들은 오랜 세월을 한국에서 보낸 탓에 그들의 완고한 성품에도 불구하고 이곳에 길들여졌다. 누군가는 그들이 이방인임을 한눈에 알아보았지만 또 다른 누군가는 전혀 눈치채지 못했다. 터키와 그리스에서 왔다고 일러주어도 원래 한국인인 게 분명하다고 주장하는 사람도 있었다. **─《이슬람 정육점》, 159~160쪽**

위 인용문에서 "전형적인 한국 여인으로 여겨지다가도 중국계나 일본계 혹은 베트남계나 인도네시아계라고 해도 전혀 이상하지 않을 것 같았다."라고 서술되는 것처럼, 한국인인 안나 아주머니의 순혈성이 사라지고 혼혈성이 부여된다. 하산 아저씨와 야모스 아저씨도 이방인인지 한국인인지 그들의 표식은 사라진다. "인간이란 이처럼 애초에 혼혈로 태어나는 게 아닌가". 여기서 손홍규의 상상력은 혈연에 대한 고정관념을 낯설게 함으로써 혈연에 의한 순혈성과 중심성을 해체한다. 그 뒤에 새롭게 구성되는 다문화적 상상력은 아픔을 공유하는 가족의 유대, 인간애적인 윤리로 발전한다.

유년기가 박탈당한 꿈을 꾼 안나 아주머니는 휴업 중인 가게에 "나, 하산 아저씨, 야모스 아저씨, 이렇게 쓸모없는 세 사내"를 위해서 "소꿉놀이를 하는 것처럼 즐거워"《이슬람 정육점》, 163쪽) 하며 식탁을 차렸다. 이들에게 식사를 제공하는 등 모성적 역할을 담당하는 안나 아주머니 역시 유랑민이다. 이날 이 산동네 빈민가의 스산한 풍경 속에 상처받은 사람들이 모여 가족처럼 서로의 아픔을 공유하는 장면이 소설 말미에 등장한다. 여기서 '나'는 "말 안 듣는 멍청한 자식"이었고, "하산 아저씨는 게으름뱅이 시아버지였으며, 야모스 아저씨는 빈털터리 남편"에 비유된다. "안나 아주머니는 이 하찮은 세 사내 위에 군림하는 여왕"이었다. 이날 안나 아주머니는 가출했다가 돌아와 아버지로부터 흠씬 맞은 쌀집 둘째 딸과 그녀를 따라다니는 고수머리 청년에게도 식사를 제공한다. 또한 머리가 이상한 "맹랑한 녀석"으로 불리는 소년, 주기도문이 기억이 안나 당혹해 하는 전도사, 엄마가 가출한 유정이라는 말더듬이 소년까지 이 식당의 문을 두드린다. 마치 무엇인가의 부재 위에 새로운 것을 형성하듯이 이들은 모두 부재를 품고 사는 사람들이었으며 식사를 나누면서 서로를 위로한다.

하종오 시의 '이주적 세계관'

손홍규의 소설이 '입양적 세계관'을 통해서 다문화 상상력을 발휘하고 있다면, 하종오의 시는 '이주적 세계관'의 문제에 천착한다. 이주적 세계관은 이주한 자와 정주자의 구별을 무화시키면서 주체와 타자를 전복시킨다. 즉, 하종오의 이주적 세계관은 이동해 온 사람에게 '너는 어디에서 왔는지 묻지 않는 사상'이며 '나는 여기에 줄곧 있었다고 주장하지 않는 사상'이다. 그렇기 때문에 하종오의 시 세계는 이주한 사람들과 마찬가지로 정주한 사람들도 결국 지금 세계를 횡단하는 삶의 존재로 보며, 이에 입각한 문학적 상상력을 통해서 글로벌 시대 신자유주의의 확장에 휘둘리는 인간의 삶을 위로할 수 있는 것이다.

하종오는 북한이탈주민, 통일 문제, 다문화 사회를 주제로 작품 활동을 하는 시인으로, 그의 시는 "다문화 시대 한국문학의 현재와 미래를 가늠하는"[19] 시금석으로 평가된다. 그는 현재 한국 상황에서 단일민족주의나 혈통주의를 탈각하여 아시아의 다른 나라 민족과 상생하는 시세계를 가지고 있다. 하종오의 이주적 세계관은 관계의 반복적 고정성을 거부하고, 개체로서의 여러 삶들의 공존을 추구하는 태도를 가진다. 근대국가의 국경을 불안정하게 하는 가변적 경계선의 상징[20]인 이주자들에 대해서 작가는 그들의 목소리에 주목한다.

---

[19] 류찬열, 〈하종호 시에 나타난 다문화연구〉,《다문화콘텐츠연구》11, 2011, 266쪽.

[20] 호미 바바,《문화의 위치》, 나병철 옮김, 소명, 2001, 354쪽.

《반대쪽 천국》(2004)에 수록된 〈한 아시안〉은 우리가 무심결에 부재시키는 타자가 사실은 '나'라는 것을 역설적으로 표현하고 있다. '나'라는 주체를 낯설게 하는 것이다. 그 시를 인용해 보자.

한 아시안

면목동 한갓진 골목길 걸어갈 때
거무스름한 한 아시안 다가와 말을 걸었다.
파키스탄이나 스리랑카 네팔 말로 들려서
나는 손 내젓고 내쳐 갔다.

일요일 낮에 이따금 국제공중전화 부스에
줄 서서 통화하던 외국인 노동자들이
평일날 밤에는 목재공장 일 마치고 거리에 나와
서로 알아듣지 못하는지 손짓발짓하며
내가 더욱 알아들을 수 없는 말들을 했었다.
그 앞 지나며 나는 엉뚱한 목수를 생각했었다.
같은 말을 하는데도 달리 듣는 이방인 때문에
평생 슬퍼한 사나이 지저스 크라이스트
젊은 한때 집을 떠나 다른 나라 떠돌며
나무를 다듬다 지치면 저렇게 떠들었을 거라고.

오래 전 내가 워싱턴 디시 번화가에 갔었을 때

백인에게 말을 걸자 두 손 펴 보이고 가버렸었다.

발음 틀리게 주절거렸던 영어 단어가

한국이나 일본이나 중국 말로 들렸었겠다 싶으니

거무스름한 한 아시안 너무 서툴게 우리말을 해서

내게 파키스탄이나 스리랑카나 네팔 말로 들렸다는 걸

큰길에 나와서야 알았다.

다시 돌아가니 한 아시안 이미 없었다.　　　－《반대쪽 천국》, 64쪽

　　이 시의 화자는 1연과 3연에서 자신의 우연한 경험을 매개로 스스로를 낯설게 하는 시도를 하지만, 실은 2연의 핵심어인 "이방인"이라는 우리의 고정된 관념을 해체하도록 촉구한다. "젊은 한때 집을 떠나 다른 나라 떠돌"던 예수의 디아스포라 경험은 다음과 같이 해석된다. "지저스 크라이스트"는 서로 의사소통이 가능한 언어로 진리를 설파했음에도 의미를 "달리 듣는 이방인"들과 조우한다. 즉, 여기서 말은 단순한 의사전달기능이 아니라 소통이 전제되어야 한다는 것이며, '이방인'은 타자의 말에 귀를 닫고 있는 정주민의 비유인 것이다.

　　예컨대 정주민은 예수의 진리에 귀를 닫는 '이방인'일 수밖에 없으며 디아스포라와 정주민은 서로 '이방인'이 되는 관계에 놓인다. '한 아시안'은 "거무스름한 한 아시안"에서 "발음 틀리게 주절거렸던 영어 단어"를 구사한 화자와 분리 불가능한 범주로 묶이게 되며 주체와 타자가 서로 혼종되는 경험은 이처럼 '관계의 낯설게 하기'를 통해서 얻어질 수 있다.

　　이 시에서 주목하고 싶은 것은 언어의 중심성이다. 여기서 "우리

말"이 부재시키는 것은 "파키스탄이나 스리랑카나 네팔 말"이다. '나'
는 "우리 말"이 아니라고 생각해서 무심코 "한 아시안"과의 대화를
거부한다. 그런데 이것은 '내'가 한 말을 "영어"가 아니라고 생각해서
거부한 "백인"과 중첩된다. 다시 말해서 '내'가 중심이 되어 타자를
부재시킨 것처럼, 자신의 기억 속에서 백인으로부터 타자화된 '나'를
소환하여 스스로를 낯설게 한다. 이렇게 스스로를 낯설게 하는 과
정을 거쳐 "거무스름한 한 아시안"은 '내'가 "다시 돌아가" 만나야 할
대상이 된다. 주체와 타자가 서로 혼종되는 경험을 통해서 '한 아시
안'인 '나'의 대상화된 모습이야말로 하종오의 이주적 세계관을 잘
보여 준다.

　그런데 하종오의 시는 주체를 해체하는 경험에서 멈추지 않고 항
상 독자에게 여운을 준다. "한 아시안은 이미 없었다"로 끝맺기 때문
이다. 다시 돌아갔을 때 한 아시아인을 만나서 자신의 잘못을 사과
하는 식의 현실적인 전개는 중요하지 않다. 면목동이라는 서울의 변
두리에서 시작된 감상은 시작도 끝도 없는 리좀의 세계로 다문화 상
상력을 연결시킨다. 면목동은 시작도 끝도 없이 파키스탄－스리랑
카－네팔－팔레스타인－워싱턴－한국－일본－중국 등 연쇄적으로
'한 아시안'을 상상하게 한다. 이 '한 아시안'은 과거의 '나' 혹은 '너'
의 존재이며, 미래의 '나' 혹은 '너'로 확장된다. 이 다문화 상상력은
들뢰즈와 가타리의 리좀, 즉 "전체를 통합하는 중심도 계층도 없고,
이항대립이나 대칭성의 규칙도 없고, 단지 끝없이 연결되어, 비약하

고, 일탈하며, 횡단하는 요소의 연쇄[21]만이 있을 뿐이다.

시 세계는 이 여운을 따라서 미래에 만나게 될 '한 아시안'들의 연쇄작용을 상상하게 하는 여백으로서의 글쓰기를 하고 있는 것이다. 여기서 필자는 하종오의 시가 단순히 주체와 타자의 경험을 바꿔치기하는 데에 그치지 않고 스스로를 낯설게 함으로써 정주민과 이방인의 경계를 무화無化시키고 있다는 점에 주목하고 싶다. 즉, 우리가 고정적으로 설정했던 제도적 관념들, 즉 정주하는 사람들이 이방인을 바라보는 질서들이 완전히 사라지는 지점에 유목적 세계의 다문화 상상력이 맞닿아 있는 것이다.

하종오의 시에는 한국으로 이주한 사람들과의 접점을 찾고자 하는 노력이 있다.《입국자들》의 '시인의 말'[22]에서 작가는 다음과 같이 묻는다.

아시아인들의 눈에 비친 한국인들의 모습은 어떠한가?
한국인들의 눈에 비친 아시아인들의 모습은 어떠한가?
아시아인들의 눈에 비친 아시아인들의 모습은 어떠한가?

아시아인을 보는 자로 한국인을 보이는 자로 설정하는 것은 무엇보다 다문화 사회를 올바로 이해하는 데 필수적이다. 우리는 아시아인들의 눈에 비친 한국인 스스로를 성찰해 볼 필요가 있다. 반면 한

---

[21] 宇野邦一,《ドゥルーズ 流動の哲學》, 講談社, 2001, p. 172.
[22] 하종오,《입국자들》, 산지니, 2009, 4쪽.

국인을 보는 자로 아시아인을 보이는 자로 설정하는 것은 일반적인 방식이라 할 수 있다. 여기서 하종오는 아시아와 한국을 구별하는 태도를 버리고 '아시아인'으로 거듭나기를 요청한다.

보는 것은 권력이다. 하종오는 앞에서 본 〈한 아시안〉에서처럼 보는 자의 권력을 부정한다. 그렇다고 그가 아시아 중심의 정치적 지향성을 가지고 있는 것은 아니다. 작가는 이 모티프를 시집에 담는 이유를 다음과 같이 말한다. "이 '아시아 시편'에서는 긍정과 부정의, 연민과 분노의, 애정과 증오의, 희비와 애락의 감정을, 그런 수식어와 수사, 그리고 창작자의 권능을 배제했으며 자본주의를 향해 질주하는 아시아 각 국가와 한국 사이에서 생존하려는 평범한 인간 개개인의 모습을 그리고 싶었다."《입국자들》. 5쪽)고. 이 말은 이렇게 해석할 수 있다. 긍정과 부정은 보는 자의 역학 관계로 결정되는 것이며, 연민과 분노는 개개인이 처한 상황에 따라서 다를 것이다. 애정과 증오는 개인의 내면적인 정도와 기준의 문제이며 희비와 애락도 주관적이다. 이와 같은 어떤 '입장'에 대한 수식어와 수사, 그리고 이를 조종하는 창작자는 오리지널에 대한 막연한 향수를 무의식적으로 가질 수밖에 없다. 이와 같은 '입장'의 문제를 초월하여 자본의 증식이 삶의 태도는 물론이려니와 관념까지 지배하게 된 이 순간, 그는 "아시아 각 국가와 한국 사이에서 생존하려는 평범한 인간 개개인의 모습"을 보고자 하는 것이다.

다문화에 대해서 개인의 호불호로 인식되거나 경제 주체의 입장으로 환원된다면 영원히 차별과 배제가 생성되고, 자신의 입장만을 강조하는 대립만이 남게 될 것이다. 그러나 다문화는 제도화된 국가

의 윤리나 공동체의 규범을 적용할 수 없는 현실이다. 다문화로서
'생존'하기 위한 이주적 세계관을 하종오는 묻고 있는 것이다. 하종
오의 시세계가 지향하는 이주적 세계관은 기원과 결과를 부정한 뒤
에 나온 다문화 상상력의 산물이다. 다문화로서 생존하는 문제는 중
심도 없는 연관 관계로서의 연대라는 시적 상상력으로 승화한다. 다
음 시를 읽어보자.

하종오는 이 시집에서 창작 주체의 시상詩想의 주관성을 적극적으
로 배제한 채, 그러나 따뜻한 시적 상상력을 발휘한다. 그것은 마이
너리티끼리의 연대다. 다음 시는 하종오의 다문화 시의 지평을 충분
히 확인할 수 있다.

비 정규직

한국인 노동자도 외국인 노동자도
봉급에 별 차이가 없으니
인도네시아인 하디링랏 씨는
한국인 철진 씨가 안쓰럽다

철진 씨는 한국 수준으로 쓰니
모자라서 빌리러 다니고
하디링랏 씨는 인도네시아 수준으로 쓰니
송금하고 나머지로 먹고 입는다

한국인 철진 씨도

인도네시아 하디링랏 씨도

언제 잘릴지 모르기는 마찬가지

노동자론 힘들기는 마찬가지여도

철진 씨는 한국에서 지내야 하므로 잘 살 수 없을 것이고

하디링랏 씨는 인도네시아로 돌아가면 잘 살 것이다

피차 그렇게 생각하며

말이 잘 통하지 않아도

쉴 때는 옆에 주저앉고

일할 때는 물건을 맞잡고 옮긴다   －《입국자들》, 162~163쪽

　물론 하종오의 시에 외국인 노동자가 착취당하고 억압받는 내용
은 많다. 다문화를 촉발시킨 커다란 원인은 자본의 논리이다. 돈을
벌기 위해 사람들이 유랑한다. 그러나 이와 같은 자본주의적 관계
맺기를 통하여 다문화를 이해하는 것은 삶을 피폐하게 만든다. 시인
의 말대로 삶의 현장에서 "생존"의 문제를 놓고 보면 "말이 통하지
않아도" 마이너리티끼리의 연대감은 자연스러운 것이다. 정주민인
철진 씨건 이주민인 하디링랏 씨건 이들은 서로의 처지를 공유하는
'이주자와 정주자가 혼합된' "생존"을 꾀하는 것이다. 앞에서 말이 통
하지 않는 '한 아시안'의 예에서 보듯이 말 이전에 생존을 공유하는
철학적 자세가 요구되는 것이 아닐까. 이것은 들뢰즈와 가타리가 제
시한 주체 이전의 개체의 삶에 대한 사유 세계로 통하며, 이주적 세

계관의 일상에 적용할 근거가 될 것이다.

다문화세계와 관계 맺기

다문화문학에서 고향을 떠나 이주해 온 등장인물들은 일반적으로 정주하기 힘든 현실과 맞닥뜨리게 된다. 즉, 소외와 배제를 당하는 고통은 아이덴티티의 균열을 초래하고, 또 정주민 사회와의 소통부재를 야기한다. 이와 같은 고난의 서사는 정주민 사회의 이기심을 고발하고, 다문화의 공존을 호소하는 방법이 기본적이다. 그러나 이것만으로는 다문화의 문학적 상상력을 담지하고 있다고 평가하기 어렵다. 이러한 방법으로 현재 유통되는 '한국의 다문화문학'은 어떤 면에서 '한국어로 된, 한국작가가 쓴, 한국출판사에서 출간한 문학'이라고 정의될 수 있다. 이것은 '한국의 다문화문학'이 아직도 한국이라는 단일 문화권을 극복하지 못했다는 방증이기도하다. 그런 점에서 손홍규와 하종오의 다문화 상상력은 '입양적 세계관'과 '이주적 세계관'을 바탕으로 '주체의 낯설게 하기'를 실험하고 있다고 평가할 수 있다. 즉, 정주민과 이주민의 불화 및 대립 구도가 아니라 애초부터 기원의 부재와 과정의 소거를 통한 새로운 다문화 세계의 관계 맺기를 통해 한국 다문화소설의 지평을 열고 있는 것이다.

  손홍규의 《이슬람 정육점》은 소설 세계 속에서 '입양적 세계관'이라고 명명할 수 있는 탈영토화된 윤리를 적용함으로써 리좀적인 다문화 공간의 단서를 찾아내고 있다. 기원이 부재하는 리좀을 연상하는 인물들이 만들어 내는 다문화공간은 들뢰즈의 유목적 공간의 이미지를 고스란히 담고 있다. 하종오의 시 세계는 '이주적 세계관'이라 할 수 있는 주체의 타자되기 경험을 그린다. 여기서 주체의 타자되기는 기원과 결과를 부재시키면서 시작도 끝도 없는 '개체'의 윤리를 사유한다.

지금까지 각각 다른 두 장르, 손홍규의 소설과 하종오의 시를 예로 들어 한국의 다문화문학의 상상력에 대하여 논하였다. 위에서 분석한 바와 같이 손홍규의 소설이나 하종오의 시는 정주민 의식에서 크게 벗어나 노마드적 상상력을 전개한다고 평가하기에 충분한 문학세계를 가지고 있다. 게다가 이들의 문학적 상상력은 철학적인 이론의 영역을 넘어서 단일 문화 의식에 젖은 한국 사회에 실천적인 문제들을 제기한다. 두 작가 모두 제도적 규범과 견고한 반복적 인식을 해체하면서 손홍규는 '입양', 하종오는 '이주'의 관점으로 세계를 해석한다. 이 두 가지 관점은 다문화에 대한 올바른 인식을 유도하는 기폭제가 된다. '입양'은 혈통적 유지에 급급한 단일 문화적 세계관에 대해 경종을 울리고, '이주'는 주체와 타자의 비대칭성에 대한 근본적인 벗어남을 통해서 인간적인 공생의 모티프를 제공한다.

다문화문학의 상상력은 이 세계를 구별짓는 수많은 고정관념과의 결별을 통해서 얻어질 수 있다. 들뢰즈와 가타리가 유목적 사유를 제시하고 있는 것을 참조하면 손홍규와 하종오도 다문화적 이상세계를 꿈꾸고 있으며, 이들의 문학적 상상력은 한국 다문화문학의 해석의 지평이 될 것이다.

참고문헌

김미영, 〈2005년 프랑스 ; 소요사태' 이후 문화정책 재조명 : 다문화주의 도입의
　범위와 한계〉,《불어불문연구》82, 2010.
류찬열, 〈하종호 시에 나타난 다문화연구〉,《다문화콘텐츠연구》11집, 2011.
이미림,《21세기 한국소설의 다문화와 이방인들》, 푸른사상, 2014.
질 들뢰즈,《차이와 반복 , 김상환 옮김, 민음사, 2004.
손홍규,《이슬람 정육점》, 문학과지성사, 2010.
하종오,《반대쪽 천국》, 문학동네, 2004.
하종오,《입국자들》, 산지니, 2009.
호미 바바,《문화의 위치》, 나병철 옮김, 소명, 2001.

戴エイカ,《多文化主義とディアスポラ》, 明石書店, 1999.
宇野邦一,《ドゥルーズ 流動の哲學》, 講談社, 2001.
篠原資明,《ドゥルーズ-ノマドロジ 》, 講談社, 1997.
檜垣立哉,《ドゥルーズ 解けない問いを生きる》, NHK出版, 2002.
Deleuze, Gilles and Fe'lix Guattari, *a thousand plateaus : capitalisme and schizophrenia*,
　Brian Massumi (trans.), Minneapolis : University of Minnesota Press, 1987.
Kim, Jooyong, *"Islamic Butcher Shop* by Son Hong-gyu Read through the Diasporic
　Imagination*", Diaspora & Cultural Criticism* 6-1, 2016.
Zizek Slavoj, "Multiculturalism, or the Cultural Logic of Multicultural Capitalism",
　New Left Review 225, 1997.

3
다문화주의에 대한 문화번역 실천

문화 번역으로 바라본 다문화주의와 혼종성

문화적 접경지대가 급속도로 확장되고, 탈영토화가 빠르게 진행되고 있는 현 글로벌 사회에서 다문화주의는 동질적이고 일방적인 권위로 구성되어 왔던 근대의 많은 지식과 전제들에 대해 "재현의 위기"[1]를 가져오고 있다. 근대의 역사를 구성해 왔던 주류 문화와 소수자 문화, 지배 문화와 이주자 문화, 식민지배 문화와 피식민지 문화 등의 안정적인 이분법적 사고는 다문화주의의 확장으로 심각한 불안과 혼란을 겪고 있다. 이러한 불안과 혼란을 '접경지대 히스테리borderlands hysteria'로 표현한 김현미는, 이질적인 것들이 교류하고 교차

---

* 이 글은 *Universitas-Monthly Review of Philosophy and Culture* Vol. 42 N.5(2015.5)에 게재된 원고를 수정 및 보완하여 재수록한 것이다.

1 김현미, 〈문화 번역 : 근대적 성찰의 비판적 작업〉,《문화과학》27, 2001, 131쪽.

하는 문화적 접경지대는 다른 한편으로는 보이지 않고 말해지지 못한 의미들이 새롭게 드러나는 창조의 공간이 될 수도 있다고 강조한다.[2] 다문화주의의 출발점은 문화적 다양성을 인정하는 것에서부터 시작된다. 이주문화를 비롯한 다문화를 중심부에서 피상적으로 관찰하는 주변 문화로만 접근한다면 이러한 '접경지대 히스테리'는 지속될 수밖에 없을 것이다.

　문화적 접경지대를 '사이의 공간inter-between', '혼종성hybridity'으로 보는 호미 바바Homi K. Bhabha의 문화 번역 관점은 나와 그, 내부와 외부, 중심부와 주변부의 경계선을 해체함으로써 타자의 문화를 인정하고 교섭하고 경합하게 만들어 준다. 바바는 자아와 타자, 주체와 객체 관계에 대한 전통적인 철학적 사유 방식에 강력한 의문을 제기하면서, "문화에 안정적이고 명확히 구분되는 정체성이 있다면, 문화들 간의 구분은 항상 적대적인 모습을 띨 수밖에 없다"[3]고 역설한다. 그에 따르면 문화적 정체성은 고정되고 일관된 것이 아니라, 끊임 없는 교섭과 상호작용, 충돌을 통해 구성되는 불안정한 연속체적 과정이다. 바바에게 있어 '제3의 공간'은 "지배와 저항이라는 물리적인 힘이 부딪히는 대립의 공간이 아니라, 지배와 저항의 대립이 끊임없이 미끄러지고 섞이고 갈라지는 탈구와 이접의 담론적 공간이다"[4] 그리고 이렇게 대립하고 경합하는 두 문화는 '사이의 공간'에서 어

---

[2]　김현미, 〈문화 번역 : 근대적 성찰의 비판적 작업〉, 131쪽.

[3]　데이비드 허다트, 《호미 바바의 탈식민적 정체성》, 조만성 옮김, 앨피, 2011, 28쪽.

[4]　김용규, 〈문화연구의 전환과 잡종문화론〉, 《영미문화》 5, 2005, 175쪽.

느 한 쪽이 일방적으로 포섭하고 흡수하는 불평등한 관계가 아니라, 양의적이고 혼종적인 관계로 존재한다. 이 공간에서는 식민주의자의 재현적 위상과 타자성이 불안해지고 억압되고 가려졌던 양가성과 혼종성이 회복되게 된다. 호미 바바의 문화 번역은 문화적 접경지대에서 바로 이런 혼종성을 드러내 주는 소수화의 번역 작업이며, 자아와 타자를 대화적 관계로 이끌어 주는 문화적인 실천 행위이다. 문화 번역cultural translation 담론에서 말하는 '번역'은 메타포적인 의미에서의 번역으로 우리가 상식적으로 생각하는 물리적인 텍스트 번역이 아니다. 따라서 문화 번역에서는 원천텍스트source text도 존재하지 않을 뿐만 아니라 고정된 목표텍스트target text 역시 존재하지 않는다. 또한 문화 번역에서 초점을 맞추는 것은 객체가 되는 텍스트의 이동이 아니라 번역 주체인 사람의 이동이다. 이러한 문화 번역은 이異문화 간 커뮤니케이션을 수행하는 문화적 실천 행위 또는 실천 프로세스로서 이해할 수 있다.

인류학적 민족지학에서의 문화 번역

'문화 번역cultural translation'은 1950년대 이후 전통적인 문화인류학 또는 민족지학의 글쓰기 방식에서 처음 형성된 개념이다. 이때의 문화 번역은 '타문화에 대한 번역'을 의미했다. 초기의 서구 민족지학자 또는 사회인류학자들은 관찰자의 입장에서 원격遠隔문화를 해석하고, 기술하면서 민족지ethnography를 생산했는데, 바로 이러한 민족지가 번역의 결과물로서 인식되어 왔다. "다른 언어들에 들어 있는 타문화의 사유 양식을 서양 독자들에게 서양의 언어로 가능한 한 선명하게 전달한다는 의미에서 인류학적 민속지학의 작업은 번역의 문제가 되었고, 원시 문화 안에 내포된 의미들을 찾아내고 결정하는 인류학자의 권위가 강조되면서 민속지의 번역 성격은 더욱 강조되었다."[5] 관찰 대상자인 '원주민'과의 "시공간적 거리 두기allochronic distancing"[6]를 하는 민족지학자들은 문화상대주의적 관점에서 '그들'과 '자신'을 시간적 공간적으로 뚜렷이 구획하고 철저하게 '그들'을 '타자'로서 바라보았다. 우리는 서구의 인류학이 타자의 문화를 어떻게 정의하고, 문화 번역자로서의 인류학자의 이미지가 어떻게 수사되어 왔는지를 레나토 로살도Renato Rosaldo의 설명을 통해 확인할 수 있다.

옛날 옛적에 '고독한 민족지학자'는 '그의 원주민'을 찾아 석양 속으로 말을 타고 떠났다. 그는 많은 시련을 겪고 아주 먼 나라에서 원하던 대상을 만났다. 그곳에서 '현지 조사'라는 궁극적인 시련을 감내하면서 통과 의례를 치러 냈다. '자료'를 수집한 뒤에 '고독한 민족학자'는 본국으로 돌아와서 '그 문화'에 대한 '참된' 설명을 써 냈다.[7]

로살도의 상기 묘사에서 고독한 민족지학자는 번역자로, 원주민은 원천텍스트로, 현지 조사는 번역 행위로, 그리고 '그 문화'에 대

---

[5] 마정미, 《문화 번역》, 커뮤니케이션북스, 2014, 34쪽.

[6] Johannes Fabian, *Time and the Other*, New York : Columbia University Press, 1983, pp. 32-38.

[7] 레나토 로살도, 《문화와 진리》, 권숙인 옮김, 한길사, 2000, 70쪽.

한 '참된' 설명은 목표텍스트로 이해할 수 있다. 민족지학자는 문명화된 관찰자로서 타자의 문화를 '저기 바깥'에 놓여 있는 관찰 대상으로 객체화시키고, 그들의 문화와 삶을 '참된' 설명이란 미명하에 서구적인 관점에서 '표준화'시켜 버린다. 이러한 표준화된 글쓰기로 인해 일상적인 삶 속에서 실천하는 '타자'의 문화적 다양성과 구체성은 하나의 일반화된 이미지 속에 함몰되게 된다. 민족지학의 문화 번역에서 타자화된 원주민 문화는 시간과 역사적 맥락이 단절된 정지된 상태에서 서구 관찰자들에 의해 기술되고 분석되기를 기다리는 수동적인 대상으로서 위치 지어진다. 즉, 민족지학에서 문화 번역을 통해 서구에 소개되는 비서구문화는 언제나 불변하는 실체로서 식민지 권력에 의해 '발견'되어지기를 갈구하는 이질적인 '문명화'의 대상인 것이다. 이러한 제국주의적인 인식의 대전제가 되는 것은 시간적으로 정지된 비서구문화와 역동적인 시간의 흐름 속에서 이미 문명화된 서구문화 간의 메울 수 없는 '문명적 격차'다.

서구의 근대 역사는 '타자'와의 '차이'와 '차별'을 통해 자아의 정체성 기반을 마련해 왔고, 민족지학의 문화 번역은 상술한 '시공간적 거리 두기' 등을 통해 비서구 '타자'와의 '차이'[8]를 정당화시키는 문화적 힘의 근거로 작용해 왔다. 문화 번역에 의해 "'시간성'이 배제된 '타자'는 동일한 공간과 동일한 시점에서 의사소통을 할 수 있

---

[8] 데리다가 말하는 차연differance과는 다른 의미로, 시간적인 유보의 의미가 없는 개념이다. 이러한 차이는 본질적인 어떤 실체들을 공간적으로 분리시킨다.

는 또 다른 주체로서 상정되지 못한다."[9] 이렇게 문화적으로 동등한 가치를 부여 받지 못한 비서구 타자는 서구의 문화진화론적 시각이 만들어낸 서구/비서구, 동양/서양, 백인/유색인, 근대/전통, 문명/야만, 진보/정체 등의 이항대립적인 위계질서 속으로 힘없이 편입하게 된다. 따라서 문화 번역가로부터 동시대성을 박탈당한 비서구 타자들은 상기와 같은 차별적인 이분법적 도식 하에서 '계몽'과 '문명화' 사업을 해 줄 '백인'의 손길을 간절히 기다리는 미개하고 열등한 문화적 총체로서 인식된다. 결국 절대적인 신뢰와 권위를 부여 받았던 민족지학자들은 자신들이 투명한 문화의 중재 과정으로 자부했던 문화 번역을 통해 제국주의와 공모하게 되면서 문화 간 경계와 상호 작용, 교섭negotiation, 재창조 등의 역동적인 문화횡단transculturation[10] 과정을 간과하게 된다. 이러한 현상에 대한 반발로서 포스트모던 사회학과 탈식민주의 이론 등이 태동하게 되었고, 특히 탈식민주의 이론 속에서의 문화 번역은 문화인류학이 간과했던 문화적인 경계와 문화적 혼종성cultural hybridity에 초점을 맞춘 진정한 의미의 문화적 실천 행위로서 평가받게 된다. 특히 우리가 잠시 뒤에 살펴볼 바바의 '혼종성'은 세계를 '자아'와 '타자'로 구분하는 단순한 대립 구도를 약

---

[9] 김현미, 〈문화 번역 : 근대적 성찰의 비판적 작업〉, 134쪽.

[10] 쿠바의 인류학자 페르나도 오르티스Fernado Ortiz가 자신의 저서 *Cuban Counterpoint Tobacco and Sugar*(1995)에서 유럽중심적인 문화동화acculturation 개념을 비판하기 위해 처음 사용한 용어이다. 그는 문화횡단 개념을 통해 주변부와 중심부 간 혹은 자국문화 내의 전통문화와 외래문화 간 "탈적응과 재적응, 문화동화와 문화탈피 deculturation"(Ortiz 1995 : 98)라는 변증법적이고 "비선형적인 복합성"(Coronil 1995 : xlii)을 강조하고자 했다.

화시키는 데 절대적인 기여를 하게 된 철학적 사유 개념이다.

호미 바바의 문화 번역

앞서 언급한 바와 같이 '문화 번역'이라는 용어가 처음 만들어지고 사용된 곳은 1950년대 이후 인류학과 민족지학 분야였지만, '문화 번역' 담론을 심도 깊게 발전시킨 것은 인도 출신의 문화이론가인 호미 바바였다. 호미 바바가 그의 대표적인 저서 *The Location of Culture*(1994, 2004)에서 "문화적 번역이라는 반란 행위로서의 새로움의 감각"[11], "문화 번역이라는 경계선상의 상황"[12], "체계적 또는 체계적 파생관계의 혼종성을 나타내는 문화 번역 프로세스"[13], "문화 번역, 의미의 혼종성의 장소"[14] 등으로 언급하고 있는 바와 같이, 그가 말하는 문화 번역은 혼종의 공간에서 수행되는 메타포적인 의미의 번역이다. 호미 바바가 말하는 "문화 번역은 물리적인 움직임과 이동, 번역자의 위치, 문화적인 혼종성, 월경越境과 관련된 것이다".[15] 그는 탈구조주의와 해체론의 사유 체계를 바탕으로 민족지학에서

---

[11] Homi K. Bhabha, *The Location of Culture*, London : Routedge, 1994, 2004, p. 10.

[12] Homi K. Bhabha, *The Location of Culture*, p. 11.

[13] Homi K. Bhabha, *The Location of Culture*, p. 83.

[14] Homi K. Bhabha, *The Location of Culture*, p. 234.

[15] Anthony Pym, *Exploring Translation Theories*, London : Routedge, 2010, pp. 144-146.

통용되었던 '문화 번역'의 서구 중심 권위를 해체하고 문화 간의 '사이의 공간'에 주목한다. 바바에게 문화 번역은 이異언어와 이異문화의 겹치는 부분, 즉 이 '사이에 있는 공간'에서 만들어지는 언어적인 산출물이며, 문화적인 혼종성을 형성하는 담화이다. 혼종성은 '차이'를 바탕으로 하나의 동일성이나 총체성으로 포섭되거나 사라져 버리는 것이 아니라 서로 끊임없이 경합하고 협상하는 지속적인 과정을 말한다.

호미 바바의 문화 번역 개념이 갖는 철학적 의의는 주변부 문화가 기존의 헤게모니를 갖고 있는 중심부 문화에 대항하여 새로운 문화적 창조의 가능성을 열어 주었다는 데 있다. 이러한 탈식민적 저항으로서의 문화 번역은 지배와 피지배, 주체와 타자, 중심과 주변, 지배와 종속, 주류와 비주류, 근대와 전근대 등 고착화된 스테레오타입의 서구 중심의 이분법적 사고로부터의 해방을 의미한다. 바바의 탈식민주의 연구는 탈구조주의적 방법론을 적용시키면서 발전해 왔다. 특히, 바바에게 지배적인 영향을 미친 탈구조주의 철학자들로는 질 들뢰즈, 미셀 푸코, 자크 데리다 등을 꼽을 수 있다. 이들의 저작을 관통하는 철학 개념은 '차이difference'[16]이다. 바바는 이러한 '차이'의 철학적 개념을 발전시켜 '분열', '복잡성', '불안정', '불확정', '미완결', '비결정성' 등의 개념을 역사적 문화적 맥락으로까지 확장시킨다.

바바가 문화 번역의 공간에서 강조하는 것은 "차이적 정체성들의

---

[16] 주 1) 참조. 여기서의 차이는 데리다의 철학 개념인 '차연'différence의 의미이다.

수행적 성격the performative nature of differential identities"[17]이다. 즉, 바바는 문화적 차이를 보이는 자아와 타자 중 어떤 하나를 특권화하는 것이 아닌 차이적 정체성들의 수행 자체를 문화 번역으로 보는 것이다. 그리고 그러한 문화 번역이 이루어지는 틈새 공간을 바바는 '제 3의 공간the third space'으로 부르고 있고, 바로 이 제3의 공간에서 혼성화와 교섭이 이루어지게 된다. '제3의 공간'은 저 넘어beyond의 공간이다. 바바에 따르면 '넘어서'의 장소에 있다는 것은 중간에 낀 공간에 살고 있다는 것이다. 또한 수정의 시간 속에 있음을 뜻한다. 즉, 우리의 문화적 동시대성을 재기술하는 '현재'로의 되돌아옴에 속해 있다는 것이다.[18] 서구 근대주의의 담론이 박탈했던 '타자'에 대한 '시간성'을 회복시켜 주면서 비로소 '타자'와 '자아'는 같은 공간에서 동등한 자격으로 마주하고 소통할 수 있게 된다. 바바는 문화 번역 과정에서 드러나는 교섭과 혼성화, 마이너리티화의 과정이 피식민자 또는 이주자의 문화의 위치이며, 그런 역동성 속에 저항의 계기가 포함되어 있다고 생각한다.

혼종성으로서의 문화 번역과 소수화 번역

이제 우리는 바바가 말하는 혼종성과 소수화 번역을 연결해서 문화

---

[17] Homi K. Bhabha, The Location of Culture, p. 313.

[18] 호미 바바 저,《문화의 위치》, 나병철 옮김. 소명출판, 2002, 2012, 38~39쪽.

번역에 대해 좀 더 구체적으로 알아볼 필요가 있다. 바바가 문화 번역의 혼종성을 통해 보여 주려고 한 것은 "이주자 또는 소수자 담화의 새로움"[19]이다. 그리고 그가 주장하는 문화 번역은 "실천 행위를 통해 이국적인 요소들을 보존함으로써 문화적인 차이를 드러내는 '단계stage'"[20]이다. 다시 말해 문화 번역가는 문화 번역의 실천 행위를 통해 자신들의 이국적인 요소foreign element 를 '제3의 공간'에 남김으로써 문화적 차이, 즉 혼종성을 드러내고 그 결과 이주민 또는 마이너리티 담론의 새로움newness을 창조해 낼 수 있게 된다. 여기서 말하는 '이국적인 요소'는 벤야민이 묘사한 '번역에서의 이국성foreignness of language in translation'[21], 또는 바바가 좀 더 과감하게 묘사한 "'번역불가능성'의 씨앗seed of the 'untranslatable'"[22] 이 된다.

원천문화와 이국적 요소 간의 상호작용을 이데올로기적 측면에서 접근한 로렌스 베누티Lawrence Venuti 역시 이국성foreignness을 가시적으로 드러내는 이른바 '소수화minoritizing'[23] 번역을 바람직한 번역이라고 강조한다. 베누티는 이러한 소수화 기획minoritizing project[24]을 통해 번역자

[19] Homi K. Bhabha, *The Location of Culture*, p. 325.

[20] Robert Young, "Cultural Translation as Hybridisation", *Trans-Humanitis* 5-1, 2012, pp. 155-156.

[21] Homi K. Bhabha, *The Location of Culture*, p. 325.

[22] Homi K. Bhabha, *The Location of Culture*, p. 325.

[23] Lawrence Venuti, *The Scandals of Translation*, London : Routedge, 1998, pp. 9-13.

[24] Lawrence Venuti, *The Scandals of Translation*, p. 13.

는 다양성과 "이질성을 고루 갖춘 담화heterogeneous discourse"[25]를 만들어 다수의 힘에 의해 억압되어 있는 소수 세력을 드러내야 한다고 역설한다. 결국, 혼질적인 담화 형태로 나타나는 베누티의 이국적인 번역담화 전략은 원문과 번역문이 갖고 있는 본질적인 차이를 숨기지 않고 드러내는 것이라고 할 수 있으며, 이러한 번역 전략은 호미 바바가 강조한 혼종성과도 일맥상통한다. 이렇게 혼질적인 담화를 드러내는 번역 전략에 대해 베누티는 '잔여태殘餘態의 해방'이라고 칭했다. 르세르클Lecercle이 처음 제안한 개념인 '잔여태'는 가장 포괄적으로 정의하자면 소수적 변수들이다. 이러한 "잔여태에 의해 표출되는 언어적 변양태變樣態들은 의사소통 행위를 넘어설 뿐 아니라, 언어를 체계적 규칙들로 공식화하려는 모든 시도를 좌절시킨다".[26] 즉, 잔여태는 다수적 형태가 사회적·역사적으로 한계를 드러낼 때 이러한 다수적 형태를 전복시키는 갈등 및 투쟁의 언어라고 할 수 있다. 베누티는 르세르클의 잔여태 개념을 차용하면서 "문학은 본질적으로 잔여태를 해방시키기 위하여 꾸며지는 글"[27]이라고 정의한다. 자국어가 마치 어떤 외국어인 것처럼 낯설어 보이게 만들면서도, 동시에 지금 독자가 읽고 있는 것은 원문 자체가 아니라 그것과 구별되어야 하는 하나의 자국어 번역에 불과하다는 사실을 드러내는 자국적 변

---

[25] Lawrence Venuti, *The Scandals of Translation*, p. 11.

[26] Jean-Jacques Lecercle, *The Violence of Language*, London and New York : Routledge, 1990, p. 182.

[27] Lawrence Venuti, *The Scandals of Translation*, p. 10.

양태들이 도입될 때 이국성은 더욱 결정적으로 드러나게 된다.[28]

이렇게 언어를 통해 혼질적인 담화를 만들어 내는 '소수화' 번역은 "언어횡단적 실천들translingual practices"[29]이라고 할 수 있다. '소수화' 번역 과정에서 "객체언어와 주체언어의 접촉과 충돌에 의하여 새로운 단어, 의미, 담론 및 재현양식이 생성되고 유포되어 그것들이 주체 언어 내부에서 적법성을 획득하는 과정"[30]이 드러나게 된다. 루이Lui는 하나의 개념이 객체언어에서 주체언어로 이동할 때, 그 의미는 단순히 변형되는 것이 아니라 주체언어의 지역적 환경 속에서 새롭게 창조된다고 주장한다.[31] 변방과 경계의 지점에서 문화 번역의 실천은 "사회적 창의성을 강화시킬 조직망과 문화 사이의 상호연결점"[32]을 새롭게 모색할 수 있게 한다. 소수화 번역의 혼질적인 담화를 통해 "문화횡단적인 틈새의 공간은 민족국가의 관점에서 도려내거나 동질화시켜야 할 문화적 변방이나 불모지가 아니라 새로운 전 지구적 상상력이 형성되고 이질적인 주체성이 구성될 수 있

---

[28] Lawrence Venuti, *The Scandals of Translation*, p. 11.

[29] Lydia H. Liu, *Transligual Practice : Literature, National Culture, and Translated Modernity-China - 1900-1937*, Stanford : Stanford University Press, 1995, p. 26.

[30] Lydia H. Liu, *Transligual Practice : Literature, National Culture, and Translated Modernity-China - 1900-1937*, p. 26.

[31] Lydia H. Liu, *Transligual Practice : Literature, National Culture, and Translated Modernity-China - 1900-1937*, p. 26.

[32] 김창민, 〈세계화와 정체성 논의에 대한 또 다른 시각〉, 《세계화 시대의 문화논리》, 한울, 2005, 117~142쪽.

는 공간이 된다".[33] 아파두라이Appadurai 역시 자신의 기념비적인 저서 *Modernity at Large*에서 접경의 공간에서 상상력이 갖는 역할을 강조한다. 그는 미디어와 이주migration가 근대적 주체성의 구성적 특징으로서의 상상력에 미치는 영향에 주목한다. 바로 이러한 상상력 속에서 문화횡단적이고 이산적인 새로운 주체성이 구상될 수 있다는 것이다. 혼종성의 접경지대는 이러한 적극적인 소수화 번역을 통해 개인이나 집단이 전 지구적인 것을 자기 자신의 근대성을 실천들 속으로 병합해 가는 경합의 공간[34]이 될 수 있다.

타자화othering 번역

이제 우리는 펄벅의 《대지》를 민족지학적인 문화 번역 관점에서 재조명해 보고 베누티가 강조한 이른바 "폭력적violent 자국화domestication"[35]를 텍스트 담화 차원에서 확인해 보기로 한다. 민족지학자들은 문화상대주의적 관점에서 '그들'과 '자신'을 시간과 공간적으로 뚜렷이 구획하고 철저하게 '그들'을 '타자'로서 바라보았다. 서양인인 펄벅이 중국의 전근대 문화를 '타자'로서 어떻게 바라보고

---

33 김용규, 〈문화연구의 전환과 잡종문화론〉, 163쪽.

34 Arjun Appadurai, *Modernity at Large : Cultural dimensions of Globalization*, Minneapolis : Minnesota University Press, 1994, p. 4.

35 Lawrence Venuti, *The Translator's Invisibility : A History of Translation*, London and New York : Routledge, 1995, pp. 305-306.

거리를 두었는지, 그녀의 글쓰기를 통해 살펴보도록 하겠다.

펄벅Pearl S. Buck에게 미국 여성 작가 최초의 노벨문학상 수상이라는 영광을 안겨 준 장편소설《대지》는 민족지학적인 문화 번역의 관점에서 접근[36]해 볼 수 있다.《대지》는 미국인인 펄벅이 이방인의 눈으로 바라본 근대 중국 농민들의 삶을 헤게모니 언어인 '영어'로 쓴 장편소설이기 때문이다. 펄벅은 선교사인 아버지를 따라 생후 3개월 만에 중국으로 건너가게 되고, 이후 반평생을 중국에서 생활하게 되는[37] 이주와 월경을 경험한다. 우리가 앞서 살펴본 '고독한 민족지학자'는 미국 여성인 펄벅으로, '원주민'은 '근대 중국 농민들'로, 인류학자들이 생산하는 민족지는 '영어'로 씌어진《대지》라는 작품으로 대치시켜 볼 수 있다. "펄벅은 서양에 처음으로 아시아인의 목소리를 들려준 미국 작가로, 동서 문화 교류에 힘쓴 진정한 오리엔탈리스트"[38](심상욱 2007 : 91)로 평가하는 목소리가 지배적이다. 그러나 탈식민주의 관점에서 접근해 보면《대지》는 영어의 표준화된 글쓰기로 근대 중국문화를 일반화시켜 서양에 소개하는 민족지학적 문화 번역 그 자체이다.

이때의 중국문화에 대한 일반화된 이미지는 오리엔탈리즘이라

---

[36] 박미정(2012)은 펄벅이 이주를 통해 문화적인 혼종성과 교차를 경험했다는 점에 주목하고,《The Good Earth》와 번역 작품들(한국어, 일본어)을 문화 번역 관점에서 분석하고 있다.

[37] 박미정, 〈펄벅 〈대지〉의 여성지시어 번역 양상 고찰 : 한국어번역과 일본어번역 비교를 중심으로〉,《통번역학연구》16(3), 2012 참조.

[38] 심상욱, 〈동-서 양쪽에서 재조명되는 펄벅〉,《신영어영문학》37, 2007, 91~108쪽

는 환상 속에서 형성된다. 기독교 선교사의 딸인 펄벅에게 유교문화가 지배적인 근대 중국은 영원히 '자아'와 섞일 수 없는 '타자'일 수밖에 없다. 펄벅은 이문화가 겹치는 '사이의 공간'에서 오랜 시간 문화적 종교적 차이를 경험했음에도 불구하고, 그녀의 문학작품에는 그러한 혼종성이 전혀 드러나지 않는다. 유교문화의 남존여비 사상을 가장 잘 드러내는 '여성 지칭어'(아내妻子, 여편네婊子, 부인內人 등)는 작품 속에서 'woman'으로만, 신분의 차별을 보여 주는 '노비'(노비諾維, 종种類, 하인仆人, 하녀仆人 등)는 'slave'로만 표준화·일반화되어 표현[39]되고 있다. 또한 중국의 전통적인 문화를 지칭하는 고유명사 등(예 : 纏足 → 생략, 辮子 → the long braid of hair)은 풀어서 번역해 주고 있고, 계량 단위 (근鎊 → pound, 益司 → ounce, 寸 → inch 등)는 모두 자국의 계량 단위로 대체해서 번역[40]을 하고 있다. 이러한 글쓰기는 '중국문화'에 대한 서구문화의 우월적 지위와 '문화 격차'만 드러낼 뿐, 호미 바바가 말하는 '혼종성'과는 거리가 있다.

베누티가 영미의 번역문화에서 자국화domestication가 "영미권의 자민족 중심주의ethnocentrism에 따라 자신의 목표 언어 및 문화적 가치에 맞추어 이국 텍스트를 축소"[41]시킨다고 지적한 바 있는데, 펄벅은 《대지》에서 서구 독자의 가독성에 부합되도록 전형적인 자국화

---

[39] 박미정(2012) 참조.

[40] 박미정, 〈기능주의 관점에서 본 펄벅 〈대지〉 번역〉,《일본어문학》48, 2011a, 55~78쪽 참조.

[41] Lawrence Venuti, *The Scandals of Translation*, p. 20.

글쓰기로 일관하고 있다. 문명화된 관찰자인 펄벅에게 '중국'이라는 타문화는 '저기 바깥'에 놓여 있는 대상으로 인식되었고, 그 문화는 시간과 역사적 맥락에 구애받지 않는 정지된 상태로 보여졌다. 그녀에게 있어 중국문화는 동시대의 의사소통이 가능한 동등한 대화의 상대가 아닌, 선교를 통한 문명화와 계몽이 대상이었다. 그녀의 이러한 '시공간적 거리 두기'는 그녀의 작품《대지》에서 '혼종성'을 찾아볼 수 없게 한 요인이기도 하다. 펄벅의 문화 번역 속에서 근대중국의 문화적인 세부 사항들은 '마치 프로그램화된 문화적 절차인 양 묘사'되며, 관찰자로서의 펄벅은 이것을 투명하게 전달하는 중재자로서 자신을 위치시킨다. 이렇게 대상과 거리를 유지하여야 진정한 객관적 사실에 도달한다는 근대적 지식 체계에서의 신념은 번역 행위에 관여하는 '권력'을 간과하게 된다. 어떤 문화적 번역자도 자신의 문화에서 자유로울 수 없고 두 문화 간의 '거래 조건들'에 관여하는 권력으로부터 초연할 수 없다.

소수화 번역

문화적 참여와 실천 행위인 문화 번역은 적극적인 글쓰기를 통해 혼성성을 드러낼 수 있고, 그 결과 형성되는 혼질적인 담화는 베누티가 좋은 번역이라고 강조한 소수화 번역이 된다. 이때 "혼성성으로 대변되는 차이의 표상화는 전통의 틀에 고착된 미리 주어진 민족적·문화적 특징의 반영으로 성급하게 해석되어서는 안 된다. 소수

자의 관점에서 볼 때, 차이의 사회적 분절은 역사적 변화의 계기들에서 나타나는 문화적 혼성성을 인정하려는 복합적이고 진행적인 교섭"[42]이다. 재일교포 작가 '유미리'의 《8월의 저편》(원작 《8月の果て》)에서 보여 준 소수화 번역의 시도를 소개하고, 문학작품에 역사성을 부여한 그녀의 정치적인 글쓰기가 갖는 함의에 대해 살펴보도록 하겠다.

　재일교포 2세 작가인 유미리柳美里는 2002년 한국의 《동아일보》[43]와 일본의 《아사히신문朝日新聞》에 동시에 《8월의 저편》이라는 자전적 소설을 연재한다. 일본의 주류문학에서도 상당히 성공한 여성 작가였지만, 《8월의 저편》 발표 전까지 유미리는 철저하게 '디아스포라'로서의 자신의 정체성을 작품 속에 드러내지 않았다. "그녀는 조국어인 한국어와 언제나 일정한 거리를 유지해 왔다."[44] 유미리는 디아스포라 1세대와 달리 "'민족주의'나 '조국'이라는 코드에 의해 회수되지 않는 일종의 문학적 보편성 및 현대성을 지향"[45]하는 작가로 평가받아 왔다. 그런데 《8월의 저편》에서 유미리는 소수자의 경계의 언어를 표현하기 위해 민족어인 한국어를 대량으로 차용하면서 일본어를 '이국화'시킨다.

---

[42] Homi K. Bhabha, *The Location of Culture*, pp. 29-30.

[43] 한국의 《동아일보》에는 한국어 번역본이 연재되었는데, 소설을 번역한 김난주는 서문에서 작가가 직접 번역어 선택에 개입을 한 것으로 밝히고 있다.

[44] 손종업, 〈柳美里의 8월의 저편 과 言語의 문제〉, 《語文研究》 40-4, 2012, 327쪽.

[45] 권성우, 〈재일 디아스포라 여성문학에 나타난 탈민족주의와 트라우마〉, 《한민족문화연구》 36, 2011, 311쪽.

손종업은《8월의 저편》의 글쓰기에 대해 다음과 같이 평가하고 있다.《8월의 저편》은 "물론 일본어로 씌어졌으나, 몇 가지 점에서 한일 양국 민족문화의 경계를 변형시킬 만큼 복잡다단한 언어 양상을 보여 주고 있는 소설임이 틀림없다."[46] 이러한 글쓰기 방식은 안정적인 언어와 정체성에 대한 저항이며, 마이너리티화와 혼종성을 보여 주기 위한 문화 번역의 시도이다. 상술한 바와 같이《8월의 저편》에는 일본 독자의 가독성을 방해할 만큼 작품 곳곳에 한국어가 섞여 있다. 등장인물 간의 호칭(어머니, 아버지, 여보, 작은할아버지, 할배, 오빠, 여동생 등)은 물론, 문장 전체('오줌 몇 번 눴니?' / '물을 끓여 주세요' 등), 음식이름 등의 문화소 (김장김치, 짱아찌, 젓갈), 의성어 및 의태어('아야' 등) 등이 광범위하게 한국어(음독 처리)로 표기되고 있다.《8월의 저편》은 상이한 두 언어(일본어와 한국어)가 교차되고 이접되는 문화횡단적인 공간이자, 이 두 문화가 교섭하면서 '새로움'을 창조하는 '제3의 공간'이 된다. 유미리의 이러한 문화 번역은 제국과 식민, 지배와 피지배, 주류와 비주류, 지배와 종속이라는 이분법적 경계를 허물고, 소수화와 혼종화로서의 새로운 정체성을 형성한다. 그녀의 문화 번역은 어느 한 쪽 문화만을 상정하는 일방적인 글쓰기가 아니라, 바흐친이 강조한 대화주의적 문화 실천 행위인 것이다. 바바는 루시디의 주장처럼 '이주자의 생존은 '새로움이 세계 속으로 들어가는 방법'을 발견하는데 달려 있다고 본다. 핵심은 이미 만들어진 이름에 도달하는 것이 아니라 번역 불가능한 것과의 위험한 밀회, 즉

---

[46] 손종업, 〈柳美里의 8월의 저편 과 言語의 문제〉, 326쪽.

문학과 삶의 불안정한 요소들을 통한 연결 관계를 만드는 것이다.[47] 벤야민의 언어적 번역 철학을 이주민의 번역으로 변용한 바바에게 번역은 생존의 문제가 된다. 기존 사회에 이질적인 이주자의 문화 번역이 이루어지는 '제3의 공간'은 '어떻게 새로움이 세계로 들어가는가'라는 생존을 건 문화 실천 행위다. 유미리는 《8월의 저편》을 통해 디아스포라로서 소수자임을 드러내지만, 자신들을 하위인 주변과 변방에 놓지 않는다. 《8월의 저편》은 문화 번역 과정을 거치면서 경계가 상충하고 교차하는 '제3의 공간'이 되고, 이 공간은 '차이'들의 협상이 치열하게 벌어지는 미결정의 공간으로 남겨지게 된다.

다문화주의에 대한 문화 번역 실천

문화 번역가는 특정한 입장과 관점을 가지도록 '위치 지어지는' 또는 '입장을 갖는' 주체positioned subject이다. 따라서 문화 번역가는 사회, 역사적 맥락, 정체성에 따라 '타자'에 대한 '거리 두기'를 하는 민족지학적인 문화 번역을 할 수도 있고, 문화적 실천 행위로서 호미 바바가 말하는 문화 번역을 수행할 수도 있다. 바흐친이 문화를 차이를 만들어 내는 변경들에 기반해서 이루어지는 열려 있는 비완결적인 과정으로 파악한 것처럼, 문화 번역에서 드러나는 혼종성은 접촉

---

47 Homi K. Bhabha, *The Location of Culture*, London : Routedge, 1994, 2004, pp. 324-335.

과 충돌, 생성과 소멸이 변증법적으로 반복되는 비완결적인 과정이다. 호미 바바가 많은 영향을 받은 바흐친의 '대화주의dialogism'는 다문화주의에 대한 문화 번역의 이상적인 실천으로 볼 수 있다. '대화주의'는 자아가 고정되고 완성되고 완결된 주어진 것으로 존재하면서 타자와의 분리와 고립을 이끄는 것이 아니라, 자아가 타자와의 관계를 통해서만 존재하는 열려 있는 미완성의 존재임을 확인하게 한다. 대화주의는 '타자성alterity'에 기반한다. 다문화주의 사회에서는 이러한 대화주의에 바탕을 둔 문화 번역이 개방성을 유지하고자 하는 원심력으로 작용하면서 문화를 어느 한쪽으로 포섭하거나 흡수하지 않고, 풍부하고 다양하며, 유동적인 상태로 경합하게 만들어 준다. 바로 이러한 과정과 상태가 혼종성이다. 호미 바바의 문화 번역은 이러한 대화적인 번역으로 봉쇄를 거부하고 외부를 지향하여 타자들의 의식과 조우하고 반응하게 해 준다.

호미 바바의 문화 번역과 혼종성이라는 관점에서 볼 때 펄벅의 《대지》와 유미리의 《8월의 저편》은 대조적인 성격을 띤다. 《대지》의 민족지학적 문화 번역은 투명하고 가시적이며 합리주의적인 객관성을 추구하면서, 소설 속의 중국 농민들은 하나의 총체적 이미지로 고정된다. 영어로 쓰여진 《대지》에는 어떠한 이질적이고 혼종적인 요소들도 드러나지 않으며, 서양의 독자들에게 그들은 어떠한 저항도 하지 않는 수동적인 주변부로 인식된다. 펄벅에게 있어 중국인들은 관찰의 대상인 '타자'일 뿐, 자아와 소통하거나 협상할 대상이 아니다. 펄벅의 문화 번역에는 서구의 '보편성'과 비서구의 '특수성'이라는 인식론적인 위계질서가 이미 전제되어 있으며, 차별적인 이분법적 경계가 농후하게 반영되어 있다. 결과적으로 펄벅의 글쓰기는 두 문화의 접촉 지점에서 문화 사이에 위계질서를 생성하여 작동시키고 불균등한 권력관계를 재생산하고 영속화하는 데 기여하게 된다. 반면, 유미리는《8월의 저편》에서 호미 바바식 문화 번역을 시도한다. 베누티[48]가 번역은 문화적 경계와 위계질서를 허무는 소수 언어의 발명을 지향해야 한다고 주장한 것처럼, 유미리는《8월의 저편》에서 마이너리티 언어인 한국어를 광범위하게 차용하면서, 중심부 문화(일본문화)에 대한 저항과 충돌을 시도한다. 그녀의 문화 번역은 디아스포라로서의 그녀 자신의 불안정한 정체성을 투영하는 문화적 실천 행위이며, 동시에 식민지인에게 강요하는 모방적이고 동일시적인 식민지배문화의 요구를 불안정하게 만드는 흔들기 작업이기도 하다. "문화 번역은 번역이 이루어지는 특정 시공간적 맥락과 문화 번역의 행위자에 대한 이해를 수반하는 총체적인 과정이다."[49] 따라서, 유미리의 소수화 번역이 지향하는 바는 일본 사회에서 "결코 다수적 위치를 획득하려는 것"[50]이나 새로운 표준과 정전을 수립하려는 것이 아니라, 일본 문화 내에 다양한 변수들을 증식시킴으로써 문화적 차이에 대한 이해와 혁신을 촉진하려는 것이다.

우리는 펄벅의《대지》를 통해 "지난 수세기 동안 서구 제국주의

---

48 Lawrence Venuti, *The Scandals of Translation*, p. 29.

49 김현미, 〈문화 번역 : 근대적 성찰의 비판적 작업〉, 131쪽.

50 Gilles Deleuze and Félix Guattari, *A Thousand Plateaus : Capitalism and Schizophrenia*, Brian Massumi (trans.), Minneapolis : University of Minnesota Press, 1987, p. 105.

와 식민주의로 인해 생겨난 결과인 '인류학적 교착 상태anthropological deadlock'"**51**을 확인해 볼 수 있었다. 또한 유미리의《8월의 저편》을 통해 탈구조주의와 탈식민주의적인 문화 번역이 접경의 공간에서 어떻게 상상되고 새롭게 창조될 수 있는지도 함께 살펴볼 수 있었다. 펄벅의《대지》가 서구중심의 근대주의를 바탕으로 한 문화 번역이라고 한다면, 유미리의《8월의 저편》은 경계에 대한 허물기이며, 구조에 대한 해체를 보여 주는 탈식민주의적인 문화 번역이다. 또한 그녀의 문화 번역은 지배문화의 억압과 봉쇄를 뒤흔들어 그 틈새로 문화적 차이와 혼종적 시간성들을 드러내려는 문화 행위적 시도이다. 문화적 접경지대는 새로운 방식의 글쓰기와 번역을 통한 '변형'의 공간으로서, '문화 번역'의 정치적 의미를 부각시키며, 번역자의 행위성과 번역 효과 등에 주목하게 만든다. 그러한 의미에서 유미리의 문화 번역은 다문화주의 사회 속에서 문학의 문화 실천 행위로서 문화적 접촉 및 그 재현의 가능성에 대한 탐색이라고 할 수 있다.

---

51 Rey Chow, *Primitive Passions : Visuality, Sexuality, Ethnography, and Contemporary Chinese Cinema*, New York : Columbia University Press, 1995, p. 176.

참고문헌

권성우, 〈재일 디아스포라 여성문학에 나타난 탈민족주의와 트라우마〉, 《한민족
    문화연구》 36, 2011.

김용규, 〈문화연구의 전환과 잡종문화론〉, 《영미문화》 5-2, 2005.

김현미, 〈문화 번역 : 근대적 성찰의 비판적 작업〉, 《문화과학》 27, 2001.

데이비드 허다트, 《호미 바바의 탈식민적 정체성》, 조만성 옮김, 앨피, 2011.

레나토 로살도, 권숙인 역, 《문화와 진리》, 아카넷, 2000.

마정미, 《문화 번역》, 커뮤니케이션북스, 2014.

박미정, 〈기능주의 관점에서 본 펄벅 〈대지〉 번역〉, 《일본어문학》 48, 2011a.

박미정, 〈펄벅 〈대지〉의 여성지시어 번역 양상 고찰 : 한국어번역과 일본어번역
    비교를 중심으로〉, 《통번역학연구》 16-3, 2012.

손종업, 〈柳美里의 8월의 저편 과 言語의 문제〉, 《語文研究》 40-4, 2012.

심상욱, 〈동-서 양쪽에서 재조명되는 펄벅〉, 《신영어영문학》 37, 2007.

프랑수아 드 베르나르 외, 〈세계화와 정체성 논의에 대한 또 다른 시각〉, 《세계화
    시대의 문화논리》, 김창민 외 편역, 한울, 2005.

Appadurai, Arjun, *Modernity at Large : Cultural dimensions of Globalization*, Minneapolis :
    Minnesota University Press, 1994

Bakhtin, M. M, *Problems of Dostoevsky's Poetics*, New York : Manchester University Press,
    1984.

Bhabha, Homi K., *The Location of Culture*, London & New York : Routledge, 1994.

Chow, Rey, *Primitive Passions : Visuality, Sexuality, Ethnography, and Contemporary Chinese
    Cinema*, New York : Columbia University Press, 1995.

Coronil, Fernando, "Introduction to the Duke University Press edition :
    Transculturation and the Politics of Theory : Countering the Center, Cuban

Counterpoint," in Fernando Oritiz, *Cuban Counterpoint : Tobacco and Sugar*, Harriet de Onis (Trans.), Durham and London : Duke University Press, 1995.

Deleuze, Gilles and Fe'lix Guattari, *a thousand plateaus : capitalisme and schizophrenia*, Brian Massumi (trans.), Minneapolis : University of Minnesota Press, 1987.

Fabian, Johannes, *Time and the Other*, New York : Columbia University Press, 1983.

Liu, Lydia H., *Translingual Practice : Literature, National Culture, and Translated Modernity-China - 1900-1937*, Stanford : Stanford University Press, 1995,

Pym, Anthony, *Exploring Translation Theories*, London : Routedge, 2010

Swingewood, Alan, *Cultural theory and the problem of modernity*, New York : St. Martin's Press, 1998.

Venuti, Lawrence, *The Scandals of Translation*, London : Routedge, 1998.

Venuti, Lawrence, *The Translator's Invisibility : A History of Translation*, London and New York : Routledge, 1995.

Young, Robert, "Cultural Translation as Hybridisation", *Trans-Humanitis* 5-1, 2012.

4

다문화 사회를 위한 인격 교육의 성격과 방향

박휴용

오늘날 전 세계가 급격히 다문화 사회로 변화해 가고 있다는 것은 누구도 부인하지 못할 것이다. 사실 다문화 사회의 성립이 서구 열강의 제국주의적 팽창의 결과라는 암울한 세계사적인 배경을 갖고 있지만(Negri, 2006), 근래의 급속한 지구화의 흐름 또한 다문화 세계화의 확대에 큰 영향을 끼치는 요인인 것도 사실이다. 그렇다면 다문화 사회를 맞게 된 우리 사회의 도덕적 가치를 상정하는 데 있어서 이러한 다문화 사회 정세의 변화 양상을 고려하지 않을 수 없을 것이고, 이 글은 그러한 미래의 다문화 사회의 현실 속에 인격 교육(도덕 교육)[1]의 방향을 어디에 설정해야 할 것인지에 대해 논의하고자

---

* 이 글은 《인격 교육》 제7권 2호(2013.8)에 게재된 원고를 수정 및 보완하여 재수록한 것이다.

[1] 이 글에서 논의하는 인격 교육의 개념은 서양철학과 서양 심리학에서 논의하는 도덕 교육moral education의 개념과 거의 유사하다고 보고, 인격 교육이란 용어로 대신하여 기술하고자 한다.

한다.

　이를 위해 이 글은 우선적으로 인격 교육의 개념을 서양 심리학의 도덕 교육character education과 구별하여 다시금 정리하고, 그 차이점이 무엇인지를 논의한다. 아울러, 이 글이 강조하고자 하는 인격 교육의 성격을 재정립하기 위해 이를 네 가지 대립적 준거(즉, 자유주의 대 공동체주의, 근본주의 대 상대주의, 보편성 대 특수성, 도덕적 판단 대 도덕적 실천)로 대비시켜 논의한다. 이 글은 이어서 다문화 인격 교육의 방향을 제시하기 위해, 우선 다문화 인격 교육의 윤리학적 토대에 대해서 논의하고, 다음으로 다문화 교육의 목표를 통한 인격 교육의 가치를 탐색해 보며, 마지막으로 다문화 인격 교육의 방향과 핵심 원리를 제시하고자 한다.

인격 교육의 개념 및 성격의 재고찰

인격 교육의 개념 정의

'인격人格'의 사전적 정의는 '사람으로서의 품격 혹은 사람의 됨됨이'이고, 인격과 유사한 용어로써 인품, 인간성, 인성, 됨됨이, 덕, 덕성, 덕망, 품격 등이 쓰이고 있다. 이러한 관념들을 표현하기 위해서 서양 심리학에서는 'character'와 'personality'란 용어가 섞여 쓰이고 있는데, 국내 학계에서는 이를 'character'(인격)과 'personality'(인성)으로 구분하기도 한다. 본 논문에서 다루고자 하는 '인격'에 대한 올바른 개념적 이해를 위해, 도덕 교육론의 연구가 잘 이루어진 서양 심리학에서의 인격character과 인성personality의 개념적 차이에 대해 우선적으로 논의해 보고자 한다.

　현대의 심리학은 지능, 창의성, 동기 등과 같은 인간의 여러 특성들을 연구의 대상으로 삼고 있고, 인성도 바로 그러한 연구 대상들 중의 하나이다. 인성에 대한 현대 심리학의 관심은 크게 세 가지 차원에서 연구되고 있다 : 개인들을 차별화시키는 사고, 감정, 행동의 지속적인 패턴이 무엇인가, 이러한 패턴의 저변에서 발생하는 현상들은 어떤 것인가, 그리고 사람들의 인성들personalities이 시간이 흐름에 따라 어떻게 발전하고 변화하는가가 그것이다(Noftle, Schnitker and Robins 2011). 여기서 인성이란 바로 첫 번째 문제인 "개인들을 차별화시키는 사고, 감정, 행동의 지속적인 패턴"이 바로 인성의 특성인 것이다. 인성에 대한 심리학적 연구의 선구자인 올포트(Allport 1931)는 인성에 대한 범주화를 시도함에 있어서, 역사적 맥락에 의존하고 있고 비과학적인 접근이라는 이유로 전통적 의미에서의 인간의 도덕적 특성moral characteristics들을 배제하고자 하였다. 그러면서, 순수하게 과학적으로 인성을 이해하기 위한 차원으로써 "뛰어난, 바람직한, 선호할 만한" 등과 같은 판단적judgmental 접근을 배제함과 동시에, 평가적이고 기술적인 표현('사교적인,''공격적인')에 의한 분류는 허용하는 식으로 인성에 대한 범주화를 시도하였던 것이다(Allport and Odbert 1936). 인격의 특성character traits도 마찬가지로 인간의 심리적 특성 중 하나로 여겨지는데, 인성이 가치 독립적value-free 개념으로 이해되는 데 비하여, 인격은 가치 부여적value-laden 개념으로써 이해된다. 그렇지만 인성과 인격이 어떤 차이를 갖는가에 대해서는 심리학자들마다 다르게 받아들여지고 있고, 오늘날에도 그 분명한 차이가 명확히 구별되어 쓰이기보다는 인간 특성의 구성 요인들을 구명하기 위한 과학적이고 타당한 방법론을 계속 모색하고 있다(Noftle, Schnitker and Robins 2011 : 209).

현재까지의 인격과 인성의 구분에 관한 논의를 정리하면, 인격 character은 심리학에서 다루는 인성personality에다가 도덕적인 요소를 추가한 개념으로써, 인격의 정도strengths를 판단하는 방식으로 흔히 쓰인다(Park, Peterson and Seligman 2004). 즉, 인격을 "사고, 감정, 행동에 반영된 긍정적 성격으로, 그 정도의 차이가 존재하고 개인별 차이가 측정될 수 있는" 특성으로 정의하고 있는 것이다(Park, Peterson and Seligman 2004 : 603). 이러한 정의를 바탕으로 인격은 그 구성 요소들constructs 간에 어떤 인과관계가 있는지, 자체적으로 도덕적 가치를 갖는 특성들이 무엇인지, 그리고 연속적continua인 인격의 정도 중에서 특히 긍정적인 차원(예컨대, 잔인함, 소심함과 같은 부정적 속성이 아니라 온정, 용기와 같은 긍정적 속성)이 무엇인지를 중심으로 논의되고 있다.

그렇다면 과연 이 글에서 논의하고자 인격을 과연 서양 심리학에서 논의되고 있는 인격의 개념과 동일시할 수 있을까? 앞서 논의한 인격 교육의 개념 정의에 따르면, 인격은 인간의 인성personality 특성에서 도덕적 판단을 가능케 하는 요소들이 첨가된 것으로나, 혹은 도덕적 가치를 부여할 수 있는 인간의 여러 특성들 중에서 특히 긍정적인 측면을 가리키는 것으로 이해할 수 있다. 이러한 정의는 올포트(Allport 1937 : 52)가 규정한 "인격은 인성이 평가된 것이고, 인격에서 가치 평가를 배제한 것이 인성이다"라는 표현과도 일맥상통한데, 올포트는 인격이나 인성이나 그것이 가리키는 인간의 특성으로서의 내용은 거의 동일하지만, 바라보는 시각에 따라 차이가 나는 것으로 보았던 것이다.

하지만, 이 글은 이러한 현대 서양 심리학적 이해에 이론적 바탕을 둔 '인격character'의 개념에서 탈피하고자 한다. 즉, 인격人格에 대한 더 본질적인 이해를 위해서 그 철학적 의미에 집중하는 의미에서, 아리스토텔레스적 정의인 '도덕적 행위의 주체로서, 진위 선악을 판단할 수 있는 능력과 자율적 의지 등을 지닌 존재로서의 인간의 특성'으로 인격을 이해하고자 한다(Aristotle 1962).

이처럼 현대 심리학적 '인격'과 '인성'과는 구별된 인격의 개념을 모색하고, 이를 바탕으로 오늘날의 인격 교육의 문제를 재정비reorientation하고자 하는 이유는 다음과 같다. 아리스토텔레스는 인간의 '잘 삶well living'과 '잘 행함well doing'을 결정짓는 행복eudaimon은 합리성에 바탕을 둔 덕virtue의 실천과 불가분의 관계를 가진다고 강조한 바 있다(Robinson 1999). 이러한 덕의 실천에 영향을 주는 것이 인격character인지 아니면 인성personality인지는 심리학계 및 교육학계의 오랜 논쟁점 중의 하나였는데, 지금까지 현대 심리학은 이러한 인간의 행복을 구성하는 요인으로써 덕의 실천의 문제를 인격보다는 인성 차원에 관련지어 논의해 온 경향이 있었다(Fowers 2012). 즉, 인격과 인성에 대한 올포트(Allport 1921, 1931)식의 개념 구분을 바탕으로 지금까지 서양 심리학은 인간의 개인적 특질인 인성의 구인들에 대한 구명과 그 심리학적 기전이 무엇인가를 과학적이고 가치중립적인 접근을 통해 연구하는 데 집중해 왔던 것이다.

현대 심리학을 주도해 온 이러한 실증주의적 접근은, 그럼으로 인해 가치가 부여된 인격 측면의 연구와 그 결과들에 대한 논의를 부차적인 연구 주체로 등한시하게 만들고 만 것이다. 즉, 덕의 실천 혹은 인간의 도덕적 행위의 성격에 대해 어떤 가치를 부여하고, 어떻게 평가할 것인가의 문제보다도, 인간의 타고난 특성과 개별적 차이성이 무엇인가를 연구하는 것으로 더 본질적이라고 여기게끔 만들었던 것이다. 결과적으로 이와 같이 인간의 성격에 대한 현대 심리학 연구의 치우침은, 개인의 성격이나 인성을 교육의 대상으로서가 아니라 변하기 어려운 개별적인 특성으로 이해하려는 경향을 낳게 되었고, 인격 교육 혹은 도덕 교육에 대한 사회적 기대와 노력을 무력화시키는 한 주된 원인이었다고 본다.

요컨대, 이 글이 논의하고자 하는 인격人格의 개념은 근대 서양 심리학적인 이론적 틀을 기반으로 한 인격character의 개념과 다르게 보고자 한다. 이러한 인격에 대한 새로운 개념정의는 서양 심리학적 패러다임이서 탈피하여, 그 철학적 본질과 성격에 대한 재성찰을 바탕으로 새롭게 개념정리 할 필요가 있는 것이다. 즉, 이 글이 논의하고자 하는 다문화 사회의 인격 교육의 방향성은 다문화 교육의 목적과 철학을 바탕으로 한 새로운 인격 교육의 개념 및 성격에 대한 이해를 바탕으로 하고 있음을 강조하고자 한다.

인격 교육[2]의 가치 기준

인격 교육의 성격을 파악하기 위해 기존의 도덕 교육의 이론적 틀 속에서 인격 교육을 어떻게 이해할 수 있을 것인지 다음과 같은 네 가지 대조적 개념 틀을 바탕으로 논의해 보자.

1) 자유주의 합리론 대 공동체주의 규범론

도덕 교육moral education론에는 크게 두 가지의 상반된 입장의 대립이 지속되어 왔다. 즉, 하나는 피교육자 스스로의 자율적인 도덕판단 능력을 발달시켜 주어야 한다는 칸트의 도덕철학이나 피아제J. Piaget 나 콜버그L. Kohlberg의 인지발달이론에 근거한 '도덕발달이론' 등과 같은 발달론적 합리주의적 입장이고, 다른 하나는 뒤르껭E. Durkheim 의 도덕사회화 이론이나 미국의 '인격 교육character education' 이론과 같이 사회의 지배적인 가치 기준을 내면화시킨다는 규범적인 입장이 그것이다. 전자의 합리주의적 입장은 이성 정의 자율성 등을 중시 하는 자유주의적 경향을 띠는 것이고, 후자인 규범적인 입장은 전통 권위 사회적 연대를 중시하는 공동체주의적 경향을 띤 것이다(추병완 2004 : 44~45).

우선 현대 도덕론에 큰 영향을 끼친 칸트의 도덕론[3]은 한 마디로 도

---

[2] 지금까지 국내외의 윤리 및 도덕에 관련한 연구는 거의 대부분 도덕 교육moral education 혹은 윤리교육ethics education의 용어로 통일되어 사용됐다. 따라서 본 절 의 선행 연구 분석에서는 'moral education'는 '도덕 교육'으로, 'character education' 은 '인격 교육'으로 통일하여 사용하기로 한다.

[3] 칸트의 윤리학은 초월적 자유라는 이념에 근거하고 있다. 칸트는《순수이성비판》에

덕적 내용이나 가치보다는 도덕적 추론 능력과 같은 (도덕적) 사고의 형식을 중시한 것이었다. 하지만, 헤르바르트 J.F. Herbart는 칸트의 이러한 인간의 이성적 능력을 바탕으로 한 초월성에 바탕을 둔 도덕론을 현실적으로 실현 불가능한 것으로 비판한 바 있다(Louden 2000 : 19). 이처럼 칸트식의 도덕 교육은 이성주의적·엘리트주의적 사변적이라는 한계를 갖고 있고, 그 교육적 의의도 모호하다는 비판을 받았던 것이다(Peters 1979 ; 윤민봉 1990에서 재인용). 결국 그러한 비판을 바탕으로 1980년대 이후에는 형식주의보다는 습관화를 통한 덕의 형성을 추구함으로써 지적 측면과 감성적 측면을 결합하여 행위자를 통해 드러나는 도덕적 행위에 초점을 맞추는 '덕 윤리학'에 바탕에 둔 도덕 교육론이 대두되게 되었던 것이다(이원봉, 2011).

반면, 뒤르껭의 도덕 교육론의 핵심은 도덕성morality이란 본질적으로 사회적 규칙들과 활동으로 구성된 사회적 현상이므로, 개인은 주어진 사회적 규범이나 공유되는 사회적 가치에 기여하는 방향으로 사고, 행동해야 한다고 보았다(Durkheim 1961). 이러한 뒤르껭의 도덕 교육의 핵심은 도덕적인 행동을 자극하는 기질을 기르는 방향으로 규율 정신, 집단에 대한 애착, 자율성 등에 의해서 이루어져야 한다는 것이다(김순언 1989). 이러한 뒤르껭의 도덕관에 대해 지나치게 사회결정론적 입장이라는 비판도 있었지만(Graziosi 2008), 뒤르껭의 도덕론은

서 인과 법칙의 지배를 받는 경험적 자아와 인과 법칙을 사슬을 끊고 스스로 새로운 인과 계열을 시작할 수 있는 예지적 자아를 구분하고, 자유로운 예지적 자아만이 도덕적 행위자가 될 수 있다고 보았다(이원봉 2011 : 174).

도덕적 판단의 준거를 사회에 두었을 뿐, 사회적 규범이나 공동체적 가치를 실현하기 위한 규율정신에 의한 개인의 자율성을 강조했다는 점을 상기할 필요가 있다 (허경행 1984).

그렇다면 인격 교육은 개인주의나 형식주의적 측면에 초점을 맞추어야 할 것인가, 아니면 공동체주의나 규범적 내용의 측면에 초점을 맞추어야 할 것인가? 위의 두 입장의 공통점은 바로 개인의 도덕적 판단의 자율성을 강조했다는 것이고, 차이점은 도덕성의 준거가 개인의 이성적 판단에 있느냐 아니면 사회적 맥락이나 공동체적 가치에서 찾을 수 있느냐의 문제이다. 우리가 설정하고자 하는 인격 교육의 방향은 바로 이 두 가지 입장 사이에서 적절한 균형을 유지하면서, 도덕적 판단을 내리는 과정에서의 개인의 자율성의 문제를 어떻게 다루느냐에 의해 판가름될 것이다.

2) 근본주의(절대주의) 대 도덕적 상대주의

인간 사회의 도덕적 가치는 어디에서 오는가? 한 사회의 윤리의식 및 도덕적 관념의 형성에 있어서, 근본주의적 사고가 매우 중대한 영향을 끼치고 있다[4]. 근본주의적 교리는 복수성plurality이나 차이를 인정하지 않고, 자신에 대한 합리적 혹은 지적 비판을 허용하지 않으면서 자신의 권위에 반하는 대상이나 주장은 배척한다. 그러므로

---

[4] '근본주의'란 가장 최초의, 원초적이고 순수한 어떤 가치를 지향하면서 과거의 신화적 시대의 선과 질서를 바탕으로 옳고 그른 것을 구분하고자 경계짓기 하는 모든 관념을 포함한다(Hobsbawm, 1990 : 167).

이러한 근본주의를 바탕으로 한 도덕관은 보편적인 인권이나 인본주의적 가치, 혹은 개인의 자기결정성self-determination 등을 중요시하기보다는, 지도자의 권위적 가르침과 배타적인 진리주장, 그리고 독단적인 신적 계시 등에 의존하여 판단하는 비타협적인 태도를 취하게 되는 것이다(Green, 2003 : 3-4). 이처럼 근본주의는 역사적·문화적·종교적 맥락을 바탕으로 형성되어 사람들의 사고와 의식, 세계관, 가치관 등에 지대한 영향을 끼치고 있으므로, 자연스럽게 사람들의 도덕적·윤리적 관념에 영향을 미칠 수밖에 없다. 그런데 문제는 오늘날 많은 도덕적·윤리적 가치들이 이러한 근본주의적 가정 위에서 규범화된 것이라는 사실이다. 우리는 근본주의적 가정과 자문화 중심주의적 맥락 속에서 형성된 가치들 및 규범들을 바탕으로 우리의 도덕적 사고와 행동을 규정하고 있는 셈이다.

한편, 도덕적 상대주의는 모든 도덕적 가치는 그 가치가 만들어진 시대, 문화, 집단 등의 독특한 상황 맥락에 의거하여 평가되어야 한다고 본다. 왜냐하면, 순수한 수학적 명제조차도 그 명제를 이해하고 평가하는 사람들의 논리와 사고가 정초하고 있는 문화에 영향을 받고 있는 만큼, 우리의 사고, 이해, 지식, 가치, 도덕 등 모든 것의 기초가 되는 것이 바로 문화라고 보기 때문이다. 예를 들어, 맥클레란(McClellan 1999)은 미국 공교육에서 근대성의 영향으로 인해 도덕 교육의 패러다임이 크게 바뀌었는데, 그 가장 큰 특징은 전통적 도덕관념들이 도전을 받으면서 더 상대적 가치의 관점들이 생겨났다는 것이고, 특히 인지적 발달론cognitive developmentalism, 페미니즘이나 젠더 이론의 등장, 그리고 다문화주의 등과 같은 문화상대주의적 시각이 그 주요 요인이었다는 것이다. 만일 이처럼 도덕성 자체가 문화적 산물이고, 문화가 본질적으로 상대성을 가진 실체라면, 도덕성도 마찬가지로 상대적인 성격을 띨 수밖에 없을 것이다. 이처럼, 문화적 상대주의를 바탕으로 한 도덕적 상대주의는 한 마디로 도덕적 가치의 다양성과 가치다원주의value pluralism적 입장을 지지하고 있는 것이다.

실제로 신베를린주의자 Neo-Berlinians와 같은 여러 학자들이 가치다원주의가 오늘날 사회상에 가장 적합한 도덕적 세계관이라고 주장하면서, 가치다원주의는 자유주의자적 관점도 강하게 뒷받침하고 있다고 본다. 하지만, 이러한 주장에 대한 반박도 만만치 않다(Talisse 2011). 즉, 도덕적 상대주의(가치다원주의 혹은 윤리적 다원주의)는 여러 가지 장점을 가지고 있지만(Rorty 1992 ; Stocker 1990), 그럼에도 불구하고 도덕적 상대주의는 다음과 같은 두 가지 주요한 한계를 갖고 있다는 것이다.

첫째, 도덕적 목표 상실에 대한 우려이다. 메이슨(Mason 2001)은 사회적, 대인관계적, 그리고 개인적으로 도덕적 측면에서 받아들일 수없는 결과를 야기할 수 있다는 점에서 도덕적 상대주의에 반대하면서, 진리는 인식론적인 차원으로 환원시킬 수 없는 존재론적인 문제라고 주장한다. 메이슨은 그 대신 "우리 자신뿐만 아니라 서로 서로의 존엄성에 대한 존중을 바탕으로, 도덕적 선택의 결과에 대해 책임을 지는 것"으로서의 통합의 윤리ethics of integrity를 강조한다(Mason 2001 : 53). 이러한 그의 윤리관은 인간은 선이성적pre-rational, 선사회적pre-social 도덕적 능력을 갖고 있고 이러한 내적 능력이 우리를 인간으로 규정해 준다는 믿음에 기초하고 있다.

둘째, 도덕적 가치들 사이의 갈등의 문제이다. 도덕적 상대주의는 필연적으로 도덕적 가치들의 갈등에 직면하게 된다(Nagel 1979 ; Williams 1981). 서로 다른 문화적 배경과 사고방식, 가치 기준이 복수로 존재하는 사회에서는 도덕적 가치들의 절대적인 근거를 제시하기 어렵고, 각 집단의 가치 기준은 상대적 가치를 지닐 수밖에 없다. 이러한 혼성적 사회 환경 속에서 개별 집단의 도덕적 가치들은 양립하거나 충돌하기 마련이고, 이는 사회적 합의를 위한 가치판단 과정에서 갈등요인으로 대두될 수밖에 없다는 것이다.

하지만 도덕적 상대주의는, 위와 같은 딜레마에도 불구하고, 오늘날 매우 유의미한 도덕론의 틀이 될 것이다. 그 이유는 바로 우리의 미래 사회는 다원주의 사회로 구성될 수밖에 없기 때문이다. 따라서, 자유주의적 관점에 기반한 보편적 윤리의 가치들의 본질적 의미(즉, 인권, 자유, 평등 등의 필요성과 중요성)을 존중하면서도, 어떻게 이러한 가치들이 다양한 문화적·역사적·사회적 관점에서 재해석해야 할지를 고민할 필요가 있다. 그리고 그러한 새로운 해석은 지금까지 지배적 관점으로 군림해 왔던 서구적 자유주의의 관점에서 접근할 것이 아니라 다원주의적 그리고 다문화적 가치, 맥락, 관점 하에서 개발하고 적용하는 비판적 접근이 필요할 것이다.

3) 도덕적 가치의 보편성 대 특수성(맥락성)

인간의 도덕성은 무엇으로 이루어지고, 어떻게 판단될 것인가? 이 질문에 대한 대답은 인격 교육을 통해서 가르치고자 하는 도덕적 가치는 전 시대, 문화, 사회 등을 막론하고 적용될 수 있는 보편적인 성격을 지닌 것인가, 아니면 특정한 시대나 사회문화에 따라 달라질 수 있는 특수성을 띤 것인가에 따라 달라질 것이다.

지금까지의 인간의 도덕성에 대한 심리학적 연구는 주로 인간의 보편적 도덕적 특질을 밝히는데 많은 노력을 기울였다. 예를 들어, 디머멘(Dimermen 2009 : 9)은 아동 인성 교육을 10가지 영역의 덕성, 즉 존중감respect, 책임감responsibility, 정직honesty, 공감empathy, 공정성fairness, 주도성initiative, 용기courage, 인내perseverance, 긍정심optimism, 그리고 통합성integrity을 기르는 것으로 정의한 바 있다. 이러한 인간의 도덕성을 결정짓는 요인에 대한 범주화나 인성 교육을 위한 덕목을 제시한 연구들은 대부분 해당 연구자가 속한 특정 문화의 역사적·사회적·사상적 토양을 바탕으로 한 것이지, 이를 다른 사회나 집단의 구성원들에게 일반화시킬 있을 정도로 보편성을 담보할 수 있는 것이 아니다.

이처럼 인간의 도덕성의 보편적인 특징을 규정하고, 그 구체적인 덕목들(예, 정직, 성실, 용기 등)을 특정하는 것이 여전히 논란의 대상이기 때문에, 인간의 도덕성을 인지, 정서, 행동적 차원으로 규정하기도 한다(김태훈 2004). 즉, 인간의 자연적 충동이나 욕구가 무엇인가를 분석하거나, 도덕적 준거를 중심으로 한 이성적 판단의 역할에 대해 논의하기도 하며, 혹은 외적으로 드러난 어떤 행동이나 그 행동의 결과를 바탕으로 한 도덕적 판단의 차원에서 논의하는 것이 그것이다. 예를 들어, 도덕성을 "일상생활 속에서 주변 환경에 대한 긍정적인 태도를 보이고, 옳고 그름을 판단하고, 그것을 존중하면서 옳다고 생각하는 일을 실천하는 것"으로 정의한다면, 도덕적 태도는 자연스레 '옳다고 믿는 바에 대한 내면화된 습관을 길러, 학생들로 하여금 옳고 그름을 인지하고cognitive, 옳은 일의 가치를 느끼며affective, 항상 그것을 실천하기 위해 노력하는psychomotive 자세'를 의미하게 되고, 도덕 교육은 도덕적 지식, 도덕적 감수성, 도덕적 행위 세 가지가 생활 속에서 자연스럽게 실천될 수 있도록 습관화되도록 가르치는 것을 의미하게 될 것이다.

요컨대, 보편적 도덕론자들은 사회와 문화, 시대에 상관없이 변치 않는 인간의 도덕성이나 덕목이 존재한다라고 보는 반면, 가치상대 주의자들은 문화적 배경과 상관없는 그러한 보편적 도덕성이나 절대적인 가치를 규정하기는 어렵다고 주장하면서 도덕적 가치 판단은 상황적 특수성을 감안해야 한다고 주장한다. 이 두 입장은 타협점을 찾기 어렵기 때문에, 인간의 도덕성을 가치value나 덕목virtue과 같은 내용이 아닌 위의 예에서와 같이 인간의 도덕적 형식(예, 칸트의 정언명령)이나 행동의 결과(예, 밀의 공리주의 원칙), 혹은 행동의 동기나 맥락의 차원(상황윤리 : Fletcher 1966)의 논의 등과 같은 시도가 있었을 것이다. 그러므로 인격 교육은 어떤 보편적 가치를 바탕으로 할 것인지 아니면 사회, 문화, 상황 등과 같은 따른 특수한 맥락 조건에 대한 참조를 바탕으로 할 것인지에 대한 논의가 필요할 것이다.

4) 도덕적 판단과 도덕적 실천

인간의 도덕적 판단(즉, 도덕성)은 왜 도덕적 수행(즉, 도덕적 실천)으로 이루어지지 않는 것일까? 그것이 우리의 '마음'이 내린 도덕적 판단이 잘못되었기 때문인가, 아니면 올바른 도덕적 판단이라도 실천에 이르지 못하였기 때문인가? 그러한 실천을 막는 요인은 무엇이고,

그것은 내재적인 요인인가 아니면 외재적인 요인 때문인가? 지금까지의 도덕론은 이와 같은 도덕적 판단과 도덕적 실천의 간극의 원인에 대해 다음과 같은 네 가지 가설을 통해서 논의되어 왔던 것으로 정리할 수 있다 : 첫째, 우리 마음속에 올바른 도덕성이 쌓이지 않은 경우(가설 A : 도덕성 미개발의 문제), 둘째, 우리 마음이 제대로 된 도덕적 판단을 내리지 못한 경우(가설 B : 도덕적 판단의 오류의 문제), 셋째, 마음이 내린 도덕적 판단을 실천하지 못한 경우(가설 C : 도덕의 실천 문제), 그리고 넷째, 우리의 도덕적 실천이 사회적으로 용인되지 않은 경우(가설 D : 사회적 공감과 효용성의 문제)가 그것이다. 위의 네 가지 가설 중 그 주된 원인이 어디에 있든지 이처럼 도덕적 결핍이 일어나는 현상을 우리는 부도덕성immorality이라고 부를 수 있는 것이다.

만일 개인의 부도덕성의 주된 원인이 위의 네 가지 가정 중 도덕적 미개발의 문제(가설 A)에 있다면, 이는 간단히 도덕 교육을 통해서 해결할 수 있을 것이다. 이러한 차원에서 도덕 교육에 접근했던 것이 바로 전통적인 덕virtue 교육론의 입장이었다. 아니면 그것이 도덕적 판단의 문제(가설 B)라면, 이것 역시 어떻게 도덕적 판단을 내릴 수 있을 것인가를 제대로 교육하면 해결될 수 있다. 이러한 입장이 바로 도덕적 추론 능력 같은 도덕적 사고의 형식을 강조했던 칸트의 도덕론이 주장했던 바이다. 만일 사회적 부도덕성의 주된 원인이 도덕적 실천의 문제(가설 C)라면, 이는 기존의 인간의 도덕적 본성에 대한 논의를 바탕으로 덕목을 개발해 내는 전통적인 덕 교육이나 이성에 의한 도덕적 판단을 훈련시키는 칸트식의 계몽주의적 근대성에 바탕으로 둔 교육만으로 해결하기에는 한계가 있다. 그것보다는 개인의 도덕성이 어떻게 사회적 도덕성으로 실현될 수 있는가의 차원에서 논의되어야 하고, 상황윤리(Fletcher 1966)나 공공윤리와 같은 도덕의 사회적 맥락성이나 도덕성의 '사회적 실천'에더 집중하여야 할 것이다. 마지막으로 부도덕성을 판단하는 준거가 사회적 효용성의 문제(가설 D)라면 이는 결과적 사회윤리를 강조한 밀의 공리주의 차원에서 도덕성을 논의할 수 있을 것이다. 이를 표로 간단히 정리하면, 다음 〈표 1〉과 같다 :

〈표 1〉 부도덕성의 원인에 대한 네 가지 가설

	가설 A	가설 B	가설 C	가설 D
부도덕성의 원인	개인적 도덕성 미개발	도덕적 판단의 오류	도덕적 실천의 문제	사회적 가치에 대한 판단
이론적 기반	전통적 덕 윤리	칸트의 도덕론	상황윤리, 사회윤리	공리주의
도덕론의 성격	근본주의적 규범론	이성주의적 인식론	관계주의적 상황론	실용주의적 가치론
도덕론의 공통 과제	도덕적 판단과 도덕적 실천의 간극 극복			

요컨대, 위의 표에서 보여지듯이, 가설 A는 근본주의적 규범론의 차원에서 도덕성의 문제를 다루고자 하며, 가설 B는 이성주의적 인식론의 차원에서, 그리고 가설 C는 관계주의적 상황론의 차원, 마지막으로 가설 D는 실용주의적 가치론의 차원에서 도덕성과 비도덕성에 대한 판단을 하는 것으로 볼 수 있다. 지금까지 도덕이론은 이러한 네 가지 가설들 중 어느 하나에 기반하여 그 나름대로 논의를

이어 왔던 것이다. 하지만, 앞으로 우리가 더 관심을 가져야 할 주제
는 결국 도덕적 판단이 왜 도덕적 실천으로 이어지지 못하는가라는
물음에 대한 해답이다. 즉, 도덕적 판단과 수행의 간극을 줄이기 위
해서는 어떤 교육적·실천적 노력이 필요한가의 문제이다.

그렇다면 지금까지 논의한 인간의 도덕성에 관한 다양한 대립되
는 관점들 속에서 인격 교육은 어떤 이론적 지향점을 갖을 수 있을
까? 이 글은 인격 교육의 이론적 토대를 공동체주의, 가치의 특수성
(맥락성), 그리고 도덕적 상대주의의 관점을 종합한 다원주의적 관점
을 바탕으로, 특히 도덕적 판단과 실천 사이의 간극을 줄이는 방향
으로 나아가야 한다고 본다. 이것이 바로 저자가 이 글을 통해서 강
조하고자 하는 다문화 인격 교육의 이론적 토대인 것이다.

다문화 인격 교육의 방향

다문화 인격 교육의 윤리학적 토대

1) 인격 교육 가치 준거의 윤리학적 토대
윤리이론을 크게 규범 윤리normative ethics, 메타 윤리meta-ethics, 응용윤리
applied ethics로 구분할 수 있는데, 여기서 규범윤리론자들은 인간의 도
덕적 의무와 책임을 규정하는 보편적이고 객관적인 도덕적 진리가
있다고 믿는 입장이다. 하지만, 규범윤리에 반대하는 메타윤리론자
들은 윤리성의 본질과 도덕적 합리성moral reasoning에 관심을 두고, 규

범론자들이 주장하는 어떤 '당위ought'적 가치보다는 각 개인들의 상대적이고 개별적인 욕구의 발로를 어떻게 윤리적으로 해석할 것인가를 논의하고자 한다.(Couture and Nielsen 1995) 따라서 이러한 메타윤리론자들은 사회 속의 수많은 규범들이 개인의 도덕적 판단과 선택의 자유를 제한하고 사람들의 사고와 행동을 통제할 수 있다고 보고, 그 대신 도덕적인 개념들을 분석하거나 도덕적 가치에 대한 논리적 분석에 치중하게 되는 것이다.

규범 윤리는 원칙기반 이론principle-based theories과 덕성기반 이론virtue-based theories으로 구분되어지고, 원칙기반 이론은 다시 공리주의에 기반한 결과주의론consequential과 의무론에 기반한 법치주의론deontological으로 구분된다(Beach 1996). 결과주의론은 행위의 정당성 및 그 행위가 초래한 사건의 결과적 선함goodness of the state of affairs에 관련되는 한편, 법치주의론은 윤리적 행위 주체의 의무obligation 혹은 duties를 어떻게 규정할 것인가의 문제와 관련된다. 그렇다면 다문화적 인격 교육은 위의 구분 중 어떤 윤리학의 기반 위에서 논의되어야 할 것인가? 이는 앞 장에서 논의한 인격 교육의 성격이 윤리학의 다양한 범주들 중 어떤 차원에서 이해될 수 있을 것인가의 문제로, 이를 그림으로 나타내면 다음 〈그림 1〉과 같다.

〈그림 1〉 인격 교육 가치 준거의 윤리학적 토대

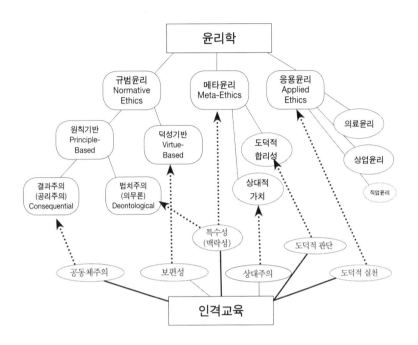

위 그림은 인격 교육이 지향해야 할 네 가지 가치 기준(굵은 선으로 연결된 것)이 윤리학의 범주들과의 관련성을 보여 준다. 예를 들어, 공동체주의 가치 기준은 윤리학의 공리주의적 입장들과 맥을 같이할 것이고, 상대주의는 메타윤리가 강조하는 상대적 가치 지향점과 일맥상통할 것이다. 또한 인격 교육이 가치의 보편성보다는 특수성이나 상황 맥락성을 더 중시한다면, 그 근거는 법치주의의 기준이나 메타윤리의 이론적 근거에 의존하게 될 것이다. 그리고, 인격 교육이 만일 도덕적 판단의 문제보다는 도덕적 실천을 더욱 강조한다면, 이는 응용윤리

학의 논의 및 실천적 기준들에 많이 의존하게 될 것이다.

2) 다문화 인격 교육 : 개인적 가치 대 사회적 가치

앞장에서 논의한 인격 교육의 가치 준거들을 바탕으로 실제적인 다문화 인격 교육의 구체적인 가치들을 탐색해 볼 필요가 있는데, 그 과정에서 해결해야 할 중요한 논쟁점은 바로 개인적 가치 대 사회적 가치 사이의 균형잡기다. 우선 사회적 가치에 강조점을 둔 사례를 들어 보자.

지난 2000년 미국 시카고에서 열린 세계종교회의에서는 전 지구적 윤리의 방향을 모색하기 위해 전 세계의 약 200여 개의 종교적 공동체들의 의견을 모아 제안한 4대 주요 헌신commitments은 다음과 같다(Barney 2000) : 1) 비폭력의 문화culture of non-violence 및 생명 존중에 대한 헌신, 2) 연대의 문화culture of solidarity와 정의로운 경제 질서에 대한 헌신, 3) 관용의 문화culture of tolerance와 진실된 삶life of truthfulness에의 헌신, 그리고 4) 성별, 계층, 민족 등의 집단들 간의 동반자의 문화culture of partnership에 대한 헌신이 그것이다. 이 제안은 비록 종교집단 협의회를 통해 제안된 것이기는 하지만, 그 안에서 어떤 특정 종교나 종교적 교리에 기반한 윤리적 가치의 색깔을 드러내지 않았다는 점과, 비폭력, 생명 존중, 연대, 관용, 집단 간의 통합과 시대적 분위기를 고려한 현실적이고 보편적인 가치들을 담아냈다는 점에서 의의가 있다. 하지만 이 제안은 보편주의, 공리주의적 측면에서 사회적 가치를 강조한 반면, 개인의 인격이나 덕성의 측면에서 어떤 덕목을 키워야 할 것인지에 대해서는 명확히 제시하고 있지 못하다는 단점을 안고 있다.

반면, 개인적 가치 기준에 초점을 맞춘 연구로는 하이트와 그레이엄(Haidt and Graham 2007)이 제시한 여섯 가지 도덕적 가치판단의 대립 구도로서, 그들은 사람들의 도덕적 가치판단을 돌봄care/해를 끼침harm, 공정함fairness/속임수 쓰기cheating, 충성loyalty/배반betrayal, 권위 존중authority/권위파괴subversion, 존엄성sanctity/타락함degradation, 그리고 자유liberty/억압oppression의 차원에서 이루어진다고 주장한 바 있다. 이러한 가치판단의 기준들은 개인 차원의 덕성 혹은 인격의 요소들과 그 윤리적 가치를 명확하게 판단할 수 있는 준거를 제시해 주고 있지만, 그러한 개인적 덕목들이 어떻게 사회적 공동선 혹은 공통적 목표를 향해 기여할 수 있는지에 대해서 분명하게 제시하지 못하는 단점이 있다. 특히, 하이트와 그레이엄의 이러한 도덕적 가치판단의 요소들이 과연 어떤 문화적 배경—즉, 신화적·종교적·사상적 전통, 상식과 통념과 같은 사람들의 관념적 공감, 그리고 사람들의 삶의 양식에 영향을 미쳐왔던 역사적 공통 경험 등—을 바탕으로 구성된 것인지 그 근원에 대해 의심해 보지 않을 수 없다.

예를 들어, 돌봄의 행동과 해악을 끼치는 행동의 구분에는 과연 어느 문화에서나 똑같이 적용될 수 있는 문화보편적인 기준이 있을 것인가? 마찬가지로 충성의 행동과 배반의 행동이 사회적 문화적 배경에 상관없이 객관적이고 분명하게 판단할 수 있는 것인가? 즉, 이 요소들은 모든 문화 집단에 공통적으로 적용될 수 있는 보편적 가치들을 대변 혹은 재현하는 것인가에 대해 질문해야 하고, 만일 그러한 판단의 기준이 모호하다면, 우리는 그러한 가치 요소들을 특정 문화 속의 학생들에게 가르치는 일에 신중해야 할 것이다.

요컨대, 모든 사회는 자신의 사회문화적 특성에 맞는 윤리적 가치 기준을 설정하고 그에 합당한 도덕 혹은 인격 교육을 실시하고자 한다. 우리가 다문화 사회의 인격 교육의 가치들을 모색할 때는 우리 사회에 공존하는 다양한 가치들 중에서 어떤 가치들을 추출하여 도덕적 기준으로 선정하고, 그것들에 대한 사회적 합의를 이끌어 낼 것인가가 중요한데, 그 가치 덕목들은 개인적 가치의 관점과 사회적 가치의 관점 양자 사이의 균형을 잡을 필요가 있는 것이다. 그 구체적인 가치들에 대해서는 다음 절에서 논의한다.

다문화 교육의 목표를 통해 본 인격 교육의 가치

이 글은 다문화 인격 교육의 구체적인 가치들을 다문화 교육의 핵심 목표들인 사회정의 및 평등성, 다문화적 이해 및 편견의 극복, 민주주의 및 시민의식, 그리고 지적 성장과 같은 주제들에서 추출할 수 있다고 보고(박휴용 2012c), 이에 대해 각각 논의해 보고자 한다.

1) 편견의 극복
다양한 가치가 혼재하면서 급변하는 사회 속에서 도덕규범, 윤리, 인격 등의 사회적 가치 체계를 올바로 정립하기 위해서는 그 사회의 구성원들이 갖고 있는 기존의 각종 편견, 미신, 관습 등과 같은 문화적 산물들에 대한 비판적 재검토가 필요하다. 그러한 재검토가 없이 도덕·윤리·인격의 문제를 논의하는 것은 근본주의, 도덕적 형식주의, 자문화중심주의, 무감각인종주의color-blind racism(Bonilla-Silva 2010) 등과 같은 자기중심적 사고의 오류에 빠질 가능성이 크다. 이 중 편견은 어쩌면 인류의 가장 원초적이고 오래된 타자화의 심리적 기재인데(Hathaway 2011), 인지심리학 이론에 따르면 인간은 수많은 정보를 쉽고 효율적으로 처리하기 위해 범주화시키는 경향이 있으며, 이러한 범주화는 모든 개체들을 특정 집단을 대표할 수 있는 전형화streotyping된 특성을 기준으로 판단하게 되고, 그러한 범주화나 전형화에 개인적 선호도가 달라짐에 따라 편견이 생기게 되는 것이다(Brown 1995).

문제는 이러한 편견이 자신과 구별된 집단에 대해 부정적인 감정으로 형성되었을 때 훨씬 강한 영향력을 갖게 되고, 이것이 집단화되면 그것이 사회적으로 도덕적 가치판단의 과정에 결정적으로 역할을 할 수 있다는 것이다(Killen and Rutland 2011). 이러한 편견의 근거로 이용되는 '차이'의 관념은 객관적으로 존재하는 어떤 특질 때문이라기보다는 심리적으로 '만들어진' 관념이다. 사람들이 자신의 다양한 비도덕적·비윤리적 행동들을 정당화하거나, 통념화된 혹은 관습화된 부정의에 대해 묵인하는 태도의 이면에는 이러한 수많은 사회적 편견이 자리하고 있는 것이다(Stephan and Stephan 2004).

그러므로 다문화 사회의 인격 교육에서는 우리의 관념 속에 존재하는 이와 같은 다양한 형태의 편견의 문제를 반드시 다루어야 하고, 다문화 교육을 통해 이러한 편견을 극복하도록 해야 한다. 즉, 다문화 교육의 출발은 성, 인종, 민족, 장애, 사회 및 경제적 배경, 종교 등에 의해 차별받지 않고 모든 학생들이 동등하게 존중받는 교육을 지향하는 반편견anti-prejudice 교육에서부터 시작된 것이다 (Derman-Sparks 1989). 홀과 롬버그(Hall and Rhomberg 1995)에 따르면 우리는 유아기 때부터 가족이나 사회적 환경 속에서 능력, 연령, 외모, 신념, 계층, 문화, 가족구성, 성gender, 인종race, 성애sexuality 등과 관련된 특정한 문화적 관점을 습득하게 되는데, 다문화 교육을 통해 이러한 특정 문화적 관점에 국한되는 시각을 극복하고, 문화상대주의 및 다원주의적 시각을 바탕으로 편견을 야기하는 불평등, 부정의한 사회적, 문화적 관습들에서 벗어날 수 있어야 한다(Gutmann 2004). 요컨대, 편견 탈피 교육은 지금까지 인격 교육에서 다루어져 왔던 도덕적 가치들(절제, 양보, 정직, 헌신 등)을 지극히 추상적이고 관념적으로 가르치는 것이 아니라, 개인 하나하나가 갖고 있는, 그리고 그 개인이 속한 집단이나 사회 속에 내재된 온갖 차별적, 자기중심적, 독단적 관념들을 깨 나가는 것으로부터 시작할 수 있을 것이다(McLaren 2010).

2) 사회정의 및 평등성

오늘날 여러 다문화 사회에는 인종, 계급, 언어, 종교, 국적 등에 따른 각종 사회적 차별이 존재하고, 이러한 차별의 구조는 사회정의의 실현과 민주주의 실천에 장애요인이 된다(Gutmann 2004). 그런데, 도덕이나 인격의 문제는 기본적으로 만인에 대한 평등적 인간관을 전제로 하므로, 진정한 인격 교육은 더 평등하고 공정한 사회를 만드는 데 밑거름이 되는 지식, 태도, 가치 등을 가르치는 것이 되어야 한다. 학교교육을 통해 성별·인종·민족·언어·문화 집단 등의 차이에 관계없이 평등한 기회를 제공하는 것이 다문화 교육의 주된 목표이므로(Banks and Banks 2001 ; Bennett 2007 ; Nieto 2000 ; Grant and Sleeter 2007), 다문화 인격 교육도 평등성과 사회정의의 실현을 지향해야 할 것이다.

다문화 교육을 통해서 학생들에게 평등성이 무엇인가를 제대로 가르치고자 한다면, 우리는 단순히 인류 평등의 사상, 인류애 및 인권, 그리고 세계시민주의 등과 같은 보편적이고 계몽주의적 가치관을 피상적으로 가르치는 것이 아니라, 오늘날의 인류 사회가 얼마나 인종적·민족적·지역적 불평등과 차별, 편견이 만연되어 있는가를 학생들이 느끼고 깨닫게 하는 것에서부터 출발해야 한다 (박휴용 2012b). 앞 절에서 인격 교육에서 개인적 가치(자아 확립, 기본 생활 습관)와 공동체적 가치(타인 존중, 공동체 의식, 민주주의) 사이의 균형을 강조하였지만, 이 글은 사실 공동체적 가치를 전제하지 않은 개인적 가치의 인격 교육은 그 자체로 별 의미가 없다고 본다. 현재 인격 교육이 그 학문적·사회적 위상을 제대로 정립하지 못하고 있는 이유 중의 하나가 바로 인격 교육의 사회적 본질과 역할에 대해 충분한 논의가 이루어지지 못하고 있기 때문이다. 요컨대, 인격 교육은 다문화 교육에서 지향하는 바와 같이 그것이 사회적 정의 및 평등성의 문제를 어떻게 구체적으로 다루려고 하는지에 대한 분명한 입장을 밝히고 그 교육적·실천적 방법론을 논의할 때에야 비로소 그에 상응하는 사회적 반향을 일으킬 수 있을 것이다.

3) 민주주의 및 시민의식 교육

다문화 교육의 중요한 목표 중 하나가 민주주의 및 시민의식 교육인데, 여기에는 세계시민성의 습득(Banks 1993), 민주적인 기능과 다원주의적인 시민 가치의 개발(Suleimann 2004), 세계 공동체에 대한 책임의식 및 지구와 세계 공동체에 대한 인식 제고(Bennett 2007), 사회정의를 추구하는 민주주의 원리의 실천(Nieto 2000) 등의 내용이 포함된다. 다문화 사회란 다름 아닌 특정 민족, 언어, 집단이 주도하는 사회가 아니라 다양한 문화적·역사적·지리적·정치적·경제적 배경을 가진 사람들이 민주적 시민의식을 중심으로 평등한 구성원으로써 사회의 구성과 운영에 자율적이고 책임 있게 참여하는 사회를 가리킨다. 그러므로 다문화 교육은 기본적으로 인간의 존엄성을 바탕으로 한 인간사회의 보편적 가치들(인권, 존엄성, 평등관, 공동체주의 등)을 가르침으로써 민주주의 정신이나 시민의식을 고양할 수 있어야 하고, 다문화 사회는 이를 위한 매우 효과적인 환경적 조건이 될 수 있는 것이다(박휴용 2012a).

바람직한 다문화 시민의식 교육은 다양한 문화적 배경을 가진 학생들의 고유의indigenous 언어와 문화, 그리고 그 공동체의 내적 유대를 유지하도록 지원하고, 그와 동시에 더 넓은 시민사회의 공통 문화와 공동체에 참여하는 데 필요한 지식과 기능을 배우는 것이다(Banks 2007). 아울러 다문화 시민의식 교육은 다양한 관점과 사고를 존중하고 수많은 문화적·종교적·인종적 그리고 민족적 정체성에서 끄집어낸 공유할 만한 그 사회만의 독특한 존중하면서, 그 사회의 민주적 구성원으로서 책임과 의무를 다하는 태도를 기르는 것이다.

요컨대, 오늘날의 다문화 사회는 본질적으로 전통적인 신분적·혈통적·종교적·경제적으로 불평등한 계급 구조에서 벗어나 평등성을 바탕으로 한 사회이므로, 이러한 사회에서 개인의 '인격'은 과거의 엘리트주의적으로나 계급적 이념에 기반한 수직적인 사회구조에서 파생되는 인간관을 바탕으로 규정되어서는 안 될 것이다. 즉, 인격의 개념은 만인은 평등하다는 수평적 평등관을 바탕으로 그러한 개인들 간의 관계를 규정할 수 있는 가치와 이념들(즉, 개인들의 권리, 의무, 태도, 덕목들)을 중심으로 그 구성 요인들을 규정해야 할 것이다. 그러므로 인격 교육의 내용으로 민주주의 정신을 바탕으로 한 가치와 이념, 그리고 그러한 민주주의사회가 구체적으로 실현되는 시민사회의 규범들이 인격 교육의 내용이 되어야 하는 것이다.

4) 다문화적 이해

다문화적 이해란 자문화 및 타문화 집단을 존중함으로써 자민족중심적이고 편견적인 태도를 극복하는 것(Suzuki 1984 : 305), 자문화 및 타문화를 바라보는 시각 및 이해의 증진하는 것(Banks 1993 : 2-8), 다양한 배경을 가진 타인들에 대한 공감 및 긍정적인 태도 함양하는 것(Suleimann 2004 : 14-16), 그리고 자신을 둘러싼 실제 세계에 대한 인식을 촉진하고, 다문화적이고 세계적인 관점을 배울 수 있도록 교육과정을 개혁하는 것(Johnson and Johnson, 2002 : 4-5) 등이라고 정의된다.

다문화적 이해와 관련한 이론적 배경으로는 문화상대주의, 다원주의, 혹은 세계시민주의와 같은 (문화)초월적 가치 및 이념 등이 거론될 수 있지만, 위와 같은 문제는 사실 관념적이고 규범적인 차원에서 이해될 수 있는 문제가 아니라 매우 현실적이고, 정치적이며, 이념적인 문제들이다. 예컨대, 오늘날과 같이 서구 기독교 국가들과 이슬람의 국가들이 정치적 · 경제적 · 외교문화적 차원에서 현실적 이해관계를 바탕으로 극명하게 대립되고 있는 상황에서 '문화적 상호이해'를 강조하며 가르친다는 것이 얼마나 효과가 있을 것인가? 사실 개인의 도덕성, 인격, 가치판단, 행동의 차원에서의 변화와 노력이 그러한 갈등을 해결할 수 있으리라 기대하기는 어려울 것이다.

그런데, 이러한 다문화적 이해가 인격 교육과 어떤 관련성을 갖는가? 다문화 교육은 학생들로 하여금 다문화 사회가 토대한 식민주의 및 제국주의적 역사와 그로 인한 민족, 인종, 계급적 편견, 타자화 및 근본주의적 태도 등에 문제를 제기하고, 그러한 모든 역사적·사회문화적인 관습들을 극복해 나가도록 돕는 것이다(박휴용 2012b). 그러므로 진정한 다문화 인격 교육은 자신의 편견과 가치 체계, 세계관 등에 대한 비판적 회고, 역사와 사회정치, 혹은 경제학적 지식과 같은 지적인 학습과 토론, 논쟁 등을 통한 끊임없는 통찰로부터 얻어지는 것이다.

요컨대, 이러한 다문화 교육에서 추구하는 다원주의적 사고 및 다양성에 대한 이해는 인성 교육에도 중요한 시사점을 준다. 그것은 도덕, 인성과 같은 한 사회적·윤리적 가치판단의 기반은 문화에서 나오고, 그 문화는 상대적일 수 있다는 사실이다. 전통적 단일 문화 사회에서 받아들여졌던 도덕, 윤리적 가치들이 다문화적 속성을 지닌 혼합형, 개방형, 다원화된 사회에서도 동일한 의미를 지니게 될 것인가에 대한 재고찰과 이를 바탕으로 개인의 인격에 대한 새로운 가치 부여가 이루어져야 할 것이다.

다문화 인격 교육의 핵심 원리

이 글은 앞에서의 논의를 바탕으로 다문화 교육을 통한 인격 교육의 핵심 원리로 1) 편견 탈피 및 다양성 존중을 바탕으로 한 다원주의적 사고, 2) 공감과 소통을 바탕으로 한 다문화 상호이해, 그리고 3) 협력과 공생을 바탕으로 공동체주의적 사고를 들고자 한다. 즉, 다문화 교육은 다원주의적 사고를 바탕으로 다양성을 인정하고, 공감과 소통을 통한 상호이해를 지향하며, 협력과 공생을 통해 공동체적 실천을 위해 노력하는 것이다. 이를 위해서는 교과 지식이나 전문 기술뿐만 아니라, 가치관 및 태도에 대한 교육, 그리고 공동체 의식과 가치에 대한 인식과 체화가 필요하며, 학교에서 배우는 이러한 모든 내용이 '문화적 이해'를 기반으로 한 교육인 것이다.

1) 공동체적 사고/관계성

앞장에서 논의한 바와 같이 오늘날 인격 교육에 중요한 논점 두 가지는 바로 도덕적 판단과 도덕적 행위의 격차를 어떻게 줄일 것이냐와 개인 기반 혹은 덕성 기반virtue-based 윤리와 사회 기반 혹은 원칙 기반principle-based 윤리 사이의 조화를 어떻게 이루어 내느냐의 문제이다.[5] 사실 덕성 기반 이론도 원론적으로는 실천적 지혜와 이성의 역

---

[5] 같은 맥락에서 스픽커와 스터이틀Spiecker and Steutel은 다문화 사회의 도덕적 정체성moral identity을 로티Rorty와 웡Wong의 이론(Rorty and Wong 1990)에 근거하여 공적public 정체성과 비공적non-public 정체성으로 구분하여 논의한 바 있다 (Spiecker and Steutel 1996).

할을 강조하는 아리스토텔레스적 관점의 공동체주의communitarianism[6]와 한 집단이 어떤 문제 상황에 직면했을 때, 그 문제를 해결해 나가는 과정 속에서 작용하는 집단 구성원들의 사랑, 가족, 우정 등의 가치를 강조하는 관계주의relationalism를 기반으로 이루어진 것이다. 즉, 개인적 윤리와 사회적 윤리의 균형, 이성적 판단과 실천적 지혜의 조화가 모든 도덕관이 지향하고 있는 것이다. 그러한 의미에서 다문화 사회의 인격 교육은 덕성 기반 이론을 바탕으로 한 가치들을 무엇인지를 구명해 내되, 아리스토텔레스가 강조했던 것처럼 공동체주의나 관계주의와 같은 그 사회적 차원의 의미에 초점을 맞추어 그 실천적 전략을 모색할 필요가 있는 것이다.[7]

2) 다원주의적 사고

키케스(Kekes 1992a : 141)는 다원주의는 절대적이거나 우세한 도덕적 상태를 가진 어떤 특정 가치(혹은 가치의 조합)를 인정하지 않은 입장인 반면, 자유주의는 가치의 부재the charge of vacuity를 피하기 위해, 서로 갈등관계에 있는 상이한 가치들 속에서 특정 가치를 다른 가치에 우선하려는 경향이 있다고 지적한 바 있다. 이처럼 자유주의적 도덕관은

---

[6] 공동체주의는 윤리적 상황의 독특성에 따라 모든 사람들의 집단적 가치가 공유될 수 있는 공동체 사회의 실현에 초점을 맞추려는 태도이다.

[7] 아리스토텔레스가 주창한 덕 윤리는 용기 · 지혜 · 성실 · 공정성 같은 자질을 가진 사람이 선한 사람인데, 그러한 도덕적 행위를 가능하게 하는 것은 인격, 혹은 마음의 성향 · 습관 · 품성이라는 덕목이고, 이러한 덕목들을 드러낼 수 있는 실천적 지혜를 가장 중시했던 것이다.

다분히 도덕 자체를 위해 도덕이 존재하는 합목적적telos 도덕관을 갖고 있다는 지적을 받는데, 그러한 점에서 테일러(Taylor 1992 : 61)는 점차 다원화되어 가는 미래 사회에서는 다수의 문화적 공동체들이 서로 부대끼며 살아가야 하는 상황 속에서 도덕적 형식이나 보편적 가치, 절차적 엄밀성 등을 강조하는 자유주의적 윤리관the rigidities of procedural liberalism은 미래의 세계에서 급격히 그 효능성을 상실해 갈 것이라고 전망하기도 하였다. 그러므로 앞으로는 다원주의 철학이 미래 사회의 주요한 도덕관 혹은 윤리관으로 역할을 하게 될 것이다.

3) 다문화 상호이해

다문화 교육은 이러한 다원주의적 철학을 바탕으로 하고 있다. 다문화 교육의 궁극적인 취지는 다름 아니라 다문화 사회에 속한 학교교육을 경험하는 모든 학생들이 다원주의적 철학을 바탕으로 문화적 다양성에 대해 이해하고, 다문화 학교라는 환경적 여건을 교육적 자산으로 삼아 바람직한 인성 교육, 사회성 교육, 올바른 세계관 교육의 기회로 삼는 것이다(박휴용 2012b). 또한 다문화 교육의 실천은 다양한 역사, 문화, 사회적 배경을 가진 집단들 사이에 존재해 온 세력의 불균형과 그러한 불평등한 사회 현실이 야기한 수많은 인간관계 속의 편견과 몰이해를 인식하고, 그것에 대한 비판을 통해 올바른 문화적 이해와 공감, 그리고 협동을 통해 함께 사는 사회를 만들어가고자 하는 노력인 것이다. 그러므로 다문화 인격 교육도 바로 이러한 편견 탈피, 다문화적 이해와 공감, 협동적 가치의 실천 등을 포함하는 것이어야 한다.

인격 교육의 중요한 요소가 되는 다문화적 상호이해는 기본적으로 가치상대주의적 입장을 바탕으로 하면서, 각각의 독특한 문화 집단의 특수성에 대한 이해와 관용tolerance을 바탕으로 한다. 이러한 다문화적 관용이 다문화 인격 교육의 중요한 내용적 요소가 되는 것이다. 앞 장에서 가치상대주의의 문제점으로 지향해야 할 명확한 가치를 설정하기가 어렵다는 점과 여러 가치들이 상충할 수도 있다는 점을 지적했지만, 그러한 도덕적 갈등이나 가치의 상충이 반드시 근본주의적 대립 양상을 나타내는 것이 아니라(Kekes 1992b), 오히려 다양한 집단들 간의 그러한 갈등과 대립의 합리적인 의사소통을 통한 해결 과정이 바로 민주주의 사회를 만들어 가는 과정으로 이해할 수 있는 것이다(Gutmann and Thomson 1996).

실천 지향적 다문화 인격 교육

지금까지의 논의를 바탕으로 이 글은 실천 지향적인 다문화 인격 교육의 접근을 다음 〈표 2〉과 같이 제안하고자 한다.

〈표 2〉 다문화 인격 교육의 성격과 핵심 원리

구분	다문화 인격 교육	
	성격(인격 교육의 가치 기준)	핵심 원리
구성 원리	공동체주의 ⇒ 도덕적 상대주의 ⇒ 사회적 특수성(맥락성) ⇒ 도덕적 실천 ⇒	공동체(관계성)적 사고 다원주의적 사고 다문화적 특수성의 이해 실천 중심의 교육

다문화 인격 교육은, 위 표에서 보듯이, 다문화 인격 교육의 성격 차원에서 공동체주의, 도덕적 상대주의, 사회적 특수성(맥락성), 그리고 도덕적 실천중심의 인격 교육을 지향하며, 그 핵심 원리는 다원주의적 사고, 다문화적 이해, 공동체(관계성)적 사고, 그리고 실천 중심의 교육을 지향할 필요가 있다.

마지막으로, 인격 교육의 구체적인 실천을 위한 방법론적 전략을 몇 가지 제시하면 다음과 같다 : 첫째, 학교가 속한 지역 환경이 가진 문화적 다양성의 세밀한 고려, 둘째, 타인에 대한 봉사(활동)에 적극적인 참여, 셋째, 타인의 생각·감정·신념을 이해하기 위한 적극적인 토론과 이야기 등에 참여, 넷째, 다양한 접근법을 통한 능동적 학습이나 주제 중심 학습 활동의 시도, 다섯째, 문제 제기 및 비판적인 사고 관련 기능의 신장, 여섯째, 문제 해결 능력의 발달 도모, 일곱째, 개인적 회고reflection와 깊이 있는 토론의 시간 제공, 여덟째, 협동적이면서도 독립적인 학습 활동 기회의 제공, 아홉째, 종교·도덕·사회적 가치들 사이의 관련성에 대한 폭넓은 이해 형성의 교육이 바로 그것이다. 요컨대, 위와 같은 인격 교육 전략들을 교실에서 활용한다면, 학생들의 공동체 의식, 다문화적 이해, 타인에 대한 존중감을 높이고, 이를 일상에서의 도덕적 실천으로 이행하게끔 하는 데 큰 자극이 될 수 있을 것이다.

결론적으로 다문화 교육의 목표는 모든 학생들이 차별 없이 자신의 잠재력을 최대한 실현할 수 있도록 그들의 지적·사회적·개인적 발달을 조장하는 것인데(Johnson and Johnson 2002), 이는 사회정의, 민주시민

교육, 다원주의적 사고를 바탕으로 한 다문화적 이해, 그리고 다문화 사회에 기반한 다양한 삶의 방식에 대한 이해와 경험을 토대로 한 지적인 성장을 통해 이루어질 수 있다. 이 글은 이러한 다문화 교육의 목표와 지향점이 바로 인격 교육의 목표와 크게 다르지 않다고 본다. 예를 들어, 다문화적 이해는 타인에 대한 긍정적 태도, 상호이해, 수용적 자세, 관용의 정신의 습득과 매우 밀접하게 관련되어 있는데, 이것은 인격 교육의 중요 내용이기도 하다. 그러므로 인격 교육의 기반을 다문화 교육에 둘 수 있고, 다문화 교육을 통해 강조된 평등주의, 다원주의, 인간 존엄성, 공동체 의식 등과 같은 철학과 사회적 가치를 공감하는 것(Grant and Sleeter 2007 ; Bennett 2007)을 인격 교육의 중요한 목표이자 내용으로 삼을 필요가 있다. 결론적으로, 앞으로의 인격 교육의 가치, 내용, 교육 방법을 논의함에 있어서 다문화 교육 관련 논의들을 충분히 검토하여 그 방향을 논의할 필요가 있을 것이다.

참고문헌

김순언,《Durkheim의 교육사회학 연구》, 정각당, 1989.

김태훈,《도덕성발달이론과 교육》, 인간사랑, 2004.

박휴용, 〈교육과정 이념으로서의 다문화주의와 지속가능발전교육론에 대한 비판적 논의〉,《교육과정연구》30-1, 2012a.

박휴용, 〈다문화주의에 대한 비판적 논의와 비판적 다문화 교육론〉,《교육철학연구》34-2, 2012b.

박휴용, 〈다문화 교육의 형평성과 수월성에 대한 비판적 고찰〉,《다문화 교육연구》5-2, 2012c.

윤민봉, 〈형식중심 도덕 교육론의 한계점〉,《국민윤리연구》29, 1990.

이원봉, 〈칸트 윤리학과 도덕 교육론 : 도덕 교육의 형식과 내용의 통합 가능성〉,《생명연구》21, 2011.

추병완,《도덕 교육의 이해》, 백의, 2004.

허경행,《에밀 뒤르껭의 도덕 교육론에 관한 연구 : 사회학적 배경의 분석과 비판을 통하여》, 이화여대 석사학위논문, 1984.

안토니오 네그리,《다중과 제국》, 정남영 박서현 공역, 갈무리, 2011.

Allport, G. W., "Personality and character," *Psychological Bulletin* 18-9, 1921.

Allport, G. W., "What is a trait of personality?," *Journal of Abnormal and social psychology* 25, 1931.

Allport, G. W., *Personality : A psychological interpretation*, New York : Holt, Rinehart, & Winston, 1937.

Allport, G. W. and H. S. Odbert, "Trait-names : A psycho-lexical study," *Psychological Monographs* 47, 1936.

Aristotle, *The Nichomachean Ethics*, M. Oswald (trans.), New York : The Bobs-Merrill

Company, 1962.

Banks, J. A., *Educating citizens in a multicultural society*, New York : Columbia University Press, 2007.

Banks, J. A. and C. A. M. Banks, *Multicultural education : Issues and perspectives* (4th ed.), Boston : Allyn & Bacon, 2001.

Banks, J. A., "Multicultural education : Characteristics and goals," in J. A. Banks and C. A. M. Banks (Eds.), *Multicultural education : Issues and perspectives*, Boston : Allyn & Bacon, 1993.

Barney, G. O., *Threshold 2000 : Critical Issues and Spiritual Values for Global Change*, Arlington, VA : Millennium Institute, 2000.

Beach, Dore, *The Responsible Conduct of Research*, Weinheim, Germany ; New York : VCH Publishers, 1996.

Bennett, Christine I, *Comprehensive multicultural education : Theory and practice* (6th ed.), Boston : Pearson, 2007.

Bonilla-Silva, Eduardo, *Racism without racists* (3th ed.), Plymouth, UK : Rowman & Littlefield, 2010.

Brown, Rupert, *Prejudice : Its Social Psychology*, London : John-Wiley & Sons, 1995.

Couture, Jocelyne and Kai Nielsen, "Introduction : The Ages of Metaethics," in Jocelyne Couture and Kai Nielsen (Eds.), *On the Relevance of Metaethics : New Essays in Metaethics*, Calgary : University of Calgary Press, 1995.

Derman-Sparks, Louise (Ed.), *Anti-Bias Curriculum : Tools for Empowering Young Children*, Washington, DC : National Association for the Education of Young Children, 1989.

Dimermen, Sara, *Character is the key : How to unlock the best in our children and ourselves*, London : Wiley & Sons, 2009.

Durkheim, Emile, *Moral Education*, New York : Free Press, 1961.

Fletcher, Joseph F., *Situation Ethics*, Philadelphia : Westminster John Knox Press, 1966.

Fowers, Blaine J., "Placing virtue and the human good in psychology," *Journal of Theoretical and Philosophical Psychology* 32-1, 2012.

Grant, Carl A. and Christine E. Sleeter, *Doing Multicultural Education for Achievement and Equity*, London : Routledge, 2007.

Graziosi, Mariolina, *Durkheim's sociology of morality : is it still valid?*, Working Paper 6/08, Università degli Studi di Milano, 2008. http : //www.socpol.unimi.it/papers/ 2006-04-16_Mariolina%20Graziosi.pdf 2012.

Green, J. A., *Cultural and Ethnic Fundamentalism : The Mixed Potential for Identity, Liberation, and Oppression*, SIPP : The Scholar Series, University of Regina, 2003. http : //www.uregina.ca/sipp/documents/pdf/SSfall03_green_final.pdf 2013.

Gutmann, Amy, "Unity and diversity in democratic multicultural education," in J. A. Banks (Ed.), *Diversity and citizenship education : Global perspectives*, San Francisco : Jossey Bass, 2004.

Gutmann, Amy and Dennis Thompson, *Democracy and Disagreement*, Cambridge : Harvard University Press, 1996.

Haidt, Jonathan and Jesse Graham, "When Morality Opposes Justice : Conservatives Have Moral Intuitions That Liberals May Not Recognize," *Social Justice Research* 20-1, 2007.

Hall, Nadia Saderman and Valerie Rhomberg, *The affective curriculum : Teaching the anti-bias approach to young children*, Toronto : Nelson Publishing, 1995.

Hathaway, B., *Human prejudice has ancient evolutionary roots*, Yale News (March 17, 2011). http : //news.yale.edu/2011/03/17/human-prejudice-has-ancient-evolutionary-roots에서 2012.

Hobsbawm, Eric, *Nations and Nationalism Since 1780*, Cambridge : Cambridge University Press, 1990.

Johnson, David W. and Roger T. Johnson, *Multicultural education and human relations*, Boston : Allyn & Bacon, 2002.

Kekes, John, "The Incompatibility of Liberalism and Pluralism," *American Philosophical Quarterly* 29-2, 1992a.

Kekes, John, "Pluralism and Conflict in Morality," *The Journal of Value Inquiry* 26, 1992b.

Killen, Melanie and Adam Rutland, *Children and Social Exclusion : Morality, Prejudice, and Group Identity*, Chichester, West Sussex, UK ; Malden, MA : Wiley-Blackwell, 2011.

Louden, Robert B., *Kant's Impure Ethics*, Oxford : Oxford University Press, 2000.

Mason, Mark, "The Ethics of Integrity : Educational Values Beyond Postmodern Ethics," *Journal of Philosophy of Education* 35-1, 2001.

McClellan, B. Edward, *Moral Education in America : Schools and the Shaping of Character from Colonial Times to the Present*, New York : Teachers College Press, 1999.

McLaren, Peter, "Revolutionary Critical Pedagogy," *InterActions : UCLA Journal of Education and Information Studies* 6-2, 2010.

Nagel, Thomas, "The Fragmentation of Value," in *Mortal Questions*, Cambridge : Cambridge University Press, 1979.

Negri, Antonio, "Multitude and Metropolis", Arianna Bove (trans.), A seminar at Uninomade, 2006.

Nieto, Sonia, *Affirming diversity : The sociopolitical context of multicultural education* (3rd ed.), New York : Teachers College Press, 2000.

Noftle, Erik E., Sarah A. Schnitker and Richard W. Robins, "Character and personality : Connections between positive psychology and personality psychology," in Kennon M. Sheldon, Todd B. Kashdan and Michael F. Steger (Eds.), *Designing the future of positive psychology : Taking stock and moving forward*, New York : Oxford University Press, 2011.

Park, N. Peterson, C., & Seligman, M., Strengths of character and well-being. *Journal of social and Clinical Psychology*, 23, 2004.

Robinson, D. N., *Aristotle's Psychology*, New York : Columbia University Press, 1999.

Rorty, A. O., The Advantages of Moral Diversity, *Social Philosophy and Policy*, 9(2), 1992, pp. 38-62.

Rorty, Amélie Oksenberg and David Wong, "Aspects of identity and agency," in Owen Flanagan and Amélie Oksenberg Rorty, Identity, character, and morals : *Essays in moral psychology*, Cambridge : MIT Press, 1990.

Spiecker, Ben, and Jan Steutel, "Moral identity and education in a multicultural society," *Studies in Philosophy and Education* 15-1, 1996.

Stephan, Walter G. and Cooric White Stephan, "Intergroup relations in multicultural education programs," in James A. Banks and Cherry A. McGee Banks (eds.), *Handbook of research on multicultural education*, San Francisco, CA : Jossey - Bass, 2004.

Stocker, Michael, *Plural and Conflicting Values*, Oxford : Clarendon Press, 1990.

Suleiman, M. F., "Multicultural education : A blueprint for educators," in Greg S. Goodman and Karen T. Carey (eds.), *Critical multicultural conversations*, Cresskill, NJ : Hampton Press, 2004.

Suzuki, B. H., "Curriculum transformation for multicultural education," *Education and Urban Society* 16-3, 1984.

Talisse, Robert B., "Value Pluralism and Liberal Politics," *Ethical Theory and Moral Practice* 14-1, 2011.

Taylor, Charles., *Multiculturalism and "The Politics of Recognition"*, Princeton : Princeton University Press, 1992.

Williams, Bernard, "Conflicts of Values," in *Moral Luck*, Cambridge : Cambridge University Press, 1981.

디아스포라 휴머니티즈 총서 002
한국 다문화주의 비판

2016년 6월 20일 초판 1쇄 발행
2017년 3월 20일   2쇄 발행

지은이 | 김희강 이용승 김현미 윤석민 구본규 이화숙 이진형
        박종명 주재원 오문석 김주영 박미정 양명심 박휴용
펴낸이 | 노경인 · 김주영

펴낸곳 | 도서출판 앨피
출판등록 | 2004년 11월 23일 제2011-000087호
주소 | 우)120-842 서울시 영등포구 영등포로 5길 19(37-1 동아프라임밸리) 1202-1호
전화 | 02-336-2776   팩스 | 0505-115-0525
전자우편 | lpbook12@naver.com
블로그 | blog.naver.com/lpbook12

ISBN 979-11-87430-03-2

디아스포라 휴머니티즈 총서

002